REINHARD LAUER

Aleksandr Puškin

О лѣтъ не дорогѣ Жизнь и Лира
Мнѣ были ввѣрены Судьбой!

А. П.

REINHARD LAUER

Aleksandr Puškin

Eine Biographie

C. H. Beck

Frontispiz: Aleksandr Puškin
Porträt von Orest Kiprenskij, 1827
Oh, nicht umsonst ward mir vom Schicksal
Leben und Lyra anvertraut.

An V. F. Raerszij, 1822

Mit 35 Abbildungen im Text

© Verlag C. H. Beck oHG, München 2006
Druck und Bindung: Ebner & Spiegel, Ulm
Gedruckt auf säurefreiem, alterungsbeständigem Papier
(hergestellt aus chlorfrei gebleichtem Zellstoff)
Printed in Germany
ISBN-10: 3 406 54041 4
ISBN-13: 978 3 406 54041 7

www.beck.de

Für Lucinde

INHALT

Das Genie der Poesie

Die Worte des Dichters sind seine Taten.
Ausspruch Puškins, von Gogol' überliefert.[1]

Der klassische Dichter

Aleksandr Puškin ist der größte russische Dichter. Seine Bedeutung in der russischen Literatur ist einzigartig. Nicht nur hat er – entscheidendes Merkmal des klassischen Dichters – in allen Gattungen, in Lyrik, Versepik, Drama, Erzählung, Roman, Geschichtsdarstellung, Essayistik und Publizistik, Werke von bleibendem Wert hervorgebracht. Er ist mit ihnen auch, da er als erster die Ausdrucksmöglichkeiten der russischen Sprache voll ausgeschöpfte, zum eigentlichen Begründer der neueren russischen Literatur geworden. Wie in einem Brennpunkt sind in ihm die noetischen und poetischen Möglichkeiten der Literatur des 18. und 19. Jahrhunderts gebündelt.

Puškins Künstlertum greift, wiederum in der Art der klassischen Dichter, alle nur denkbaren Themen auf: private, intim-erotische und philosophische, patriotische und politische, historische und mythische. Die immer wieder beglückende Leichtigkeit, ja Virtuosität seines Stils in Vers und Prosa, die Lust an der literarischen Allusion, die poetische Klangfülle, die konzise Dichte seiner Prosa, die gefällige und geistreiche Eleganz seines Ausdrucks – all das kann nicht darüber hinwegtäuschen, daß in Puškins Werk unablässig Spannungen, Widersprüche, Unvereinbarkeiten herrschen. Was sich gegenseitig auszuschließen scheint – existenzieller Ernst und weltläufige Eleganz –, bei Puškin tritt es zusammen. Ja, Puškin ist der Dichter der Aporien, der unüberbrückbaren, unauflöslichen Widersprüche, der aber über die Abgründe, die er deutlich vor sich sieht, die schönen Schleier der vollkommenen poetischen Form gelegt hat. Es dieser Zug seines Künstlertums, der immer wieder den Vergleich mit Mozart oder Raffael nahelegt.

Aporien in Leben und Werk

Leben und Werk sind bei Puškin in widerspruchsvoller Weise aufeinander bezogen. Einem exaltierten, mitunter ins Infantile abgleitenden, stets zu Scherz, Liebelei und Provokation aufgelegten Lebensstil stehen poetische Werke von erstaunlicher künstlerischer Vollkommenheit gegenüber: das Märchenpoem *Ruslan und Ljudmila*, der reiche Fächer der Verspoeme, die Tragödie *Boris Godunov*, der Versroman *Evgenij Onegin*, *Belkins Erzählungen*, die Novelle *Pique Dame*, der Roman *Die Hauptmannstochter* und dazu eine große Zahl einzigartiger Gedichte in allen poetischen Gattungen. Es handelt sich um Werke, die auf eine sehr moderne Art die Verhältnisse des Lebens samt ihrer Kehrseite einfangen, die Bedingtheiten der «literarischen» Wahrheit demonstrieren und der Poesie eine eigene Seinssphäre zuweisen, die nicht mit «dem Leben» verwechselt werden darf.

Alles geriet diesem Genie zur Poesie, so wie bei Mozart alles Musik wurde. Die Menschen, denen er begegnete, die Situationen, die Freundschaften, in denen er sich vorfand, die geschichtlichen, mythologischen, ethnographischen und literarischen Gegenstände, mit denen er sich beschäftigte, die nie versiegende Begeisterung für das schöne Geschlecht, der Lebensfluß, der ihn umgab – alles schwoll an zu einem gewaltigen Strom der Poesie. Formale Zwänge brach er auf, ohne die Form preiszugeben. In alles brachte er sich selbst ein, seinen Charakter, seine Überlegungen und Gegenüberlegungen, Zweifel und Hoffnungen. Scheinen Lebenspraxis und poetische Sublimierung oft auch weit auseinanderzudriften, so sind doch viele der Dichtungen Puškins als symbolische Taten zu begreifen. Immer wieder finden sich widersprechende, widersprüchliche Möglichkeiten in einem Werk oder verteilt auf mehrere Werke, auf Zeichnungen und Briefe, neben- und gegeneinander. Die Aporie, gewiß auch in vielem der irritierenden Lebensart des poetischen Genies geschuldet, wurde zur Denk- und Dichtform.

Puškin und seine Zeit

Puškin hat die großen historischen Ereignisse im ersten Drittel des 19. Jahrhunderts – den Vaterländischen Krieg, den Thronwechsel, die Dekabristenrevolte, den russisch-türkischen Krieg, den Polenaufstand – in wechselnden Rollen erlebt: als patriotischer Beobachter, als freiheitlicher Sympathisant, als unberufener Mitakteur. Er verfolgte die Ereignisse der europäischen Politik: das unselige Wirken der Heiligen Allianz, die Freiheitsbewegungen in Griechenland, Italien, Spanien und Portugal, die Juli-Revolution in Frankreich, den Novemberaufstand der Polen. Er nahm Partei, ja, trug sich mehrmals mit dem Gedanken, selbst am Kampfgeschehen teilzunehmen, was ihm allerdings nur einmal, 1829 im Kaukasus, gelang. Die Ereignisse aber schlugen sich in seinen Dichtungen nieder.

Er kannte die drei wichtigsten Lebens- und Kultursphären Rußlands: Petersburg, Moskau und das Gutsherrenmilieu auf dem Lande. Aber auch die neu erworbenen Regionen des Zarenreiches, den Kaukasus, Bessarabien und Neurußland, lernte er während der Strafversetzung kennen. Zahllose Reisen sind in seiner Lebenschronik verzeichnet; Reisen über Hunderte von Werst mit Kutsche oder im Schlitten; Reisen nach Westen zum Landgut Michajlovskoe im Gouvernement Pskov; Richtung Süden nach Ekaterinoslav, Kišiněv, Odessa, in den Kaukasus, auf die Krim; nach Osten zum Landgut Boldino im Gouvernement Nižnij Novgorod, an die Wolga und in den Ural. Nur einmal, auf der Reise zur operierenden Armee in den Kaukasus, überschritt er die russische Reichsgrenze. Trotz zahlreicher Reise- und Fluchtpläne hat er aber das westliche Ausland, Deutschland, Frankreich, Italien, nie gesehen.

Dank seiner ungewöhnlichen Auffassungsgabe und einer bemerkenswerten visuellen Aufnahmefähigkeit verfügte Puškin über eine unübertreffliche Kenntnis der Lebensverhältnisse, der Mentalität und kulturellen Ausstattung der Russen seiner Zeit. Seine Werke, allen voran der Versroman *Evgenij Onegin*, vermitteln deshalb ein sehr genaues Bild der zeitgenössischen russischen Adelskultur. Sie sind nicht nur, wie der Kritiker Belinskij meinte, eine Enzyklopädie der russischen Gesellschaft, sondern ihr vollkommener und vollständiger Ausdruck. Dabei galt sein Interesse früh der russischen Volkskultur und Folklore, die mit ihren Vorstellungen und ihrer Sprache sein Werk befruchteten.

Mit gleicher Intensität widmete er sich, längst bevor er offiziell zum kaiserlichen Historiographen befördert worden war, der russischen Geschichte. Die Zeit der Wirren und die Gestalt des Zaren Boris Godunov, die Geschichte Peters des Großen, der bedrohliche Aufstand Pugačëvs wurden Gegenstand seiner großen Werke. Aber ihn interessierte auch die altrussische Zeit, und nicht weniger die nachpetrinischen Herrscherinnen und Herrscher, namentlich Katharina II., Paul I. und Alexander I., unter dem er nicht wenig zu leiden hatte. Das Verhältnis zu Zar Nikolaus I. war nicht ohne Spannungen, wenn Puškin auch erstaunliche Gnadenerweise von dem Monarchen erhielt, wie es wohl nur wenige Zeitgenossen erlebten.

Puškin und die Weltliteratur

Puškins literarische Kenntnisse und Interessen waren weitgespannt. Früh hatte sich ihm die russische und die französische Literatur erschlossen. Führende russische Dichter lernte er, dank familiärer Beziehungen, noch als Kind kennen. Bald wurden andere auf das sich rasch entfaltende Talent des jungen Puškin aufmerksam. Voltaire, Žukovskij, Ariost, Byron, Goethe, Chénier, Shakespeare, Mickiewicz, Dante, Scott gaben ihm Ansporn und wichtige Orientierungen, die er schöpferisch verarbeitete. Der dichterische Wettstreit war von früh an sein Element. Zu den Chef d'œuvres, die ihm begegneten, wollte er Gegenentwürfe, eigenwillige Variationen, Kontrafakturen schaffen. Der Wettstreit mit den Besten stachelte ihn allezeit an. Und nicht selten gelang es ihm, seine Vorbilder zu erreichen oder gar zu übertreffen. Dafür stehen *Ruslan und Ljudmila*, die südlichen Poeme, *Evgenij Onegin, Boris Godunov, Der ehernen Reiter* und *Die Hauptmannstochter*.

In den 1820er Jahren erkannte und benannte man Puškin als den «russischen Byron». Und in der Tat war er dem Briten zeitweilig im übersteigerten Individualismus und in der Haltung als unangepaßter Aristokrat gefolgt. Doch erinnert Puškins Dichtertum viel eher an das Goethes, da bei ihm jede Lebensregung, jede Bekanntschaft, jede Situation sich selbstläufig in Poesie verwandelte. Auch die Neigung zum jederzeitigen «Gelegenheitsgedicht» und der Hang, Dichtung als symbolische Handlung (Kenneth Burke) einzusetzen, verbindet die beiden Dichter, wenn sie auch nach gesellschaftlicher Stellung und intellektuellem Interessenradius nicht zu vergleichen sind. Im stetigen Mitbedenken des Gegenteils, im Wahrnehmen und Aufnehmen von unauflöslichen Gegensätzen hat Puškin manches mit Heinrich Heine gemeinsam. Nicht zu übersehen ist die Parallele zu Schiller, der ebenfalls als professioneller Geschichtsschreiber die Stoffe für wichtige Werke in der Historie fand. Die Identifikation mit André Chénier, dem Dichter der Französischen Revolution, der alsbald zu ihrem Opfer wurde, hat Puškin selbst aufgebaut. Sie betrifft jedoch wie alle derartigen Vergleiche lediglich einen Teilaspekt des Schaffens.

Was Puškins unüberbietbare Virtuosität im poetischen und prosaischen Ausdruck anlangt, seine traumwandlerische Sicherheit im Gebrauch der verschiedenen Sprachschichten des Russischen, so bieten sich wohl nur Vergleiche mit dem überragenden Genie der Musik an: Puškin ist der poetische Mozart, dem er auch in der Lebensführung seltsam gleicht.

In Goethes Konzept von «Weltliteratur» (1829/30) spielte die Vermittlung der Literatur aller Völker und Zeiten durch Übersetzungen eine große Rolle, wobei Goethe die deutsche Sprache als ideale Mittlersprache ansah. Er hat durch eine Fülle von Übersetzungen an der Verwirklichung dieses Konzeptes selbst mitgewirkt. Puškin stand ihm darin nicht nach, zumal auch die russische Sprache für die Reproduktion fremder Texte alle Voraussetzungen bietet. Sein Werk enthält Übersetzungen aus dem Französischen, Englischen, Italienischen, Polnischen, Serbischen. Über Goethe noch hinausgehend, arbeitete er ständig an der Ausweitung eines Netzes von intertextuellen Beziehungen, die in die Weltliteratur hinauswiesen. Hier hat dann auch, über französische Übersetzungen, die deutsche, die persische und arabische Literatur ihren Ort.

Der weltliterarische Rang Puškins beruht also gleichsam auf einem weltliterarischen Fundament. Er findet Grenzen nur in der Schwierigkeit, seine Poesie in fremde Sprachen zu übersetzen.

Puškins Weltanschauung

Puškins Weltsicht unterlag Wandlungen. Das früh gewonnene Freiden-
kertum verlor mit der Zeit seinen provokativen Charakter, wich aber
wohl nie der Hinwendung zum positiven Glauben. Zwei Prinzipien
aber lassen sich durch Puškins Leben verfolgen. Das ist zunächst das
aporetische Denken und Dichten, das in der Welt unausgleichbare,
unüberbrückbare Gegensätze erkennt und nebeneinanderstellt, in der
Kunst wie im Leben. Schildert Puškin die Fassade, so wendet er sich
bald darauf der Kehrseite zu. Dialektik, etwa im Sinne Hegels, die zur
Auflösung der Widersprüche drängt, ist bei Puškin nicht vorgesehen.
Er war seinen Zeitgenossen um vieles voraus.

Dann sein Schicksalsglaube. So nahm er die primitiven, im Volke
verbreiteten Zeichen des Aberglaubens, etwa über den Weg laufende
Hasen oder Popen, für die eigene Person bitter ernst; schenkte den
Prophezeiungen einer Wahrsagerin, den magischen Liedern zwischen
Weihnachten und Epiphanias und den Handorakeln der Zigeunerinnen Glauben; ergab sich dem Glücksspiel, das ihm eine Art Lebenselement wurde; forderte immer wieder das Gottesgericht des Duells
heraus. Doch bezog sich sein Fatalismus nicht nur auf die eigene Person. Auch in der Geschichte sah er den Zufall wirken, «das mächtige,
augenblickliche Werkzeug der Vorsehung».[2]

Puškin-Bild und Puškin-Kult

Puškins Aporien sind, wie könnte es auch anders sein, die Widersprüche seines Lebens, seiner gesellschaftlichen Stellung, seiner Erkenntnisse und Erfahrungen. In dieser Biographie soll kein irgendwie abwer-
tendes Puškin-Bild entworfen werden, das die Widersprüche und
Spannungen, innere wie äußere, in den Vordergrund rückt, um damit
die verbreiteten harmonisierenden Vorstellungen über Puškin in Frage
zu stellen. Es kann jedoch ebensowenig die Aufgabe des Biographen
sein, der Heroisierung, der Überhöhung, der Anbetung des großen
Dichters Vorschub zu leisten. Der nicht nur in Rußland verbreitete

Puškin-Kult weist Abwege und Absurditäten auf, die in Widerspruch zu allem stehen, was den Dichter Puškin ausmacht. Das gilt nicht erst für die fragwürdige Reklame und Verpoppung, die Puškin im Gedenkjahr 1999 widerfuhr. Vielmehr hat es in der Puškin-Forschung von Anbeginn Tendenzen zur Schönung und zum Ausblenden unliebsamer Tatsachen gegeben. Schon Pavel Annenkov, der erste Biograph Puškins[3], hat in diesem Sinne gewirkt. Er, der als erster einen Überblick über Puškins Nachlaß gewann, suchte immer wieder das Verhältnis des Dichters etwa zur Monarchie und zur orthodoxen Kirche zu glätten, seine ärgsten Eskapaden auszublenden oder herunterzuspielen und ganz auf die klassische Harmonie des poetischen Werks abzustellen. Anders Pëtr Bartenev[4], der Aussagen aus Puškins Umgebung sammelte und dabei auch fragwürdige Fakten nicht unterschlug. Der Schriftsteller Vikentij Veresaev tat es ihm in seinem Buch *Puškin im Leben* (1936)[5] gleich, indem er die biographischen Fakten aus vielfältigen Quellen zusammenstellte und ein Mosaik entwarf, das ein ziemlich problematisches Leben abbildete, ohne allerdings das überragende Werk Puškins zu vergegenwärtigen. Als sorgfältige wissenschaftliche Biographie muß Boris Tomaševskijs *Puškin*[6] gelten, obwohl sie nur die Jahre von 1813–1827 behandelt. Jurij Tynjanov hat in der Form des literaturwissenschaftlichen Romans versucht, den komplexen Zusammenhang von Puškins Leben und Werk aufzuspüren. Die faktenreichen Puškin-Monographien von Leonid Grossman, Dmitrij Blagoj und anderen haben ihren festen Ort in der Rezeption des Dichters.[7] Die deutschen Puškin-Bücher sind geprägt von der Faszination, die von Puškins einzigartigem Werk ausgeht.[8]

In den Puškin-Monographien bedeutender russischer Literaturwissenschaftler der Gegenwart ist die Idealisierung und Heroisierung des Dichters weit getrieben. Jurij Lotman versuchte in seiner Biographie aus dem Jahre 1981[9], Puškins Leben als Kunstwerk zu beschreiben. Die Verschränkung von Leben und Kunst stellte er so dar, als habe Puškin in der Kunst seine Lebensdilemmata und im Leben seine künstlerischen Probleme gelöst. Lotman wies die romantische Idee von den zwei gegensätzlichen Existenzen in der Seele des Dichters zurück, des Dichters, der sich zwischen der banalen Normalität des Lebens und dem genialen Schweben über den Dingen hin- und herbewegte: «Nein, Puschkin war in der Dichtung ein Mensch und im Leben ein Dichter.»[10] In den quälenden Jahren von 1833 bis zum Duelltod 1837 wuchs Puškin, in den Augen Lotmans, zum kämpferischen Heros heran. «Er wählte den direkten Kampf mit seinem Gegner – Auge um Auge – und zerriß alle Fesseln, mit denen ihn Feinde und Intriganten umgarnt hatten», schreibt Lotman[11] und tritt damit zwei verbreiteten Deutungen von Puškins Ende entgegen. Erstens: er sei das Opfer der Petersburger Hofkamarilla geworden; zweitens: er habe den Tod gesucht. Vielmehr seien in der Welt, in der Puškin lebte, Poesie, Menschenwürde, Schöpfertum und Genialität fehl am Platz gewesen; darum habe ihn diese Welt wie einen Fremdkörper ab- und aus dem Leben gestoßen.[12]

Nikolaj Skatov wieder, der Puškin mit kräftigem Pathos als den «russischen Genius» beschreibt[13], sieht in der «Othello-Tragödie», im Ausbruch «afrikanischer Leidenschaften», wie er es nennt[14], eine Verschwörung der Hofgesellschaft, in der der Mörder Puškins nur die Rolle des nichtswürdigen ausführenden Mafioso spielte.

Puškin, der größte russische Dichter, oder, wie Dostoevskij ihn nannte, der Dichter des Allmenschentums, starb tragisch im Duell. Aber war es «Lebenskunst», wie Lotman meint, die ihn dahin führte? Oder war es eine verhängnisvolle Schieflage, in die sich Puškin, nicht ganz ohne eigene Schuld, hineinbewegt hatte und aus der es keinen Ausweg als den Tod gab? Vielleicht kann die Rekonstruktion des Lebensweges des großen Dichters darauf eine Antwort geben.

Die Puškin-Forschung hat in unermüdlicher Anstrengung nicht nur wesentliche Erkenntnisse zur Genese, Struktur und Interpretation der Werke Puškins gewonnen, sie hat auch eine Überfülle an Daten und Fakten zur Biographie des Dichters zusammengetragen. Die von Mstislav Cjavlovskij 1951 begründete und erst 1999 abgeschlossene vierbändige *Chronik des Lebens und Schaffens Aleksandr Puškins* ist ein musterhaftes, unverzichtbares Handbuch für jeden, der sich mit dem Dichter beschäftigt. Das gilt gleichermaßen für die *Puškin-Enzyklopädie* (1999), in die, neben anderen Materialien, auch das von Lazar' Čerejskij erarbeitete Handbuch *Puškins Umgebung* (1975) eingegangen ist. Nimmt man das *Wörterbuch der Sprache A. S. Puškins*[15] hinzu sowie die wissenschaftlichen Periodika, die allein Aleksandr Puškin und seiner Zeit gewidmet sind[16], ferner eine kaum noch überschaubare Menge von Aufsätzen und Monographien, so kann sich der Biograph über Mangel an Material nicht beklagen. Eher im Gegenteil: In der Schwemme der

Einzelheiten und widerstreitenden Gesichtspunkte muß er seinen Weg suchen und das Bild, das er vom Leben und Künstlertum Puškins gewonnen hat, niederlegen.

✦

Die vorliegende Biographie Aleksandr Puškins zeichnet in sieben Kapiteln die wesentlichen Lebensstationen nach: die Kindheit und Ausbildung im Lyzeum von Carskoe Selo, den Beginn seiner Diplomatenlaufbahn in Petersburg, die Strafversetzung des aufmüpfigen Dichters in den russischen Süden, die Verbannung auf das mütterliche Gut Michajlovskoe, das unstete Leben zwischen Moskau und Petersburg nach der Begnadigung durch Zar Nikolaus I., den Aufenthalt auf dem Gut Boldino im Herbst 1830 – wunderbarer Höhepunkt seines Schaffens –, endlich, nach der Eheschließung mit der jungen Schönheit Natal'ja Gončarova, die quälenden Jahre im Umkreis des Zarenhofes bis zum tragischen Ende.

Sie beschreibt, wie Aleksandr Puškins vom leichtfertigen Rokokopoeten zu einem Vollblutromantiker wuchs, der Anregungen aus den älteren und neueren Literaturen bezog und zu einer einzigartigen Synthese führte, jedoch nach 1830 in eine Lebens- und Schaffenskrise geriet, die mit seinem Tod im Duell endete. Sie will den Dichter vor unangemessener Beweihräucherung und Heldenverehrung bewahren, die ihm nicht gerecht werden kann, und zeigen, wie dieses Genie der Poesie jeglichen Impuls seiner privaten, politischen, gesellschaftlichen und literarischen Gegenwart unablässig in hohe Kunst verwandelte.

I. KAPITEL

Kindheit und Lyzeumszeit

1799–1817

> «Da gibt's nichts zu lachen!»
> *Der vierjährige Puškin zu einer Dame,*
> *die ihn auf der Straße sitzen sah.*[1]

Die Puškins und die Gannibals

Aleksandr Sergeevič Puškin wurde am 26. Mai 1799 im Moskau geboren. In Rußland herrschte Zar Paul I., der bornierte, unberechenbare Sohn der großen Katharina, der seiner Mutter 1796 auf dem Thron gefolgt war. Rußland spielte an der Schwelle zum 19. Jahrhundert im europäischen Mächtegeflecht eine unübersehbare Rolle. Im zweiten Koalitionskrieg gegen Frankreich hatten die russischen Seestreitkräfte soeben erfolgreich im Mittelmeer operiert, während die Landstreitkräfte unter General Suvorov in Norditalien und beim vielbeachteten Übergang über die Alpen die strategische Kraft des Zarenreiches untere Beweis stellten.

Puškins Vater, Sergej L'vovič Puškin, stammte aus einem alten Bojarengeschlecht, das auf pruzzische Einwanderer, Radši oder Rači mit Namen, zurückzugehen scheint, die zu Zeiten Alexander Nevskijs ins russische Land kamen. So jedenfalls stellte es Puškin später in einem autobiographischen Fragment dar. Dem Zorn des schrecklichen Zaren Ivan IV. auf die Bojaren waren seine Vorfahren entgangen. Einer indes hatte in den Wirren am Anfang des 17. Jahrhunderts auf den Pseudo-Demetrius, den polenhörigen falschen Zaren gesetzt, doch war, zur Genugtuung des Nachfahren, die Wahlurkunde des Zaren Michail Fëdorovič Romanov 1613 von vier Puškins unterschrieben worden. Ein weiterer Vorfahre war an einer Verschwörung gegen Peter den Großen beteiligt und wurde mit dem Tode bestraft. Puškins Großvater, Lev Aleksandrovič, blieb nach der Palastrevolution von 1762, die Katharina II. auf den Thron brachte, dem gestürzten Peter III. ergeben, was ihm zwei Jahre Festungshaft einbrachte. Danach verließ er den Militärdienst und lebte zurückgezogen in der alten Hauptstadt und auf seinen Gütern. Puškin charakteristierte ihn als «hitzig und grausam». Seine erste Frau starb im häuslichen Gefängnis, nachdem sie ihn mit dem französischen Hauslehrer ihrer Söhne betrogen hatte – den Franzosen ließ er, noch «ganz feudal», auf dem Leutehof henken. Puškins Vater Sergej L'vovič kam in einer Kutsche zur Welt, als sein rücksichtsloser Großvater mit seiner hochschwangeren Frau auf Visite in die Gutsnachbarschaft fuhr.

Sergej Puškin lebte, als sein ältester Sohn geboren wurde, als Major in Moskau, in einem Holzhaus in der Kleinen Poststraße (Malaja Počtovaja ulica), das er von einem Militärkameraden gemietet hatte. Er hatte im Leibjägerregiment seiner Majestät gedient und es bis zum Garde-Leutnant gebracht. Kaiser Alexander wies ihn 1800 dem Militärbekleidungsamt in Moskau zu und beförderte ihn 1811 zum Kriegsrat; 1814 wurde er zum Leiter des Bekleidungswesens der Reservearmee in Warschau ernannt. Der französischen Lebensart zugetan und ein unbedingter Verehrer der französischen Literatur, war er ein Bonvivant, allerdings mit geringen materiellen Möglichkeiten.

Das Familienwappen der Puškins zeigt neben den Insignien des Standes und der Herkunft im linken unteren Feld den erhobenen Arm mit dem Schwert: Zeichen des mannhaften, kämpferischen Geistes, der die Vorfahren Puškins erfüllt hatte. Dem eigenen Vater entsprach solcher Mut weniger als dem Sohn. Dies sollte ein Wesensmerkmal des Dichters bleiben, namentlich wenn es um Fragen der persönlichen und der Standesehre ging.

Mütterlicherseits stammte Puškin aus der Familie der Gannibals. Ihm schien diese Linie seiner Vorfahren fast noch interessanter als die väterliche der Puškins, war doch sein Urgroßvater, Abram Gannibal (Hannibal), kein anderer als der «Mohr Peters des Großen», dessen wundersames Schicksal die Phantasie der Zeitgenossen beflügelte. Sohn eines abessinischen Fürsten, war er im Istanbuler Serail als Geisel gefangengehalten worden. Der russische Gesandte hatte ihn freigekauft und dem Zaren als Geschenk nach Petersburg überbracht. Peter

Das Wappen der Familie Puškin

hatte ihn 1707 in Wilna taufen lassen. Da sich der Knabe weigerte, den orthodoxen Namen seines Taufpaten Peter anzunehmen, behielt er seinen eigentlichen Namen Ibrahim, abgewandelt zu Abram, bei. Der Zar hielt ihn in seiner Nähe und sandte ihn 1716 nach Paris, wo er in der Armee diente und im Spanischen Erbfolgekrieg auf französischer Seite kämpfte. Auf Peters Drängen kehrte Abram Gannibal nach Rußland zurück und wurde zum Kapitän-Leutnant des Preobraženskij-Garderegiments befördert, das unter dem Kommando des Zaren stand. Nach Peters Tod fiel er als Günstling des Zaren in Ungnade. Erst unter Kaiserin Elisabeth, «Peters Tochter», konnte er seine militärische Laufbahn fortsetzen. Er wurde zum Generalmajor und Général-en-Chef befördert, erhielt mehrere Ländereien zum Geschenk, darunter das im Gouvernement Pskov (Pleskau) gelegene Dorf Michajlovskoe, und residierte längere Zeit als Oberkommandant in Reval. 1781 starb er im Alter von 93 Jahren.

Puškin hat die Geschichte seiner Vorfahren später (wohl um 1834) in dem Fragment *Beginn der Autobiographie* nicht ohne Stolz selbst festgehalten. Vor allem beschäftigte ihn das an abenteuerlichen Wendungen reiche Schicksal Abram Gannibals. Die tragischen Umstände im familiären Leben des Urgroßvaters lieferten ihm später den Stoff zu dem nicht abgeschlossenen Roman *Der Mohr Peters des Großen*.

Überhaupt stieß Puškin in beiden Familien auf eine Kette mißlungener, tief unglücklicher ehelicher Verbindungen. Abram Gannibals erste Frau, eine Schönheit griechischer Herkunft, gebar ihm ein weißes Kind. Er schickte sie ins Kloster und heiratete später eine Deutsche, Christina-Regina von Scheberg (Puškin schreibt: Šeberch). Als man ihren Erstgeborenen auf den Namen Januarij taufte, soll sie in ihrem fehlerhaften Russisch gejammert haben: «Der schwarze Teufel macht mir schwarze Kinder und gibt ihnen Teufelsnamen» – ein Wortspiel mit dem falsch ausgesprochenen russischen «čërnyj» («schwarz») und «čërt» («Teufel»). Puškins Großvater Osip Gannibal, wie er endlich statt des absonderlichen Januarij genannt wurde, ließ seine erste Frau für tot erklären und heiratete eine andere. Da Kaiserin Katharina die zweite Ehe wieder auflöste, lebten Puškins Großeltern dreißig Jahre lang getrennt. Die Schuld sah Puškin im «afrikanischen Charakter» des Großvaters, dessen hitzige Leidenschaften, vereint mit furchtbarem Leichtsinn, ihn in die unglaublichsten Verirrungen geführt hätten. Der Rückblick auf die Familiengeschichte bot Puškin ein Auf und Ab an Heldentum und Verrat, allerhöchstem Wohlwollen und Ungnade, ehrsamem Streben und Leichtsinn, häuslicher Tyrannei und Ehebruch. Eines war ihm freilich bewuß: Er stammte aus einer höchst ungewöhnlichen Familie, in der sich unterschiedlichste Anlagen und Begabungen vorfanden und verbanden. Der afrikanische und deutsche Einschlag ins russische Grundelement, immer vereint mit dem nach Frankreich gerichteten Kulturverlangen der russischen Aristokratie – das waren die familiären Voraussetzungen für Puškins Leben und Dichtertum.

Kinderszenen

Über die Kinderjahre des Dichters sind nur wenige Zeugnisse überliefert. Puškin berichtet selbst in einem Brief an seine Frau von einem Vorfall aus der kurzen Zeit, die die Familie 1800 in Petersburg verbrachte. Als er, etwa ein Jahr alt, auf einem Spaziergang mit seiner Njanja (Kinderfrau) dem Zaren Paul begegnete, habe dieser befohlen,

dem Kind die Mütze abzunehmen.[2] Puškin konnte das für den schrul-
lig-autoritären Zaren typische Verhalten nicht in der eigenen Erinnerung behalten haben, sondern kannte es wohl aus der Familienüberlieferung. Zu seinen ersten echten Erinnerungen zählten indes Spazier-
gänge mit der Mutter, Nadežda Osipovna Puškina, oder mit der Njanja
im Park hinter dem Haus. Auch das Erdbeben, das im Oktober 1802 in
Moskau verzeichnet wurde, scheint sich in der Erinnerung des Dreiein-
halbjährigen bewahrt zu haben. Eine Kinderanekdote aus der Moskauer Zeit hat Pëtr Bartenev, einer der ersten Puškin-Biographen,
überliefert. Bei einem Spaziergang mit der Mutter hatte sich Puškin,
bereits fünf oder sechs Jahre alt, sei es aus Trotz oder aus Witz, mitten
auf die Straße gesetzt. Eine Dame kam auf ihn zu und lachte ihn an –
oder aus. «Da gibt's nichts zu lachen!», sagte der Knabe, indem er aufstand. Und er sagte es mit dem derbsten Ausdruck, der ihm dafür zur
Verfügung stand: «Da braucht man nicht die Zähne zu blecken!»[3]

Als Kind erlebte Puškin häufigen Wohnungswechsel. Nach dem kurzen Intermezzo in Petersburg zog die Familie innerhalb Moskaus einige Male um. 1801 bis 1804 bewohnte sie ein Haus in der Nähe des
Roten Tores (Krasnye vorota), dann folgten in fast jährlichem Wechsel
gemietete Häuser im Moskauer Stadtgebiet. Den Sommer verbrachte
man auf dem Lande, meist in dem Dorf Zacharovo, 44 Kilometer von
Moskau entfernt, das die Großmutter Marija Gannibal 1804 erworben
hatte. Im Frühjahr 1814 – Puškin weilte längst im Lyzeum in Carskoe
Selo – zogen Mutter und Großmutter mit Puškins Geschwistern nach
Petersburg; Vater Sergej tat derweil Dienst in Warschau. Fortan lebte
die Familie in der Kleinleute-Vorstadt Kolomna, an der Fontanka.

Russisch lernte Puškin, da sich Eltern, Verwandte und Bekannte des
Französischen befleißigten, vom Hausgesinde, vor allem von der sorg-
lichen Kinderfrau Arina Rodionovna, die auch die zwei Jahre ältere
Schwester Ol'ga und den sechs Jahre jüngeren Bruder Lev beaufsichtigte. Von ihr hörte der Knabe zuerst russische Volksmärchen und
-lieder, Sprichwörter und Redewendungen. Obwohl ihr schon 1799 die
«Vol'naja», der Freibrief aus der Leibeigenschaft, gewährt worden war,
machte sie davon aus Liebe zu den ihr anvertrauten Kindern keinen
Gebrauch. Puškin hat ihr, der «Vertrauten seiner schweren Plagen»,
bleibende Dankbarkeit bewahrt. Vieles deutet darauf hin, daß er seiner
alten Njanja mehr Zuneigung entgegenbrachte als irgend einem ande-

ren Menschen in seiner Welt. Auch von der Großmutter Marija Gannibal ließ er sich gern erzählen. Sie brachte ihm allerlei Begebenheiten aus der Familiengeschichte nahe.

Frühe Neigung zur Literatur

In der russischen Sprache unterrichtete ihn seit dem Sommer 1806 ein Hauslehrer, der sinnigerweise den Namen Šiller trug. Später übernahm diese Aufgabe der als Prediger in Moskau berühmte Pope Aleksandr Belikov. Drei Gouverneure, zugleich Französischlehrer, wechselten nacheinander den Dienst; zuletzt unterrichtete Monsieur Šedel' in den Jahren 1806 bis 1811 den jungen Puškin. Als Deutschlehrerin trat hinzu Fräulein Lorž (Lorge?), die allerdings mit den Kindern mehr französisch als deutsch redete. Für das Englische standen Miß Belly (Belli), die Gouvernante der Schwester, und Miß Hunter (Chanter, auch Gunter) zur Verfügung. Französisch und Geschichte waren Puškins Lieblingsgegenstände, Deutsch und Arithmetik lagen ihm nicht. Ohne Frage legten die Puškins großen Wert darauf, daß ihre Kinder standesgemäß erzogen wurden, und das bedeutete allem voran, daß sie das Französische exakt beherrschten.

Sergej Puškin war ein beachtlicher Kenner der französischen Literatur. In seiner Bibliothek befanden sich die klassischen und neueren französischen Autoren, gelegentlich verfaßte er selbst geistreiche Verse auf französisch. In Gesellschaft glänzte er als Causeur, sprühte vor Witz und Esprit. Er liebte die modischen «jeux de société», bei denen es auf Schlagfertigkeit und Wortwitz ankam.[4] In seinem Hause verkehrten, außer seinem Bruder Vasilij Puškin, einem liebenswürdigen Salonpoeten, die angesehensten Dichter der Zeit: Nikolaj Karamzin, Ivan Dmitriev, Vasilij Žukovskij und Konstantin Batjuškov. Sie vertraten am Anfang des neuen Jahrhunderts die empfindsam-galante Richtung in der russischen Literatur. Ihre Namen, ihre Verse, ihre Gespräche nahm Puškin von Kindheit an auf. Es ist bezeugt, daß er, als Karamzin einmal den Vater besuchte, sein Spielzeug beiseite legte und dem Gespräch der beiden Erwachsenen lauschte. Karamzin, als Dichter und Prosaautor bereits in den 1790er Jahren berühmt, war nach der Thronbesteigung Alexanders I. die führende Stimme der neuen Ära; er gab die von liberalem Geist getragene Zeitschrift *Der Bote Europas* (Vestnik Evropy) heraus; 1803 hatte ihn der Zar zum Reichshistoriographen ernannt.

Wie bei anderen großen Dichtern fehlen auch in Puškins Biographie nicht die frühen Zeugnisse seiner Neigung zur Literatur. So soll er früh schon Gedichte von Žukovskij oder von Dmitriev, die er zufällig hörte, auswendig nachgeplappert haben. Schon in frühen Jahren las er Plutarchs Parallel-Biographien und die Homerischen Epen in französischer Übersetzung. Bald folgten die französische Autoren aus des Vaters Bibliothek. Mit neun oder zehn Jahren begann er kleine Fabeln und Theaterstücke zu schreiben, selbstverständlich auf französisch. Die Komödie *L'Escamoteur* (Der Dieb) wurde zwar von der einzigen Zuhörerin, seiner Schwester Ol'ga, ausgepfiffen, doch hinderte das den jugendlichen Verfasser nicht, in einem französischen Epigramm zu bekennen, das Stück werde deshalb ausgepfiffen, weil es der arme Autor von Molière gestohlen habe.[5] Sergej Puškin, ein Verehrer Molières, hatte seinen Kindern, mit denen er oft gemeinsam las, diesen Autor besonders nahegebracht.

Die Hauslehrer beklagten sich, daß ihr Zögling lieber Verse schreibe als lerne. Früh zog diesen das heroisch-komische Genre an. Mit etwa zehn Jahren schrieb er, vielleicht unter dem Eindruck von Voltaires *Henriade*, ein burleskes Gedicht, *La Tolyade*, das wohl einen Zwergenkrieg mit Anspielungen auf Kaiser Paul und General Barclay-de-Tolly darstellen sollte. Allerdings verbrannte er die Verse, als Monsieur Šedel' sich darüber lustig machte.

Erziehungsziele

Das Verhältnis zu den Eltern war von Anfang an gespannt. Nadežda Puškina, die Mutter, brachte der älteren Schwester Ol'ga und dem jüngeren Bruder Lev – drei weitere Geschwister verstarben im Kindesalter – offenkundig mehr Zuneigung entgegen als dem lebhaften, unbeherrschten, aber auch verschlossenen Aleksandr. Erst in ihren letzten Lebensjahren – sie starb 1836 – gewann die Mutter ein herzlicheres Verhältnis zu ihrem inzwischen berühmten Sohn. Sergej Puškin schien an seinen Kindern, obwohl er selbstverständlich eine ordentli-

Die Mutter:
Nadežda Puškina

che Ausbildung für sie vorsah, kein rechtes Interesse zu nehmen. Allerdings bestand für ihn, als die Zeit herankam, Aleksandr auf eine Lehranstalt zu schicken, kein Zweifel, daß es die beste im Lande sein müsse. Diesen Ruf genoß um 1810 in Rußland das Jesuiten-Kollegium bei der Petersburger St. Katharinenkirche. Die Eltern reisten im Frühjahr 1811 nach Petersburg, um den Sohn dort anzumelden, doch noch während ihres etwa dreimonatigen Aufenthaltes in der Hauptstadt sollte alles anders kommen als gedacht. In Puškins autobiographischem Programm ist knapp vermerkt: «Jesuiten. A. I. Turgenev. Lyzeum.» Offenbar wurde der ursprüngliche Plan der Eltern durch die Nachricht durchkreuzt, es werde in Bälde eine Bildungsanstalt für die Söhne des Hochadels eingerichtet, ein Lyzeum, das in Carskoe Selo, der Sommerresidenz Katharinas II., also in der Hofsphäre, seinen Ort haben sollte. Michail Speranskij, einer der engsten Berater des Zaren, hatte das Projekt im Benehmen mit dem Minister für Volksaufklärung, Graf Razumovskij, ausgearbeitet. Begabte Studenten, die zum Auslandsstudium abgeordnet worden waren, sollten nach ihrer Rückkehr als wohlausgebildete Adjunkt-Professoren am Lyzeum lehren. Der Erlaß über die Einrichtung des Lyzeums war am 12. August 1810 be-

Der Vater: Sergej Puškin

kanntgegeben worden; die Eröffnung der Anstalt sollte im Oktober 1811 stattfinden.

Es war Aleksandr Turgenev, ein getreuer Freund der Familie, der Puškins Eltern auf die neue Anstalt hinwies und seine Verbindungen einsetzte, um den zwölfjährigen Sohn seines Freundes im Lyzeum «unterzubringen». Aleksandr Turgenev war der Sohn des Moskauer Universitätskurators, er hatte in Moskau und in Göttingen studiert. Tief beeindruckt von dem Göttinger Historiker und Statistiker August Ludwig Schlözer, den Zar Alexander I. 1803 für seine epochemachende Edition der *Nestor-Chronik* in den Adelsstand erhoben hatte, war er nach Rußland zurückgekehrt. Seit 1810 leitete er das Departement für geistliche Angelegenheiten ausländischer Konfessionen; 1819 ernannte ihn der Zar zum Kammerherrn. In Puškins Lebenslauf wird er auch in der Folgezeit immer wieder informierend, lenkend und helfend eingreifen. Nicht weniger wichtig war die Fürsprache eines weiteren Freundes der Puškins, Vasilij Malinovskij, der inzwischen als Direktor des Lyzeums vorgesehen war.

Zu den Vorbedingungen für die Aufnahme ins Lyzeum gehörte ein vom Heroldsamt auszustellendes Nobilitätszeugnis für den Sohn; Ivan Dmitriev, Justizminister und Freund Sergej Puškins, bestätigte bedenkenlos die eheliche Abkunft Aleksandr Puškins.[6] In seinem an den Grafen Razumovskij gerichteten Aufnahmegesuch versicherte der Vater, sein Sohn Aleksandr sei im elterlichen Hause erzogen worden und habe dort erste Kenntnisse in russischer und französischer Sprache, Arithmetik, Geographie, Geschichte und Zeichnen erhalten.[7] Geburts- und Taufzeugnis, ausgestellt vom Popen Nikita Ioannov, wurden nachgereicht.

Eintritt ins Lyzeum von Carskoe Selo

Im Juli begab sich der Knabe, begleitet von seinem Onkel Vasilij Puškin und dessen «bürgerlicher Gemahlin» Anna Vorožejkina, auf die Reise nach Petersburg. Es war das erste Mal, daß er mit Bewußtsein die Poststationen zwischen den beiden Hauptstädten abfuhr. Er wird sie später, in seiner Replik auf Radiščevs *Reise von Petersburg nach Moskau* genau in jener Abfolge aneinanderreihen, die er jetzt kennenlernte. In Petersburg stieg man zunächst im Gasthof «Bordeaux» ab, später fand man ein Quartier an der Mojka. Schon bald nach der Ankunft galt dem Freunde und Förderer Ivan Dmitriev eine Aufwartung. Dort traf man auf Dmitrij Bludov, einen Liebhaber der Literatur, der sich später ebenfalls als Förderer des jungen Puškin erweisen wird. Ungeachtet seiner herausragenden Stellung im Regierungsapparat der Zaren sollte er sich gegen den Dichter stets loyal verhalten. Puškins Onkel, begierig, seine neuesten, immer ein wenig anrüchigen Verse vorzutragen, wies den Neffen aus dem Zimmer, wogegen dieser, nach Bludovs Zeugnis, heftig protestierte: Er kenne das ja alles und habe es schon längst gehört.[8]

Während der Aufnahmeprüfungen, die nach erfolgter medizinischer Untersuchung im August 1811 im Lyzeum im Beisein des Ministers Graf Razumovskij und des Lyzeumsdirektors Vasilij Malinovskij stattfanden, traf Puškin erstmals mit seinen künftigen Lyzeumsgenossen zusammen, darunter die Abkömmlinge bekannter Adelsfamilien wie der junge Fürst Aleksandr Gorčakov, in späteren Jahren Außenminister und Kanzler des Russischen Reiches, Graf Sil'verio Broglio und die

Barone Nikolaj Buchholz (Buchgol'c), Anton Del'vig, Modest Korf, Pavel Grävenitz (Grevenic). Aus dem russischen Geburtsadel kamen außer Puškin Nikolaj Rževskij, Aleksandr Bakunin, Dmitrij Maslov, Fëdor Matjuškin, Aleksej Illičevskij, aus dem deutschen Wilhelm von Küchelbecker (Kjuchel'beker). Rasch freundete sich Puškin mit Anton Del'vig und dem fast namensgleichen Ivan Puščin an, beide werden hinfort zum vertrautesten Kreis des Dichters zählen. In der Aufnahmeakte wurde Puškin als «lebendiger Junge mit gekräuseltem Haar, flinken Augen, wenn auch ein wenig konfus» charakterisiert. In der Liste der Aufgenommenen – der erste Jahrgang sollte 30 Lyzeumszöglinge zählen – erschien er an 14. Stelle mit dem Vermerk:

> «Aleksandr Sergeevič Puškin. Windig und leichtsinnig, gewandt in der französischen Sprache und im Zeichnen, in Arithmetik faul und zurückgeblieben.»

Das Elitelyzeum Carskoe Selo

Am 19. Oktober 1811 wurde das Lyzeum im Katharinen-Schloß in Carskoe Selo feierlich eröffnet. Seine Majestät Alexander I. nahm an dem Festakt höchstpersönlich samt der kaiserlichen Familie, den Mitgliedern des Reichsrates, dem Ministerkabinett sowie dem Hofstaat und herausragenden Würdenträgern des Reiches teil. Zu Beginn verlas der Departementsdirektor im Ministerium für Volksaufklärung, Ivan Martynov, der an der Ausarbeitung des Lyzeumsprojektes mitgewirkt hatte, die Allerhöchste Gründungsurkunde der Anstalt. Nach einer Ansprache des Lyzeumsdirektors Vasilij Malinovskij stellte der Konferenzsekretär, Professor Nikolaj Košanskij, die einzelnen Lehrpersonen und Zöglinge des Lyzeums vor, worauf der unlängst aus Göttingen zurückgekehrte Aleksandr Kunicyn, Professor für Morallehre und Politik, eine Rede über Bürgerpflicht und staatsbürgerliche Erziehung hielt, die bei den Zuhörern einen tiefen Eindruck hinterließ.[9] Die Zöglinge wurden einzeln aufgerufen, traten vor den Kaiser hin und verneigten sich. Auf den Festakt folgten, streng nach der Hofetikette geteilt, aufwendige Bewirtungen der anwesenden Gäste. Den Zöglingen wurde, statt der regulären Mahlzeit, ein «reichhaltiges Dessert» serviert.

Das Lyzeum in Carskoe Selo

Das neugegründete Lyzeum war eine Lehranstalt, die Kaiser Alexander wahrlich zum Ruhm gereichte. In ganz Europa gab es wenige Schulen, die sich mit dem Lyzeum vergleichen konnten. Vielleicht ist es keine Übertreibung, wenn man sagt, daß in dem Lyzeum in Rußland der Grund gelegt wurde zu jener bedeutenden Kulturepoche, die man später die Puškin-Zeit nennen wird. Denn hier wuchs, getragen von einem universalen Bildungskonzept, inspiriert durch ausgiebige Beschäftigung mit Literatur und Künsten, vereint durch die Bande idealer Freundschaft, der Keim der Puškin-Plejade heran, die die russische Literatur in die Weltkultur hineintrug.

Ziel des Lyzeums war es, junge russische Edelleute für die höchsten Ämter in allen Bereichen des Staatsdienstes auszubilden. Ursprünglich war beabsichtigt, die Zöglinge der ersten Generation zusammen mit den Großfürsten Nikolaj und Michail, den jüngeren Brüdern Kaiser Alexanders, zu erziehen. Man könnte fragen, welche Beziehungen sich zwischen dem künftigen Kaiser Nikolaus I. und Puškin oder den künftigen Dekabristen Puščin und Kjuchel'beker ergeben hätten, wenn beide Seiten durch gemeinsames Lernen und Leben im Lyzeum geprägt worden wären. Puškin als Lyzeumskamerad des Zaren? Leider – oder zum Glück – wurde der Plan der gemeinsamen Erziehung der kaiserlichen Prinzen mit den Söhnen des Hochadels wieder aufgegeben. Die Kaiserin vor allem soll sich gegen das Ansinnen ausgesprochen haben, ihre jungen Schwäger einer «demokratischen» Erziehung auszusetzen.

In seinem Status war das Lyzeum den russischen Universitäten gleichgestellt. Das Lehrprogramm sah im Ersten Kurs die Vermittlung der Sprachen Russisch, Latein, Französisch und Deutsch vor, ferner Arithmetik, schöne Literatur und Rhetorik, Geschichte, Geographie, Kalligraphie und Zeichnen, dazu die den Edelmann zierenden Künste Tanzen, Fechten, Reiten sowie Schwimmen. Im Zweiten Kurs folgten darauf, außer den Sprachen, Morallehre, Literatur, Physik, die schönen Künste, Architektur und Perspektive. Boris Tomaševskij sprach wohl zu Recht von einem «bunten Enzyklopädismus», der den Zöglingen geboten wurde.[10] Und Puškin brachte es später im *Evgenij Onegin* auf die Formel:

> *Uns allen hat man mit den Jahren*
> *mal hier, mal da was beigebracht.*[11]

Der Schwerpunkt lag deutlich auf den geisteswissenschaftlichen Disziplinen, nicht zuletzt auf der Literatur, was unweigerlich zu literarischen Beschäftigungen der Zöglinge führen mußte. Zeitweilig wurden Liebhaberaufführungen, das Verfassen von Gedichten und das Zusammenstellen von kleinen handschriftlichen Almanachen von der Leitung durchaus auch gefördert.

Vom pädagogischen Standpunkt aus war die Effektivität des Lyzeums als Bildungsanstalt künftiger hoher Staatsbeamter womöglich schon vom Ansatz her verfehlt. Das Lehrangebot entsprach der systematischen Wissensvermittlung an einer Universität, richtete sich jedoch an Schüler im Alter von zehn bis vierzehn Jahren, die zudem sehr unterschiedliche Bildungsvoraussetzungen mitbrachten. Die meisten waren, wie Puškin, von Hauslehrern erzogen worden. Wie die Erziehung der jungen Landadeligen aussah, davon gab nicht nur die Komödie *Der Landjunker* von Denis Fonvizin ein erschreckendes Bild, sondern auch Puškin selbst hat, gewiß aufgrund eigener Erfahrungen, in der *Hauptmannstochter* das private Bildungssystem als eine Farce dargestellt. Es ging übrigens auf eine Maßnahme Peters des Großen zurück: Die Landjunker (nedorosli) durften sich nur dann verehelichen, wenn sie eine bestimmte Bildungsstufe erreicht hatten.

Puškins Lyzeumslehrer

Unter den Lehrern im Lyzeum nahm Nikolaj Košanskij als Professor für russische Literatur, Latein und Rhetorik eine gewichtige Stellung ein. Er lehrte seine Fächer noch ganz im Sinne der normativen Ästhetik und Poetik des Klassizismus. Aufzeichnungen seiner Lehrveranstaltungen, die von Košanskijs Schülern angefertigt wurden, decken sich weitgehend mit den Darlegungen in seiner später veröffentlichten *Allgemeinen Rhetorik* und *Speziellen Rhetorik* (1832). Das «Schöne», also der Gegenstand der Kunst, war hier noch immer definiert als die ideale Nachahmung (imitatio) der Natur, die nach bestimmten, normativen Regeln zu erfolgen habe. Ebenso erblickte Košanskij die Hauptaufgabe der Kunst ungeschmälert in ihrem moralischen Nutzen, der ehrwürdigen Utilitas. In der russischen Poesie bestand er auf dem hohen Stil und ersetzte pedantisch «einfache» russische Wörter durch «erhabene» Kirchenslavismen. Derartige Vorstellungen mußten dem frühreifen Puškin, der sich der «poésie fugitive» verschrieben hatte, ganz und gar gegen den Strich gehen. Košanskij war zwar ehrlich bemüht, seinem quecksilbrigen Zögling solide Grundbegriffe der Dichtkunst wie auch der russischen und lateinischen Literatur zu vermitteln, doch erkannte er erst spät dessen dichterisches Genie. In dem Gedicht *Meinem Aristarch* (1815) rechnete Puškin mit seinem trocken-pedantischen Lehrer ab, indem er die eigene leichte, ja leichtsinnige Poetik darlegte, die hedonistischen Themen, die ihn beschäftigten, verteidigte, die archaistischen Odendichter schmähte und seine Vorbilder – La Fare, Chaulieu und Parny, «Feinde von Mühe, Sorgen, Trauer» – beim Namen nannte, um am Ende seinen langweiligen Geschmacksprediger zu bitten, den gelahrten Zorn doch zu mäßigen, nicht zu schreien, nicht zu schimpfen und den jungen Tagedieb unter stillem Mitleid in Ruhe zu lassen. Ein trotziges Aufbegehren, das dem Adressaten zum Glück nicht unter die Augen kam. Vielleicht war es für beide gut, daß Košanskij krankheitshalber längere Zeit vom Dienst dispensiert war und

durch den liebenswürdigen Aleksandr Galič vertreten wurde, der Puškins Dichtertalent sofort erkannte und förderte.

Ein interessanter Fall war der Französischlehrer, Monsieur de Boudry (Budri). Er war der Bruder von Jean Paul Marat, dem Präsidenten
des Jakobinerklubs, der von Charlotte Corday im Bade erstochen worden war. Bereits seit 1784 in Rußland lebend, hatte Boudry 1793 mit
Genehmigung der Kaiserin seinen Namen geändert. Puškin hat in seiner Anekdotensammlung *Table-talk* einige der Geschichten mitgeteilt,
die Boudry über seinen Bruder, dessen Andenken ihm teuer war, zum
besten gab. So erzählte er, daß Robespierre die Corday zum Mord an
Marat angestiftet habe; daß dieser zwar mager und kleinwüchsig, jedoch ungewöhnlich stark gewesen sei; daß er ihn, Boudry, in seiner
Jugend, um ihn von unzüchtigen Frauenzimmern fernzuhalten, in ein
Hospital geführt und ihm die Schrecken der Geschlechtskrankheit gezeigt habe. «Im übrigen war Boudry», heißt es in der Notiz, «ungeachtet seiner Verwandtschaft [mit Marat], seiner demokratischen Ideen,
seiner schmierigen Weste sowie seines an einen Jakobiner gemahnen-
den Äußeren, auf seinen kurzen Beinen ein gewandter Höfling».

Die deutsche Sprache und Literatur unterrichtete ein Österreicher
namens Hauenschild (Gauenšil'd). Er war bei den Lyzeumszöglingen
wenig beliebt, manche hielten ihn für einen österreichischen Agenten.
In der Tat hat er nach der Dekabristenrevolte den österreichischen
Kanzler Fürst Metternich konfidentiell über Organisation und Entwicklung des Lyzeums aufgeklärt, was diesen in der Auffassung be-
stärkte, im Lyzeum und der dort gebotenen Ausbildung liege der
Schlüssel zu den Dezemberereignissen. Im Unterricht legte Hauenschild besonderen Wert auf die Darlegung der griechischen Versmaße
und auf die Aufzählung deutscher Schriftsteller. Damit konnte es ihm
freilich nicht gelingen, Puškins inneren Widerstand gegen das Deutsche aufzuweichen.

Die «Göttinger Russen»

Ein wichtiges Moment der geistigen Ausrichtung und Wissensvermittlung im Lyzeums lag in der Tatsache, daß fünf der hier wirkenden Adjunkt-Professoren den letzten Schliff ihrer akademischen Ausbildung

zwischen 1808 und 1811 an der Göttinger Universität erhalten hatten. Die Georgia Augusta, obwohl erst 1734 gegründet, war durch die hier betriebene «neue Lehrart», durch den entschiedenen Aufklärungsgeist und Rationalismus sowie, nicht zuletzt, durch die hervorragenden Gelehrten, die in Göttingen versammelt waren, zur führenden Akademie der Aufklärungszeit aufgestiegen. Rechts- und Staatswissenschaften, Geschichte, alte Philologie und Orientalistik, aber auch Naturwissenschaften und Medizin wurden in Göttingen auf moderne, vorbildliche Weise gelehrt. Auch im Königreich Westfalen, unter Jérôme Bonaparte, blieb die Universität, die Napoleon unter seinen persönlichen Schutz gestellt hatte, ein Anziehungspunkt für Studenten aus vielen europäischen Ländern, darunter seit langem auch Russen. Ebenso wie die Göttinger Gelehrten seit Albrecht von Haller, August Ludwig Schlözer und Christian Gottlob Heyne ihr gespanntes Augenmerk auf das Großexperiment der Aufklärung, die Modernisierung Rußlands durch Peter und Katharina, gerichtet hatten, zog es russische Studenten zu der Hochburg der Aufklärung. Nach der Aufhebung des von Paul I. erlassenen Verbotes des Auslandsstudiums waren sie scharenweise in Göttingen anzutreffen, darunter Aleksandr Turgenev, dem seine Brüder Nikolaj und Sergej später nachfolgten, sowie einige der künftigen Lehrer Puškins im Lyzeum. Übrigens zählte auch der dortige Lehr- und Moralaufseher, der sinistre Martyn Pileckij-Urbanovič, zu den «Göttinger Russen» – er wurde allerdings bereits im Juli 1813 wegen üblen Verhaltens gegenüber den Lyzeisten von seinen Pflichten entbunden. Ein weiterer «Göttinger Russe» war der draufgängerische Leutnant der in Carskoe Selo stationierten Leibgarde-Husaren Pëtr Kaverin, mit dem sich Puškin bald anfreunden sollte. Die göttingischen Einflüsse, die der Knabe aufnahm, waren demnach zwiespältig. Einerseits erlebte er verknöcherte Wissenschaftler, die das von den Aufklärern klassifizierte Wissen pedantisch darlegten. Diesen Typus hatte er wohl in dem Gedicht *An eine Schöne, die Tabak schnupfte* im Auge, wo er zwar einem Göttinger Professor, einem jungen Dragoner oder einer verblühten bigotten Dame den Schnupftabak von Herzen gönnte, nicht aber seiner lieblichen Climène, deren Reize darunter nur leiden würden. Wen meinte er mit dem «ergrauten Professor aus Göttingen», der sich übers alte Katheder wie ein Regenbogen gebeugt hat und, all seinen Tiefsinn auf das Lateinische gerichtet, mit dürrer Hand den

gestoßenen Tabak in die lange Nase zieht? Schnupfen mochten die
«Göttinger Russen» schon, aber grau und gebeugt dürften sie kaum
gewesen sein. Sie hatten, mit Ausnahme von Pileckij, die Dreißig noch
nicht überschritten, als sie ihren Dienst im Lyzeum antraten. Und es
waren unter ihnen auch junge ideal gesinnte Geister, die den Lyzeisten
Respekt und Verehrung abnötigten. Außer Zweifel steht, daß Puškin in
Carskoe Selo recht genaue Vorstellungen vom Denken und Räsonie-
ren, wie es in Göttingen geübt wurde, gewinnen mußte. Im *Evgenij
Onegin* wird er später Vladimir Lenskij, die Gegenfigur des Titelhel-
den, mit einer «göttingischen Seele» ausstatten; und er wußte, warum
er das tat.

Der Verkünder des Naturrechts –
Aleksandr Kunicyn

Aleksandr Kunicyn war die bedeutendste Gestalt unter den Lyzeums-
lehrern. Popensohn, wie seine Kollegen Kajdanov und Karcov, war er
gleich diesen aufgrund seiner Lernerfolge zum Auslandsstudium abgeordnet worden. In Göttingen hatte er sich für Diplomatie einge-
schrieben, doch scheint er sich vorrangig mit dem Naturrecht und der
liberalen Gesellschaftslehre beschäftigt zu haben. Im wöchentlichen
Lehrplan der Lyzeisten nahmen Kunicyns Vorlesungen stets einen besonderen Platz ein; sie waren donnerstags, freitags und samstags in den
letzten Nachmittagsstunden angesetzt. Im ersten Kurs bot Kunicyn
Logik, Sittenlehre und Lektüre ethischer Bücher an, im zweiten Politische Ökonomie und Enzyklopädie des Rechts. Grundlage seines philosophischen Denkens war das Naturrecht, aus dem sich die Prinzipien
aller Bereiche des Rechts und der Ökonomie ableiten ließen. Aus seinen Schriften, namentlich dem zweibändigen Werk *Das Naturrecht*
(1818, 1820), der ersten Darstellung dieser Materie in Rußland überhaupt, kann man auf die Inhalte schließen, die Kunicyn seinen Schülern vermittelte. Der Mensch, als gefühls- und vernunftbegabtes Wesen, so lautete die Quintessenz seiner Lehre, könne das allen Menschen
innewohnende Freiheitsstreben nur dann verwirklichen, wenn der Einzelne zugleich die Rechte jedes anderen achte und seine Pflichten sorgfältig erfülle. Die Naturrechtlehre lege es dem Staat nahe, seine Ge-

setzgebung unablässig zu adaptieren und zu verbessern, sie diene dem individuellen wie dem allgemeinen Wohl. In einer anderen Schrift, *Darstellung der Wechselbeziehung der staatlichen Kompetenzen* (1817), hatte er sich zuvor schon über die innere und äußere Gefahrenabwehr ausgelassen, also über Einschränkungen der natürlichen Rechte etwa im Kriegsfalle. Kunicyns kühles Dozieren über die vernünftige Einrichtung des Staates mußte die Lyzeumszöglinge nicht weniger faszinieren als seine hochgemuten patriotischen Aufrufe im Jahre 1812. Dem gegen Napoleon und die französischen Invasoren geschleuderten Zorn Kunicyns wird Puškin später in seinen wilden Versen *Gegen die Verleumder Rußlands* nicht nachstehen. Das durch Kunicyn vermittelte naturrechtliche Denkmuster aber scheint Puškins Vorstellungen über das Verhältnis von Staat und Individuum auf Dauer geprägt zu haben. Er bewahrte Kunicyn, auch als dieser wegen seines *Naturrechts* der Gottlosigkeit geziehen und seines Professorenamtes enthoben wurde, Dankbarkeit und ein ehrendes Andenken. Kunicyn, so schrieb er 1825 in seinem Lyzeumsgedicht *Der 19. Oktober*, habe die Lyzeisten geschaffen, ihre Flamme gespeist, er habe den Grundstein gelegt und das reine Lämpchen angezündet.

Ivan Kajdanov lehrte am Lyzeum Geschichte und Geographie. Er lehnte sich dabei an das *Handbuch der Geschichte des Europäischen Staatensystems* seines Göttinger Lehrers Arnold Heeren an. War seine Darlegung der vaterländischen Geschichte auch nicht durch besonderen Höhenflug gekennzeichnet, so verdankten ihm seine Zöglinge doch solide Kenntnisse in der Historie, für die sich der junge Puškin bekanntlich stark interessierte. Jakov Karcov vermittelte im ersten Kurs Algebra, Trigonometrie und Physik, im zweiten Mathematik und Physik, zuletzt als Angewandte Mathematik und Experimentelle Physik, Fächer also, die Puškin nicht lagen. Karcov war in Göttingen mit der Kantschen Philosophie bekannt geworden, möglicherweise hat er seinen Schülern Grundzüge davon vermittelt. Wie alle seine Professoren-Kollegen kam auch Karcov nicht umhin, das erstaunliche dichterische Talent Puškins zu respektieren. Hatte dieser wieder einmal an der Tafel eine algebraische Aufgabe falsch gelöst – x = o –, so stellte Karcov sarkastisch fest: «Gut! Bei Ihnen, Puškin, endet in meiner Klasse alles auf Null. Setzen Sie sich und schreiben Sie Verse».[12]

«Erinnerungen an Carskoe Selo»

Ohne Bedeutung für Puškin und seine Freunde blieb der ebenfalls in Göttingen ausgebildete Adjunkt für lateinische, französische und deutsche Literatur Aleksandr Rennenkampf, der das Lyzeum bereits 1813 wieder verließ. Anders Aleksandr Galič. Er vertrat seit Mai 1814 den erkankten Košanskij in der russischen und lateinischen Literatur. Obwohl er bereits nach einem Jahr seine Tätigkeit am Lyzeum wieder aufgab – aufgeben mußte, da er sich unter seinen Schülern keinen Respekt verschaffen konnte und diese mit ihm ziemlich unzeremoniell umsprangen –, war dieser hochgebildete Kenner der Literatur und Philosophie ein Glücksfall für die jungen Poeten unter den Lyzeisten. Abgesehen vom Lateinunterricht, las er mit ihnen kirchenslavische und russische Texte und ermunterte sie zu eigenen dichterischen Versuchen. In Galičs Zimmer im ersten Geschoß des Lyzeums trafen sich «zechende Studenten» zu kleinen Gelagen und anregenden Gesprächen. Später, 1834, notierte Puškin nach einer neuerlichen Begegnung mit Galič, dieser, sein ehemaliger Professor, sei es gewesen, der ihn zu dem von ihm erwählten Wirkungsfeld ermuntert habe. Das mag in allgemeinem Sinne gesagt worden sein, trifft jedoch besonders auf ein Ereignis zu, das als erster Dichtertriumph des jungen Puškin anzusehen ist. Längst hatte er sich im Kreise der dichtenden Lyzeisten als Koryphäe durchgesetzt. Gelegentlich ließ ihn Galič im Unterricht eigene Gedichte vortragen; in der Lyzeumsanthologie *Der weise Dichter* war er mit patriotischen Versen vertreten. Dies mochte Galič dazu bewegt haben, den jungen Poeten aufzufordern, zum öffentlichen Abschlußexamen für das Jahr 1814 ein feierliches Gedicht zu verfassen. So entstanden die *Erinnerungen an Carskoe Selo*, eine hochgestimmte Ode, die die Zeit des Vaterländischen Krieg aus der Sicht der Lyzeumszöglinge, ihre damaligen Stimmungen und Befürchtungen ins Gedächtnis zurückrief. Puškin deklamierte das Gedicht am 8. Januar 1815 vor einer breiten Zuhörerschaft, die sich aus Lehrern, Eltern und Verwandten der Zöglinge sowie verschiedenen Würdenträgern zusammensetzte – unter ihnen Gavrila Deržavin, der große Dichter der Katharinensischen Zeit. Die Szene, wie der greise Dichter dem jungen Genie tief gerührt seine Reverenz erweist, ist vielfach geschildert, von Il'ja Repin sogar malerisch dargestellt worden. Puškin hat sie im *Table-talk* so beschrieben: Als die Lyzeisten erfuhren, Deržavin werde zu ihnen kommen, seien sie ganz aufgeregt gewesen. Del'vig hatte sich an der Treppe aufgestellt, um die Hand des Dichters zu küssen. Deržavin kam, wandte sich aber sogleich an den Pförtner mit der Frage: «Wo gibt es hier, Bruderherz, einen Abort?» Von solcher Profanität tief enttäuscht, kehrte Del'vig in den Saal zurück. Deržavin, schon sehr gebrechlich, in Uniform und Samtstiefeln, folgte dem Examen mit mattem Blick und hängenden Lippen. Erst bei der russischen Literaturprüfung kehrten seine Lebensgeister zurück. Aufmerksam lauschte er, wie die eigenen Verse deklamiert, interpretiert und gepriesen wurden. Ein aufregender Moment für den jungen Puškin:

> «Endlich rief man mich auf. Zwei Schritte von Deržavin entfernt stehend, las ich meine *Erinnerungen an Carskoe Selo* vor. Ich bin außerstande, meinen Seelenzustand zu beschreiben: Als ich zu dem Vers kam, wo ich den Namen Deržavins erwähne, klang meine Knabenstimme hell auf und das Herz schlug von entzückter Begeisterung ... – Ich weiß nicht mehr, wie ich meine Lesung beendete, weiß nicht mehr, wohin ich enteilte. Deržavin war begeistert, rief mich zu sich, wollte mich umarmen ... Man suchte mich, doch fand man mich nicht ...».

«*Epikurs junger Bruder*» – *Aleksandr Galič*

Galič war übrigens einer der ersten in Rußland, die auf Schellings Identitätsphilosophie hinwiesen. Seine Schüler dürften von ihm erste Hinweise auf die romantische Kunstphilosophie erhalten haben, die sich in seinem *Versuch einer Wissenschaft vom Schönen*, 1825 veröffentlicht, bereits deutlich abzeichnete. Seine *Geschichte der philosophischen Systeme* (1818/19) zeitigte die gleichen Folgen wie Kunicyns *Naturrecht*: Der Verfasser wurde wegen «Gottlosigkeit und Erschütterung der Grundlagen des Staates» seiner akademischen Ämter enthoben.

In mehreren Gedichten hat der junge Puškin Galič besungen. Vor allem war er den Lyzeisten als Zechkumpan lieb. In dem Gedicht *An die Studenten* erscheint er als «Epikurs jüngerer Bruder», seine Seele liege im Pokal, wäre er ihr Präsident, dann würden selbst die Zaren die Studenten beneiden. Zwei Galič gewidmete Gedichte sandte Puškin

1815 dem Lehrer und Freund nach, als dieser wieder nach Petersburg zurückversetzt worden war. Beide Sendschreiben riefen ihn nach Carskoe Selo zurück, wo man, wie es im ersten Gedicht *An Galič* heißt, nicht langweiligen Oden bei Tisch mit einem General ausgesetzt sei, sondern Piroggen und goldenes Bier im glücklich-stillen Winkel der Poesie genieße. Hier deutete Puškin an, daß er demnächst Reithosen, den stolzen Schnurrbart und Epauletten tragen werde, also sich zu den Leibgarde-Husaren melden werde, wie es zunächst seine Absicht war. Im zweiten Gedicht, *Sendschreiben an Galič* überschrieben, ließ der Wunsch, das Gespräch mit dem «liebenswürdigen Weisen» zu erneuern, die ganze Palette epikuräischer Themen aufscheinen, die Puškin und seine Freunde von ihrem «Müßiggänger und Liebhaber des Genusses» Galič aufgenommen hatten.

Gogol'-mogol' mit Folgen

Natürlich nahm es die Lyzealleitung mit Mißbilligung auf, wenn sich die Zöglinge den Freuden des Zechens und des Müßiggangs hingaben. Eine Affäre, «Gogol'-mogol'» genannt, sollte böse Folgen haben. Was war geschehen? Am 15. September 1814, dem Namenstag der Kaiserin Elisabeth, der wie alle allerhöchsten Feiertage unterrichtsfrei war, hatten Puškin und seine Freunde Ivan Malinovskij und Ivan Puščin insgeheim einen Gogol'-mogol' unter kräftigem Zusatz von Rum gebraut. (Den Rum hatte ein Diener beschafft, der deswegen seine Stelle verlor.) Gogol'-mogol', d. h. geschlagenes Eigelb mit Zucker, war zwar ein verbreitetes Kräftigungsmittel für Kinder, doch was die drei am siedenden Samowar zubereiteten und Bacchus als stummes Opfer darbrachten, so Puškin später im ersten Erinnerungsgedicht an das Lyzeum (1825), stieg den drei Zöglingen und den hinzukommenden Kameraden rasch in Kopf und Glieder. In dem an Puščin gerichteten Gedicht *Erinnerung* hat Puškin das Geschehen bald darauf beschrieben:

> *Denkst du noch an unser Flüstern,*
> *An die Punschpokale auch,*
> *An der Gläser Glanz im Düstern,*
> *Und den billigen Pfeifenrauch?*

Wie so schön die Pfeifen brannten!
Schwaden zogen durchs Lokal …
Horch, die Stimme des Pedanten
Nähert sich mit einem Mal …

Und es fliegt vor dem Kustoden
Der Pokal zum Fenster raus –
Überall, auf Tisch und Boden
Breitet Punsch und Wein sich aus.

Und wir fliehen fort in Eile –
Schnell verging der kurze Schreck!
Und wir glühen mittlerweile,
Jeder redet frisch vom Fleck.[13]

Der diensthabende Gouverneur fand die junge Runde außer Rand und Band und erstattete Meldung. Eine Untersuchung wurde eingeleitet: die drei Freunde bekannten sofort ihre Schuld. Hauenschild, damals mit dem Direktorenamt betraut, unterrichtete im Übereifer den Minister, der eigens nach Carskoe Selo angereist kam und den drei Übeltätern einen strengen Verweis aussprach. Auf sein Geheiß wurde von der Lyzeumskonferenz ein besonderes Schwarzbuch angelegt, in dem künftig Vergehen der Zöglinge eingetragen werden sollten; diese Rügen sollten bei der Abschlußbenotung berücksichtigt werden. Puščin hat überliefert, wie die Bestrafung der drei Zechkumpane aussah: Zwei Wochen lang mußten sie das Morgen- und das Abendgebet auf den Knien verbringen. Bei Tisch wurden ihnen die letzten Plätze zugewiesen, was aber nicht lange währte und den flinken Puškin zu dem Zweizeiler animierte:

Wohl dem Manne, der beim Essen
Näher an dem Brei gesessen.[14]

Und natürlich eröffneten die Namen der drei Sünder die Eintragungen ins Schwarzbuch. Sie blieben übrigens die einzigen und wurden bei der Entlassung nicht mehr geltend gemacht.[15] Wie ernst Puškins Familie den Vorfall nahm, zeigen die häufigen Besuche von Mutter und Schwester in jenen Tagen. Als der Vater am 11. Oktober im Lyzeum erschien, setzte es wohl eine gehörige Standpauke, worauf der Sohn einige Tage das Bett hüten mußte. Das hinderte ihn freilich nicht daran, den Vorfall in dem Gedicht *Zechende Studenten* zu beschwören, das wiederum von den Kameraden begeistert aufgenommen wurde. Später heißt es in Puškins autobiographischen Stichworten knapp: «Besuch des Vaters. Krankenhaus. Verse. Das Verhältnis zu den Kameraden. Meine Eitelkeit».

Das Lyzeumsreglement

Das Lyzeum war in einem weiträumigen Seitenanbau des Schlosse in Carskoe Selo untergebracht, den unter Katharina die Großfürstinnen bewohnt hatten. Ivan Puščin hat die Räumlichkeiten genau beschrieben:[16] Im Erdgeschoß befanden sich Verwaltung sowie einige Wohnungen für das Lehrpersonal; im ersten Geschoß Speisesaal, Krankenzimmer und Konferenzraum, im zweiten der Erholungsraum, die Klassenzimmer, das Physikalische Kabinett, das Zeitungszimmer und die Bibliothek. Von dieser führte ein Gang durch die Hofkapelle ins Schloß. Darüber, im dritten Stockwerk, befanden sich die Dortoirs, die Schlafräume der Lyzeisten, fünfzig an der Zahl. Jedes Zimmer enthielt ein eisernes Bett, eine Kommode, ein Schreibpult mit Tintenfaß und Kerzenhalter, einen Spiegel, einen Stuhl und einen Waschtisch mit Nachtgeschirr. Alle Stockwerke und das Treppenhaus waren beleuchtet; die mittleren Etagen besaßen Parkettböden, der große Saal war von Spiegeln umgeben. Solch aufwendige Ausstattung war für die jüngeren Brüder des Kaisers gewählt worden, die dann freilich das Lyzeum gar nicht besuchten.

Auch über den Tageslauf der Lyzeisten hat sich Puščin ausgelassen. Unter den gegebenen Lebensbedingungen sei es den Zöglingen nicht schwergefallen, sich der Hausordnung des Lyzeums zu fügen. Sie sah vor: Aufstehen um 6 Uhr früh, Unterricht von 7 bis 9 Uhr, danach Tee und Erholungspause bis 10 Uhr, Unterricht von 10 bis 12 Uhr, danach Erholungspause bis zum Mittagessen um 13 Uhr; am Nachmittag war von 14–15 Uhr Schönschreiben oder Zeichnen angesetzt, von 15–17 Uhr erneut Unterricht, sodann, nach einstündiger Pause, das Wiederholen der Lektionen.

Die Lyzeumsuniform empfanden die Zöglinge anfangs als beengend.

Sie bestand aus blauem Rock mit rotem Kragen und blauer Hose. Zur Paradeuniform, die an Feiertagen zu tragen war, gehörten Weste, Halstuch und Hosen in Weiß zum blauen Rock, Kanonenstiefel und der zu jener Zeit schon recht altmodische Dreispitz. Eine Wäscheverwalterin sorgte für frische Wäsche, die Diener im Wohntrakt für Sauberkeit und Ordnung in den Schlafräumen wie auch für kleine Leckereien, Schokolade und manchmal Likör.

Die Lyzeumskameraden

Ivan Puščin, dem die Nachwelt diese Einzelheiten über das Leben im Lyzeum in Carskoe Selo verdankt, war einer der nächsten Freunde Aleksandr Puškins. Er stammte aus einer einflußreichen Admiralsfamilie und strebte, wie ja zunächst auch Puškin selbst, eine militärische Karriere an. Selber ohne dichterisches Talent, bewunderte er seinen genialen Kameraden und hielt das eine oder andere Gedicht zugleich mit der Situation, in der es entstanden war, in seinen Erinnerungen fest. Mit unbestechlichem Blick erkannte er Stärken und Schwächen des Freundes; vor allem scheinen ihm die Widersprüche in Puškins Charakter früh aufgegangen zu sein. Er schildert ihn als leicht erregbar, exzentrisch und darum bei den Kameraden nicht gerade beliebt. Seine scharfe, unbedachte Zunge habe ihn nicht selten in Ungelegenheiten gebracht, die nicht leicht wieder auszuglätten waren. Vor allem habe es ihm an Takt gemangelt, ohne den kein Zusammenleben im Kameradenkreise denkbar sei. Bei aller Belesenheit, bei allem, was sich in seinem Gedächtnis festgesetzt hatte, habe er nie mit seinen Kenntnissen geprahlt. Alle trockene Gelehrsamkeit habe er gering geachtet und allein Wert darauf gelegt, gut zu laufen, über Stühle zu springen und den Ball zu werfen. Er selbst, bekennt Puščin, habe den Freund einfach so genommen, wie er war, mit all seiner charakterlichen Unausgeglichenheit und all seinen Mängeln. Puškin wieder fand in ihm den treuen, echten Freund, mit dem er sich streiten konnte, um sich mit ihm sofort wieder zu versöhnen.[17] Im Gegensatz zu seinem phantasiebegabten Freunde verfügte Puščin über einen klaren politischen Verstand und konnte die Zustände in Staat und Gesellschaft besser erfassen als jener. Puščins Weg in die Geheimgesellschaften und seine

Teilnahme an der Verschwörung der Dekabristen waren schon im Lyzeum vorgezeichnet, wo er an der «Geheiligten Artel», einer geheimen Schülervereinigung, teilgenommen hatte. Seine späteren Erzählungen und Berichte haben, auch wenn sie im Abstand von fast einem halben Jahrhundert (1859) niedergelegt wurden, dem Leben und Treiben im Lyzeum, insbesondere der Rolle Puškins im munteren Kreise der Lyzeisten, viel an Farbe verliehen.

Zwei der Lyzeumskameraden waren Puškin durch die Liebe zur Poesie besonders verbunden, Anton Del'vig und Wilhelm von Küchelbekker (Vil'gel'm Kjuchel'beker). Del'vig war der Sohn des Platzmajors der Stadt Moskau, Küchelbeckers Vater war unter Paul I. Direktor der Sommerresidenz Pavlovsk gewesen. Beide waren aufgrund ihrer Herkunft – Del'vig kam aus dem baltischen, Küchelbecker aus dem sächsischen Adel – eng mit der deutschen Kultur und Literatur verbunden, beide beherrschten ausgezeichnet das Deutsche. Del'vig begeisterte sich für die Alten, die er jedoch nicht in der Verkrustung eines Košanskij begriff, sondern, wie die Brüder Schlegel, als lebendigen Quell der Poesie. Die Idyllen Salomon Gessners beflügelten ihn zu eigenen Dichtungen. Vergeblich versuchte er, Puškin für die Poesie Klopstocks zu gewinnen; der freilich konnte mit dem *Messias* wenig anfangen. Weder habe er den Allweisen verstanden, erklärte Puškin in seiner Burleske *Bova*, geschweige denn in dessen Stil dichten wollen. Auch Del'vig war der verspielten Poesie keineswegs abgeneigt, nur verfügte er dank seiner deutschen Lektüre über ernstere ästhetische Maßstäbe, wie sie Puškin vorerst noch verschlossen blieben. Del'vig war schon im Lyzeum Puškins wichtigster Geschmacksrichter und sollte es bis zu seinem frühen Tod bleiben. Das hohe Kunstideal, das beide verband, der beständige familiäre Umgang miteinander, die Fülle der gemeinsamen Unternehmungen und, nicht zuletzt, die vielen Gedichte, die sie einander widmeten, zeugen von einer einzigartigen literarischen Freundesbeziehung. Niemand auf der Welt sei ihm näher gewesen als Del'vig, schrieb Puškin, als er im Januar 1831 die «schreckliche Nachricht» vom Verlust des Freundes erhielt.

Küchelbecker galt im Lyzeum als schwieriger Schüler und Kamerad. Er war ungeschickt und übersensibel. Kein Wunder, daß er rasch zur Zielscheibe von Hänselein und Schabernack seiner Mitschüler wurde. Schon sein Name löste in den jungen Russen allerlei Spitznamen aus;

«Kjuchlja» nannte man ihn, «Vilja» oder «Klit». Da er deutsch erzogen worden war, erlernte er das Russische richtig erst auf dem Lyzeum. Dabei begeisterte er sich, da er mit einem besonderen Sinn für das Erhabene ausgestattet war, ausgerechnet für das Kirchenslavische und den hohen Stil, was natürlich bei den Liebhabern die leichten Poesie höchstes Befremden auslösen mußte. Auch das Griechische begeisterte ihn. Sein erstes erhaltenes Gedicht war keinem geringeren Gegenstand als der Unsterblichkeit als Ziel des menschlichen Lebens gewidmet. Mit Fleiß legte er in einem Heft eine Art Enzyklopädie interessanter Gegenstände an, die unter den Zöglingen als *Unser Wörterbuch* kursierte. Nicht wenige der im Lyzeum verfaßten Epigramme zielten auf Küchelbecker. Mit Puškin geriet er deswegen immer wieder in Streit. Gewiß, es war schon arg, wenn Puškin in einem Epigramm dem Freunde «Vilja» nachsagte, er schreibe häßliche Liebeslieder, Satiren wie Herkules und sei verliebt wie Boileau, und in einem anderen, *Epigramm auf den Tod eines Dichters*, dem seligen Klit das Paradies verweigerte, weil er schwere Sünden begangen habe: Möge ihn der Herr vergessen, wie die Welt seine Verse vergaß ... Doch konnte er in dem Küchelbecker gewidmeten Gedicht *An den Dichter-Freund*, pendelnd zwischen Literatursatire und ernster Bestimmung des Dichterberufes, auch das schwere Los der Poeten beschwören:

> *Die Dichter sind wohl nie, mein Freund, des Reichtums Gäste;*
> *Das Los versetzt sie nicht in marmorne Paläste,*
> *Und Gold und Edelstein läuft ihnen niemals nach: ...*
> *Das Rad Fortunas rollt am Dichter schnell vorbei.*[18]

Übrigens war dies das erste Gedicht Puškins, das im Druck erschien – 1814 im *Boten Europas* (Vestnik Evropy). Das hier prophezeite schwere Dichterlos hat Küchelbecker, der als Mitglied der «Nördlichen Gesellschaft» tief in die Dekabristenbewegung verstrickt war, nach der Revolte in aller Schärfe getroffen: Das gegen ihn verhängte Todesurteil – er hatte während des Aufstandes einen Schuß auf den Großfürsten Michail abgegeben – wurde allerdings in Festungshaft und sibirische Verbannung umgewandelt. Die Freundschaft zwischen den beiden so verschiedenen Dichtern hatte, wenn auch immer wieder durch Puškins Sarkasmus und Küchelbeckers Empfindlichkeit getrübt, über die Lyzeumszeit hinaus Bestand.

Aleksej Illičevskij war im Kreise der dichtenden Lyzeisten Puškins größter Rivale. Einige Zeit hielt man ihn, weil er mit Leichtigkeit und Geschick Verse im anthologischen Genre schrieb, für das As, für den Recken unter den Dichtern des Lyzeums – vor Puškin.[19] Die literarischen Beschäftigungen spielten bei den Lyzeisten eine größere Rolle als die zu erlernenden Wissenschaften. Es bestand eine lebendige literarische Atmosphäre, die mit Gedichten auf alle möglichen Anlässe, Sendschreiben, Elegien, Fabeln, aber auch mit Polemiken, Pasquillen, Epigrammen, Satiren – nicht zuletzt auf die Lehrer – gespeist wurde. Die Gedichte wurden zu kleinen handschriftlichen Almanachen und Zeitschriften zusammengefaßt, von denen einige erhalten blieben. Mit Eifer verfolgte man die literarischen Richtungskämpfe zwischen Archaisten und Novatoren und ergriff für die eine oder andere Seite Partei.

Frühe Förderer des Talents

Im lyzealen Dichterwettstreit erwies Puškin nicht sofort, aber bald umso überzeugender sein erstaunliches Talent. Bei jeder denkbaren Gelegenheit sprudelten aus ihm die Verse nur so heraus, Reime und spritzige Pointen flogen ihm zu, daß es Lehrern wie Kameraden den Atem verschlug. Dabei waren die Invektiven, wie bei Küchelbecker zu sehen, mitunter äußerst boshaft und, wie von Puščin beklagt, oft taktlos. Nach dem Gedicht *An Licinius* (1815), einer Vision vom Untergang Roms, das aus der Freiheit erstanden war, doch von der Knechtschaft zerstört wurde, mußten auch Vater Sergej und Onkel Vasilij Puškins dichterisches Talent anerkennen. Bemerkenswert, daß nach Puškins Auftritt im Lyzeum auch die führenden russischen Dichter auf ihn aufmerksam wurden. Pëtr Vjazemskij, später einer der engsten Freunde Puškins, sprach in einem Brief an Batjuškov von einem regelrechten Wunder: «Was für eine Kraft und Genauigkeit im Ausdruck, was für ein fester und meisterhafter Pinsel in den Bildern!» So lautete Vjazemskijs Lob über *die Erinnerungen an Carskoe Selo*. Auch Vasilij Žukovskij, der Dichter und Übersetzer, der gerade in jenen Jahren die Ballade nach dem Vorbild Bürgers, Goethes und Schillers in Rußland begründete, stimmte in das Lob ein. (Puškin hatte übrigens kurz zuvor Žukovskijs Nachdichtung von Schillers *Achill* gelesen und sich sofort eingeprägt.) Batjuškov und bald darauf Žukovskij suchten den jungen Poeten im Lyzeum auf. Im Hause Karamzins fand er freundliche Aufnahme. Nicht nur der liebenswürdige Reichshistoriograph, sondern auch seine warmherzige Frau Ekaterina nahmen sich bereitwillig des jungen Dichters an. Karamzin, der damals an seiner *Geschichte des Russischen Reiches* schrieb, las dem jungen, «scharfsinnigen» Poeten daraus vor. Seit dieser Zeit verbreiteten sich Interesse und Sorge maßgeblicher Männer des russischen Geisteslebens um das vielversprechende, ganz außergewöhnliche poetische Talent des jungen Puškin. Sie werden bis zum Ende nicht ablassen, Verwicklungen zu lösen, Verfolgungen abzufedern, Schicksalsschläge zu erleichtern. Die frühen Förderer – Batjuškov, Karamzin, Vjazemskij, Žukovskij – wurden alsbald die vertrauten Freunde des Dichters.

Erste Schwärmereien

In die Lyzealzeit fielen, wie sollte es anders sein, auch Puškins erste Schwärmereien für das schöne Geschlecht. Sicherlich ließen sich die ersten erhaltenen Verse des Vierzehnjährigen, *An Natal'ja*, einer Schauspielerin nach dem Besuch des Leibeigenen-Theaters des Grafen Varfolomej Tolstoj in Carskoe Selo gewidmet, eher nur als Einübung des petrarkistischen Vokabulars erklären denn als handfeste Liebelei. Cupido, der hier beschworen wurde, hatte zwar das Herz eines Liebenden ergriffen, der stellte sich indes am Ende als Mönch in der Zelle vor. Bald aber wirbelten die Gefühle den pubertierenden Knaben durcheinander und bestimmten mehr und mehr seine Gedichte. Echte Verliebtheit und poetische Pose waren zunächst kaum voneinander zu trennen, vielmehr ging die Erprobung des einen wie des anderen Hand in Hand.

Da waren die Schwestern der Kameraden: die junge Fürstin Elena Gorčakova, der das Schnupftabakgedicht zugedacht war; Maša, die achtjährige Schwester Del'vigs; und da war die liebreizende Ekaterina Bakunina, der ein ganzer Zyklus kleiner elegischer Gedichte gewidmet ward und der er, wie in dem Gedicht *Trennung*, Tag und Nacht nachtrauerte. Da waren die blühenden Damen, die den Sommer in Carskoe Selo zubrachten, wie Natal'ja Kočubej, die Tochter des Innenministers Graf Viktor Kočubej, deren Verschwinden ihn, in den Strophen *An*

Nataša, Herbst und Winter spüren ließ. (In Puškins späterem *Don-Juan-Register* wird sie einen der ersten Plätze einnehmen.) Da rief er in den leidenschaftlichen Versen *An Delija* die Geliebte ins Liebesversteck. Und da war Lida, so nannte er die jungverwitwete Französin Marija Smit (Mary Smith), die im Hause des neuen Lyzeumsdirektors Engelhardt lebte. Puškin machte ihr den Hof und dedizierte ihr die ziemlich lockeren Verse *An eine junge Witwe.* Sie trug keine Bedenken, das Gedicht Engelhardt zu zeigen, was den geradlinigen Mann gegen Puškin aufbrachte. Madame Smith wieder hielt bei literarischen Spielen nicht mit Lob für das junge Dichtgenie zurück. Fatalerweise verliebte er sich sogar in Ekaterina Karamzina, die Gattin seines Wohltäters, und erklärte ihr, die seine Mutter hätte sein können, in einem Brief seine Liebe. Ekaterina zeigte den Brief ihrem Gatten; es kam zu einer Aussprache zwischen dem alten und dem jungen Dichter, bei der Puškin in Tränen ausbrach.

Grob beleidigend äußerte sich Puškin nur einmal über eine Dame. Im Juli 1816 schrieb er ein französisches Epigramm auf die Kammerfrau der Kaiserin Varvara Volkonskaja: Man könne sie gut für eine Kupplerin (*une maquerelle*) oder eine häßliche Äffin (*une vieille guenon*) halten, doch für eine Grazie – nie. Dahinter stand eine Affäre, die Puščin überliefert hat:[20] In dem Trakt des Katharinen-Schlosses, in dem die Hofdamen der Kaiserin wohnten, befand sich ein Korridor, den die Lyzeumsschüler nicht zuletzt deswegen gern benutzten, weil sich dort leicht Begegnungen, Flirt und Liebelei mit den Zimmermädchen der Hofdamen herbeiführen ließen. Als Puškin einmal im Dunkeln ein Zimmermädchen ergriff und küßte, hatte er Pech. Das vermeintliche Zimmermädchen war keine andere als Prinzeß Volkonskaja, die den Vorfall voller Empörung dem Zaren meldete. Alexander schritt unverzüglich ein. Engelhardt, der neue Lyzeumsdirektor, versicherte ihm, Puškin sei wegen des Vorfalls verzweifelt und bitte darum, sich bei der Hofdame entschuldigen zu dürfen. Der Zar zeigte irgendwie Verständnis und versprach sogar, bei Prinzeß Volkonskaja Puškins Advokat zu sein. So standen reumütige Entschuldigung und ein bitterböses Epigramm, auf die gleiche Person gemünzt, dicht nebeneinander. (Übrigens sind sich die Puškin-Forscher nicht einig, ob das erwähnte anmutige Gedicht *An Nataša* in Wahrheit dem Zimmermädchen und nicht Natal'ja Kočubej gewidmet war.)

Die Leibgarde-Husaren in Carskoe Selo

Die Ereignisse des Vaterländischen Krieges hatten die Zöglinge zutiefst aufgewühlt. Sie hatten den Auszug des Leibgarde-Husarenregiments erlebt, hatten mit glühendem Eifer den Verlauf der militärischen Operationen verfolgt und einen Heldenkult getrieben. Als das Lyzeum nach der Schlacht von Borodino in die finnische Universitätsstadt Abo evakuiert werden sollte (Finnland war seit 1809 Großfürstentum im russischen Reichsverband), fieberten sie der Verlegung entgegen, die dann zu ihrem Leidwesen wieder abgeblasen wurde. Das Erlebnis der Napoleonischen Invasion und der heldenhaften Verteidigung des Vaterlandes verankerte bei allen Lyzeumszöglingen einen bleibenden Patriotismus. Auf den Einzug Alexanders I. in Paris schrieb Puškin das Gedicht *An Kaiser Alexander* in pathetischen Alexandrinerversen. (In einer Karikatur zeigte er allerdings bald darauf den korpulent gewordenen Herrscher, der die Triumphpforte in Pavlovsk kaum noch passieren konnte.) Als die Leibgarde-Husaren 1815 siegreich aus Frankreich zurückkehrten, freundeten sich die älteren Lyzeisten, die jetzt freien Ausgang genossen, mit den Offizieren an. Es waren darunter liberale Geister, die die Zivilisation und gesellschaftliche Ordnung des Westens aufmerksam registriert hatten und die darauf sannen, endlich mit politischen und sozialen Reformen in Rußland zu beginnen und vor allem die drückende Leibeigenschaft der Bauern aufzuheben. Dabei waren die jungen Gardeoffiziere alles andere als Freunde des Trübsinns. Ohne Zaudern führten sie die wißbegierigen Lyzeisten in die alkoholisierten und erotisierten Freuden des Lebens ein. Zu Puškins nächsten Bekannten zählten alsbald einige Gardeoffiziere, die ihm in der Verbindung von Haudegentum, Lebensgenuß und philosophischem Geist beinahe ein neues Ideal vorführten. Der Husarenmajor Pëtr Kaverin, wieder ein «Göttinger Russe», der gleichzeitig mit Kunicyn und Nikolaj Turgenev an der Georgia-Augusta studiert hatte und mit Schriftstellern wie Vjazemskij und Griboedov befreundet war, spielte sich mächtig als Raufbold, Zecher und Weiberheld auf. Diese Verbindung imponierte Puškin ganz offensichtlich. In seinem Gedicht *An Kaverin* rechtfertigte er des Freundes «Sünden» – ein windiger Greis sei ebenso lächerlich wie ein maßvoller Jüngling – und forderte, es müsse möglich sein, mit

Cythera (der Liebe) und dem Portikus (der Wissenschaft), mit dem Buch und dem Pokal in Einklang zu leben. Die Vollständigkeit des Lebens, hier aus eher zufälligem Anlaß postuliert, nahm für den 17 jährigen greifbare Formen an. Er dachte ja längst über die Lyzeumszeit hinaus und hatte den Vater erst vor kurzem um die Erlaubnis gebeten, in das Husarenregiment eintreten dürfen. Der Vater schlug dagegen die Garde zu Fuß vor.

Im Hause Karamzin lernte Puškin im Sommer 1816 den Husarenkornett Pëtr Čaadaev kennen, einen hochgebildeten, sich elegant gebenden Offizier von selbständiger Geistesart. Er gewann bestimmenden Einfluß auf Puškins Denken, indem er es auf kulturtypologische Sachverhalte lenkte und auf den historischen und kulturellen Unterschied zwischen Rußland und Europa richtete. Einen weiteren Freund fürs Leben gewann er in dem blutjungen Husarenleutnant Nikolaj Raevskij, Sohn eines bekannten Kavalleriegenerals, mit dessen Familie er später im Süden eng verbunden sein wird.

Zu den, abgesehen von der Poesie, immer ein wenig langweilenden Unterrichtsgegenständen im Lyzeum traten also in den letzten Jahren, die Puškin dort zubrachte, neue Erfahrungen, die einmal mitten ins drastische Leben hineingriffen, zum anderen aber frischere und weitere Denkhorizonte eröffneten, die jenseits des trockenen Schulkanons lagen.

Das Ende der Lyzeumszeit

Das Ende der Lyzeumszeit rückte nun schnell heran. Die Abschlußprüfungen fanden, Fach für Fach, in der zweiten Maihälfte 1817 statt. Überraschende Ergebnisse waren für Puškin nicht zu erwarten. Zwar glänzte er in einigen Fächern, dafür fiel er in anderen ganz ab. Seine in sechs Schuljahren gezeigten Leistungen in russischer und französischer Literatur sowie in der Fechtkunst wurden als «vortrefflich» bewertet, in Latein, Volkswirtschaft und Finanzlehre erhielt er «sehr gut», in den übrigen Fächern «gut». Lakonisch wurde im Zeugnis vermerkt, daß er sich, darüber hinaus, mit Geschichte, Geographie, Statistik, Mathematik und Deutsch beschäftigt habe. Puškin belegte mit diesem Zeugnis den viertletzten Platz unter den Abgängern.

Er war nun 18 Jahre alt. Letztlich hatte er sich doch entschlossen, einer Beamtenkarriere im Außenministerium den Vorzug vor dem Militärdienst zu geben. Zusammen mit acht Lyzeumskameraden, darunter Gorčakov, Küchelbecker und Grävenitz, wurde er durch ministerielles Reskript «auf eigenen Wunsch», wie es ausdrücklich hieß, dem Außenministerium, hier noch Kollegium für auswärtige Angelegenheiten genannt, zugewiesen. Als Kollegiensekretär gehörte er der X. Rangklasse an. Zwecks Ausrüstung der jungen Beamten wurde den schlechtergestellten Eltern ein Betrag von 10 000 Rubeln zur Verfügung gestellt. Die Beamten der 10. Rangklasse erwartete ein Jahresgehalt von 800 Rubeln.

Der Festakt anläßlich der Verabschiedung des ersten Jahrgangs fand am 9. Juni 1817 im Lyzeum statt. Wie bei der Eröffnung des Lyzeums beehrte der Kaiser samt Gefolge die Feier mit seiner Anwesenheit. Engelhardt, der Lyzeumsdirektor, eröffnete die Veranstaltung, Kunicyn verlas den Rechenschaftsbericht, dann stellte der neue Volksbildungsminister, Fürst Golicyn, seiner Majestät die einzelnen Abgänger vor, die aus seiner Hand Medaillen und Belobigungsurkunden entgegennahmen. (Puškin ging dabei leer aus.) Zum Schluß ertönte, vom Lyzeumschor gesungen, ein «Abschiedslied», das Del'vig gedichtet und Musiklehrer Tepper vertont hatte. Es diente fortan als Lyzeumshymne.

Zeugnisse und Beurteilungen

Am 11. Juni 1817 begab sich Puškin von Carskoe Selo nach Petersburg. Sieben Jahre hatte er im Lyzeum verbracht, er hatte mannigfache Kenntnisse erworben, hatte Freunde fürs Leben gewonnen und galt bereits jetzt bei vielen als «das aufgehende Gestirn» der russischen Poesie. Aber war in diesen Jahren auch seine Persönlichkeit herangereift? In der Eingangsbewertung war er als «windig und leichtsinnig» und «ein wenig konfus» charakterisiert worden. Der russische Ausdruck «vetren» (wörtlich: windig) ist im Deutschen nicht leicht wiederzugeben. Er bezeichnet Leichtsinnigkeit und Leichtfertigkeit, mangelnde Konzentration und Ausdauer, auch tollende Beweglichkeit. Diese für ein Kind ja keineswegs ungewöhnlichen Eigenschaften scheinen Puškins Lehrern sofort ins Auge gefallen zu sein, und sie sollten sich wie ein roter Faden durch die Bewertungen ziehen, die sie in regelmäßigen Abständen zu

erstellen hatten. Kunicyn beispielsweise, Puškins hochverehrter Prä-
zeptor, hatte den 13jährigen Puškin im November 1812 so beurteilt:

> «Aleksandr Puškin ist sehr verständig, spitzfindig und scharfsinnig, aber
> ganz und gar nicht fleißig. Er ist nur zu den leichtesten Gegenständen
> befähigt, die geringstmögliche Anstrengung erfordern, deshalb sind seine
> Leistungen sehr unbedeutetnd, vor allem in der Logik. Er besitzt einen
> lebhaften, jedoch verschlossenen und zugleich heftigen Charakter.»[21]

Einen ähnlichen Tenor besaßen auch die Zeugnisse der anderen Professoren. Der Zeichenlehrer Čirikov gebrauchte für die Charakteristik
im September 1813 die schon stereotypen Adjektive: «leichtsinnig,
windig, unordentlich, faul», fügte aber hinzu: «im übrigen gutmütig,
eifrig, höflich, besitzt eine besondere Leidenschaft zur Poesie».[22] Georg Engelhardt, der die Leitung des Lyzeums am 4. März 1816 übernommen hatte, notierte bereits zwei Wochen später Anmerkungen zu
den einzelnen Zöglingen der Anstalt. Dabei ist anzunehmen, daß er
nicht so sehr eigene Eindrücke, als vielmehr die Meinungen nieder-
legte, die sich im Professorenkollegium zu den einzelnen Schülern gebildet hatten. Keiner der drei Lyzeumsliteraten, weder Del'vig, Küchelbecker noch Puškin, kam in Engelhardts deutsch verfaßten Atte-
staten glimpflich davon. Del'vig (Delwig) wurde ein nur «kümmerliches
Dichterflämmchen» zugestanden, wenn er auch, trotz befürchteter
Untergrabung der Sittlichkeit durch geheime Sünden, in der russischen
Literatur als der Unterrichtetste angesehen wurde. Küchelbecker ward
völliger Mangel «an allem Geschmack, Tackt, Grazie, Maaß und lich-
tem Ziel» bescheinigt, dazu eine fromme Seele, die zu Eigensinn und
Donquichotterie neige. In seiner Jugend sei er vom Veitstanz befallen
gewesen. Puškins Charakteristik aber nahm sich, gesteigert noch durch
Engelhardts Soupçon gegen den oberflächlichen französischen Geist,
vernichtend aus:

> «Sein höchstes und letztes Ziel ist glänzen und zwar durch Poesie. Darauf
> führt er alles zurück, und treibt alles was damit in unmittelbarer Beziehung
> steht, mit Liebe. Indessen wird es ihm wohl nie gelingen seinen Versen
> selbst eine feste Grundlage zu geben, weil er alles ernstere Studium scheut,
> und sein poetischer Geist selbst kein in die Tiefen herabdringender ge-
> müthlicher, sondern ein gar oberflächlicher französischer Geist ist. Und
> doch ist nur dies, in so fern es etwas Gutes dünken kann, das Beste was sich

von ihm sagen läßt. Sein Herz ist kalt und leer, leer an Liebe und leer an allem religiösem Gefühle und Bedürfniß, vielleicht so leer als es nie ein jugendliches Herz gewesen ist. Die zarteren und jugendlichen Gefühle alle sind in seiner Phantasie entweiht, denn diese ist befleckt von allen Schandmälern der französischen Literatur, die er Stellenweise oder ganz auswendig wußte als er in das Lyzeum trat, eine würdige Mitgabe seiner früheren Erziehung».[23]

Dies die Worte eines im Grunde wohlwollenden, verantwortungsbewußten Pädagogen, der sich sehr wohl den Respekt und die Zuneigung der ihm anvertrauten Zöglinge zu erwerben wußte; der auch Puškin mit Fairness entgegenkam und sich am Ende doch vom überragenden poetischen Talent seines Schülers überzeugen sollte. Nein, es war Puškin, der wohl instinktiv spürte, daß ein Mann wie Engelhardt seine «windigen» Seiten durchschaute, und der sich, vielleicht schuldbewußt, von ihm abwendete. Puščin, dem Dichter in enger Freundschaft verbunden, hat Engelhardt vor ihm verteidigt. Und klingt die charakterliche Bewertung des Freundes, die er hinterlassen hat, nicht sehr ähnlich wie die Worte des Lyzeumsdirektors?

Selbstbild

Nun es gibt eine weitere Stimme, die dessen Urteil bestätigt: Puškin selbst. In einigen Gedichten entwarf er ein Selbstbildnis, das bei aller übertreibenden Stilisierung dem sehr nahekam, was Lehrer und Kameraden über ihn dachten. In einem Vierzeiler bekundete er, er sei von sich selbst überzeugt, ein Klugscheißer unter Dummköpfen, ein kleiner Kaverin, ein Molostov des Lyzeums – wobei man wissen muß, daß er den Husarenkornett Molostov an anderer Stelle abfällig als Tataren, nicht als Russen apostrophiert hatte. Aufschlußreicher noch das französische Gedicht *Mon portrait*, in dem der «Franzose», wie man Puškin im Lyzeum nannte, schon 1814 eine Selbstdarstellung versucht hatte:

> *Ihr wollt mein treues Bildnis sehn,*
> *Gemalt nach der Natur;*
> *Das kann, mein Lieber, gleich geschehn,*
> *Obgleich in Miniatur.*

Ein Schlingel voller Narretei,
   Der immer noch studiert;
Nicht dumm, ich sag es ohne Scheu,
   Und gar nicht affektiert.

Kein Schwätzer war je auf der Welt,
   Kein Doktor der Sorbonne –
Dem Schwatz und Plausch wie mir gefällt
   In eigener Person.

[...]

Ich mag die Welt und ihr Geschrei,
   Ich bin nicht gern allein;
Verabscheu Zank und Streiterei
   Und Schule und Latein.

Theater, Bälle sind für mich
   Ergötzlich, und noch mehr,
Ich sagte Euch auch was ... wenn ich
   Nicht im Lyzeum wär.

So, lieber Freund, hab ich gedacht,
   Kann man mich konterfein:
Wie mich der liebe Gott gemacht,
   So will ich immer sein.

Auf Eulenspiegelein erpicht,
   Mit allzu leichtem Sinn,
Ein affenartiges Gesicht.
   Schaut her, das ist Pouchkine.[24]

Als Schelm oder sogar als Strolch, als Schwätzer, als Dämon schlimmer
Streiche, Meister des Mienenspiels, also der Verstellung, überschäu-
mend von Leichtsinn stellte er sich dar. Und bei aller Selbstironisie-
rung und Übertreibung war in diesem Bild schon jenes Gran an Aufrichtigkeit und Wahrheit enthalten, das er sich nicht vorenthielt und
seiner Umgebung zumutete. So wollte er immer sein und so wird er
immer sein.

Puškin im Lyzeum (zwischen 1814 und 1817).
Gravur von Egor Gejtman

Der Lyzeumsgeist

Vieles an Puškins Haltung und Verhalten war freilich dem im Lyzeum herrschenden Geist geschuldet. Die Lyzeisten galten vielen in der russischen Gesellschaft als Liberale, Freidenker, ja potentielle Revolutionäre. Der zwielichtige Literat Faddej Bulgarin gab in einer für die Geheimpolizei verfaßten Analyse der Gründe, die zur Dezemberrevolte führten, später eine aufschlußreiche Beschreibung des «Lyzeumsgeistes». Kam dies auch einer Denunziation gleich, so ist aus den negativen Konnotationen der Darlegung noch die antiautoritäre Denkungsart zu erkennen, die den «Lyzeumsgeist» ausmachte:

> «Es wird unter den Leuten von Lyzeumsgeist gesprochen, wenn ein junger Mensch Ältere nicht achtet, mit seinen Vorgesetzten familiär umspringt, sich hochmütig gegen Gleiche und verächtlich gegen Niedere verhält, ausgenommen jene Fälle, da er sich aus Prahlsucht als Liebhaber der Gleichheit zeigen möchte. Der junge Windbeutel muß dabei spöttisch alle Handlungen von hochgestellten Persönlichkeiten, alle Maßnahmen der Regierung in Frage stellen, er muß anstößige Epigramme, Pasquille und Lieder in russischer Sprache auswendig können oder gar ihr Verfasser sein, und auf französisch muß er gerade die dreistesten und aufrührerischsten Verse und die schlimmsten Stellen aus den revolutionären Werken kennen. Darüber hinaus muß er über Konstitutionen, Kammern, Wahlen, Parlamente diskutieren, als einer erscheinen, der den christlichen Dogmen nicht glaubt, und sich vor allem noch als Philanthrop und russischer Patriot darstellen ...».[25]

Vieles von Bulgarins Denunziation traf auch auf Puškin zu, wenngleich ihm das politische Denken in den Lyzeumsjahren noch ferngelegen hatte.

Der dichtende Midas

Wie aber stand es um die Dichtkunst, in der vor allem sich der junge Puškin umgetan und frühen Ruhm erlangt hatte?

Er schrieb in den Lyzeumsjahren unzählige Gedichte, von denen ca. 130 erhalten blieben, darunter eine Handvoll in französischer Sprache. Vieles ging verloren, einiges ist dem Namen oder dem Anlaß nach bekannt, etwa der philosophische Roman mit eingeschalteten Gedichten *Fatam oder Die menschliche Vernunft* sowie die Verskomödie *Der Philosoph*, von der, laut Illičevskij, im Januar 1816 bereits der erste Aufzug niedergeschrieben war. Puškin schrieb oder improvisierte am laufenden Band Gedichte und gereimte Aperçus. Er hielt mit poetischen Mitteln alle Ereignisse und Vorfälle des lyzealen Lebens fest: das Leibeigenentheater, die Zechgelage, die Gogol'-Mogol'-Affäre. Die Beziehungen zu Kameraden und Lehrern, jungen Damen und angesehenen Dichtern wurden in Epigrammen, Madrigalen, Sendschreiben und Pasquillen in all ihrer Wechselhaftigkeit festgeschrieben. Allein die Fülle der Adressaten verriet schon, daß die Poesie für Puškin ein Kommunikationsmittel geworden war, das nicht zuletzt den Freundschaftskult im lyzealen «Vaterland Carskoe Selo» (so in dem Gedicht *Der 19. Oktober*, 1825) bediente. Mit anderen Worten: Weit über die Salonpoesie hinausgehend, die in den 1790er Jahren zu einem «gesellschaftlichen Faktum» (Ju. Tynjanov) geworden war, verwandelte sich unter den Händen des dichtenden Midas alles zu Poesie. Es war dies zugleich, als Gegenpol zu den ungeliebten Unterrichtsfächern, eine ununterbrochene Dichtübung, die sich am leichten Genre der französischen Rokokopoeten, an Karamzins Neuem Stil und an Konstantin Batjuškovs Ideal der Eleganz orientierte. Sie erlangte eine Virtuosität, die jedermann in Erstaunen setzte. Auch an die satirische Richtung knüpfte der junge Puškin an, namentlich an die heroisch-komische Richtung, die in seinem *Bova*, wie bei Radiščev und Karamzin, das märchenhafte Thema und das «russische Metrum» verband. In einem Epigramm auf Karamzin forderte er den Reichshistoriographen auf, nicht die Geschichte der Fürsten und Zaren, sondern das burleske Märchen *Il'ja Muromec* abzuschließen. Die elegisch-vorromantische Richtung Vasilij Žukovskijs war ein weiterer Impuls, den Puškin aufnahm. Die Absage an den Ruhm, das Thema der Einsamkeit, der Freundschaft, eine ideale Idyllik – das schlug sich in einigen Gedichten nieder. So besang er in dem an den Moskauer Freund Nikolaj Trubeckoj gerichteten Sendschreiben *Das Städtchen* (1815) noch ganz konventionell die ländliche Einsamkeit, wo er mit seinen Freunden, den großen Dichtern aller Zeiten, Umgang pflegt. Hinzu traten Ossianische Motive. Melancholie vor dem Hintergrund düsterer Naturstimmungen; Dämmerung, Mondlicht, zerrissene

Wolken, ein fernes Segel; die nordische Naturkulisse in der Korrespondenz zur seelischen Zerrissenheit – das äußerte sich 1814, lexika-
lisch verfremdet durch die Namen der gälischen Sagen, in Gedichten
wie *Kolna* und *Osgar*. Zugleich schrieb er einige Romanzen, ein Genre,
das in Rußland bis auf den heutigen Tag zu den beliebtesten gehört.

Abstinent indes zeigte er sich gegen den hohen Stil, den er gleichwohl, wenn es die Gelegenheit erforderte, wie in den *Erinnerungen an
Carskoe Selo*, den Versen auf Kaiser Alexander und den Prinzen von
Oranien, glänzend beherrschte. Nicht umsonst war ihm von Košanskij
das archaische Maß der Poesie nahegebracht worden, doch blieb ihm
der strenge klassizistische Kanon für alle Zeit fremd. Nicht von unge-
fähr prägte er dafür später den Begriff «Pseudoklassizismus», den er im
Gegensatz zur Klassik der Antike verstand, mit dem er nichtsdestowe-
niger die Sicht der russischen Literaturforschung bis ins 20. Jahrhundert vernebelte.

Neben der Übung in Stilen und poetischen Finessen traten bereits in
Puškins Lyzeumsjahren wesentliche Züge seiner Poesie hervor, die das
gesamte Œuvre prägen werden. Das ist zunächst die Thematisierung
der Literatur, sei es als Aufrufung früherer oder gegenwärtiger Dichter,
als satirische Invektive oder Parodie von Autoren, Werken oder Stilen,
sei es als Reflexion über den Gebrauch der Kunstmittel. Das, was man
später Intertextualität nennen wird, der Dialog mit Dichtern und Texten, das Anspielen auf metrische oder stilistische Vorgaben, ist bei
Puškin von allem Anfang an ausgebildet. Sein Werk erhält seine volle
Bedeutung erst in der Erschließung seiner intertextuellen Bezüge. Dies
aber bedeutet, daß bei ihm jedes Werk in einer bestimmten literarischen Konstellation verortet ist. Und es bedeutet ferner, daß damit die
zwischen Leben und Kunst gegebene Spannung ständig reflektiert
wird. Es ist kein Zufall, daß die von den Formalisten herausgestellte
«Entblößung der Kunstmittel», also die Reflexion über die im Werk
verwendeten Verfahren, exemplarisch bereits beim frühen Puškin zu
finden ist, etwa in *Meinem Aristarch* oder in den Küchelbecker gewidmeten Gedichten *An den Dichter-Freund* und *Klits Pech*. In der literarisch aufgeladenen Atmosphäre des Lyzeums, wo man regelmäßig im
ausgewählten Kreise Gedichte deklamierte und literarische Spiele
spielte, wo unablässig Anthologien und Almanache mit Lyzeumspoesie
gefüllt wurden, wo die poetische Begeisterung alle anderen Beschäfti-

gungen in den Hintergrund drängte, wurde das Dichten wie ein Wettstreit betrieben. Als wären sie in der Arena zum edlen Agon angetreten, kämpften Illičevskij, Küchelbecker, Del'vig und Puškin um den Dichterkranz. Bei Puškin wird diese Erfahrung fortwirken; er wird sich mit Byron, Shakespeare, Goethe, Mickiewicz messen, wird in der Poesie nach den Sternen greifen.

Literatur und Leben waren im Lyzeum, für alle Kameraden, nahe aneinander gerückt; für Puškin waren sie eins geworden. Und so, wie er überall und immer wieder Glanz und Schatten, Vorder- und Kehrseite, Freude und Zorn, Lob und Schmähung der Dinge und Personen feststellte, so hielt er das eine wie das andere fest, ohne die Widersprüchlichkeiten in beschönigender Vermittlung, im dialektischen Kalkül aufzulösen. Früh traten die Aporien des Seins in Werk und Leben bei ihm hervor – im Verhältnis zu den Freunden, zu Karamzin, zu Zar und Zarin ... Puškin war, als er das Lyzeum verließ, ein noch keineswegs fertiger Dichter, aber er hatte Voraussetzungen gelegt und Ansätze gezeigt, die keinem seiner dichtenden Zeitgenossen zur Verfügung standen.

Im Achten Kapitel des *Evgenij Onegin* hat Puškin die Jahre in Carskoe Selo ins milde Licht der Erinnerung gerückt:

Als ich in fernen Jugendtagen
im Garten des Lyzeums saß
und Apuleius mit Behagen,
doch Cicero nur ungern las,
da war's, daß unter alten Bäumen,
am stillen Teich, wo Schwäne träumen,
im Frühling, auf verschwiegnem Pfad
die Muse plötzlich zu mir trat.
Von da an war sie stets zur Stelle,
sie zeigte mir ihr helles Reich
und lehrte mich so manchen Streich
in meiner engen Schülerzelle;
sie sang von Herzenslust und Leid
und von dem Ruhm vergangner Zeit.[26]

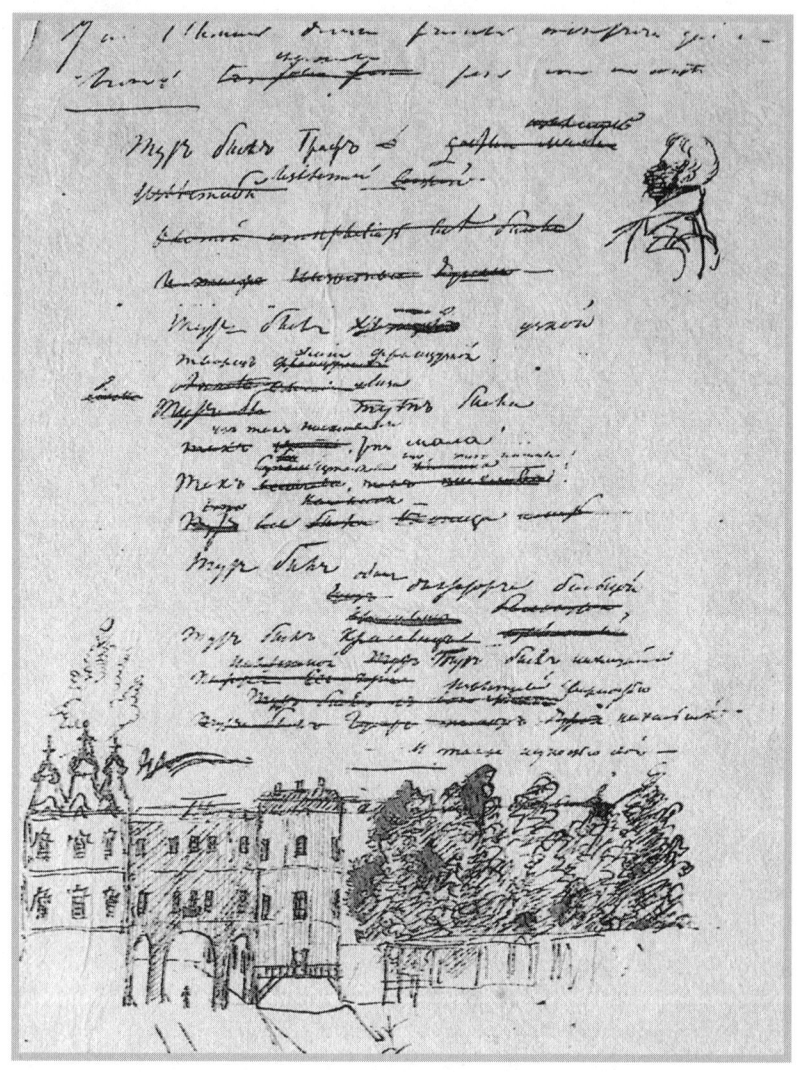

Aus der Handschrift des Achten Kapitels des «Evgenij Onegin»

ZWEITES KAPITEL

Kollegiensekretär in Petersburg
1817–1820

Und unter den nichtigen Kindern dieser Welt
Ist er vielleicht der Nichtigste von allen.
Der Dichter (1827)

Hinweg, Kytheras Königin,
Du schwaches Weib, von deinem Throne!
Wann kommst du, stolze Künderin
Der Freiheit, und ergreifst die Krone?
Die Freiheit. Ode (1817)[1]

Dort ist russischer Geist ... dort atmet die Rus'!
Ruslan und Ljudmila (1828)

Die kaiserliche Metropole

Sankt Petersburg war eine glänzende Metropole. Die Stadt, 1703 von
Peter dem Großen gegründet und seit 1711 Hauptstadt des Russischen
Reiches, war zum Sinnbild der durchgreifenden Modernisierung des
Landes geworden und verkörperte allein schon durch ihre Lage an der
nordwestlichen Peripherie die Wendung nach Europa, die Rußland
vollzogen hatte. In einem gewaltigen, opferreichen Kraftakt war die
Stadt buchstäblich aus dem Boden gestampft worden. Zar Peter hatte
nicht nur den Plan genau bedacht, sondern kümmerte sich auch um die
Ausführung aller Einzelheiten: Fortifikationen und Hafenanlagen, die
Graniteinfassungen der Ufer und die Haustypen für die verschiedenen
Stände, Straßenbepflasterung und Feuerwehr. Erstmals wurden in Rußland die Häuserfronten zu den Straßen hin gebaut und nicht, wie die

Ansicht des Nevskij Prospekts um 1820. Künstler unbekannt.

Häuser der Bojaren und Kaufleute im alten Rußland, hinter Latten-
und Flechtzäunen versteckt. Denn im Gegensatz zum alten «hölzernen
Rußland», der *Rus' derevjannaja*, sollte Petersburg eine Stadt aus Stein
und Granit sein. Der Hofstaat, der Adel, eine große Zahl von Beamten
und Offizieren, ferner Kaufleute und Handwerker wurden nach Petersburg «versetzt» und zum Bau eines standesgemäßen steinernen Hauses
verpflichtet. Die Stadt beherbergte zahllose Ausländer, viele standen
im Dienste der Zaren, andere waren als Kaufleute und Handelsagenten
angereist. Hinzu kamen die Diplomaten der ausländischen Gesandt-
schaften, fremde Baumeister, Musiker und Künstler und nicht zuletzt
Glücksritter aus vieler Herren Länder, die sich als Bedienstete oder
Errzieher verdingten. Die Bevölkerung wuchs rasch an. Man schätzt
sie 1725 auf ca. 40 000, 1811, als Puškin sie zum ersten Mal bewußt
erlebte, auf ca. 300 000 und 1831 bereits auf ca. 450 000 Einwohner.
Das heißt, daß Petersburg in den letzten Jahren, die Puškin dort verbrachte, zu einer Halbmillionenstadt angewachsen war. Der Ausbau
der zentralen Teile der Stadt (Haseninsel, Vasilij-Insel) mit den für den
Hof und die neue Administration (die Zwölf Kollegien) vorgesehenen

Anlagen, mit dem Aleksandr-Nevskij-Kloster, der Kunštkamera, Kasernen, Museen, Theater, wissenschaftlichen Einrichtungen usw. war bis zur Mitte des 19. Jahrhunderts abgeschlossen.

Petersburg stellte sich dank seiner vergleichsweise kurzen Entstehungszeit wie aus einem Guß dar, das heißt in einer urbanistisch-stilistischen Einheitlichkeit und Monumentalität, wie sie sonst kaum eine andere europäische Metropole aufwies. Der Stil des späten Barock und des Klassizismus prägte Uferpromenaden und Prospekte; hervorragende Baumeister wie Rastrelli, Quarenghi und von Klenze hatten den Zaren zur Verfügung gestanden. Und jeder Herrscher hatte die herausragenden Bauten mit «seiner» Farbe gekennzeichnet: Peter rot, Elisabeth blau, Katharina grün, Alexander gelb. Es fehlt nicht an bewundernden Zeugnissen von Diplomaten, Reisenden und Rußlandkundigen über das Wunderwerk St. Petersburg. Zwölf Jahre, ehe Puškin dort lebte, zeigte sich Johann Gottfried Seume, der vielgewanderte, kritische Mann, insbesondere von dem unvergleichlichen Perspektivenreichtum der Stadt angetan. In *Mein Sommer 1805* schreibt er:

> «Der Schloßplatz in Petersburg ist unstreitig der schönste und größte in Europa, trotz seiner Unregelmäßigkeit. (...) Wer vor dem Tore der Admiralität als dem besten Punkte zum Orientieren steht und in die drei Hauptperspektiven hinuntersieht, hat allerdings einen Anblick, so groß wie man ihn vielleicht in ganz Europa nicht findet. Die Newskyperspektive ist die größte und schönste. (...) Nun sind freilich die Petersburger, nach der Gewohnheit aller patriotischen Enthusiasten, auf diese Schönheiten noch stolzer, als sie wohl Ursache haben.»[2]

Auch Puškin gehörte, wie seine emphatischen Liebeserklärungen an die Stadt beweisen, zu diesen Enthusiasten. Hundert Jahre nach ihrer Gründung prangte Rußlands neue Hauptstadt in unerhörter Pracht. Puškin hat «Peters Schöpfung» im *Ehernen Reiter* gepriesen:

> *... heute streben*
> *An dem in Stein gefaßten Strand*
> *Empor in goldnem Kuppelbrand*
> *Kirchtürme, schimmernde Paläste,*
> *Und Schiffe schneiden durch die Flut*
> *Aus aller Welt, voll reichem Gut,*

Begrüßt als gern willkommne Gäste;
Die Newa hüllte sich in Stein;
Die Wasser überspannen Brücken,
Und dunkelgrüne Gärten schmücken
Der Inseln malerische Reihn.[3]

Vergnügungen und Theater

Wie Puškin sich in Petersburg zurechtfand, was er dort trieb, wie er sich vergnügte, davon vermittelt das Erste Kapitel des *Evgenij Onegin* eine recht genaue Vorstellung. Geschildert wird der Tageslauf eines jungen Lebemannes, der, «gekleidet wie ein Londoner Dandy», mühelos das Französische beherrscht und glänzend die Mazurka tanzt; der eine oberflächliche Bildung besitzt, in Gesellschaft alles Mögliche daherplappert, bei ernsten Themen aber mit Kennermiene schweigt; der die Damen durch geistreiche Epigramme unterhält und in der «Wissenschaft der zärtlichen Leidenschaften» bereits ein unvergleichlicher Meister ist. Wenn man auch den Autor und seinen Helden nicht in eins setzen darf, so wurden gewiß viele der geschilderten Details aus Puškins Petersburger Erfahrungsvorrat geschöpft. Es wird schon so gewesen sein, daß, während er noch im Bett lag, bereits die ersten Einladungen zu einem Ball oder zu einem Kinderfest hereinschneiten; daß er in vormittäglicher Aufmachung, in schwarzem Frack *à l'américaine* und dem breitrandigen Hut *à la Bolivar*, auf dem Boulevard, dem Nevskij Prospekt, ausfuhr, daß er sich zum Abendessen im «Talon» mit Kaverin traf – «und schon knallt der Korken gegen die Zimmerdecke und der Kometenwein (der berühmte Jahrgang 1811, R. L.) schießt aus der Flasche».[4] Mit dem immer zu Streichen aufgelegten Kaverin kam es zu Trinkgelagen. Einmal wettete Puškin mit ihm, daß er eine ganze Flasche Rum austrinken könne, ohne das Bewußtsein zu verlieren und gewann die Wette, da er, obwohl fast besinnungslos, immerhin noch den kleinen Finger bewegen konnte.

Abend für Abend begab sich Puškin ins Theater. Das Große Theater, auch Steinernes Theater genannt, mit seinen prächtigen Logen, vier Galerien und einer riesigen Bühne, war ein glanzvoller Ort, an dem die elegante Welt zu besichtigen war und an dem man selbst gesehen wurde. Auf dem Repertoire standen Kotzebues tränenreiche Stücke, die Tragödien der französischen Klassiker, von denen Katenin einige übersetzt hatte, Voltaires *Mérope*, aber auch Bearbeitungen von Schillers *Maria Stuart* und Shakespeares *Othello* sowie die lange verbotene Gerichtskomödie *Schikane* von Kapnist. Puškin bewunderte die Ballettdarbietungen der liebreizenden Lichutina oder der von vielen angehimmelten Primaballerina Istomina, wenn sie mit einer Nymphenschar auf der Bühne erschien. Ozerovs unfertiger Ossian-Kopie *Fingal* hingegen konnte er trotz der darstellerischen Kunst der heiß umworbenen Semënovna nicht viel abgewinnen. Oft wird Puškin wohl, wie Onegin, halb bewundernd, halb gelangweilt im Parterre gesessen haben. Oder er trieb seltsame Eskapaden im Theater, wie die Schauspielerin Aleksandra Kolosova überliefert hat, die in Puškins Petersburger Umgebung ebenfalls zeitweilig eine Rolle spielte. Der 19jährige hatte sich nach einem weiteren Aufenthalt in Michajlovskoe auf ländliche Weise völlig kahlscheren lassen und trug eine Perücke, die ihm ein absonderliches Aussehen verlieh. Die Damen nahmen ihn im Großen Theater in der eigenen Loge auf, hoffend, daß der notorische Spaßmacher sich gesittet verhalten werde. Jedoch lüftete er, als das Stück seinen pathetischen Höhepunkt erreichte, seine Perücke und fächelte sich zum allgemeinen Gelächter damit Luft zu. Endlich ließ er sich auf dem Boden der Loge nieder und setzte die Perücke wieder auf wie eine Mütze. «Man konnte ihm nicht ohne Lachen zuschauen!» berichtet die Kolosova. «Er saß so während des ganzen Stückes auf dem Boden und riß Witze über das Stück und das Spiel der Schauspieler.»[5] Manchmal führte Puškins Unbeherrschtheit zu peinlichen Szenen. Bei einem Rencontre mit einem Kollegienrat im Steinernen Theater ließ er sich zu einer unflätigen Schimpforgie hinreißen, die dem durch die Rangordnung vorgeschriebenen Verhaltenskodex kraß widersprach. Der Petersburger Polizeichef meldete den Vorgang an Puškins Vorgesetzten, der seinem Untergebenen einen «strengen Verweis» erteilte. Doch gehörten Ausrasten und Ausflippen einfach zu Puškins Petersburger Lebensführung, sehr zum Leidwesen seiner besorgten Freunde.

Leichtsinnige Duelle

Duelle waren in Petersburg an der Tagesordnung. Natürlich waren sie eigentlich verboten, doch galt nach dem Adelskomment die persönliche Ehre als ein so hohes Gut, daß Ehrenhändel ungeahndet blieben, sofern dabei niemand ernstlich zu Schaden kam. In Puškins nächster Umgebung fand im November 1817 das berühmte Viererduell statt, bei dem sich zwei Beamte des Außenministeriums, Aleksandr Zavadovskij und Aleksandr Griboedov, mit zwei Gardekavalleristen um die schöne Istomina schlugen. Der Gardekavalerist Šeremetev kam dabei zu Tode, Griboedov wurde die Hand durchschossen.

Auch Puškin suchte das Duell. Ob es wirklich immer um den *point d'honneur* ging oder vielleicht einfach um den Kitzel der echten Gefahr oder auch nur darum, der Langeweile zu entgehen, ist schwer zu entscheiden. Bedenklich war dabei nicht, daß er das eigene Leben aufs Spiel setzte, denn das gehörte zu seinem Lebensstil; bedenklich war, daß er seine Mitmenschen der Todesgefahr aussetzte oder wegen einer Lappalie bereit war, ein Gottesgericht herbeizuführen. So forderte er im Juli 1817 bei einem Tanzvergnügen in Michajlovskoe seinen Großonkel Semën Gannibal zum Duell; im September des gleichen Jahres Nikolaj Turgenev, der ihm Vorhaltungen wegen seiner politischen Epigramme gemacht hatte; ein Jahr darauf seinen wenig geliebten Lyzeumskameraden Modest Korf, mit dem er im gleichen Hause wohnte, weil der seinen Diener Nikita verprügelt hatte. Meist konnten die Duellforderungen gütlich beigelegt werden oder sie nahmen einen grotesken Verlauf wie Ende 1819 der Zweikampf mit Küchelbecker. Puškin hatte ein Epigramm geschrieben, das empfindlich an Küchelbeckers Namensehre rührte:

> *Ich aß zu Abend unermeßlich,*
> *Und Jakob schloß zu fest die Tür –*
> *Da ging es, meine Freunde, mir*
> *Ganz* küchelbeckerisch *und gräßlich.*[6]

Daraufhin hatte Küchelbecker den boshaften Freund zum Duell gefordert. Der Ablauf wird wie folgt überliefert: Obwohl Puškin das dumme Duell eigentlich vermeiden wollte, traf man sich in der Nähe des Friedhofes auf dem Wolfsfeld (Volkovo pole). Del'vig fungierte als Küchelbeckers Sekundant und hatte sich links von ihm aufgestellt. Puškin sollte als zweiter schießen. Während Küchelbecker zielte, rief Puškin: «Del'vig, komm auf meinen Platz, hier ist es ungefährlicher». Küchelbecker geriet in Wut, seine Hand zitterte, er drehte sich halb zur Seite, schoß und – durchlöcherte Del'vigs Mütze. «Höre, Kamerad», sagte nun Puškin, «ohne Schmeichelei – du bist der Freundschaft wert, aber ohne Epigramm – du taugst nicht mal einen Schuß Pulver.» Damit warf er die Pistole auf den Boden.[7] Doch die Duellwut ließ sich nicht bremsen. Noch im März 1820 schrieb die ängstliche Ekaterina Karamzina an Vjazemskij, Puškin habe jeden Tag Duelle, Gott sei Dank keine tödlichen, da die Duellgegner unverletzbar seien.

Geldnot und Dienst im Außenamt

Man darf übrigens die materiellen Ressourcen, die dem jungen Lebemann zur Verfügung standen, keineswegs überschätzen. Das Gehalt eines Kollegiensekretärs reichte nicht weit. Und der Vater, selbst in finanziellen Nöten, verweigerte dem Sohn Geldzuwendungen. Die Beziehung zu den Eltern war deshalb in den Petersburger Jahren ständig gespannt. Die Familie wohnte in Kolomna, der Kleinleutevorstadt an der Fontanka, in einem Mietshaus nahe der Kalinkin-Brücke. Puškins Mutter gebar im Alter von über 40 Jahren noch zwei Kinder, die freilich bald starben. Die häuslichen Verhältnisse waren so geartet, daß es den Sohn nicht im Hause hielt. Dabei sprang Puškin äußerst sorglos mit dem Geld um. Es bedeutete ihm so wenig, daß er einmal bei einer Bootsfahrt auf der Neva Goldstücke ins Wasser warf und sich an ihrem Aufglänzen in der Sonne ergötzte. Gelage, leichte Mädchen und Glücksspiele kosteten eine Menge Geld, das er am Ende nur noch über Schuldverschreibungen (2000 Rubel auf sechs Monate am 20. November 1819) und Wechsel (500 Rubel am 8. Februar 1820) beschaffen konnte. Er hoffte um diese Zeit auf Verlagshonorare durch die Veröffentlichung seines Poems und seiner Gedichte. Die Gedichtsammlung verpfändete er für 1000 Rubel und beglich mit der Hälfte davon schon einmal Spielschulden an seinen Archivkollegen Nikita Vsevoložskij. (Erst 1825 konnte er das Heft mit den Gedichten wieder auslösen.)

Die Tätigkeit als kleiner Beamter im Außenministerium war natürlich nicht ohne einen gewissen Aufwand an Zeit zu leisten. Puškin hatte sich am 13. Juni 1817 beim Außenminister Graf Nesselrode vorgestellt und seinen Dienst angetreten. Am 18. Juni wurde er vereidigt. Den aus dem Lyzeum kommenden Neulingen wurden zunächst im Hauptarchiv des Außenministeriums unter der Leitung des Archivbeamten Filipp Vigel' einfache Ablage- und Archivierungsarbeiten zugewiesen. Natürlich war das keine Tätigkeit, die den unruhigen Geist Puškins befriedigen konnte. Bereits im Juli stellte er ein Urlaubsgesuch, um mit Eltern und Geschwistern nach Michajlovskoe zu fahren und dort «häusliche Angelegenheiten in Ordnung zu bringen». Verschiedentliche Klagen, Puškin tue nichts im Kollegium und erscheine nicht einmal zum Dienst, hatten ihren Grund allerdings in einer ernstlichen Fiebererkrankung, die Puškin im Dezember 1817 befallen hatte und sich bis in den März des folgenden Jahres hinzog. Die Freunde waren wegen dieser Krankheit nicht wenig besorgt, doch fand Puškin endlich wieder einmal Zeit und Konzentration zum Lesen und zum Schreiben. Er arbeitete jetzt intensiv an dem Märchenpoem *Ruslan und Ljudmila* und verschlang regelrecht Karamzins *Geschichte des Russischen Reiches*, deren erste acht Bände soeben erschienen waren. Und sogleich stellte er fest, daß darin die Eroberung von Kazan' durch Ivan IV. mit weit mehr Poesie dargestellt sei als in Cheraskovs heroischem Nationalepos *Rossiade*. Doch während die Freunde aufatmeten, daß die Krankheit auch ihr Gutes habe, weil sie dem Tausendsassa Ruhe auferlege, die er zur Selbstfindung und zum dichterischen Schaffen dringend brauche, ließ der Patient heimlich eine Petersburger Halbweltdame, Elizaveta Šot-Šedel' (Schott-Schedel), zu sich kommen. Als Husarenoffizier verkleidet, scheint sie nicht wenig zu Puškins Genesung beigetragen zu haben; wenigstens ist dies dem Gedicht *Die Genesung* zu entnehmen, das er ihr bald darauf, im März 1818, widmete. Erst zweifelt er, ob er sie nur im Fieberwahn gesehen, doch dann spürt er ihren Kuß und ihre Tränen auf der Stirn, und er bittet sie:

> *Ach komm, ich wart auf dich. Schau, nach der Götter Rat*
> *Bin ich gesund und will es bleiben,*
> *Und damit bin ich auch parat,*
> *Geheime Liebeskunst und dummes Zeug zu treiben.*[8]

Die Nähe der Dichter

Evgenij Onegin war im Gegensatz zu seinem Schöpfer kein Dichter; wenigstens hat ihn Puškin so apostrophiert: «Die hohe Leidenschaft, sein Leben für poetische Klänge zu opfern, war ihm fremd (...) er brachte es nie fertig, Jambus und Trochäus auseinanderzuhalten».[9] Immerhin schrieb auch Onegin galante Madrigale, und unter den aus der Endfassung des Versromans ausgeschiedenen Textteilen wird man später *Onegins Album* finden, das ein Dutzend geistreicher Epigramme enthält. Ganz anders Puškin. Nicht nur schrieb er unentwegt Verse, er suchte auch, kaum daß er in Petersburg eingetroffen war, die Nähe der Dichter. Umgehend überbrachte er Žukovskij seine im «Lyzeumsheft» gesammelten 136 Gedichte mit der Bitte um strenge Durchsicht. In den folgenden Monaten überarbeitete er die eigenen Gedichte nach den von Žukovskij erhaltenen Anregungen mit unermüdlichem Eifer. Žukovskij sprach mit unverhohlener Begeisterung von dem jungen Dichtgenie, das so selbstbewußt die Bühne der Literatur betrat. Nachdem ihm Puškin im April 1818 das Gedicht *An Žukovskij* überreicht hatte, sandte er die Verse an Vjazemskij und schrieb dazu: «Ein großartiges Talent! Was für Verse! Er martert mich mit seiner Begabung, wie ein Gespenst!» In der Tat befand sich der junge Puškin damals mit einem wesentlichen Teil seiner Poesie wie auch in seinem romantischen Dichtungsverständnis ganz im Fahrwasser Žukovskijs. Das Eintauchen in die Welt der Träume, wechselnde Visionen im Zauberdunst, die raschen Schauer der Inspiration, die Puškin in seinem Sendschreiben beschwor, standen für Žukovskijs elegische Poesie. Mit den Wenigen, den Freunden der heiligen Wahrheit, an die der Dichter sich allein wenden könne, spielte er auf Žukovskijs unlängst erschienenen exklusiven Gedichtband *Für Wenige* an, in dem dieser der Gemahlin des Großfürsten Nikolaus, Prinzessin Charlotte von Preußen, und ihrer Umgebung deutsche Gedichte und russische Übertragungen dargebracht hatte. Entscheidend aber war das abschließende Bekenntnis des Jüngeren an den Älteren:

Nicht jedem strahlt des Glückes Sonne,
Nicht jedem liegt ein Kranz bereit.

Glückselig, wen der Dichtung Wonne,
Wen des Gedankens Lust geweiht!
Wer aus dem Schönen sein Vergnügen
Zu einem schönen Los gewinnt,
Wer seinen Feuerflug beginnt
Mit deines Geistes Feuerflügen![10]

Batjuškov, Katenin, Griboedov, Ryleev, Baratynskij

Auch mit Batjuškov, seinem Vorbild in der galanten Poesie, traf Puškin
bis zu dessen Abreise nach Italien öfter zusammen. Batjuškovs Aufbruch – er war der Russischen Gesandtschaft im Königreich Neapel
zugeteilt worden – wurde im November 1818 in Carskoe Selo mit einem Champagner-Bankett begangen, an dem unter anderen Aleksandr
Turgenev, Žukovskij und Gnedič teilnahmen. Möglicherweise lernte
Puškin bei dieser Gelegenheit den Gardehusaren Michail Lunin kennen, Mitglied verschiedener Geheimgesellschaften, dem er in der Petersburger Zeit weiterhin verbunden blieb. Für seine Teilnahme an der
Dezemberrevolte sollte Lunin später zu 20 Jahren Zwangsarbeit verurteilt werden. Überhaupt waren unter Puškins neuen Petersburger
Bekannten mehrere künftige Dekabristen oder solche, die den Geheimgesellschaften nahestanden. Bezeichnenderweise vertraten diese
Geister, die über die Konstitution nachdachten, die Leibeigenschaft
beseitigen und eine freie Gesellschaft herbeiführen wollten, in der
Mehrzahl rückwärtsgewandte ästhetische Standpunkte. Pavel Katenin
beispielsweise, Hauptmann im Preobraženskij-Regiment und erfolgreicher Literat, hielt an der klassizistischen Gattungsreinheit und Stilhierarchie fest, um das Abgleiten der Poesie in sentimentale Unver-
bindlichkeit zu verhindern. Er sollte auch in späteren Jahren Puškin
immer dann kritisieren, wenn dieser ungewöhnliche Wege einschlug,
die dem überholten Literaturverständnis Katenins widersprachen.
Auch Aleksandr Griboedov bewegte sich auf den alten Bahnen, wiewohl er mit seiner Komödie *Wehe dem Verstand* bald ein Werk vorlegen
sollte, das die Schablonen der Intrigenkomödie ad acta legte, die Schei-
dung von Komödie und Tragödie überwand und einen Helden vorführte, bei dem nicht mehr klar war, ob er der komische Träger eines

Lasters oder eine tragische Gestalt in einer banalen Umwelt war. Und alles so, daß Molières *Misanthrop* als Folie immer erkennbar blieb. Nikolaj Gnedič wieder ließ sich von der Ursprünglichkeit und Größe Homers leiten. Fëdor Glinka, Gardeoberst und enger Mitarbeiter des Generalgouverneurs Graf Miloradovič, stand der «Freien Gesellschaft der Liebhaber des russischen Schrifttums» vor, die zwar nicht exklusiv die archaistische Position vertrat, jedoch auf dem staatsbürgerlich-patriotischen Anspruch der Literatur bestand. Kondratij Ryleev, einer der Hauptakteure der Revolte, blieb Puškin als Dichter suspekt und wohl auch menschlich fremd. Er hatte ihn im Herbst 1819 kennengelernt. Die pathetischen *Dumy*, die Ryleev 1825 als eine besondere Art der Heldenballade vorlegte, um der Jugend die großen Taten der Vorfahren in Erinnerung zu rufen, lehnte Puškin als antiquiert ab, stufte sie abwertend als «Schund» ein und brachte sie mit dem deutschen Wort «dum(m)» in Verbindung. Positiv beurteilte er hingegen Ryleevs Poem *Vojnarovskij*, zu dem er später mit der Verserzählung *Poltava* ein Pendant schreiben sollte. Eine Zeitlang sah es sogar so aus, als braue sich zwischen den beiden Dichtern ein Duell zusammen. Das grauenhafte Schicksal Ryleevs nach der Dezemberrevolte indes – Ryleev gehörte zu den fünf Dekabristen, die durch den Strang hingerichtet wurden – hat Puškin dann tief getroffen. Obwohl er von Angehörigen und Sympathisanten der Geheimgesellschaften geradezu umstellt war, scheint er doch nach allem, was bekannt ist, nicht in das Geschehen einbezogen worden zu sein und von der um sich greifenden Verschwörung eher nur geahnt als gewußt zu haben. Sein Lyzeumsfreund Puščin, tief in die geheimen Angelegenheiten verwickelt, hielt es für inopportun, den unzuverlässigen, «windigen» Dichter in die Bewegung einzubeziehen. Über Puškins Vater hatte er von «Exzessen» gehört, die der Sohn sich hatte zu Schulden kommen lassen, und es war offensichtlich, daß es dieser genoß, sich, etwa im Theater, im Lichte der Großen dieser Welt zu zeigen. Puščin hat es dann unumwunden ausgesprochen: «Seine Denkungsart war uns (den Verschwörern) allen gut bekannt, allein wir hatten kein volles Vertrauen zu ihm.»[11]

Eine Freundschaft schließlich, die erst in späteren Jahren größere Bedeutung für Puškin gewann, wurde noch in den Petersburger Jahren geschlossen: die Freundschaft mit Evgenij Baratynskij. Dieser kam Ende 1818 nach Petersburg, um bald darauf seinen Dienst als einfacher

Soldat in Finnland anzutreten. Aus einem alten Adelsgeschlecht stammend und im Pagenkorps erzogen, war Baratynskij wegen eines leichtfertigen Bubenstreiches strafweise in ein Linienregiment nach Finnland gesteckt worden. In Petersburg schloß er sich eng an Del'vig an. Wie Puškin war er eine kommende Dichtergröße. Der eine in den Norden verschlagen, der andere bald darauf in den Süden, gewann ihr Dichten unterschiedliches Profil, was bald zum freundschaftlichen Wettstreit zwischen beiden führen sollte.

Die Turgenevs und die Freiheitsode

Sehr eng gestaltete sich in Petersburg die Beziehung zu den Brüdern Turgenev. Diese bewohnten eine Erdgeschoßwohnung in einem Hause an der Fontanka, das dem Volksbildungsminister Fürst Golicyn gehörte. Gegenüber, auf dem anderen Ufer des Flusses, stand der hellrosa Koloß des Michajlovskij-Schlosses, der Ort, an dem Zar Paul I. 1801 von einer Offiziersfronde ermordet worden war. Puškin verbrachte bei den Turgenevs viel Zeit in geselligem Gespräch; oft saß er dort am Schreibtisch und schrieb. Aleksandr Turgenev, der älteste der drei Brüder, war besonders liebenswürdig und hilfsbereit; nicht nur Puškin hatte ihm viel zu verdanken. Mit seinen glänzenden Beziehungen als Kammerherr verhalf er etwa Batjuškov zu einem diplomatischen Posten in Neapel und brachte Vjazemskij in der Kanzlei des Kaiserlichen Kommissars in Warschau unter. Im Gegensatz zu seinem jüngeren Bruder Nikolaj enthielt er sich im Gespräch politischer Stellungnahmen. Die Sorge der Turgenevs war darauf gerichtet, Puškin zur Ernsthaftigkeit zu bewegen, ihn «unter Dach und Fach» zu bringen und seine Dichtung auf bedeutsame Gegenstände zu lenken. Das schien ein fast aussichtsloses Unterfangen, denn Puškins Tageslauf bestand, wie Aleksandr Turgenev im September 1818 an Vjazemskij in Warschau schrieb, darin, morgens Žukovskij zu erzählen, wo er die Nacht verbracht habe, tagsüber Huren, ihm selbst, Turgenev, und der Fürstin Golicyn seine Aufwartung zu machen und abends nicht selten dem Glücksspiel zu frönen. Als Puškin begann, Epigramme gegen Zar und Regierung zu schreiben, redete ihm der ehrenhafte Nikolaj Turgenev ins Gewissen, daß es nicht angehe, denjenigen, vom dem man sein

Salär beziehe, zu verspotten. In seiner hitzigen Art forderte ihn Puškin sofort zum Duell, um sich freilich, als sich der Zorn gelegt hatte, bei ihm reumütig zu entschuldigen. Die Turgenevs ließen sich in ihrer Überzeugung von Puškins außergewöhnlicher Begabung durch nichts beirren. In Aleksandr Turgenevs Briefen an seinen Bruder Sergej stand das Lob des «wunderbaren Talents» Puškins neben der Klage über dessen «Faulheit und Nachlässigkeit in der eigenen Bildung». Batjuškov, eng mit den Turgenevs verbunden, schlug in einem Brief an Aleksandr Turgenev vom 10. September 1818 sogar vor, man solle Puškin drei Jahre lang in Göttingen einsperren und mit Milchsuppe und Logik füttern. Sergej Turgenev wieder meinte, man müsse ihm einfach ein greifbares Thema vorgeben, und empfahl, er solle sein erstes ernsthaftes Gedicht der Freiheit widmen. Er benutzte das Wort *sloboda*, das im Russischen die konkrete Freiheit, etwa auch den Freiraum und die Freistatt, bezeichnet. Wirklich schrieb Puškin dieses Gedicht, und zwar im Zimmer Nikolaj Turgenevs, im Angesicht des finsteren Schlosses, in dem Paul ermordet worden war, aber er nannte seine Ode *Vol'nost'*, gebrauchte also das russische Wort, das das Prinzip der Freiheit meint. Puškins Freiheits-Ode knüpfte an das *In tyrannos*-Pathos an, das Radiščev in seinem gleichnamigen Gedicht zuerst in Rußland ausgedrückt hatte. Aber wenn bei Radiščev das rächende Gesetz der Natur den Willkürherrscher, «den schlimmsten unter den Übeltätern», auf den Richtplatz schleifte, also durch den Tyrannenmord die Freiheit wiederherstellte, so hatte Puškin den Gedanken der naturrechtlichen Heilung des Unrechts viel tiefer und radikaler durchdacht. Vielleicht von Aleksandr Kunicyn inspiriert, stellte er das Gesetz, das allein die Freiheit des Einzelnen wie des Gemeinwesens garantiert, über alle und alles. Auch der Herrscher hat Thron und Reich nur durch das Gesetz – nicht von der Natur – erhalten:

> *Nur dort wird sich der Völker Leid*
> *Nicht auf die Fürsten niedersenken,*
> *Wo mächtige Gesetzlichkeit*
> *Und heilige Freiheit sich verschränken,*
> *Ihr Schild, vom treuen Volk beschützt,*
> *Und ihres Schwertes strenger Friede*
> *Gerecht und ohne Unterschiede*
> *Ob jedes Menschen Haupte blitzt*

Und wahrheitskräftig niederstreckt
Der Großen stolze Willkürtaten;
Wo Käuflichkeit sie nicht befleckt,
Wo Gier und Angst sie nicht verraten.
Ihr Herrscher! euch gab Thron und Reich
Das Recht – nicht die Natur – zum Lehen;
Und mögt ihr überm Volke stehen,
Das Recht steht ewig über euch.[12]

Das Gesetz gilt für alle: jeder Gesetzesbrecher unterliegt der Bestrafung, der Tyrann ebenso wie der Tyrannenmörder. Am Beispiel der Ermordung Pauls I. wird der widerrechtliche Tyrannenmord am Schluß der Ode veranschaulicht:

Er [der Sänger] sieht die Mörder – Stern und Sporn –
Sieht, wie sie Wein und Haß verdüstern,
Hört sie im Dunkeln heimlich flüstern,
Im Antlitz Wut, im Herzen Zorn.

Die Wachen sind schon eingeweiht,
Es senken sich die Brückentrossen,
Das Tor wird in der Dunkelheit
Leis von Verrätern aufgeschlossen ...
O Schmach! o Schrecken unserer Welt!
Die wilde Janitscharenhorde
Hebt ruchlos Hand und Schwert zum Morde ...
Und der gekrönte Schurke fällt.[13]

Das ging über Radiščevs rachedürstende Ode weit hinaus. Das Gedicht traf die Stimmung, die in jenen vordekabristischen Jahren unter Rußlands wachen Geistern herrschte, in einzigartiger Weise. Und es wies, ohne es auszusprechen, auf die Mitschuld des herrschenden Zaren hin, der den Mord an seinem Vater hatte geschehen lassen. Das Gedicht wurde rasch in Abschriften verbreitet, doch ließ es sich der Dichter auch nicht nehmen, es in Gesellschaft vorzutragen. Als er eine Abschrift an die Fürstin Evdokija Golicyna schickte, in die er zu jener Zeit sterblich verliebt war, fügte er ein Madrigal bei, überschrieben *An die Fürstin Golicyna mit der Ode Freiheit*, in dem der Zögling der Natur und Künder des herrlichen Freiheitstraums bekannte, daß er bei der Fürstin

Anblick die Freiheit für immer verloren habe und nun die Unfreiheit von Herzen anbete. Das Gegendenken und Umdenken seiner poetischen Ideen war ihm längst zur zweiten Natur geworden.

Die göttingischen Einflüsse wirkten im Turgenev-Kreis fort. Sie erreichten ihren Höhepunkt, als Nikolaj Turgenev und Kunicyn den Plan faßten, eine politische Zeitschrift zu gründen, die im Konzept Schlözers berühmten *Staatsanzeigen* folgte. Sie sollte *Der Russe im XIX. Jahrhundert* heißen und in ihrer Ausrichtung so freiheitlich als möglich sein. Als Mitarbeiter waren die Brüder Turgenev, Kunicyn, Maslov, Kaverin, Fëdor Glinka sowie Puškin vorgesehen. Als sich das potentielle Redaktionskollegium im Mai 1819 zum ersten Male bei Nikolaj Turgenev traf, war auch Puščin zugegen. Turgenev hatte ihn gebeten, die Betrachtungen der Madame de Staël über die Französische Revolution ins Russische zu übersetzen. Maslov war bereits dabei, einen Beitrag über Statistik vorzulesen, da tauchte plötzlich Puškin in der Runde auf, packte Puščin an der Schulter und flüsterte ihm zu: «Was machst du hier? Endlich habe ich dich in flagranti ertappt.» Er glaubte, zufällig in ein Treffen der Verschwörer geraten zu sein, und bestand darauf, eingeweiht zu werden. Es gelang Puščin nur mit Mühe, den Freund eines Besseren zu belehren.[14] Das Zeitschriftenprojekt konnte übrigens nicht verwirklicht werden.

Salons und Soireen

Puškin besuchte regelmäßig den literarischen Samstagszirkel im Salon Žukovskijs, der in der Familie seines Freundes Aleksandr Pleščeev in Kolomna wohnte. Hier versammelten sich die Anhänger der neuen Richtung. Man saß im geräumigen Kabinett Žukovskijs, das in grünen und braunen Tönen gehalten war und von einer überlebensgroßen Gipsbüste Schillers beherrscht wurde. Der junge Puškin befand sich hier unter Gleichgesinnten, die seine Begabung längst erkannt hatten und auf ihn setzten. Er vermied allerdings auch keineswegs die Zusammenkünfte bei dem Fürsten Šachovskoj, wo man die klassizistischen Ideale in Ehren hielt. Ein gesellschaftlicher Glanzpunkt waren die großartigen Soireen, die allwöchentlich bei dem Direktor der Kaiserlichen Öffentlichen Bibliothek, Aleksej Olenin, im Hause Nr. 101 am

Der Salon der Olenins. Künstler unbekannt, Aquarell um 1820

Fontanka-Ufer veranstaltet wurden. Hier traf die Crême der russischen Literatur mit den Damen der Gesellschaft und einflußreichen Männern zu geistreichem Gespräch und gehobener Unterhaltung zusammen. Krylov und Gnedič, beide im Dienste der Öffenlichen Bibliothek, waren ebenso zu sehen wie Žukovskij und Batjuškov, Puškin und Baratynskij, welcher gelegentlich aus Finnland angereist kam. Gespräche über Kunst und Literatur, neue Gedichtsdeklamationen und Scharaden waren en vogue. Zum Geburtstag der Elizaveta Olenina am 2. Mai 1819 hatte Krylov eine Scharade auf die Wörter *bal* (Ball) und *lada* (Geliebte/r) erdacht, aus denen sich das Wort *ballada* (Ballade), Žukovskijs Lieblingsgattung, ergab. Die einzelnen Wörter wurden szenisch veranschaulicht und waren vom Publikum zu erraten. Umgehend improvisierte Puškin ein Scherzgedicht (*Ballade*), in dem das Geburtstagsmahl in eine materialisierte Ballade umgedeutet wurde, nachdem die anwesenden Dichter der Balladen-Scharade nur geringen Geschmack abgewonnen hatten. Episoden wie diese sagen viel aus über den prompten poetischen Zugriff Puškins wie auch über das elektrisierende literarische Ambiente in den Petersburger Salons.

Bei den Olenins kam es im Februar 1819, wiederum an einem Scharadentag, zur ersten Begegnung Puškins mit Anna Kern. Sie betrat den hohen, säulengeschmückten Salon der Olenins an der Seite ihres Gemahls, des Generalleutnants Ermolaj Kern. Dieser kantige Haudegen hatte sich in den Türkenkriegen und im Vaterländischen Krieg durch seine Tapferkeit ausgezeichnet und war viermal verwundet worden. Er war 35 Jahre älter als seine junge Frau, eine geborene Poltorackaja. Anna Kern war von herber, natürlicher Schönheit, sie machte einen ernsten und unglücklichen Eindruck. Die Ehe mit dem älteren Mann, das triste Leben in den Garnisonsstädten empfand sie als Qual. (In einem langwierigen Rechtsstreit sollte sie später die Trennung von ihrem Gatten durchsetzen.) Das Auftreten des Ehepaars Kern bei den Olenins wird sich, nach verbreiteter Ansicht, ähnlich ausgenommen haben wie die Wiederbegegnung Onegins mit der inzwischen mit einem älteren General verheirateten Tat'jana Larina im Achten Kapitel des Versromans:

> *Doch scheint sich etwas da zu rühren,*
> *man hört es flüstern, durch den Saal*
> *läßt eine Dame sich nun führen*
> *von einem hohen General.*
> *Sie geht nicht eilig, voller Würde*
> *und unbelastet von der Bürde*
> *gesellschaftlicher Auftrittspflicht,*
> *mit ihren Blicken sucht sie nicht*
> *für sich Erfolge zu verbuchen*
> *und mehr zu scheinen als zu sein ...*
> *An ihr ist alles schlicht und rein,*
> *sie braucht ihr Vorbild nicht zu suchen,*
> *sie ist ganz einfach* comme il faut ...
>
> *[...]*
>
> *Man zögert wohl, sie schön zu nennen;*
> *jedoch – was jeder sagen muß,*
> *kaum sieht er sie: von Kopf bis Fuß*
> *ist nicht ein Spürchen zu erkennen*

von dem, was Londons Modewelt
«vulgär» nennt.[15]

Puškin war von der wunderbaren Anna Kern zutiefst beeindruckt. Während des Abendessens, das an kleinen Tischen eingenommen wurde, «bez činov», also ohne Beachtung der Rangordnung, hatte er sich zusammen mit ihrem Bruder hinter ihr plaziert und versuchte, durch Komplimente ihre Aufmerksamkeit auf sich zu ziehen: «Wie kann man nur so schön sein!» Dann habe sich, berichtet Anna Kern in ihren Erinnerungen, ein scherzhaftes Gespräch über Himmel und Hölle entsponnen. «Jedenfalls», habe Puškin zu Annas Bruder gesagt, «werden in der Hölle viele hübsche Frauen sein, da kann man Scharaden spielen. Frag Madame Kern, ob sie in die Hölle kommen möchte.» Sie antwortete sehr ernst und trocken, daß sie nicht in die Hölle wolle. Darauf Puškin: «Ich habe mir's überlegt, ich will auch nicht in die Hölle, auch wenn da hübsche Frauen sein werden ...»[16] Als sie in die Kutsche einstieg und davonfuhr, stand Puškin auf der Treppe und blickte ihr nach.

Klassizismus und Patriotismus: die «Beseda»

In Petersburg hatte sich im letzten Jahrzehnt eine literarische Kontroverse entfaltet, ein Richtungskampf zwischen Klassizisten und Sentimentalisten oder, wie man auch sagt, Archaisten und Novatoren, durch den die Weichen für die künftige Ausrichtung der russischen Literatur gestellt wurden. Puškin war in diesen Streit geradezu hineingeboren worden. Fast alle Literaten, die er noch aus der Lyzealzeit kannte, zählten zum Lager der Novatoren, fast alle, über die er gelästert hatte, waren ausgepichte Archaisten. Und so schien seine Parteinahme fürs erste entschieden. Freilich sollte sich bald zeigen, daß die Positionen der Archaisten wie der Novatoren keineswegs so eindeutig waren, wie es auf den ersten Blick schien.

Etwa zu der Zeit, da Puškin ins Lyzeum eingetreten war, hatten sich die Anhänger und Verteidiger des klassizistischen Kanons zu einer Vereinigung zusammengeschlossen, die sich «Gesprächsrunde (*Beseda*) der Liebhaber des russischen Wortes» nannte. Ihr Widerstand galt der

Vorherrschaft des mittleren Stiles, der sich in den intimen Gattungen wie Elegie, Stanze, Sendschreiben, Lied-Romanze und Madrigal, die in der Adelsgesellschaft besonders beliebt waren, aber auch in der Prosa seit den 1790er Jahren mächtig entwickelt hatte. Da dieser Stil einem privatistischen Lebenszuschnitt ebenso entsprach wie der Salonkultur, war er bei Karamzin und seinen Anhängern zum fast ausschließlichen Ausdrucksmittel aufgestiegen. Widerstand gegen diesen Neuen Stil kam zuerst von dem literarisierenden Admiral Aleksandr Šiškov, der mit seinem Traktat *Erörterung über alten und neuen Stil der russischen Sprache* (1803) den Streit mit der neuen Strömung aufnahm. Šiškov und die Archaisten bekämpften die Bestrebungen Karamzins zum einen, weil sie im Kirchenslavischen, dem hohen Stil, eine genuin russische Sprach- und Kulturquelle sahen, die nicht versiegen durfte (wobei sie fälschlicherweise das Kirchenslavische mit dem Altrussischen gleichsetzten); zum anderen darum, weil sie die Sprache der Karamzinschen Schule als fremd und unrussisch ansahen. Bei allem Streit um Wortwahl und Satzbau ging es freilich im Grunde um die Stilhierarchie und das Gattungssystem des Klassizismus. Was die Karamzinisten durch den Verzicht auf hohen und niedrigen Stil an stilistischer Eleganz gewannen, verloren sie an staatspolitischem und patriotischem Ernst. Der hohe Stil wieder lief, wenn er verabsolutiert wurde, Gefahr, zu gestelzt-rhetorischem Wortgeklingel zu geraten. So war bezeichnend, daß Deržavin und Krylov, die beiden besten Dichter vom alten Schlage, sehr wohl an der Stil- und Gattungshierarchie festhielten, ohne sie jedoch schematisch zu handhaben. Selbst Karamzin und Žukovskij kamen in Herrscheroden und patriotischen Gedichten nicht ohne den hohen Stil aus. Namentlich die politisch engagierten Dichter aus den Geheimgesellschaften standen alsbald vor der Frage: Ließen sich ihre hochherzigen politischen und patriotischen Ansinnen im mittleren Stil vorbringen? Keineswegs. Der hohe Stil, der aus sich allein Bedeutsamkeit erzeugte, war für sie unverzichtbar, nur mußte er – wie es Radiščev vorgeführt hatte – seinen Gegenstand austauschen: An die Stelle des Herrschers und seiner Taten mußten die Republik, die Freiheit und das Volk treten. Wo jedoch der hohe Stil nach altem Muster fortgeführt wurde wie in den unsäglichen Oden des Grafen Chvostov, riß unerträgliches Epigonentum ein.

Die «Beseda» bestand in Petersburg von 1811 bis 1816 und bildete

den organisatorischen Mittelpunkt der Archaisten. Ebensoviel wie an
der Pflege der überkommenen literarischen Gattungen und des drei-
gliedrigen Stilsystems lag ihren Anhängern an der Förderung des patriotischen Gedankens. Sie wurde nun zur eigentlichen Tribüne im
Kampf gegen die Karamzinsche Schule. Nach den von Admiral Šiškov
ausgearbeiteten Statuten gliederte sich die «Beseda» in vier Klassen
mit je sechs ordentlichen Mitgliedern, unter denen sich freilich mehr
literarisierende Würdenträger denn echte Dichter befanden. Galions-
figur der «Beseda» war Gavrila Deržavin, der ihr nicht nur künstlerisches Gewicht verlieh, sondern ihr auch Geld, seine Bibliothek und
sein Palais am Fontanka-Ufer Nr. 118 für die Zusammenkünfte zur
Verfügung stellte. Außer Deržavin und Šiškov zählten auch Krylov und
Gnedič zu den Mitgliedern des Kreises, doch begegneten sonst eher
mediokre Namen wie Fürst Sergej Širinskij-Šichmatov, Verfassers alt-
modischer epischer Dichtungen, der Verseschmied Graf Dmitrij Chvostov und der Komödienschreiber Fürst Šachovskoj. Eine große Rolle
spielte in der «Beseda» das gesellschaftliche Moment. Es drückte sich
nicht nur in den konservativen, staatskonformen Zielsetzungen und
strengen Statuten, sondern auch in dem auffälligen Pomp aus, der bei
den öffentlichen Lesungen getrieben wurde: Die Damen erschienen in
großer Balltoilette, die Herren in Paradeuniform. So entstand schon
rein äußerlich der Eindruck, daß der überlebte Klassizismus der Epoche Katharinas mit den Mitteln strenger Etikette gewaltsam am Leben
gehalten werden sollte.

Der junge Puškin hatte natürlich keinen Zugang zu den Zusammenkünften der «Beseda», zumal mit dem Tode Deržavins, anderthalb
Jahre nach der Lyzeumsfeier in Carskoe Selo, als der greise Dichter in
Puškin seinen Fortsetzer erkannt hatte, die Tätigkeiten der «Beseda»
eingestellt wurden. Während der Lyzeumsjahre hatte er auch kaum nä-
heren Kontakt zu Personen, die der «Beseda» nahestanden. Eine Ausnahme war vielleicht nur der Grenadierleutnant Aleksandr Šiškov, ein
Neffe des Admirals, der, wie Puškin, stets zu Späßen aufgelegt war und
als Dichter in dessen leichtes Fahrwasser geriet. Wie in einem Zerr-
spiegel bekam Puškin die Bestrebungen der Archaisten jedoch durch
einen literarischen Zirkel vermittelt, der sich «Arzamas» nannte und zu
dem ihm bald Tür und Tor geöffnet waren.

Der Arzamas-Kreis

Der «Arzamas»-Kreis bestand von 1815 bis 1818. Er verstand sich als Gegengewicht zur «Beseda» und erging sich vornehmlich in der Parodierung und satirischen Desavouierung des von der «Beseda» gepflegten Stiles. Die Gründungssitzung des «Arzamas» fand am 14. Oktober 1815 in Petersburg im Hause Sergej Uvarovs statt. Uvarov hatte sich als Altertumskundler einen Namen gemacht und stand vor einer steilen Karriere im Zarenreich. Bereits 1818 wurde er zum Präsidenten der Kaiserlichen Akademie der Wissenschaften ernannt; unter Nikolaus I. wurde er Volksbildungsminister und in den Grafenstand erhoben. In einer Rede legte er die Notwendigkeit dar, ein literarisches Gegengewicht zur «Beseda» zu schaffen und sich zu diesem Zwecke zusammenzuschließen. In der Gruppe waren ausnahmslos Dichter vereinigt, die der Richtung Karamzins und Žukovskijs folgten. Außer den Anwesenden, darunter Uvarov, Dmitrij Bludov, Aleksandr Turgenev und der tonangebende Žukovskij, wurden Vjazemskij, Batjuškov, der dichtende Husarengeneral Denis Davydov und Puškins Onkel Vasilij in Abwesenheit in den «Arzamas»-Kreis aufgenommen. Später stießen Aleksandr Voejkov und Nikolaj Turgenev hinzu. Puškin nahm persönlich erst in der Petersburger Zeit an den Sitzungen teil, obwohl er längst als stiller Teilhaber fungierte. Seinen Namen hatte der Kreis von einem satirischen Gedicht Bludovs erhalten, *Vision in einer Kneipe in Arzamas*, das die Trauergestalten des überlebten Klassizismus in einem erbärmlichen Zug dahinziehen ließ. Die künstlerischen Zielsetzungen des «Arzamas» sind rasch benannt: Man bekämpfte die Zementierung des hohen Stils und die hohen Gattungen, trat für die Annäherung der Literatursprache an die Umgangssprache ein (freilich ohne Absinken ins Vulgäre) und trieb Gattungen wie Ballade, Elegie und Stimmungsgedicht voran. Welche Bedeutung gerade die Balladendichtung Žukovskijs im «Arzamas» besaß, war daraus zu ersehen, daß die Mitglieder ihre Beinamen nach Gestalten aus den Žukovskijschen Balladen erhielten. So war Žukovskij selbst «Svetlana» (nach Bürger), Dmitrij Bludov «Kassandra» (nach Schiller), Aleksandr Turgenev «die Äolshafe», Nikolaj Turgenev «Varvik» (nach Southeys Ballade *Lord William*), Batjuškov «Achill», Vjazemskij «Asmodej» und der junge Puškin «die Grille», die in Žukovskijs magischer Ballade *Svetlana* als «Bote der Mitternacht» (des Nordens) einen traurigen Schrei ertönen läßt.

Im Gegensatz zu dem steifen, hochgestochenen Zeremoniell der «Beseda» führte man sich im «Arzamas» betont ungezwungen und heiter auf. Man suchte keineswegs die ernsthafte Auseinandersetzung mit den Archaisten, sondern verspottete, parodierte, persiflierte sie und vertraute im übrigen auf die Überlegenheit der eigenen literarischen Hervorbringungen. Es gab also auch keine Sieger und Besiegten, vielmehr verschanzten sich die Konservativen in ihrer gesellschaftlichen Bastion, während die Neuerer nur noch spielerisch an Angriff dachten.

Das von Žukovskij verfaßte Protokoll der ersten Sitzung des «Arzamas» enthielt die Statuten der Vereinigung. In scherzhafter Verballhornung der «Beseda» hieß es unter anderem: Die Gesellschaft nenne sich «Neuer Arzamas»; sie nehme nur solche Personen auf, die dem «Neuen Arzamas» zu Diensten seien. Die «Chaldäer» der «Beseda» und der Akademie (gemeint war die Russische Sprach-Akademie) seien für alle Zeit ausgeschlossen, es sei denn, der eine oder andere der «Beseda»-Anhänger reinige sich zuvor in einer noch zu bestimmenden Form. Jedes Mitglied solle eine Lobrede auf seinen verstorbenen Vorgänger halten; da aber alle Mitglieder des «Neuen Arzamas» unsterblich seien, so habe man mangels eigener Manen beschlossen, leihweise die toten Chaldäer aus «Beseda» und Akademie in einem Panegyrikon zu besingen. Damit waren Spottschriften gegen die Mitglieder der «Beseda» satzungsgemäß vorgeschrieben. Geistreiche Schmähreden, Parodien und Satiren wurden zum Hauptgeschäft des «Arzamas». Žukovskij, der gefühlsreichste unter den Sentimentalisten, hatte schon 1814 mit dem literatursatirischen Gedicht *Klage um Pindar* gegen die antiquierten Odendichter angeschrieben. Graf Dmitrij Chvostov, der selbstgefällige Vielschreiber, der noch 1805 Boileaus *L'Art poétique* ins Russische übertragen hatte, wurde zur beliebten Zielscheibe von Parodie und Pasquill. Auch Puškin sollte noch 1825 eine parodistische Ode im Stile Chvostovs schreiben (*Ode an seine Erl. Graf Dm. Iv. Chvostov*), um zu zeigen, daß nicht der hohe Stil an sich, sondern sein unangemessener Gebrauch der Lächerlichkeit anheimfiel.

Politische Polarisierung

Als Puškin im Juni 1817 nach Petersburg kam, fand, wieder im Hause Uvarovs, bereits die 21. reguläre Sitzung des «Arzamas»-Kreises statt. Bald nahm Puškin auch persönlich an den Sitzungen teil. Im September oder Oktober 1817 gab er seinen Einstand im «Arzamas» mit einer Rede in Versen, die mit den Worten anhub: «Gekrönt die Wünsche! Und also seh' ich euch» (das Gedicht ist nicht vollständig überliefert). Er war nun aufgenommen in einen Dichterkreis, dem glänzende Geister angehörten, der aber auch, wenngleich spielerisch und frech, seine einseitige Orientierung nicht verleugnen konnte. Denkwürdig die Sitzung am 7. April 1818! Puškin hatte sich gerade erst von seiner langwierigen Erkrankung erholt, da las er seinen begeisterten «Arzamas»-Freunden erstmals Bruchstücke aus dem neuen Poem *Ruslan und Ljudmila* vor. In derselben Sitzung stellte Uvarov seinen Traktat *Über die Griechische Anthologie* vor, zu dem Batjuškov ein Dutzend altgriechischer Epigramme (über das Französische) übersetzt hatte. Ins Galante gebrochene altrussische Märchenwelt und antikes Epikuräertum, wie sie hier aufeinandertrafen, ließen das parodistische Spiel hinter sich und wiesen der russischen Poesie neue Wege. Rasch verbreitete sich die Kunde, daß Puškin heranreife und an einem entzückenden Poem arbeite.

Durch die Aufnahme künftiger Dekabristen wie Nikita Murav'ëv, Michail Orlov und namentlich Nikolaj Turgenev in den «Arzamas»-Kreis wurden indes auf den Sitzungen zunehmend politische Themen verhandelt. Orlov legte dar, daß das «Repräsentantensystem», das heißt die Demokratie mit gewählten Volksvertretern, in Antike wie Neuzeit bei weitem mehr Vorteile und weniger Nachteile erbracht habe als jede andere Regierungsform. Nikolaj Turgenev sprach über die politische Situation in Europa. Doch vor allem schieden sich die Geister an der Bauernfrage, also an der Lösung des Problems der Leibeigenschaft. So zeichnete sich um 1818 innerhalb des «Arzamas» eine Krise ab, da Bludov und Uvarov, aber auch Karamzin und Žukovskij, die enge Beziehungen zum Zarenhof unterhielten, die von Nikolaj Turgenev oder Michail Orlov vertretenen liberalen Positionen nicht mehr mittragen konnten. Die ideologische Polarisierung konnte am Ende auch durch die gemeinsamen ästhetischen und literaturtheoretischen Anschauungen nicht mehr ausgeglichen werden. An diesem Dissens ist wohl auch der Versuch gescheitert, eine «Arzamas»-Zeitschrift zu gründen.

Unter der «Grünen Lampe»

Puškin, der ja nur die Endphase des «Arzamas» erlebt hatte, brauchte nicht lange nach Ersatz für die literarische Geselligkeit, die ihm zweifellos behagte, zu suchen. Die Brüder Aleksandr und Nikita Vsevoložskij, begeisterte Liebhaber der Literatur und der Theaterwelt, gründeten eine Vereinigung, die sich «Die grüne Lampe» nannte und regelmäßige Treffen bei verschiedenen Mitgliedern abhielt. Die Gruppe besaß keine eindeutige literarische Ausrichtung; sowohl die konservative als auch die novatorische Richtung war vertreten. Ähnlich verhielt es sich mit der politischen Einstellung. Einerseits stießen zu ihr oppositionelle Geister, die dem vordekabristischen «Wohlfahrtsbund» nahestanden, darunter Fürst Sergej Trubeckoj, Jakov Tolstoj und Fëdor Glinka, andererseits aber auch solche, die Kunst und Theater mit den Freuden des Lebens zu verbinden wußten. Vielleicht entsprach Puškins damaligem künstlerischen und politischen Suchen am ehesten eine solche Äquidistanz zu den Lagern. Nicht wenige der Mitglieder der «Grünen Lampe» waren Beamte des Außenministeriums, darunter Del'vig, Puškin, Nikita Vsevoložskij und Aleksandr Ulybyšev, der sich später als Musikenthusiast und Verfasser der ersten Mozart-Monographie einen Namen machte. Gnedič mit seinen engen Beziehungen zum Theater war vertreten, doch fehlten auch nicht durchtriebene Lebemänner wie Kaverin, Fëdor Jur'ev und Pavel Mansurov, ganz zu schweigen von den «*Prelestnicy*», den reizenden Damen aus Theater- und Halbwelt, die den Zusammenkünften erst den rechten Geschmack verliehen.

Die erste Sitzung der «Grünen Lampe» fand am 16. März 1819 im Hause Nikita Vsevoložskijs in der Katharinhof-Gasse (Ekateringofskij pereulok), nahe dem Großen Theater, statt. In dem Raum, wo man sich versammelte, hing eine Lampe mit grünem Lampenschirm, die zum Symbolzeichen der Gesellschaft wurde und ihr die Devise gab: «Licht und Hoffnung». Wie alle geheimen Gesellschaften der Zeit gab sich auch die «Grüne Lampe» eine Satzung und hielt während der Sitzungen bestimmte Rituale ein. Die Ideale der Freiheit und Gleichheit wurden hochgehalten und fanden in den Gedichten der Mitglieder ihren Niederschlag. Daneben stand ein Schwelgen in Lebensgenuß und Libertinage, das sich in Puškins damaligen Gedichten ungezügelt niederschlug. In dem Trinklied *An Jur'ev* feierte er unter der Lampe der Hoffnung lauthals Jugend und Glück, Pokal und Bordell:

> *Zum Wohl, ihr Ritter, unverdrossen*
> *Erfüllt von Liebe, Freiheit, Wein!*
> *Für uns, o Freunde und Genossen,*
> *Strahlt hell der Hoffnung lichter Schein.*
>
> *[...]*
>
> *Zum Wohle, Jugend, Seligkeiten*
> *Und Wein und Becher und Bordell!*
> *Kommt, Wollust leitet uns beizeiten*
> *Bezecht und lachend zur Mamsell.*[17]

Dem Freunde Mansurov (*An Mansurov*) pries er gar eine junge Theaterschülerin an mit den Versen:

> *Doch froh und eilig wirft die Last*
> *Der Schule fort die Kleine*
> *Und legt sich zu dir auf Damast*
> *Und spreizt für dich die (– –).*[18]

«Wir trinken – Venus sitzt dazwischen» hätte eine andere Devise des hoffnungsvollen Kreises lauten können. Die ausschweifenden Feste wurden weiter durch Spektakel gewürzt, deren Titel, etwa «Adam und Eva im Paradies» oder «Der Untergang von Sodom und Gomorrha», bereits laszive Darbietungen erwarten ließen. Zum allgemeinen Wohlbefinden trug der Diener Vsevolod im Hause Vsevoložskij bei, ein Kalmück, der auf jeden Witz und jede Zote mit einem Glückwunsch zu reagieren hatte. Puškin, der solche Glückwünsche nicht selten auslöste, fühlte sich von ihm besonders bevorzugt. «Der Kalmück verwöhnt mich», soll er gesagt haben, «Asien protegiert Afrika.»[19]

In Petersburg hatte sich rasch herumgesprochen, daß die «Grüne Lampe» eine «orgiastische», eine auschweifende Gesellschaft war. Gerade diese Einschätzung rettete sie nach 1822, bei der Überprüfung der verschiedenen Geheimgesellschaften, vor Verfolgung, da sie nun als politisch ungefährlich eingestuft werden konnte.

Das war sie keineswegs. Boris Tomaševskij, bemüht, die Gesellschaft vom Ruch der Verderbtheit reinzuwaschen, vertrat sogar die Meinung, daß schlüpfrige Ausgelassenheit und ernste Beschäftigung mit Politik und Poesie in dem Kreis streng voneinander getrennt gewesen seien.[20] Dafür spricht wenig. In der Tat war aber in manchen Versen und Traktaten, die in der «Grünen Lampe» verlesen wurden, gefährlicher politischer Zündstoff enthalten. Fëdor Glinkas «Scharade», bei der die Silben *pre* (vor-) und *stol* (Tisch) das Wort *prestol* (Thron) ergaben, erhielt sofort politischen Sinn, wenn damit der Sitz des Gesetzes und nicht des verantwortungslosen Monarchen gemeint war. Weit mehr noch barg der französische Traktat *Un rêve* von Ulybyšev an Brisanz, weil in ihm, als Traum getarnt, eine fundamentale Umkehr Rußlands angedacht wurde: Rußland – kein Militärstaat mehr, sondern ein Gemeinwesen, in dem Bildung, Gesittung und Kunst gediehen; das sich von den oberflächlichen westlichen Moden verabschiedete; das sich auf die eigenen geistigen und politischen (vor-petrinischen) Quellen besann und sie pflegte. Diese Absage an den Weg Rußlands im 18. Jahrhundert korrespondierte mit romantischen kulturellen Konzepten, wie sie zur gleichen Zeit auch Griboedov und Čaadaev, später die Slavophilen vertraten. Solche Überlegungen zeugten von hohem staats- und kulturpolitischen Verantwortungsbewußtsein. So besaß die «Grüne Lampe», deren Sitzungen bis zum Frühjahr 1820 abgehalten wurden, ein janushaftes Antlitz: Champagnergelage und ernster Diskurs trafen aufeinander. Puškin trieb dort seine Späße mit leichten Versen wie *An Jur'ev*, trug aber auch bereits Bruchstücke aus *Ruslan und Ljumila* vor, ebenso wie Gnedič aus seiner Übersetzung der *Ilias* las. In den Versen *Aus einem Brief an Ja. N. Tolstoj* hielt der verbannte Puškin zwei Jahre später noch einmal Rückschau auf die in der «Grünen Lampe» verbrachten «Stunden der Liebe, Stunden des Rausches», da man im «Hort der Liebe und der freien Musen» «in liebenswürdiger Gleichheit» beisammensaß:

Da war's, wo man die Flaschen tauschte,
Geschichten, Reden, Lied und Witz
Und Laune und Gedankenblitz;
Da tönten unsere Wortgefechte
Aus Wein und Scherzen in die Nächte.[21]

Landluft

Von Zeit zu Zeit benötigte Puškin die ländliche Ruhe, um auszuspannen und zu arbeiten, aber auch, wie es sein Onkel Vasilij ausdrückte, um sich von den städtischen Sünden zu reinigen, von denen er eine Menge angehäuft habe. So verbrachte er 1819 Juli und August in Michajlovskoe. Die Arbeit an *Ruslan und Ljudmila* schritt voran, er schrieb jetzt bereits am vorletzten, dem fünften Gesang. Und es entstand in der ländlichen Stille und Einsamkeit eine Handvoll Gedichte, die von tiefen, neuen Gedanken getragen waren und einen von den Schlacken des Stadtlebens gereinigten Puškin zeigten. Da ist das wundervoll ernste Gedicht *Das Dorf*, das den öden Winkel preist, den Hort der Stille, der Mühen und der Inspiration, den Schoß des Glücks und des Vergessens, den er gegen den Lasterhof der Circen, der Gelage und der Verirrungen eingetauscht hat. Nach dem Muster der klassischen Idylle beschreibt Puškin den *locus amoenus*, den ländlichen Lustort mit Bächen und Seen, Hügel, Feld und Flur, mit Bauernhäusern, Herden und dem Segel des Fischers. Das trostreiche Bild wird jäh durch ein erschreckendes «Doch» unterbrochen:

Doch ein Gedanke schreckt das Herz mit dunklem Graun:
Im stillen Berg- und Blumenlande
Muß, wer die Menschen liebt, voll tiefer Trauer schaun
Todbringend überall der dumpfen Roheit Schande.
Für Tränen blind, für Stöhnen taub,
Vom Schicksal auserwählt, damit die Menschheit blute,
Gesetzlos, fühllos nimmt der Gutsherr seinen Raub
Und stiehlt dem Bauersmann, mit der Gewalt der Knute,
Die Früchte seiner Müh, sein Eigentum, die Zeit.[22]

Im weiteren spricht Puškin den Mißbrauch der jungen Bauerntöchter durch gewissenlose Schufte und die Verdingung der Bauernsöhne als niedere Knechte an, um am Schluß seine Hoffnung auf die Befreiung der Bauern durch den Zaren zu setzen:

> *O Freunde! öffnet sich dem Volk der Freiheit Tor,*
> *Und fällt die Sklaverei auf einen Wink des Zaren,*
> *Steigt überm Vaterland, nach langen Leidensjahren,*
> *Das schöne Morgenrot des freien Geists empor?*[23]

Auch Gedichte wie *Dem Hausgeist* oder die Ballade *Die Nixe*, die ländlichen Aberglauben und volkstümliche Überlieferung beschworen, verrieten, welche Inspiration Puškin in der reinen Landluft gewann. Die Verbindung aber der beweglichen Dorfbilder, die er aufnahm, mit den antifeudalen Ideen Nikolaj Turgenevs, Glinkas und Orlovs in *Das Dorf* schuf eine neue Qualität des politischen Dichtens. Als Alexander I. das Gedicht in die Hand bekam – Illarion Vasil'čikov, General der Kavallerie, hatte es von seinem Adjutanten Čaadaev erhalten und dem Zaren übergeben –, traten ihm vor Rührung die Tränen in die Augen. Er bat, dem Verfasser für die Gefühle zu danken, die es in ihm ausgelöst habe.

Zarenschmähung und Sand-Kult

Zar Alexander hatte nach dem triumphalen Sieg über Napoleon bei verschiedenen Anlässen das Versprechen wiederholt, er werde seinem Volk eine Verfassung oder, wie er es formulierte, «gesetzlich-freiheitliche Einrichtungen» schaffen. So in Warschau bei der Eröffnung des Polnischen Parlaments, des Sejm, am 15. März 1818 (hier oblag Vjazemskij in der Kommissariatskanzlei die Übersetzung des Textes ins Russische). Nicht anders in einem Gespräch mit General Maison anläßlich der Konferenz der Heiligen Allianz in Aachen am 24. September des gleichen Jahres, wo der Zar sein Ehrenwort darauf gab, daß er seine Völker von der Selbstherrschaft befreien werde. Die freiheitlichen Denker in Rußland hätten diesen Verheißungen nur zu gern Glauben geschenkt, doch sprachen ihre Erfahrungen und Beobachtungen eher gegen eine Aufweichung der Autokratie. Der Zar galt als heuchlerisch und wankelmütig; seinen Worten folgten keine Taten. Einige satirische Gedichte Puškins, die in jener Zeit entstanden, hieben gerade in diese Kerbe. Im Dezember 1818 schrieb er das hohngeladene Gedicht *Märchen. Noël*, das Alexanders Versprechen persiflierte:

> *Freu dich, mein Volk: ich bin gesund und fett und heiter;*
> *Die Presse preist mich hundertfach;*
> *Ich aß und trank und ich versprach –*
> *Was will man denn noch weiter?*[24]

Nach der Ermordung August von Kotzebues durch den deutschen Burschenschafter Karl Ludwig Sand im März 1819 wendete sich das Blatt. Die Karlsbader Beschlüsse vom August dieses Jahres sahen verschärfte Zensurmaßnahmen, die Entlassung revolutionär gesinnter Lehrpersonen und eine Überwachung der Universitäten vor. Auch in Rußland spitzte sich die Lage zu. Kotzebue war nicht nur einer der beliebtesten Schaupielautoren seiner Zeit gewesen, weit erfolgreicher als Goethe oder Schiller, er hatte auch viele Jahre in russischen Diensten zugebracht, seit 1813 im Range eines Staatsrates. Als ausgemachter Gegner der liberal-patriotischen Bewegung hatte er dem Zaren in geheimer Korrespondenz über die deutschen Verhältnisse berichtet. Einige Texte Puškins knüpften unmittelbar an das Ereignis an. In Epigrammen drohte er Aleksandr Sturdza, dem Verfasser monarchiefreundlicher Schriften, das Schicksal Kotzebues an, ebenso dem Finstermann Arakčeev, der in der kleinrussischen Stadt Čuguev 52 aufrührerische Soldaten den Spießruten ausgesetzt hatte – 28 hatten die Prozedur nicht überlebt. Karl Sand blieb Puškin im Gedächtnis als «junger Gerechter», als «Erwählter des Schicksals», und der Dolch, mit dem er die Tat beging, gewann symbolische Bedeutung als «geheimer Wächter der Freiheit», als «letzter Richter von Schande und Schmach» – so in dem Gedicht *Der Dolch* (1821). Puškin erkannte jetzt dem Mörder Kotzebues, der, wie Brutus, Freiheit und Gesetzlichkeit wiederherstellte, ein Widerstandsrecht zu, das er den Mördern Pauls I. jüngst verweigert hatte. Noch in Kišinëv schlug sich sein Sand-Kult in den Zeichnungen seiner Notizhefte nieder, wo er Sand nicht nur neben Marat postierte, sondern ihn sogar in einem Porträt festhielt, dem er die eigenen Züge verlieh. Kein Zweifel: Puškins politische Einstellung hatte sich unter dem Einfluß der Freunde, dank unmittelbarer Anschauungen und nicht zuletzt durch die spürbare Verschlechterung des allgemeinen politischen Klimas erheblich verschärft. Nur wenig trennte ihn noch von den Geheimgesellschaften, in denen inzwischen längst über die Notwendigkeit nachgedacht wurde, den Monarchen zu beseitigen. Die Ermordung Kotzebues wurde als vorausweisende Tat genommen, die den notwendigen Weg aufzeigte.

Ein kaum verborgener Aberglaube, Vertrauen in den gelenkten Zufall, Aufmerksamkeit für die Zeichen, die das Schicksal aussandte, waren bei Puškin früh ausgebildet. Wahrsagereien und Handlesekunst zogen ihn ebenso in ihren Bann, wie er sich immer wieder dem Schicksalsgericht des Duells aussetzte. Im November 1819 suchte er zusammen mit Aleksandr Vsevoložskij, Mansurov und anderen Freunden die Wahrsagerin Kirchhof auf, eine Deutsche, die damals in Petersburg von sich reden machte. Ihre Prophezeiungen, Puškin werde in Kürze Geld erhalten, es werde Veränderungen in seinem Dienst geben, in Zukunft werde er zweimal verbannt werden und endlich von einem blonden Menschen zu Tode kommen, sollten später, recht gedeutet, in Erfüllung gehen. Eben deshalb sind sie wohl in nicht wenigen Erinnerungen an den Dichter überliefert worden.

«Ruslan und Ljudmila»

Indes reifte das Märchenpoem heran, das Puškin bereits im Lyzeum begonnen und an dem er trotz mancher Ablenkung beharrlich gearbeitet hatte. Er hatte durchaus Grund, auf seinen ersten großen Wurf zu rechnen. Diejenigen, die bereits Einblick in das Werk erhalten hatten, waren voller Begeisterung und warteten ungeduldig auf den Abschluß. Endlich, am Karfreitag, den 26. März 1820, las Puškin im Haus Žukovskijs den Sechsten und letzten Gesang des Poems vor. Žukovskij war so bewegt, daß er seinem Schützling ein Porträt schenkte mit der Aufschrift: «Dem siegreichen Schüler vom besiegten Lehrer an dem hochfestlichen Tage, an dem er sein Poem ‹Ruslan und Ljudmila› beendet hat».

Puškins erste größere Dichtung setzte die burleske Richtung fort, die ihn schon als Kind fasziniert hatte. Sie besaß in der komischen oder galanten Brechung des Heroischen rokokohafte Züge, führte aber, wenn sie sich in Märchen kleidete oder das Mittelalter aufnahm, mitten in die Romantik. Ariosts *Rasender Roland* gehörte zu ihren Vorfahren ebenso wie Voltaires *Jungfrau von Orléans* und Wielands *Oberon*. Es scheint aber, daß Puškin, bei aller Belesenheit und Gestimmtheit für das Genre, eine ganz bestimmte Anregung aufgenommen und dann selbständig bearbeitet hat: Niemand anders als Žukovskij hatte seinem Freund Voejkov um 1813/14 in einem Sendschreiben den Plan eines romantischen Heldenepos mit dem Titel *Vladimir* unterbreitet, in dem die Taufe der Russen behandelt werden sollte, jedoch nicht im heroischen Stil, sondern mit stark märchenhaften Zügen und in volkstümlicher Sprache.[25] Žukovskij wollte damit ähnliche Ansätze Karamzins, etwa dessen unvollendete Burleske im Bylinenstil *Il'ja Muromec*, fortführen. Puškin kannte nachweislich diese Werkskizze; und so, wie er nie zögerte, mit anderen Dichtergrößen in Wettbewerb zu treten, führte er den fremden Plan auf seine Art aus. In seinem mit Lyrismus und blitzender Ironie, vielerlei Anspielungen und Zitaten gewürzten Poem berichtete der Erzähler den «Zarinnen seiner Seele», seinen schönen Leserinnen, die Geschichte vom Kiever Großfürsten Vladimir, genannt «die Sonne», der seine jüngste Tochter Ljudmila dem Recken Ruslan zur Frau gegeben hat. In der Hochzeitsnacht entführt sie der Zauberzwerg Černomor (zu deutsch: Schwarztod). Ruslan zieht aus, sie wiederzufinden und heimzuführen. Auch seine Rivalen Rogdaj, Farlaf und Ratmir machen sich auf, um Ljudmila für sich zu gewinnen. Auf seiner Suche gerät Ruslan in allerlei Abenteuer. Er gewinnt im Kampf mit dem riesigen sprechenden Kopf das Zauberschwert, mit dem er Černomor bezwingen wird. Ljudmila befindet sich derweil auf dem Zauberschloß; sie hat ihrem Entführer die Tarnkappe entrissen und wartet, unsichtbar im Schloßpark, auf ihren Befreier. Zwar muß das Paar noch einige Prüfungen überstehen: Ruslan erschlägt Rogdaj im Zweikampf und trifft auf den Chasarenkhan Ratmir, der sich mit einem Naturkind in ein ländliches Arkadien zurückgezogen hat. Noch scheint es, als werde der gerissene Farlaf den Preis davontragen. Doch am Ende kommt alles, wie es im Märchen kommen muß: Ruslan befreit das von den Petschenegen belagerte Kiev, übersteht eine letzte Intrige des listigen Farlaf, und die Geschichte schließt, wie sie begonnen hatte: mit einem großen Hochzeitsmahl in Kiev für das wiedervereinte Paar Ruslan und Ljudmila. Natürlich ging es, wie zumeist in den epischen Dichtungen, letztlich nicht um die Darbietung der Fabel, diese lieferte vielmehr nur den Vorwand für die Entfaltung prächtiger, bewegter und stiller Episoden, Beschreibungen von Landschaften oder des Zauberschlosses sowie für alle möglichen Exkurse und Abschweifungen. Das Erzähler-Ich spielte sich stark in den Vordergrund, hielt Zwiesprache mit den Helden und dem Leser, stellte Fragen und gab Antworten. Das Verhalten der Helden ließ meist weniger ans altrussische Mittelalter denken als an die Jeunesse dorée des zeitgenössischen Petersburg. Vor allem Ljudmila war alles andere als eine Märchengestalt, vielmehr erinnerte sie an die koketten, netten Fräuleins, die Puškin aus den Salons kannte. Wie sie als Gefangene in Černomors Schloß allmählich die Angst vor dem lächerlich-schrecklichen Unhold verliert, wie sie vor dem Spiegel mit sorglosen, unwillkürlichen Bewegungen ihre Morgentoilette vornimmt, wie sie mit neugieriger Geschäftigkeit die Tarnkappe anprobiert – das hätte kein russischer Dichter vor Puškin mit solch spielerischer Leichtigkeit vor Augen führen können. Konnte das Ganze nicht überhaupt als schrecklicher Alptraum Ljudmilas in der Hochzeitnacht gedeutet werden, wenn sie, wie in Žukovskijs Ballade *Svetlana*, erwachend meinte, ein Traum habe sie mit undeutlichen Phantasievorstellungen gequält? Und war dieses Schwelgen in der märchenhaften Welt mit vielerlei Verweisen auf literarische Parallelstellen, die obligatorischen *loci similes*, nicht auch als Parabel zu lesen über den Wettkampf der Dichter um die rechte, die «dem Volke liebe» (denn das bedeutet der Name Ljudmila) Poesie, wie Puškin am Anfang des Zweiten Gesangs durch den Vergleich von Ritter- und Dichteragon selbst nahelegte? Ruslan, der echte russische Dichter («russifiziert» nach der Märchengestalt Eruslan), gewann den Preis vor den Rivalen, dem ungeschlachten Rogdaj, dem verbauernden Chasaren Ratmir und dem hochtrabend-falschen Farlaf. Und man konnte darüber nachdenken, wer damit gemeint war.

Sprachlich waren in *Ruslan und Ljudmila* alle Möglichkeiten der russischen Sprache auf bisher unvorstellbare Weise ausgenutzt. Der poetische Ausdruck gewann unter Puškins Feder eine virtuose Geschmeidigkeit. Gleiches galt für den Vers, den 4 füßigen Jambus, der seit Lomonosov das metrische Vehikel der hohen Ode gewesen war, streng gefügt in Syntax und rhythmischer Prägung. Puškin machte daraus einen witzig-spritzigen Plaudervers, der jegliche Stimmung, jeglichen Gegenstand aufnehmen konnte, aber nie seinen ironischen Duktus aufgab. Dieser Vers, immer weiter, bis zur Prosaisierung hin entwickelt, sollte fortan Puškins Hauptvers sein, in dem er gut 55% seiner poetischen Werke verfaßt hat.[26]

Als die erste, nicht fehlerfreie Version des Poems im August 1820 erschien – Gnedič hatte die Herausgabe arrangiert; zuvor schon hatten die Zeitschriften *Sohn des Vaterlandes* (Syn otečestva) und *Neva-Beobachter* (Nevskij zritel') Bruchstücke gebracht – befand sich Puškin bereits im Süden.

Die Intrige gegen den Dichter

Etwa zur gleichen Zeit, als sich der überragende Erfolg von *Ruslan und Ljudmila* abzeichnete, nahm die Intrige gegen Puškin ihren Lauf. Ehrenrührige Gerüchte, Denunziation, Hausdurchsuchung, Verhöre und schließlich die Verschickung aus Petersburg folgten Schlag auf Schlag. Binnen weniger Monate gelang es den Behörden, den Dichter aus seiner Petersburger Verankerung zu lösen und nach dem Süden abzuschieben.

Am Anfang standen merkwürdige Gerüchte. Man munkelte, die Behörden führten gegen Puškin etwas im Schilde. Rasch verbreitete sich das Gerücht, er sei von der Polizei festgenommen und in der Geheimen Kanzlei ausgepeitscht worden. Als ihn Katenin informierte, was da über ihn verbreitet wurde, packte ihn Verzweiflung. Auf so niederträchtige Weise war seine persönliche Ehre noch nie angetastet worden: ein Edelmann – ausgepeitscht! Und es gab niemanden, von dem er Satisfaktion hätte fordern können. Puškin spielte mit Selbstmordgedanken. Nur mit Mühe konnten Katenin und Čaadaev ihn von einem unbedachten Schritt abhalten. Erst Jahre später erfuhr er, daß das Gerücht vom Grafen Fëdor Tolstoj, einem Onkel zweiten Grades von Lev Tolstoj, genannt «der Amerikaner», aus Jux ausgestreut worden war. Mit diesem Abenteurer und Glücksspieler war Puškin, wahrscheinlich über Vjazemskij, in Petersburg bekannt geworden. Spätere Versuche Puškins, die Ehrverletzung durch ein Duell mit Tolstoj zu beheben, scheiterten. Es kam zu einer Aussöhnung zwischen beiden; 1829 gar vermittelte Tolstoj bei Puškins Brautwerbung.

Am 2. April 1820 unterbreitete der Vizepräsident der «Freien Gesellschaft der Freunde des russischen Schrifttums», Vasilij Karazin, dem Innenminister Graf Kočubej eine Denunziation, die er als Maßnahme gegen die Ausbreitung der Freidenkerei und zur Aufrechterhaltung der öffentlichen Sicherheit verstand. Den Anlaß hatte das Gedicht *Die Dichter* gegeben, das Küchelbecker in der Sitzung der «Freien Gesellschaft» am 22. März 1820 vorgelesen hatte. Dort waren die Dichter als Märtyrer der Menschheit dargestellt, die auf einem Dornenweg zu unsterblichem Ruhm aufstiegen. Außer Milton, Tasso, Ozerov, Aischylos, Schiller waren auch Del'vig und Puškin angesprochen, Puškin als «unsere junge Koryphäe», als «Sänger der Liebe, Sänger Ruslans», dem keine Schlange, kein Uhu und keine Krähe etwas anhaben könne. «Möge uns die Menge nur verachten – sie ist wahnsinnig und blind», hieß es am Schluß in Küchelbeckers Gedicht.[27] Karazin, aufgebracht durch diese selbstbewußte Poesie, richtete seine Denunziation generell gegen das Lyzeum in Carskoe Selo, das er als Brutstätte vaterlandsfeindlicher Elemente anschwärzte, die sich zu einem verdächtigen Bund, ähnlich den Freimaurern, zusammengeschlossen hätten oder sogar in echte Freimaurerlogen eingetreten seien. Als besonders bedenklichen Fall führte Karazin Puškin an:

«Man sagt, daß einer von ihnen, Puškin, auf allerhöchsten Befehl insgeheim bestraft worden sei. Aber unter den Zöglingen ist mehr oder weniger fast jeder ein Puškin (...). Wer sind die Verfasser von Karikaturen oder Epigrammen wie zum Beispiel auf den Doppeladler, auf Sturdza, in welchem die Allerhöchste Person mit äußerst unanständigen Namen belegt wird? Die Lyzeumszöglinge! Wer erregt im Publikum Aufmerksamkeit durch verführerische Gedichte in einem Alter, wo sich am ehesten Ehrenhaftigkeit und Bescheidenheit geziemen? Die nämlichen.»[28]

Kočubej erstattete dem Kaiser umgehend Bericht. Alexander scheint sich besonders über Puškins Epigramm *Auf Sturdza* erregt zu haben, das «dem Knecht des herrschenden Soldaten» (also Alexanders) «den Tod des Deutschen Kotzebue» androhte. Das war Majestätsbeleidigung und Aufreizung zum politischen Mord in einem. Der Petersburger Generalgouverneur Graf Miloradovič wurde beauftragt, weitere aufrührerische Gedichte aus Puškins Feder, vor allem auch die Freiheitsode, aufzuspüren. Auch Karazin wurde aufgefordert, Puškinsche

Texte zu beschaffen, machte aber offenbar einen Rückzieher. Doch während in den Literaturzeitschriften die ersten Proben aus *Ruslan und Ljudmila* gedruckt erschienen, zog sich die Schlinge zusammen. Alexander befahl, eine Hausdurchsuchung bei Puškin vorzunehmen und ihn zu verhaften. Mitte April versuchte ein Geheimpolizist, während Puškin nicht zu Hause weilte, Einblick in seine Gedichte nehmen. Doch der Diener des Dichters, Nikita Kozlov, dem immerhin 50 Rubel für den Verrat an seinem Herrn geboten wurden, ließ sich nicht bestechen und verhinderte das Ansinnen. Puškin verbrannte daraufhin all seine politisch brisanten Gedichte. Graf Miloradovič beorderte ihn am folgenden Tag in sein Haus auf dem Nevskij Prospekt. Auf dem Wege dorthin traf Puškin zufällig auf dem Theaterplatz Fëdor Glinka, dem er ausführlich über die Vorfälle des letzten Tages berichtete. Bei Miloradovič entspann sich ein eigentümliches Gespräch: Puškin bekannte, daß er die fraglichen Gedichte verbrannt habe, daß er aber bereit sei, die inkriminierten, umlaufenden Texte aus dem Kopf niederzuschreiben und Erklärungen dazu abzugeben. (Er ließ dabei wohlweislich das Epigramm *Auf Arakčeev* aus.) Miloradovič soll die Gedichte mit Amüsement gelesen haben und gewährte, da er keine Invektiven gegen die Regierung in ihnen fand, Puškin namens des Monarchen Begnadigung. Als Alexander davon erfuhr, maßregelte er seinen Generalgouverneur für diesen voreiligen Schritt. Der Kaiser hielt eine harte Bestrafung des Dichters, dessen aufrührerische Verse ganz Jung-Petersburg auswendig hersagen könne, für unerläßlich: Verbannung ins Soloveckij-Kloster im Weißmeergebiet oder nach Sibirien. Dabei gestand der Monarch im Gespräch mit Engelhardt zu, daß ihm Puškins Offenheit gegenüber Miloradovič gefallen habe. «Aber das ändert nichts an der Sache.»

Strafversetzung

Allein, in dieser höchsten Gefahr für den Dichter wuchs das Rettende auch. Seine Freunde und Förderer, aufgeschreckt durch die drohende Verbannung des größten Dichtertalents, das Rußland bisher kannte, schlossen sich zu einer bewundernswerten Rettungsaktion zusammen, die im einzelnen schwer zu entwirren ist. Als erster wurde wohl Čaadaev tätig. Er hatte von den Verbannungsplänen gehört und wandte sich sofort an Karamzin und seinen Vorgesetzten, General Vasil'čikov, um Hilfe. Auch Puškin selbst suchte Karamzin auf, bat um seine Unterstützung und gab auf dringendes Zureden des väterlichen Freundes sein Ehrenwort, zwei Jahre lang nichts gegen die Regierung zu schreiben. Gnedič versuchte, über Olenin das Herz der Mächtigen zu erweichen. Bemerkenswert, daß auch Engelhardt, zu dem Puškin ja kein rechtes Vertrauen hatte aufbringen können, für seinen ehemaligen Zögling ohne Wenn und Aber eintrat. Karamzin und Žukovskij besaßen das Ohr der Kaiserin. Ihnen vor allem, aber auch Aleksandr Turgenev und dem Grafen Miloradovič scheint es gelungen zu sein, die harte Bestrafung der Verbannung nach den Solovki-Inseln oder gar nach Sibirien in eine Strafversetzung nach Bessarabien abzumildern. Nicht einmal in der dienstlichen Laufbahn sollten Puškin Nachteile entstehen. Sergej Puškin, den die Vorgänge um seinen leichtfertigen Sohn aufs äußerste erregt hatten, fiel endlich ein Stein vom Herzen, als er von der «milden» Strafe erfuhr. In einem Brief an Žukovskij sprach er diesem, Karamzin und Aleksandr Turgenev seinen Dank für ihre Bemühungen aus. «Was den Grafen Miloradovič anlangt», fügte er hinzu, «so weiß ich nicht, ob ich ihm, wenn ich ihn sehe, zu Füßen fallen oder ihn umarmen werde.»[29]

Mit kaiserlichem Erlaß vom 4. Mai 1820 wurde Puškin zum Dienst bei Generalleutnant Inzov, dem Hauptkurator für die Kolonisten in den südlichen Gebieten Rußlands, überstellt. Zugleich wurde dieser gebeten, den jungen Mann in seine Ohut zu nehmen und ihm seine Sorge angedeihen zu lassen. Zu Puškins Vergehen wurde ausgeführt:

> «Einige poetische Werke, in Sonderheit seine Ode auf die Freiheit, haben die Aufmerksamkeit der Regierung auf Puškin gelenkt. Bei größter Schönheit der Konzeption und des Stiles ist diese letztere Werk geprägt von jenen gefährlichen, vom Zeitgeist hervorgerufenen Prinzipien, oder besser noch, von jener anarchistischen Doktrin, die man aus Nachlässigkeit System der Menschenrechte, der Freiheit und der Unabhängigkeit der Völker nennt.»

Aus dem folgenden Passus ist zu schließen, daß sich Puškins Fürsprecher für ihn verbürgt hatten:

Zar Alexander I.

«Seine Protektoren meinen, daß seine Reue aufrichtig ist und daß es möglich sein werde, falls er einige Zeit aus Petersburg entfernt, mit Beschäftigung versehen und von guten Beispielen umgeben ist, aus ihm einen tüchtigen Staatsdiener oder wenigstens einen Schriftsteller ersten Ranges zu machen.»[30]

Das Außenministerium stellte 1000 Rubel für die Überführung per Kurier zu Verfügung. Am 6. Mai 1820 reiste Puškin, begleitet von dem treuen Diener Nikita Kozlov, in der flinken offenen Kurierkutsche, bequem hinter dem aufragenden Kutschbock ins Polster gelehnt, in den Süden. Er nahm die Route über Carskoe Selo – bis dorthin begleiteten ihn Del'vig und Jakovlev –, Luga, Porchov, Velikie Luki, Vitebsk, weiter nach Mogilëv, Černigov, Kiev, Kremenčug. Seinen 21. Geburtstag beging er bereits in Ekaterinoslav, seinem ersten Bestimmungsort. Nach einem Bad im noch kühlen Dnjepr lag er mit einer fiebrigen Erkältung im Bett.

Bilanz der Petersburger Jahre

Fast drei Jahre hatte Puškin in Petersburg zugebracht. Die Stadt bot für einen lebenslustigen jungen Edelmann überreiche Möglichkeiten zu allerlei Vergnügung und Ausschweifung. Puškin hatte sich in dieses schillernde Leben gestürzt. Er strebte in die literarischen Zirkel, geheimen Gesellschaften und weltläufigen Salons ebenso wie in die eleganten Restaurants, anrüchigen Kneipen und zweifelhaften Etablissements. Alles war Spiel. Und er spielte nicht nur am Spieltisch, sondern mit Duellen, beim Wettrinken, mit gefährlichen Aussprüchen in der Öffentlichkeit und natürlich auch mit seinen boshaften Epigrammen. Der großstädtische Trubel ließ ihm oft keine Zeit mehr zu ernsthafter Arbeit. Nur wenn er krank darniederlag, was einige Male geschah, oder wenn er sich die ländliche Ruhe in Michajlovskoe verschrieb, brachte er das Wesentliche zustande. Dann wurde den Zeitgenossen klar, daß er sich der höchsten Kunstübung ergeben hatte. Das Auseinanderdriften zwischen leichtfertigem Lebensstil und reinem poetischen Ideal änderte daran nichts, auch wenn es bedenklich zutage trat. (Die letzten Lyzeumsjahre waren dagegen ein harmloses Vorspiel gewesen.) Es gehörte wohl zu Puškins künstlerischer Existenz, sich in Extremen zu bewegen, Widersprüche nicht auszugleichen, sondern zu suchen und auszuspielen. Vielleicht glich er darin am meisten Mozart, und es verwundert nicht, daß er in dem Dramolett *Mozart und Salieri* genau diese Seite des Künstlergenies hervorgehoben hat.

Im Kampf der Stile, den er von früh an wahrgenommen hatte, stand er bald auf einer neutralen, genauer: einer höheren Position. Keineswegs wandte er sich von der «leichten Poesie», die sein Ausgangspunkt gewesen war, ab, aber er wich nun auch den bedeutsamen Gegenständen nicht mehr aus. Zu Puškins ureigener Poesie, die sich an jede Lebenssituation, Begegnung, Freundschaft anheftete, die mit Schärfe und Witz gesellschaftliche und menschliche Mängel aufs Korn nahm, traten nun ernste politische Themen, wie vor allem die Freiheitsode und die gestörte Idylle *Das Dorf* beweisen. Ohne zu verlangen, daß er sich verleugne, hatten ihn seine Freunde zum künstlerischen Ernst geleitet. Er war ja lernfähig und spürte sehr genau, daß die verstechnische Virtuosität allein noch keinen großen Dichter machte. Mit untrüglichem Gespür fand er selbst den Weg, die immensen stilistischen und sprachlichen Möglichkeiten des Russischen nicht schematisch gegeneinanderzustellen, sondern im poetischen Werk je nach den Ausruckserfordernissen zu nutzen. Hohes Kirchenslavisch, eleganter Salonton, derbes Volksidiom – bei Puškin fand nun alles seinen rechten Ort. Nur so konnte er endlich sein erstes großes Werk schaffen, *Ruslan und Ljudmila*, mit dem die russische Literatur in eine neue Entwicklungsphase eintrat: in die Romantik. Und dieses märchenhafte Werk, entstanden dank mannigfacher Anregungen und im Wettstreit um das Bessere und immer Bessere, stellte sich dar als ein Nationalepos von neuer Art.

DRITTES KAPITEL

Strafversetzt in den Süden
1820–1824

«Ein Sucher neuer Eindrücke …»
Aus der Elegie «Es erlosch das Tageslicht» (1820)

Krank in Ekaterinoslav

Die Gebiete, die Puškin in den folgenden Jahren kennenlernen sollte, zählten nicht zu den russischen Kernlanden, sondern waren erst durch die Expansionspolitik Katharinas und Alexanders den Osmanen abgewonnen und ins Zarenreich einverleibt worden. Neurußland, wie man die südliche Ukraine nannte, der nördliche Kaukasus und Bessarabien waren Kolonisationsgebiete, in denen russische Administration und Kultur eben erst Fuß gefaßt hatten. Ekaterinoslav (heute: Dnepropetrovsk), Puškins erster Bestimmungsort, war erst 1776, nach Beendigung des Ersten Russisch-türkischen Krieges, gegründet worden und bildete das wichtigste Verwaltungszentrum Neurußlands. Das vom Fürsten Potëmkin, dem Generalgouverneur Neurußlands, errichtete Schloß im klassizistischen Stil stach in der Menge der bescheidenen jüngeren Bauten hervor.

Vorerst lag Puškin, an einem hartnäckigen Fieber erkrankt, in der Ortschaft Mandrykovka bei Ekaterinoslav fest. Zu seiner großen Überraschung fanden sich am Abend seines Geburtstages, am 26. Mai, General Nikolaj Raevskij und sein Sohn Nikolaj in Begleitung des Stabsarztes Evstafij Rudykovskij bei ihm ein. Sie hatten, auf der Durchreise von Kiev in die kaukasischen Mineralbäder, mit Damen und Anhang Zwischenstation beim früheren Gouverneur von Ekaterinoslav eingelegt. Als Nikolaj Raevskij der Jüngere zufällig erfuhr, daß sich sein Freund Puškin fieberkrank in Ekaterinoslav aufhielt, eilte er sofort zu ihm. Der Arzt hat die Begegnung mit dem widerspenstigen Patienten wie folgt beschrieben:

«Doktor, helfen Sie mir!», habe der Kranke gerufen. «Puškin, Sie müssen meinen Rat befolgen!» «Das werde ich, das werde ich!», habe Puškin gesagt, doch habe er wieder sein Hausmittel, eine Mandelmilchmixtur, eingenommen, bis ihn das Fieber erneut schüttelte. «Sie dürfen nicht ohne Mantel hinausgehen und ausreiten.» «Das ist mir zu heiß, das halte ich nicht aus.» Wieder habe das Fieber eingesetzt. «Doktor, ich bin krank», habe Puškin gejammert. «Weil Sie halsstarrig sind. Hören Sie endlich auf mich!», habe der Doktor wiederholt. «Das werde ich, das werde ich.»[1]

Die Raevskijs kamen rasch überein, den erholungsbedürftigen Puškin mit auf die Reise zu nehmen. General Inzov, der den ihm zugeteilten jungen Diplomaten noch kaum zu Gesicht bekommen hatte, gab seinen Segen, da er, wie er in einem Brief schrieb, den Eindruck gewonnen hatte, daß Puškin im Herzen unverdorben sei und der Grund seiner Verfehlungen in seinem jugendlich hitzigen Geist liege.[2] Zudem wußte er den ihm Anbefohlenen bei General Raevskij in guten Händen. So brach die Reisegesellschaft, bestehend aus den Raevskijs samt Gouvernante, Gesellschafterin, Arzt und dem französischen Lehrer Fournier, mit dem noch immer fiebernden Puškin am 28. Mai 1820 in den Kaukasus auf. Die Suite bestand aus zwei großen geschlossenen Kutschen und einer Kalesche, in welcher Puškin zunächst mit dem jüngeren Rajevskij saß, später wechselte er in die Kutsche des Generals über. Bereits nach wenigen Tagen war die Krankheit überwunden, doch lief Puškin noch einige Zeit mit geschorenem Kopf umher.

Die Raevskijs

Puškin hatte Nikolaj Raevskij den Jüngeren bereits im November 1814 in Carskoe Selo kennengelernt, wo dieser als Fähnrich im Leibgarde-Husarenregiment diente. Er hatte als Vierzehnjähriger am Vaterländischen Krieg teilgenommen; eine steile militärische Karriere stand ihm bevor, obwohl er nach dem Dezemberaufstand in Verdach geriet und kurzfristig verhaftet war. Puškins Freundschaft mit Raevskij setzte sich in den Petersburger Jahren fort. In einem Brief an seinen Bruder Lev deutete er an, Raevskij habe ihm in Petersburg wichtige, «ewig unvergeßliche Dienste» erwiesen[3] – welche, wie und wann, ist unbekannt, doch belegt diese Briefstelle, daß eine unverbrüchliche Freundschaft zwischen den beiden bestand, die jetzt, auf der gemeinsamen Reise in den Kaukasus, erneut bekräftigt wurde.

Raevskijs Vater, der den gleichen Namen und Vatersnamen trug wie der Sohn, war als General der Kavallerie und Mitglied des Reichsrates eine einflußreiche Persönlichkeit in Rußland. Er zählte, wie Inzov und Davydov, zu den Helden-Generälen des Vaterländischen Krieges, die in der Militärgalerie des Winterpalastes verewigt wurden. Puškin lernte ihn erst auf dieser Reise kennen und gewann von ihm den Eindruck eines «Menschen von klarem Verstand und einer einfachen schönen Seele».[4] Mit wachem Interesse lauschte er seinen Erzählungen aus der Zeit der Zarin Katharina und aus dem Jahre 1812. Zur Reisegesellschaft gehörten weiter Raevskijs Töchter Marija und Sof'ja, vierzehn und dreizehn Jahre jung und von großem Liebreiz. Besonders Marija, die ältere, scheint Puškin, der sie ja noch aus Petersburg kannte, stark beeindruckt zu haben. Sicher war es mehr als Freundschaft, was er ihr gegenüber empfand, doch von ihrer Seite wurde die Grenze der Freundschaft nicht überschritten. Noch 1828 zweifelte Puškin (in der Widmung des Poems *Poltava*), daran, daß Marija Raevskaja jemals das Streben seines Herzens begriffen habe, und beklagte, daß seine Liebe ohne Antwort geblieben sei. Indessen hatte die junge Frau ein grausames Schicksal getroffen: 1824 hatte sie den Fürsten Sergej Volkonskij geheiratet, der zu den führenden Köpfen des dekabristischen Südbundes gehörte. Nach dem Dezemberaufstand wurde er zu zwanzig Jahren Katorga verurteilt. Marija Raevskaja begleitete ihren Gatten in die harte sibirische Verbannung. Puškin verfolgte ihren Weg mit großer Anteilnahme. Einige auf der gemeinsamen Reise in den Kaukasus und ans Schwarze Meer entstandene Gedichte dürften ihr gewidmet sein, und gewiß war es die Erinnerung an die Meereswellen, die im *Evgenij Onegin* (1, XIII), vom Dichter-Ich beneidet, der Liebsten Füße umspielten.

Reise in den Kaukasus

Die Reise führte über Taganrog, Stavropol' und Georgievsk nach Pjatigorsk (das damals auch Gorjačie vody – Heiße Wasser – hieß), wo die Reisegesellschaft am 6. Juni 1820 eintraf. Dort hatte Aleksandr Raevskij, der ältere Sohn des Generals, ein Haus angemietet.

Wie für alle Bewohner der nördlichen Weiten Rußlands war auch für Puškin die erste Begegnung mit dem kaukasischen Hochgebirge ein gewaltiges Erlebnis. Die schneeweiße Bergkette am Horizont, die Puškin zuerst in Stavropol' erblickte, hielt er zunächst für Wolken. Der Kaukasus und seine südliche Exotik stachelten seine Phantasie mächtig an. Habituell paßte er sich sogleich der neuen Umgebung an und trug stets einen moldauischen Fez oder die Ermolka, ein rotes Käppchen.[5]

Die Badeeinrichtungen in Pjatigorsk waren noch wenig ausgebaut; die Wannen standen in behelfsmäßigen Hütten; das heiße Quellwasser stürzte von den Bergen herab. Als Puškin neun Jahre später durch die gleiche Gegend reiste, stellte er fest, daß sich vieles verändert und verbessert hatte. Und doch trauerte er dem früheren «wilden Zustand» nach, den steilen Steinpfaden und ungesicherten Abgründen, über die er gekraxelt war. Bergtouren und Ausflüge zu den nahegelegenen Orten Kislovodsk oder Konstantinogorsk bildeten Abwechslungen in den zwei Monaten, die die Gesellschaft der Raevskijs in Pjatigorsk verbrachte. Nach einem Bergausflug mit einem der Brüder Raevskij hörte Puškin in einer Kneipe die Erzählung eines Invaliden über seine Gefangenschaft bei den Tscherkessen. Dies scheint ein erster Impuls zu der Verserzählung *Der Gefangene im Kaukasus* gewesen zu sein, die der Dichter in den folgenden Wochen zügig niederschrieb.

«Ich habe Asiens unfruchtbare Gegenden gesehen», resümierte er im ersten Gedicht, das er seit der Abreise aus Petersburg niederschrieb. Doch das «schreckliche Wunderland» bot eben auch die segensreichen heißen Bäche, die den Kranken und Siechen jeden Alters – Puškins Blick nahm sie unumwunden wahr – Hoffnung verhießen. Ein anderes Gedicht verfaßte Puškin im Wettstreit mit Doktor Rudykovskij. Beide wollten Narzan, das magische kohlensaure Mineralwasser in Kislevodsk, feiern, der eine in Versen, der andere in Prosa. Puškins Text ist nicht erhalten.

Sommer auf der Krim

Mit Puškins Aufbruch aus Petersburg tritt eine neue, ergiebige Quelle zu seinem Leben, Dichten und Denken hervor: seine Briefe an Freunde und Verwandte. In den Jahren 1820–26 führte er einen intensiven Briefwechsel, der alle Fragen der russischen und wie der europäischen Politik und Geschichte, der Philosophie und vor allem natürlich der Literatur ansprach. Seine wichtigsten Briefpartner waren Fürst Vjazemskij, der Puškins Talent bewunderte und nach Kräften förderte, Del'vig, der alte Lyzeumsfreund, sein jüngerer Bruder Lev und der Dichter und Kritiker Pëtr Pletnëv, dem er in den Petersburger Tagen zunächst recht reserviert gegenübergestanden hatte, der aber bald zum treuesten Berater und Herausgeber der Werke Puškins heranwachsen sollte.

Vieles von dem, was über die Kaukasusreise oben ausgebreitet wurde, stammt aus Puškins Brief an seinen Bruder Lev vom 24. September 1820, in dem er, bereits aus Kišinëv, ausführlich über die Erlebnisse der letzten Monate berichtete. Auch die Krimreise, zu der die Raevskijs mit Puškin Anfang August aus Pjatigorsk aufbrachen, erhielt durch Puškins Briefe lebendige Striche. Der ältere Sohn der Raevskijs, Aleksandr, hatte sich der Gesellschaft angeschlossen. Man reiste zunächst wieder nach Stavropol', dann durch das Gebiet der Kubankosaken nach Taman' an der Schwarzmeerküste. Da diese Gegenden noch immer von Tscherkessen verunsichert wurden, stand General Raevskijs Reisesuite unter der Bedeckung einer Abteilung von 60 Kosaken samt einer geladenen Kanone. «Du kannst verstehen, wie dieser Schatten von Gefahr einer phantasiereichen Einbildungskraft zusagt», kommentierte Puškin seinem Bruder die prickelnde Situation. Zu Schiff ging es weiter nach Kerč', von da nach Feodosija, danach mit der Korvette «Abo» der Kaiserlichen Marine nach Gurzuf,[6] dem Aufenthaltsort der kommenden Wochen. Während der Schiffspassage schrieb Puškin die Elegie *Es erlosch das Tageslicht* nieder. In dem Gedicht riefen das Rauschen der Segel und das Wogen der Wellen im abendlichen Meeresdunst die Erinnerungen an die traurig-nebligen Heimatufer wach, zu denen es kein Zurück gab. Das Lächeln der Musen, die verblühte Jugend, flüchtige Freunde und unzüchtige Gefährtinnen eines goldenen Lenzes hat der «Sucher neuer Eindrücke» hinter sich gelassen, wenn auch die tiefen Wunden des Herzens und der Liebe keineswegs geheilt waren:

> *O rausche, Segel, rausche unverdrossen,*
> *Und woge unter mir, du dunkler Ozean . . .*[7]

Es war dies eines der wenigen Gedichte, die auf der Reise entstanden. Die Fülle der frischen, unmittelbaren Wahrnehmungen, die im Kaukasus wie jetzt auf der Meeresfahrt Puškins Aufmerksamkeit voll beanspruchten, verdrängten die Petersburger Erlebnisse, die ja noch keineswegs verarbeitet waren. Und schon formte sich in seinem Geist das neue Poem, *Der Gefangene im Kaukasus.*

Antike und Orient

In Gurzuf (bei Puškin: Jurzuf), einem hochgelegenen Luftkurort an der Südküste der Krim, blieb Puškin drei Wochen bei den Raevskijs in einem Hause des Herzogs Richelieu, des ehemaligen Gouverneurs von Neurußland. Die üppige Flora mit Pappel- und Zypressenhainen, Lorbeerbäumen und Weingärten berückte ihn ebenso wie das gediegene Familienleben seiner Gastgeber. Begeistert schilderte er dem Bruder seine glückliche Verfassung:

> «Das freie, sorglose Leben, das ich so liebe und nie genießen konnte, der glückliche südliche Himmel, eine entzückende Gegend, eine Natur, die die Phantasie zufriedenstellt, Berge, Gärten, das Meer! Mein Freund, meine liebste Hoffnung ist es, die Südküste [der Krim] und die Familie Raevskij einmal wiederzusehen.»[8]

In der Bibliothek des Hauses fand er die Werke Voltaires, in die er sich erneut vertiefte. Neu entdeckte er die Poesie von André Chénier und die Werke von Lord Byron und Walter Scott. Um den *Corsair* im Original lesen zu können, frischte er mit Nikolaj Raevskij seine Englischkenntnisse auf. Die älteren Raevskij-Töchter, Ekaterina und Elena, literarisch gebildet, halfen beim Übersetzen.

Nicht weniger faszinierten Puškin Relikte der Antike und die verfallenden Zeugnisse der alten Herrschaftspracht der Krimkhane. Die Halbinsel Krim, das alte Taurische Chersonesos, das schon im 7. Jahr-

hundert v. Chr. von ionischen Griechen besiedelt war, bot bereits bei
der ersten Berührung klassische Reminiszenzen, die Puškin stark bewegten: das Grab des Mithradates, die terrassenförmigen Festungsan-
lagen von Pantikapaion in Kerč'. Anfang September unternahm der
General mit seinem jüngeren Sohn und Puškin einen mehrtägigen
Ausflug zu Pferde über Jalta und Alupka zum Georgievskij-Kloster,
dann über Bachčisaraj nach Simferopol'. Bei der Überquerung der Ki-
kenis-Felsen über die Teufelstreppe hängten sie sich an die Schwänze
der stämmigen tatarischen Pferde und ließen sich nach oben ziehen.[9]
Sie besuchten die Ruinen des Diana-Tempels in der Nähe des Geor-
gievskij-Klosters, wo die Gruppe übernachtete. Am nächsten Tag erreichten sie Bachčisaraj, die alte Residenz des Krimkhanats, wo sie den
Khan-Saraj, die Ruinen des Harems und den berühmten Springbrunnen besichtigten. Puškin war in schlechter Verfassung; wieder hatte ihn
das Fieber gepackt. Und dennoch blieben die exotischen Eindrücke in
seinem Gedächtnis lebendig und schlugen sich später im Poem *Die
Fontäne von Bachčisaraj* nieder. Auch das Gedicht, das er 1824 im gleichen Zusammenhang dem Springbrunnen widmete, hält vielleicht eine
wirkliche Geste fest, wenn auch der poetologische Sinn der Aussage
nicht zu übersehen ist:

> *Springbrunn der Liebe, Lebensquell!*
> *Zwei Rosen sollst du von mir nehmen.*
> *Ich liebe deine Stimme hell*
> *Und deine dichterischen Tränen.*[10]

Es war die mächtige Erinnerung, «die stärkste Fähigkeit unserer Seele»,
wie er auf den Ruinen des Diana-Tempels an Del'vig schrieb, die ihn
immer wieder befiel und beflügelte. Und zugleich erkannte er, daß ihn
die mythologischen Überlieferungen lebhafter berührten als die historischen Erinnerungen.[11]

Puškin begab sich von Bachčisaraj mit den Raevskijs nach Simfe-
ropol' und brach von dort am 12. September 1820 nach Kišinëv auf.
Gemeinsam reiste man bis Odessa. Dort machte Puškin einige Tage
Station. Am 21. September traf er in der bessarabischen Stadt ein.

Ferner Streit um «Ruslan und Ljudmila»

Während Puškin an den Gestaden der Krim glückliche Tage verbrachte, erschien in Petersburg im Juli 1820 die Buchausgabe von *Ruslan und Ljudmila*. In den Literaturzeitschriften der Hauptstadt entspann sich eine Polemik um das Werk, von der sein Verfasser, bereits von neuen literarischen Plänen umfangen, vorerst wenig wahrnahm. Kritiker traten hervor, die das Poem in Sprache, Stil und Gattung nach den alten Maßstäben bemaßen und das, was ihnen neu und anstößig erschien, als «romantisch» abtaten.

Bald nach Erscheinen des Werkes äußerte sich Aleksandr Voejkov mit mächtigem analytischen Aufwand in der Zeitschrift *Sohn des Vaterlandes* (Syn Otečestva). Mit Žukovskij befreundet und dem «Arzamas»-Kreis zugehörig, schlug er einen Ton an, der das Werk des jungen Genies zwar begrüßte, ihm jedoch Fehler und Mängel in solchem Maße anlastete, daß ein höchst negativer Eindruck entstehen mußte. Dabei griff er auch auf Einwände zurück, die von anderen Kritikern erhoben worden waren. Beckmesserisch monierte er im einzelnen sprachliche Mißgriffe wie die «Bauernreime» (Reime mit Betonung und Aussprache der Volkssprache) oder mißglückte Wendungen («Er fragt die stumme Finsternis»), um dann die Unkeuschheit, Lüsternheit und Zweideutigkeiten des Textes anzuprangern. Gänzlich hilflos zeigte er sich bei der gattungsmäßigen Bestimmung des Poems. Wenn er fragte, ob es sich um ein Ritter-, ein Zauber- oder ein burleskes Poem handele, da doch all deren Elemente in ihm zum Vorschein kämen, klassifizierte er es noch immer nach dem tradierten Gattungsraster. Zwar hieß es am Schluß, diese Art der Poesie nenne man heute «romantisch», doch dieses modische Etikett rette in seinen Augen das Werk nicht.[12] Daß die traditionellen epischen Möglichkeiten von Puškin herangezogen und spielerisch überwunden worden waren, erkannte Voejkov nicht. Wieweit in seine Einschätzung noch die Erinnerung hineinspielte, daß ihm selbst ja von Žukovskij der Vladimir-Stoff unterbreitet worden war, daß er ihn vielleicht hätte besser gestalten können, ist schwer zu entscheiden.

Andere Kritiker gaben sich weniger Mühe mit dem Werk, ihnen genügte die epische Unangemessenheit und die erotische Lüsternheit

Puškins, um es abzuwerten. Auch aus dem Literatenkreis um Katenin kamen Einwände, wo man *Ruslan und Ljudmila* ganz untunlich mit dem *Igor'-Lied* verglich. Natürlich hielten Puškins Freunde dagegen. Die Turgenevs, Vasilij Puškin, Vjazemskij, Del'vig, Küchelbecker warfen Voejkov Böswilligkeit vor. Krylov schrieb ein Epigramm, das Voejkovs schwerfällige Pedanterie aufspießte:

> *Man sagt umsonst, Kritik sei ja ganz leicht.*
> *Jetzt hab' ich die «Ruslan»-Kritik gelesen:*
> *Obwohl's bei mir an Kräften reicht,*
> *Ist sie mir schrecklich schwer-fällig gewesen.*[13]

Noch ehe ihm die kritischen Reaktionen auf sein Poem bekannt wurden, hatte Puškin selbst einen Schlußstrich mit seinem Epilog zum Poem gezogen, den er am 26. Juli 1820 in Pjatigorsk niedergeschrieben hatte. Ein Schlußstrich – und nicht einmal der letzte, da er 1828 ein «Vorwort» hinzuschreiben sollte, ein Proömium, in dem er russische Märchenmotive aufzählt –, der seine gegenwärtige Schaffenssituation festhielt. Die Freundschaft der Freunde hat ihn vor dem Untergang gerettet; er lebt, vergessen von der Welt und vom Gerede, fern der Neva, im Angesicht der stolzen Häupter des Kaukasus, und klagt, daß die Zeit der Verse, der Liebe, der fröhlichen Träume, der Inspirationen des Herzens für ihn vergangen ist, daß sich die Göttin der stillen poetischen Gesänge vor ihm auf ewig verborgen hält.

So weit war es glücklicherweise noch nicht gekommen. Aber die Welt des Südens mit ihren neuen Eindrücken, die er bewußt und intensiv in sich aufsog, ließ ihn ahnen, daß ein neues Kapitel in seinem Schaffen aufgeschlagen worden war.

Kišinëv – Stadt der Flüchtlinge und Militärs

Daß Puškin, statt nach Ekaterinoslav, dem administrativen Mittelpunkt Neurußlands, nach Kišinëv beordert wurde, hatte seinen Grund darin, daß sein Vorgesetzter und Betreuer, General Inzov, am 15. Juni 1820 per Ukaz des Zaren zum Bevollmächtigten Statthalter der Gebiete Bessarabiens, mit Sitz in Kišinëv, ernannt worden war. Das Land, das erst

1812 nach sechsjährigem Krieg mit den Osmanen, gleichsam im Schatten des großen Ringens mit Napoleon, russisch geworden war, wies eine starke russische Militärpräsenz auf, die das angestammte Völkergemisch jener Gegend wie ein Mantel umgab. Infolge der politischen Unruhe im Balkanraum – 1804 und 1814 hatten sich die Serben gegen die osmanische Herrschaft erhoben; die griechischen Hetärien unter Fürst Ypsilanti steuerten auf den Aufstand zu – befanden sich zahlreiche Flüchtlinge in der Stadt. Erneut schien ein Krieg mit den Osmanen in der Luft zu liegen, und Puškin, der sich gern in der Heldenrolle sah, wünschte ihn herbei. Erst kürzlich hatte er in einem Gedicht den eigenen Kampfesgeist als «treuer Krieger der Freiheit» beschworen:

> *Ich kenn den Krieg – ich lieb den Klang des Schwerts;*
> *Als Kind schon wollt ich Schlachtenruhm gewinnen,*
> *Dem blutigen Spiel galt stets mein liebstes Sinnen,*
> *Und Todessehnsucht füllte früh mein Herz.*
> *Wen nicht zum Kampf die Freiheit hingerissen,*
> *Wen in der Jugend nicht der Tod berührt,*
> *Der hat nie höchste Heiterkeit verspürt*
> *Und ist nicht wert, daß schöne Fraun ihn küssen.*[14]

Allerdings hat Puškin, sieht man von dem Ausflug zur Armee Paskevičs im Jahre 1829 ab, den Krieg nie wirklich erlebt. Die Kämpfe, die er ausfocht, waren Duelle. An nichtigen Anlässen dazu mangelte es in Kišiněvs Offizierskreisen ebensowenig wie zuvor in Petersburg. Man traf sich im Klub im Aleksandrovskij-Park, spielte Billard, gab sich dem Glückspiel hin, vergnügte sich beim Tanz. Ein scharfes Wort, ein herausfordernder Blick genügte als Anlaß, um die verletzte Ehre im Zweikampf wiederherzustellen.

Bald fand Puškin gleichgesinnte Freunde unter den Stabsoffizieren der 16. Infanteriedivision. Den Divisionskommandeur Generalmajor Michail Orlov kannte er noch aus dem «Arzamas»-Kreis; Oberstleutnant Ivan Liprandi wurde dank seiner verwandten Geisteshaltung zu einem der anregendsten Freunde Puškins. Über Liprandi und Nikolaj Alekseev, den Sonderbeauftragten des Generals Inzov, der bereits längere Zeit in Kišiněv stationiert war, fand Puškin Zugang zur städtischen Honoratiorengesellschaft. Im Hause des bessarabischen Zivilgouverneurs Katakazi verkehrte er ebenso wie in dem des Hetäristen

Kantakuzen oder dem des Generalsteuerpächters Varfolomej, dessen Tanzsoireen in Kišinëv besonders beliebt waren. Nacheinander und gleichzeitig machte Puškin verschiedenen Damen den Hof: der Frau des Oberstleutnant Vakar, den Edelfräuleins Anicka Sandulaki und Mariola Ralli, deren Schwester Ekaterina Stamo, der schönen Pulcherija Varfolomej und mancher anderen. In seinem Notizbuch hielt er damals fest: «Plus ou moins j'ai été amoureux des toutes les jolies femmes que j'ai connues, toutes se sont passablement moquées de moi; toutes à l'exeption d'une seule on fait avec moi les coquettes.» Aus Kišinëv wird er später im *Don-Juan-Register* neben Pulcherija Varfolomej die Griechin Kalipso Polichroni verzeichnen, die ihm melancholische türkische Lieder zur Gitarre vortrug. Sie stand in dem Ruf, Lord Byrons Geliebte gewesen zu sein.

Diese Vergnügungen in der Provinzgesellschaft bildeten aber nur die eine, vordergründige Seite seines Aufenthaltes in Kišinëv. Für den «Sucher neuer Eindrücke» war ja wiederum eine unbekannte Welt zu besichtigen. Mochte die Gouvernementsstadt auch keine besonderen Reize bieten, so entgingen doch die hier lebenden Rumänen, Griechen, Serben, Juden und Bulgaren nicht seiner Aufmerksamkeit. Er interessierte sich für die moldauische (rumänische) Sprache und Folkore. Er zeichnete Text und Melodie des Liedes *Arde-má, fride-má* auf, das in russischer Version mit der gleichen Akzentuierung in den *Zigeunern* wieder auftauchen sollte. Er widmete der Tochter Karađorđes, des Führers des serbischen Aufstandes, ein Gedicht, das mit Schärfe die Widersprüchlichkeiten, ja Aporien im Wesen ihres Vaters nebeneinanderstellte: Dieser sei «Verbrecher und Held, des Schreckens der Menschen und des Ruhmes würdig», Brudermöder und zärtlicher Vater in einem gewesen; seine stürmische Zeit habe die Tochter durch Demut vor dem Himmel gesühnt.

Puškin genoß die moldauische Küche. Er spürte den rätselhaften Zigeunern nach, ihrer Herkunft, ihren Sitten, die einerseits von Freiheit, andererseits von strengen Stammesgesetzen bestimmt waren. Er zog in die Steppe hinaus, übernachtete im Zigeunerlager. Er fand, daß die Zigeuner, obwohl Leibeigene, ein ungezwungenes Nomadenleben führten, sich durch hohe Moral auszeichneten und weder Diebstahl noch Betrug kannten.

Winter in Kamenka

Im November reiste Puškin mit den Brüdern Aleksandr und Vasilij Davydov auf deren Landgut Kamenka im Kiever Gouvernement. Dort trafen bald darauf auch General Raevskij mit seinem Sohn Aleksandr sowie, aus Kisinëv, Generalmajor Orlov, Raevskijs Schwiegersohn, in Begleitung seines Adjutanten Konstantin Ochotnikov und des Hauptmanns Ivan Jakuškin ein. Die drei Letzteren gehörten zu den führenden Männern des Wohlfahrtbundes; Orlov war dessen Haupt in Kišinëv. In seinem Hause trafen sich die aufsässigen Offiziere und debattierten lebhaft über philosophische und politische Fragen, die gleichen, die Orlov bereits im «Arzamas» aufgeworfen hatte. Aufmerksam verfolgte Puškin diese Debatten, wenn er auch mit Orlov nicht in allem übereinstimmte.

Auch in Kamenka rissen die Auseinandersetzungen nicht ab. Jakuškin, der spätere Dekabrist, berichtet, daß die dort Versammelten, wiederum auf Vorschlag Orlovs, heftig über die Frage gestritten hätten, welchen Nutzen die Gründung geheimer politischer Gesellschaften für Rußland haben könnte. Puškin, erst Feuer und Flamme, sei tief enttäuscht gewesen, als Jakuškin die Möglichkeit solcher Gesellschaften in Rußland verneinte und erklärte, die Frage sei nur ein Scherz gewesen. In Wahrheit war es eine Probe aufs Exempel.

Wegen einer neuerlichen starken Erkältung verlängerte sich Puškins Aufenthalt in Kamenka. Er suchte mit den Brüdern Davydov noch Kiev und Tul'čin auf – es reiste sich im Winter mit dem raschen Schlitten weit bequemer als im Sommer – und kehrte endlich Anfang März 1821 über Odessa nach Kišinëv zurück. Die Reinschrift des neuem Poems, *Der Gefangene im Kaukasus*, hatte er am 23. Februarr in Kamenka vollendet. Daneben hatte er mitten im ukrainischen Winter Gedichte niedergeschrieben, die die Krimlandschaft und das Meer beschworen, darunter die wundervollen, an Goethes Mignon-Gedicht erinnernden Oktaven:

> *Wer kennt das Land, wo unter lichten Räumen*
> *Natur sich reich in Wald und Wiesen regt*
> *Und wo das Meer mit weißen Wellenschäumen*
> *Und zärtlich rauschend an die Ufer schlägt,*

Wo auf die Hügel unter Lorbeerbäumen
Noch nie der Schnee sein Leichentuch gelegt,
Das Land, wo ich, der einsame Verbannte,
Das Glück erfuhr, wo ich in Liebe brannte?[15]

Der neue Ovid

Die vielfältigen, neuartigen Erlebnisse, wie verwirrend und inspirie-
rend sie auch sein mochten, konnten in Puškin doch den Gedanken
nicht auslöschen, daß er strafversetzt worden war, daß man ihn von den
Freunden, von den Anregungen und Abwechslungen der Hauptstadt
getrennt hatte. Die Sendschreiben, die er an Čaadaev, Del'vig, Gnedič
und Katenin richtete, sprechen zwar davon, daß ihm die Einsamkeit
inzwischen neue Möglichkeiten geschenkt habe, Möglichkeiten, die er
Čaadaev gegenüber so umschreibt:

In dieser Stille lernt mein Geist, sich zu versenken
Und stetig sich zu mühn: ich spür den Drang zu denken.
Der Tag ist mein; mir wird die Ordnung schon vertraut;
Ich lerne, wie sich eins rein auf das andre baut;
Ich tu, was ich vermag, um Klarheit zu erlangen [...]
Und daß ich meiner Zeit an Geist gewachsen sei.[16]

Allein, es fehlten die Freunde, sie waren unersetzlich. Und während
er in den intimen Widmungsgedichten seine frische Läuterung und
neugewonnenene Gelassenheit beteuerte, trat ein Motiv hervor, das
Puškins eigene Situation beziehungsreich spiegeln konnte: die Verbannung Ovids. In der Tat waren die Parallelen im Schicksal beider Dichter erstaunlich: Ovid, in Rom früh zu dichterischem Ruhm gelangt,
wurde im Jahre 8 n. Chr. von Kaiser Augustus durch Kabinettsorder
ohne Gerichtsverfahren an die Küste des Schwarzen Meeres verbannt.
Offiziell wurde seine erotische Dichtung *Ars amatoria*, die in spiele-
risch-ironischer Form das Liebesleben in der römischen Gesellschaft
beleuchtete, als Grund für die Verbannung vorgeschoben. In Wahrheit
soll er ungebetener Mitwisser eines Sittenskandals gewesen sein. Er litt
unsäglich darunter, fern der Hauptstadt unter Halbbarbaren sein Leben fristen zu müssen. Da alle Versuche, eine Begnadigung zu erwir-

ken, erfolglos blieben, starb Ovid nach zehnjähriger Verbannung in Tomi, einer alten griechischen Kolonie nahe der Donaumündung. (Puškin und seine Freunde rätselten, an welchem Ort genau er gelebt habe.) Mit seinen *Tristia*-Elegien, erschütternden Briefen an die Freunde in der Hauptstadt, hatte Ovid eine Art des persönlichen, subjektiven Dichtens begründet, in der sich nun auch Puškin wiederfand. Im Herbst 1820 las er Ovid, den er noch aus dem Lyzeum kennen mochte, in französicher Übersetzung. Doch wie deutlich die Schicksalsverwandtschaft mit Ovid auf den ersten Blick auch sein mochte – beide waren Dichter, die ein listiger Kaiser aus der Hauptstadt verbannt hatte –, so erkannte Puškin rasch den Unterschied zu seinem verbannten Vorgänger. In der großartigen Elegie *An Ovid* besang er mit Empathie, teilweise wörtlich zitierend, das Ungemach, das den «prunkenden Bürger des goldenen Italien» im kalten, kargen Lande der Barbaren umfangen haben mußte: Er war aus dem Süden in den kalten Norden verschickt worden. Anders der rauhe Slave, der hier sprach. Ihn hatte es aus dem frostigen Norden in den hellen Süden verschlagen:

> *Hier leuchtet lange Zeit am Himmel der Azur;*
> *Hier schreckt nur kurz der Sturm des Winters die Natur.*
> *Und rings umher seh ich des Südens Kinder leben,*
> *Ein neu Geschlecht, am Hang erglänzen Reben.*[17]

Das traurige Schicksal der Verbannung hielt beide Dichter bedrückt, doch während der ältere bittere Qualen erlitt, waren dem jüngeren «die fremden Hügel, die Felder, die träumerischen Haine und die stillen Musen gewogen». Später, in den *Zigeunern*, spielte Puškin den Ovid-Komplex, in verschiedenen existentiellen Varianten, abermals durch. Seine Identifizierung mit dem größten römischen Dichter über die Jahrhunderte hinweg bot ihm in der südlichen Zeit geistigen Halt und Rechtfertigung. Seine Poesie zeigt übrigens in vielem eine typologische Verwandtschaft mit dem Dichtertum Ovids.

Unter Freimaurern

Im Puškins Kišinёver Tagebuch findet sich der Eintrag: «Am 4. Mai [1821] wurde ich bei den Freimaurern aufgenommen.» Hinsichtlich seiner Logenzugehörigkeit erheben sich indes Fragen, die von der Forschung bisher nicht eindeutig geklärt werden konnten. Offiziell gab es zu dem von Puškin vermerkten Termin noch keine Freimaurerloge in Kišinёv, da sich die örtlichen Freimaurer erst zwei Monate später, am 7. Juli 1821, an die Leitung der Petersburger Großloge «Asträa» mit der Bitte wandten, der geplanten Loge eine Verfassung zu geben. Die «Asträa» entsprach dieser Bitte am 17. September und sandte die Patenturkunde Anfang Oktober nach Kišinёv. Erst jetzt bestand die Loge rechtens. Sie trug den Namen «Ovidij» (Ovid) und wurde von General Puščin als Meister vom Stuhl geleitet. (Es bestehen allerdings Zweifel, ob die Gründungsurkunde seitens der Großloge je in Kišinёv eintraf.[18]) Puškin scheint sich also ein wenig voreilig als eingeweihter Freimaurer angesehen zu haben. Auf einem anderen Blatt steht, daß ihm der Kreis der Logengründer wohlvertraut war. Unter den etwa zwanzig vorgesehenen Mitgliedern der Loge «Ovidij» befanden sich General Orlov, Generalmajor Tučkov, der vor 1789 dem Radiščev-Kreis angehört hatte, der spätere Dekabrist Major Vladimir Raevskij sowie Puškins Freunde Ochotnikov und Alekseev. Als Initiator der Loge galt Fürst Michail Succo, der ehemalige Gospodar der Moldau, der nach Ausbruch des griechischen Aufstandes in Kišinёv Zuflucht gefunden hatte. Auch General Inzov stand dem Freimaurertum wohlwollend gegenüber. Viele der Petersburger Freunde Puškins – die Turgenevs, Čaadaev, Katenin wie auch sein Onkel Vasilij – gehörten Logen an. Er wußte, wenn auch uneingeweiht, daß in ihrem Kreise nicht nur den erlaubten wohltätigen Zwecken nachgegangen wurde, sondern auch unerlaubte politische Auseinandersetzungen geführt wurden. An Puškins Logenarbeit erinnert lediglich das kurze Gedicht *An General Puščin*; es apostrophiert den Stuhlmeister mit dem Hammer in der Hand als Friedensbringer, der den Krieg im Sklavenvolk beenden werde:

Du nimmst den Hammer in die Hände
Und kündest: Ihr seid frei!

Wer, Bruder, ist's, der auf dem Stuhle
Dich nicht als Maurer preist?[19]

Unter Verschwörern

Wie die Logen in Petersburg war auch die Loge «Ovidij» eng mit der sich ausbreitenden Offiziersverschwörung verquickt. Zu Beginn des griechischen Aufstandes, im April/Mai 1821, hielt sich Oberstleutnant Pavel Pestel', Motor der Bünde und Verfasser ihres heftig umstrittenen politischen Programms, der *Russischen Wahrheit* (Russkaja Pravda), in Kišinëv auf. Puškin traf einige Male beim Fürsten Succo mit ihm zusammen. So verzeichnet sein Tagebuch am 9. April 1821:

> «Den Morgen verbrachte ich mit Pestel'; ein kluger Mensch im vollen Sinn dieses Wortes. Mon coeur est matérialiste, sagt er, mais ma raison s'y refuse. Wir führten zusammen ein Gespräch über metaphysische, politische, sittliche u. a. Dinge. Er ist einer der originellsten Geister, die ich kenne ...»

Pestel's hoher Verstand und Überzeugungskraft wurden von vielen bestätigt, er neigte aber auch zu Überheblichkeit – schon äußerlich erinnerte er an Napoleon –; Puškin, so versichert Liprandi, habe er persönlich nicht zugesagt. Daß er in ihm jedoch eine für Rußland unentbehrliche Gestalt sah, unentbehrlich wie er selbst für die russische Sprache, das verrät eine 1823 niedergelegte Notiz: «Nur ein revolutionärer Kopf, gleich M. Orlov oder Pestel', vermag Rußland zu lieben – ebenso wie nur ein Schriftsteller seine Sprache lieben kann. Alles muß in diesem Rußland und in dieser russischen Sprache erst geschaffen werden.» (Die Namen Orlov und Pestel' sind in dieser Aufzeichnung nicht eindeutig zu entziffern.)

Nie war Puškin näher an die Offiziersverschwörer herangerückt als in Kišinëv. Sein Denken bewegte sich, inspiriert von den politischen Aufständen und Umwälzungen in Portugal, Italien und vor allem in Griechenland, um die Freiheit und eine gerechten Ordnung, die endlich die Völker beglücken möge. Den griechischen Aufständischen wäre er am liebsten zu Hilfe geeilt, wie es bald darauf Byron tat. Als sich der Konflikt zwischen Rußland und der Türkei in der griechischen

Frage gefährlich zuspitzte, flammte er voll Ungeduld den «Fahnen der Kriegsehre» entgegen, wie er in dem Gedicht *Krieg* schrieb. Oder er fragte bang (in den Versen *«Wer hielt euch, Wellen, machtvoll auf»*), wo das Gewitter, das Symbol der Freiheit, denn bleibe: «Jage dahin über die Wasser der Unfreiheit».

Vadim, der in der altrussischen Nestor-Chronik erwähnte Kämpfer für die Freiheit der Republik Novgorod, beschäftigte ihn; er schrieb den Anfang eines Poems und einige Szenen zu einem Drama über Vadim nieder. Mit dem Vadim-Stoff war unmittelbar die Entscheidung zwischen demokratischer und autokratischer Staatsordnung aufgeworfen. Und nicht weniger die Hoffnung auf revolutionäre Umwälzung. «Es gibt Hoffnung!», lautete der letzte Satz des Dramenentwurfes, «glaube, Vadim, das Volk hat genug gelitten.» Auch in Napoleon erkannte er jetzt, nach dem Tod des Kaisers, im Gegensatz zu seinem jugendlichen Schmähgedicht aus dem Jahre 1815 (*Napoleon auf Elba*), menschliche Größe neben verhängnisvoller Hybris. Und so dankte er, in dem Gedicht *Napoleon*, dem «entblätterten Schatten» dafür, daß er Rußland seine historische Bestimmung und der Welt die ewige Freiheit verheißen habe.

Puškins revolutionäre Begeisterung konnte jedoch ebenso rasch in Enttäuschung umschlagen, wenn er (wie in den Versen *Der Freiheit Sämann*, geschrieben im November 1823) feststellen mußte, daß die von dem «einsamen Sämann der Freiheit» gestreuten lebendigen Samen bei den trägen Völkern nicht aufgehen wollten:

> *Wozu denn Freiheit für die Herden?*
> *Euch taugt die Schere und das Beil.*
> *Das Schellenjoch ist hier auf Erden*
> *Mitsamt der Knute euer Teil.*[20]

Puškins Mitwirkung in der Loge «Ovidij» war nicht von langer Dauer. Am 1. August 1822 wurden alle Freimaurerlogen im Russischen Reich von der Regierung verboten. Dazu mag ein Vorgang beigetragen haben, der die Kišinëver Loge und Puškin persönlich betraf.[21] Durch einen Agenten war der Regierung zu Ohren gekommen, daß unter den Militärs in Bessarabien Freimaurerlogen gegründet worden waren. Generalstabschef Fürst Volkonskij verlangte von General Inzov Auskunft über die Logen und namentlich auch über Puškin, der in der Öffenlichkeit kein Blatt vor den Mund nahm, sondern laut über das Militärkommando und die Regierung herzog. Erneut wurde Inzov gemahnt, über Verhalten und Handlungen des ihm Anvertrauten strengste Obacht walten zu lassen.[22] Da er selbst Logenbruder war und Puškin wohlwollend gegenüberstand, geriet er damit zwar in Verlegenheit, wußte sich indes in seinem Antwortschreiben (vom 1. Dezember 1821) geschickt zu verteidigen. Herr Puškin, teilte Inzov mit, erledige für ihn hauptsächlich französische Korrespondenz und fertige Übersetzungen ins Französische an, da er für andere Tätigkeiten zu wenig Erfahrung besitze. Der Freimaurerarbeit könne er sich, selbst wenn er wolle, nicht widmen, weil die Loge [noch] nicht eröffnet sei. «Übrigens», hieß es weiter, «führt der Umgang mit Menschen von anderen Eigenschaften, Ideen und Sitten, als sie die Jugend nahelegt, oft jene glückliche Wende herbei, daß man endlich die Notwendigkeit spürt, sich zu ändern.»[23]

Sicherlich trug zum dem Logenverbot auch die Tatsache bei, daß Vladimir Raevskij, einer der aktivsten und scharfsinnigsten Männer der Loge «Ovidij», im Februar 1822 verhaftet worden war. Ihm, dem «ersten Dekabristen», wie man ihn später nannte, wurde aufrührerische Propaganda unter Soldaten und Offizieren vorgeworfen. Puškin hat ihm, als er Raevskijs Gedichte aus dem Kerker erhielt, mit Versen geantwortet, die dem rebellischen Geist die resignative Einsicht entgegenhalten, daß es überall nur Verbrecher oder engherzige Schmeichler, Tyrannen oder gehorsame Sklaven des Vorurteils gebe.

Die südlichen Poeme

Puškins dichterische Produktivität lief in Kišinëv auf Hochtouren. Die neuen Erfahrungen führten zu neuen Themen und Gattungen. Der künstlerische Reifeprozeß schritt mächtig voran. Neue Lösungen alter Probleme fielen ihm gleichsam in den Schoß. Eine davon betraf die Ballade, die «romantische» Gattung schlechthin. Žukovskij hatte die Ballade, in der sich die von der klassizistischen Poetik getrennten Urarten der Poesie, die epische, dramatische und lyrische, wieder vereinten, in einer noch deutlich empfindsamen Variante in die russische Literatur eingeführt; Katenin hatte eine volkstümlich-grobe Form der Ballade dagegengesetzt; eine dritte, rhetorisch-didaktische Spielart hatte

Ryleev mit seinen *Dumy* beigebracht. Puškin bot zwei Lösungen an, die den Streit zwischen den bisherigen Konzeptionen aufhoben. In der Ballade *Der schwarze Shawl* behandelte er, wahrscheinlich nach einem moldauischen Lied, einen grausigen Mord aus Eifersucht, den er als Rollengedicht in einfachen paarreimigen Strophen dem für alle Zeit gestraften Mörder in den Mund legte. Der schwarze Shawl der ermordeten Griechin stand als Symbol für die Bluttat. Die wiegenden, immer stumpf endenden amphibrachischen Verse (dieser Rhythmus kommt bei Puškin nur sehr selten vor[24]) verliehen dem Gedicht den Charakter einer Moritat. Das gleiche dreiteilige Metrum gebrauchte Puškin auch in der zweiten Ballade, *Lied vom weisen Oleg*, aber er wählte für sie einen magischen Stoff, der in der Nestor-Chronik unter dem Jahr 879 verzeichnet ist: Der Kiever Fürst Oleg trifft auf einen Wahrsager, der ihm prophezeit, er werde von seinem Schlachtroß sterben; daraufhin reitet er das Pferd nicht mehr. Nach Jahren läßt er sich zu den Gebeinen des Pferdes führen, da schießt eine Schlange aus dem Schädel hervor und versetzt ihm einen tödlichen Biß. Die historische Stilisierung, die dramatische Handlung, die lebendigen Dialoge, das archaische Kolorit fügten sich zum Muster einer originären russischen Ballade zusammen.

Nicht weniger bemerkenswert war die Wendung, die Puškin der romantischen lyrisch-epischen Gattung gab. *Der Gefangene im Kaukasus* war nur das erste, doch nicht das einzige Meisterstück des Genres, das in Kürze zum wichtigsten der romantischen Formation in Rußland aufsteigen sollte.

Puškins Begegnung mit der südlichen Welt – mit exotischen Landschaften, mit Kosaken, kaukasischen Bergvölkern und nomadisierenden Steppenbewohnern, mit der vom Islam geprägten Kultur der Krimtataren – war einer der Impulse, die die «südlichen Poem» anregten. Ein anderer war die Beschäftigung mit den Dichtungen Byrons, in denen Helden begegneten, die sich gegen die eigene Gesellschaft und ihre Konventionen stellten, die in eine exotische Welt auswichen und sich auf gefährliche Abenteuer einließen, jedoch nirgends Erlösung von dem Weltschmerz fanden, der sie gefangen hielt. Dieser Byronismus war mehr als eine literarische Mode, er wurde zum Lebensstil, zur exaltierten Pose, der sich junge Lebemänner verschrieben. Puškin nahm zweifellos manche byronistische Anwehung auf, und doch gerieten seine Poeme, da sie nicht zuletzt durch unmittelbares Erleben südlicher Landschaften, Menschen und Sitten gespeist wurden, zu etwas einzigartig Neuem.

Der Gefangene im Kaukasus handelt von einem russischen Offizier, der in tscherkessische Gefangenschaft gerät, die Liebe eines schönen Tscherkessenmädchens gewinnt, die ihn pflegt und ihm schließlich zur Flucht verhilft. An dem Grenzfluß erreicht er das andere Ufer und läßt sie zurück. Als sie erkennt, daß er sie verlassen wird, stürzt sie sich in den Fluß und ertrinkt. Puškin führte das Sujet nur schwach aus, färbte es mit lebhaften Beschreibungen der kaukasischen Bergwelt, der tscherkessischen Sitten und Bräuche, mit kaukasischer Lexik, ließ es von Natur- und Seelenstimmungen überwuchern. Neu war vor allem der Held. Man erfuhr über ihn, daß er des Lebens und der Hauptstadtgesellschaft überdrüssig war, daß er ein Leben des Kampfes in der freien Natur vorzog. Dennoch siegten in ihm Egoismus und Verrat und nicht die Liebe zu dem natürlichen Tscherkessenmädchen, wie es das Publikum wohl erwartete. Puškin reagierte auf Kritik recht zynisch. «Ja, man versuche das doch einmal», schrieb er an Vjazemskij, «ich bin in Flüssen geschwommen, da geht man selbst unter und holt den Teufel heraus; mein Gefangener ist ein kluger Mann, besonnen, er ist nicht in die Tscherkessin verliebt – er tat recht daran, nicht ins Wasser zu gehen.»[25]

In den *Räuber-Brüdern*, einem nicht voll ausgeführten Poem, wird die Flucht zweier Brüder aus dem Gefängnis geschildert, inspiriert von Motiven der Räuberfolklore, aber auch von ähnlichen Vorfällen, die Puškin zu Ohren gekommen waren. Bedeutsamer ist das Poem *Die Fontäne von Bachčisaraj*, das im wesentlichen ebenfalls in Kišinëv entstand. Die Handlung trägt sich im Harem des Krim-Khans Girej zu. Der Khan entflammt in Liebe zu einer gefangenen Christin, der polnischen Fürstentochter Marija. Das ruft die Eifersucht seiner früheren Favoritin, der Georgierin Zarema, hervor. Zarema erdolcht ihre Rivalin und wird noch in derselben Nach von den Eunuchen ertränkt. Zur Erinnerung an Marija errichtet der Khan den Brunnen der Tränen. Der Gegensatz der Kulturen, der Puškin seit den Gesprächen mit Čaadaev beschäftigte, ist hier auf zwei Frauengestalten übertragen, von denen die eine wie ein leidenschaftliches Naturkind handelt, während die andere sich in christlicher Demut übt. Puškin flocht übrigens seine

eigenen Erinnerungen an Bachčisaraj in den Text ein, und schon schien
es ihm, als sähe er die unglücklichen Heldinnen seines Poems vor sich
– oder war es eine dritte, lebendige, nach der er sich in der Verbannung
sehnte? Stets drang in das epische Geschehen die vorlaute Stimme des
Autoren-Ichs ein. Im besten der südlichen Poeme, *Die Zigeuner*, wurde
das Schicksal des realen Autors, die Verbannung Aleksandr Puškins, zur
Folie, vor der das Geschehen erst seinen rechten Sinn erhielt. Der Held
Aleko – der Name spielt auf Puškins Vornamen an –, ein vom Gesetz
Verfolgter, hat bei einem Zigeunerstamm in Bessarabien Heimstatt
gefunden. Zwei Jahre ist er mit der Zigeunerin Zemfira in Liebe verbunden. Als Zemfira sich einem anderen zuwendet und nach der Stam-
messitte Aleko ihre Liebe aufkündigt, ermordet dieser sie und ihren
Geliebten. Zemfiras greiser Vater verstößt den Mörder aus der Ge-
meinschaft. Neben die bereits bekannte ethnographische Einkleidung
der Geschichte tritt in den *Zigeunern* szenische Komposition. Nicht
weniger als elf Passagen erschienen, symmetrisch angeordnet, in Dia-
logform. Eingeschoben ist ferner die Erzählung des Greises von dem
ans Schwarze Meer verbannten «Bewohner des Südens» (Ovid), den
die hiesigen Menschen liebten und hegten, der sich aber mit dem armseligen Leben an den Ufern der Donau nicht abfinden konnte. Aleko
hat sich bewußt für das freie Leben unter den Zigeunern entschieden,
aber er scheitert, weil er die eigenständige Liebesentscheidung Zemfiras nicht ertragen kann. Im Epilog des Poems bekennt das Autoren-
Ich, daß es oft unter den «Kindern der friedfertigen Freiheit» geweilt
habe:

> *Ich schloß mich ihnen an. Die Reise*
> *Ging tief ins Steppenland hinein.*
> *Mit ihnen teilt' ich Trank und Speise*
> *Und schlief an ihren Feuern ein.*
> *Und ihrer Lieder frohem Klange*
> *Lauscht' ich mit tiefbewegtem Sinn*
> *Und zärtlich flüsterte ich lange*
> *Mariulens Namen vor mich hin.*[26]

Auch Lev Puškin berichtet in seinen Mitteilungen über den Bruder,
dieser sei einmal für einige Tage aus Kišinëv einfach verschwunden und
mit einem Zigeunerstamm durch die Steppe gezogen. Allerdings dauerte der Ausflug im Juli/August 1821 fast einen Monat und führte

Zeichnung Puškins im Autograph der «Zigeuner», 1824

Puškin bis nach Izmail, der gewaltigen Türkenfestung, die Suvorov 1789 in einer kühnen Operation erobert hatte.

Aleko, Ovid, Puškin – das waren Spielarten eines Lebens in der Verbannung, die sich gegenseitig spiegelten und relativierten. Puškin hat den vom kaukasischen Gefangenen und Aleko repräsentierten Heldentyp nicht einfach von Byron übernommen, sondern ihn erheblich verschärft. Lebensverachtend, stolz, verschlossen, flieht er die Gesellschaft und sucht Erlösung in der Liebe zu einfachen, unverdorbenen Frauen fern der Zivilisation. Er bringt Unordnung in die naturhafte Lebenssphäre und vernichtet Glück und Leben der Frauen. Sehr bald sollte Puškin diesen Typus ausbauen und im Versroman *Evgenij Onegin* mitten in die russische Adelsgesellschaft, nach Petersburg versetzen und damit einen der Grundsteine zur Heldengalerie der russischen Literatur des 19. Jahrhunderts legen.

Poetische Blasphemie – die «Gavriiliade»

In der Osterzeit des Jahres 1821 schrieb Puškin eines seiner heikelsten Werke nieder, die *Gavriiliade*. Das Poem nahm noch einmal den Voltaire und Parny abgesehenen burlesken Stil der Lyzeumsjahre auf, den er im Süden weitgehend schon überwunden hatte. Aleksandr Turgenevs alte Sorge, daß Puškin kein Christ mehr sei, daß er im Lyzeum zum Freidenker geworden und die christlichen Dogmen leicht nehme und persifliere, wäre durch dieses Werk überdeutlich bestätigt worden. Denn nichts Geringeres setzte Puškin seiner brillierenden Feder aus als das christliche Dogma von der unbefleckten Empfängnis der Jungfrau Maria. In dem ebenso geistreichen wie blasphemischen Poem wird geschildert, wie die anmutige sechzehnjährige Jüdin Maria, die unschuldig neben ihrem greisen Gatten dahinlebt, zuerst vom Teufel, dann vom Erzengel Gabriel und schließlich von Gott Vater selbst verführt wird. Gott hat sich zwar als erster angekündigt, doch kommt ihm Gabriel zuvor – «so wie mitunter ein gegürteter Adjutant die Gattin eines Generals verführt» –, und ehe dieser noch zum Zuge kommt, ist schon der Teufel in Gestalt einer Schlange aufgetaucht und überzeugt Maria von der Unhaltbarkeit der Geschichte des Sündenfalls. Er sei kein Verräter, beteuert er, vielmehr habe er Adam und Eva die Liebeslust beigebracht. Und so wie er Eva einst überzeugte, gelingt es ihm nun auch bei Maria. Erschöpft wundert sie sich am Ende, daß ihr an einem Tage der Leibhaftige, der Erzengel und Gott zuteil geworden sind.

Puškin war kein banaler Gottesleugner; er besuchte gelegentlich die Messe und ließ sich von den orthodoxen Kirchengesängen beeindrukken. Gewiß kannte er Zweifel, weniger an dem höchsten Wesen als an dessen religiöser Verkleidung. Gewiß ließ ihn ein paradoxes Aperçu, wie er es soeben von Pestel' hören konnte – das Herz sei materialistisch, doch der Verstand verweigere sich dem –, frohlocken. Doch wenn ihn «ein boshafter Geist» aufsuchte und «mit unerschöpflicher Schmähung» die Vorsehung herausforderte, wurde ihm unheimlich zumute. (Das Gedicht *Der Dämon*, das diesen Geist der Verneinung festhält, bezieht sich vermutlich auf Aleksandr Raevskij, den älteren Sohn des Generals.)

Allerdings gab es für Puškin nichts, weder Banales noch Heiliges, das nicht dem Spiel der Poesie ausgesetzt werden konnte. Die Poesie war seine Spielwiese, auf der uneingeschränkt jedes Gedankenexperiment gewagt, jede denkerische Möglichkeit erprobt, jeder Gegenstand gelobt oder verspottet werden konnte. Auf dieser Spielwiese gab es keinerlei Tabus. Auf ihr ließen sich jene unüberbrückbaren Gegensätze errichten, die seinem Weltverständnis, seinem Denken in Aporien entsprachen. Die mit leichtfertigem Witz hingeschriebene *Gavriiliade*, die fromme Gemüter wahrlich verletzen konnte, fand vorerst nur in Puškins nächstem Kreis Verbreitung. Einige Jahre später sollte dieser poetische Streich ernste Folgen für ihn haben.

Überdruß, Frust, Arrest

Das Leben in Kišinëv, «der verfluchten Stadt», wirkte auf Puškin allmählich abstumpfend und frustrierend. In Gesellschaft führte er sich heftig und auffällig auf. Immer häufiger kam es auch bei Tisch im Hause Inzovs, wo ihm der General Unterkunft gewährt hatte, zu Streitigkeiten. Fürst Pavel Dolgorukov, ein Beamter des Kolonistenkuratoriums in Kišinëv, der damals viel Umgang mit Puškin hatte und Aufzeichnungen über die Tischgespräche hinterließ, äußerte sich wiederholt sehr kritisch über Puškins Verhalten. Im Januar 1822 vertraute er seinem Tagebuch an:

> «Puškin [...] speiste mit uns [bei Inzov] und kokettierte nach seiner Gewohnheit. Puškin ist klug und scharfsinnig, doch seine Sittlichkeit ist im traurigsten Zustand. Gegen niemanden zeigt er Achtung oder Ehrerbietung. Alles ist nur auf Verwegenheit, Hohn und Spott gegründet. [...] Ein hitziger Geist, der nicht auf die Regeln der Vernunft und der Sittlichkeit gegründet ist, kann nicht bestricken».[27]

General Inzov schwieg meist zu den aufrührerischen Reden des jungen Hitzkopfes oder versuchte, ihn zu beschwichtigen. Doch mußte er einschreiten, wenn es sein Schützling zu weit trieb. Und er trieb es arg. Als er einmal mit Freunden durch die Goldene Straße ritt, erblickte er die schöne Tochter einer Modehändlerin vor ihrem Laden. Er sprengte hinein und erschreckte das arme Mädchen fast zu Tode. Zur Strafe entzog ihm Inzov für einen Tag die Stiefel.[28] Zu seinen irrwitzigen

Kapriolen gehörte es, daß er seine Gesprächspartner auf den Diwan warf und sich mit ihnen unterhielt, während er rittlings auf ihnen saß.[29] Ein Skandal entstand, als das Zigeunermädchen Steša, mit dem er sich eine Zeitlang vergnügt hatte, aus Eifersucht eine Dame der Gesellschaft anfiel und auf sie einschlug, als sie gerade mit Puškin im Park spazieren ging. Die Dame fiel in Ohnmacht, Puškin ergriff seinen Stock und verprügelte das Mädchen, das zuerst aufschrie, dann aber erhobenen Hauptes davonschritt.[30]

Doch auch in der Gesellschaft der örtlichen Honoratioren hielt sich Puškin nicht zurück. Im Hause des Bojaren Balš, eines moldauischen Flüchtlings, kam es, wieder einmal infolge ausgelassenen Flirtens mit der Dame des Hauses und ihrer zwölfjährigen Tochter, zu einer handfesten Auseinandersetzung mit dem Bojaren. Nur mit Not konnte Puškin dem entstehenden Tumult entkommen. Ein Versuch, Balš und Puškin auszusöhnen, endete einige Tage später mit einem weiteren heftigen Zusammenstoß. Daraufhin verfügte General Inzov Hausarrest für Puškin. Eine milde Strafe. Zwar wurde ein Posten vor der Tür aufgestellt, aber Puškin durfte sich in Hof und Garten ergehen und seine Freunde empfangen. Endlich fand er wieder Zeit zum Lesen und schrieb allerlei Entwürfe nieder, darunter die geniale Notiz *Über Prosa*, in der er, ohne daß er sich in der Erzählprosa noch ernstlich geübt hätte, bereits den künftigen eigenen Prosastil definierte. In dem polternden Gedicht *Mein Freund, schon sind's drei Tage* schalt er seinen Widersacher Balš einen Holzkopf mit Turban und unerträglichem Bart, einen Feigling und Grobian, den er doch lediglich ein bißchen geprügelt habe. Nach zwanzig Tagen hob Inzov den Arrest auf. Wie ein Vogel aus dem Käfig, vermerkt Dolgorukov, sei Puškin aus dem Kabinett des Generals auf die Straße gestürzt, um sich im Kreise seiner Freunde wieder den alten Zerstreuungen und Vergnügungen hinzugeben.[31] Bald wurde es zum Stadtgespräch, daß Puškin nach den schlechten Erfahrungen mit Balš ständig eine Eisenstange mit sich herumtrug. Und aufs Fechten verstand er sich bekanntlich.

Inzov hatte die Aufhebung des Arrests an die Auflage gebunden, daß Puškin nach vorausgegangenem Fasten an der Morgenmesse teilnehme und sich von dem örtlichen Archimandriten Irinej geistlich belehren lasse. Freilich irritierte er den frommen Mann sogleich mit der Bemerkung, das Evangelium sei nichts anderes als die Geschichte eines Göt-

zen. Der Geistliche drohte mit einer Anzeige wegen Gottlosigkeit.
Erst auf die Fürsprache seiner Nichte hin scheint er davon Abstand
genommen zu haben. Provokationen und Duelle häuften sich. Im Juli wurde Puškin erneut
unter Hausarrest gestellt. Hinzu kam quälende Geldnot. Das ja keineswegs üppige Jahresgehalt, das in drei Raten zu je 225 Rubel und ein
paar Kopeken angewiesen wurde, traf regelmäßig mit Verspätung ein.
Zu allem Unglück war ihm auch noch die Petersburger Schuldverschrei-
bung von 2000 Rubel auf dem Amtswege nachgeeilt. Das Honorar für
den *Gefangenen im Kaukasus* war mit 500 Rubel eher bescheiden. Erst
die 3000 Rubel, die er für die *Fontäne von Bachčisaraj* erhielt, sollten es
ihm ermöglichen, seine Schulden zu begleichen. (Die zweite Auflage
der beiden ersten Poeme brachte ihm 1828 bereits 7000 Rubel.) Offenbar machte sich Puškin bereits in Kišinëv Gedanken über den Markt-
wert der Poesie, wie ein Vorentwurf zu dem späteren Gedicht *Gespräch
des Buchhändlers mit dem Dichter* zeigt.

Sorge um den arabischen Teufel

Die Freunde in Petersburg und Moskau verfolgten nach wie vor Puškins
Treiben und erkannten seine zwiespältige Lage. Einerseits erhielten
sie regelmäßig seine hinreißenden Gedichte, andererseits erfuhren sie
über verschiedene Kanäle von seinen Affären und seiner Notlage.
Vjazemskij etwa wußte schon längst vom Hörensagen, daß der Dichter
in Kišinëv vor Melancholie, Langweile und Armut verkam.[32] Um ihren
«arabischen Teufel» (*bes arabskij*) – so hatten sie das Adjektiv *bessarabskij*
(bessarabisch) umgedeutet – aus dem «moldauischen Morast» heraus-
zuziehen, spielten Vjazemskij und Aleksandr Turgenev verschiedene
Möglichkeiten durch. Ein Urlaubsgesuch Puškins für Petersburg wurde
vom Zaren abgelehnt. Dann aber bot die Ablösung General Inzovs
durch den Grafen Voroncov als Generalgouverneur von Neurußland
und Bessarabien – mit Sitz in Odessa – die erhoffte Chance. Dank des
Revirements standen zahlreiche personelle Veränderungen und Verset-
zungen zu erwarten. Von Vjazemskij gedrängt, wandte sich Turgenev
direkt an Nesselrode und Voroncov und erreichte mit diplomatischem
Geschick, daß Puškin dem letzteren als neuem Mäzen und Vorgesetz-

ten unterstellt wurde. Anfang Juni 1823 erging ein entsprechender Beschluß; bereits einen Monat später reiste Puškin aus Kišinëv nach Odessa.

In Odessa – in Europa

Odessa war eine noch sehr junge Stadt, die gleichwohl Glanz und Wohlstand ausstrahlte. Sie war auf den Fundamenten einer türkischen Festung errichtet worden, die die Russen erst 1789 erobert hatten. Ihre glückliche Entwicklung verdankte die Stadt dem Herzog von Richelieu, einem Emigranten aus dem revolutionären Frankreich, der von 1805 bis 1814 Generalgouverneur Neurußlands gewesen war. Unter ihm war die Stadt wirtschaftlich vorangekommen, er hatte viel zu ihrem unverwechselbares Aussehen beigetragen. Nun war sie Verwaltungssitz, Wirtschaftszentrum, Hafenstadt und Kurort in einem. Das Schachbrett der Straßen verriet Großzügigkeit; der breite Küstenboulevard, an dessen Ende sich der Gouverneurspalast befand, suchte seinesgleichen in Rußland. Das von Richelieu 1817 gegründete Lyzeum war ein Pendant zu Puškins Lyzeum in Carskoe Selo.

Puškin empfand sofort, als er in Odessa eintraf, daß die Stadt von Europa durchdrungen war, daß sie den Glanz und die Buntheit südeuropäischer Städte besaß und ein vielfältiges Völkergemisch aufwies: Russen und Polen, Italiener, Franzosen, Spanier, Armenier, Griechen und Rumänen, selbst «der Sohn Ägyptens» fehlte nicht. Aber der unbestechliche Blick des Dichters nahm auch den Staub und den Schmutz wahr, die Überschwemmungen, den Trinkwassermangel, das Unfertige der Stadt. Dafür hielten er und seine Freunde sich schadlos an Austern und leichtem Wein. Es gab französische und italienische Restaurants, bald wurde das Casino eröffnet. Im Theater gastierte eine italienische Schauspieltruppe, die Abend für Abend berauschende Rossini-Opern gab. All das beschrieb Puškin in den *Bruchstücken aus der Reise Onegins*. Das gesellschaftliche Leben bot musikalische Soireen der Philharmonischen Gesellschaft, Tanzvergnügen und üppige Gastmähler. Neben den Russen gaben die reichen polnischen Gutsbesitzer den Ton in der Stadt an. Auch etliche politisch unzuverlässige polnische Emigranten hielten sich in Odessa auf. Überall waren neue Bekanntschaften zu schließen. Dank seinem sprühenden Witz, seiner flinken Gei-

Ansicht Odessas mit Hafen. Zeichnung von F. Groß, um 1840

stesgegenwart und nicht zum wenigsten dank seinem längst verbreiteten Dichterruhm öffneten sich dem Neuankömmling wieder einmal
die Türen der besten Gesellschaft. Puškin fand sich in einem quirligen
Leben wieder, das wie eine verkleinerte Fortsetzung der Petersburger
Zeit erschien. Dies ließ ihn die freie, «östliche» Lebensart, der er sich
in Kišinëv bis ins Habituelle hinein ergeben hatte, rasch vergessen.

Bald traf Graf Voroncov mit seinem Gefolge, darunter Aleksandr
Raevskij, in Odessa ein; seine Gemahlin, Elizaveta Voroncova, folgte
erst im September nach. Alles ließ sich anfangs bestens an. Voroncov
kam dem jungen Dichter, zu dessen Mäzen er ausersehen worden war,
äußerst liebenswürdig entgegen. Puškin ging im Hause der Voroncovs
bald ein und aus, nahm teil an ihren Gesellschaften und benutzte die
Bibliothek des Grafen. (Hier stieß er auf den Briefwechsel Radiščevs
mit Voroncovs Vater, dem seinerzeitigen Präsidenten des Kommerz-
Kollegiums, Graf Aleksandr Voroncov.) Das neuerliche Zusammentreffen mit Aleksandr Raevskij und seiner Schwester Sof'ja, die beide
bei den Voroncovs wohnten, trug zu seinem Wohlbefinden bei, wenngleich ihn der Bruder seines engen Freundes Nikolaj Raevskij nach wie

vor zugleich faszinierte und abstieß. Die Abgründe in seinem Charakter versuchte er in dem Gedicht *Der Dämon* festzuhalten. Bald sollte sich zeigen, daß er in ihm einen Widersacher gefunden hatte, der gegen ihn intrigierte.

Liebe

Puškins allgegenwärtige erotische Entflammbarkeit kam natürlich auch in Odessa nicht zur Ruhe. Bereits wenige Tage nach seiner Ankunft, also Anfang Juli, lernte er den Bankier Ivan Riznič und seine Frau Amalija, eine gebürtige Wienerin, kennen, in deren Hause er fortan verkehrte. Amalija Riznič liebte das Kartenspiel und ließ sich von einigen Herren der Gesellschaft, darunter der Dichter Vasilij Tumanskij, nicht ungern den Hof machen. Puškin scheint sich in die schöne, ein wenig kränkelnde Dame Hals über Kopf verliebt zu haben und auch erhört worden zu sein. Er fühlte sich geliebt – und doch quälte ihn Eifersucht, die er in dem Gedicht *Verzeihst du mir mein eifersüchtig Trachten* in unerhörter Aufrichtigkeit ausdrückte:

> *Du bist mir treu: doch warum läßt du dann,*
> *Wo du nur kannst, mich in Verzweiflung schmachten?*
> *Wieviel Verehrer rauben mir die Ruh!*
> *Warum nur willst du allen hold erscheinen,*
> *Warum schenkt ihnen Hoffnung immerzu*
> *Dein Zauberblick, dein Lächeln und dein Weinen?*[33]

Daß sie einen Rivalen zur Nachtzeit allein im Hause empfing, daß ihr seine Liebesqualen nur ein Lachen wert waren, stieß ihn in einen Widerstreit der Gefühle. In einem Anfall von Eifersucht soll er, wie Lev Puškin berichtet,[34] in der brennender Sonne fünf Werst weit ohne Kopfbedeckung in die Steppe hinausgeritten sein.

Oder galt die Eifersucht bereits der Gräfin Elizaveta Voroncova, der er bald nach ihrer Ankunft in Odessa vorgestellt worden war? Die Gattin seines Mäzens und Vorgesetzten war eine Frau von außerordentlicher Schönheit und Eleganz. Obwohl sie fast sieben Jahre älter war als Puškin, verliebte er sich in sie – nicht weniger als in Amalija Riznič –, schrieb ihr, wie dieser, einen ganzen Zyklus wunderschöner Liebesgedichte – wobei die Adressatinnen nicht immer eindeutig auseinan-

*Gräfin Elisaveta
Voroncova.
Porträt von T. Oliter*

derzuhalten sind – und zeichnete, nach seiner Gewohnheit, zahllose Porträtskizzen von der einen wie der anderen in seine Arbeitshefte, oft sogar von beiden zusammen. Und endlich fanden beide später, 1829, Aufnahme in Puškins famoses *Don-Juan-Register*.

Auch wenn die Etikette im Salon der Gräfin, beim Großen Ball, bei Banketten oder Maskeraden im Hause des Generalgouverneurs Zurückhaltung nahelegte, so scheint sich Puškins Liebe zu der schönen Frau mehr und mehr entfacht zu haben. Sie hatte sich in einer Datscha vor der Stadt niedergelassen, der Graf war oft in Geschäften abwesend. Ein Liebesunterschlupf am Meer scheint sie aufgenommen zu haben, wie die Verse *Das Haus der Liebe* verraten. Der Talisman, ein Siegelring mit magischen Zeichen, den Eliza Voroncova ihm zum Abschied in einer Mondnacht am Meer schenkte, sollte ihn weniger vor den Gefahren des Lebens, als vielmehr vor falscher Liebe schützen (so in dem Gedicht *Talisman*). Für Puškin wurde er zum geheiligten Unterpfand der Liebe: «Behüte mich, mein Talisman». Doch Eifersucht auch hier.

Es war der unheimliche Aleksandr Raevskij, Puškins Dämon, der der Gräfin ebenfalls den Hof machte und Puškin mit allerlei kleinen Intrigen zusetzte. Auch zwischen den Grafen und Puškin suchte Raevskij einen Keil zu treiben, während er sich zugleich als Puškins vertrauter Freund gab. Dem angereisten Filipp Vigel' stellte sich die Konstellation, die er in Odessa antraf, wie das Verhältnis von Othello und Jago dar.

Puškin liebte beide Frauen, Amalija und Eliza, die beide verheiratet waren, Kinder hatten und von ihren Ehemännern argwöhnisch beäugt wurden. In seiner poetischen Vorstellungskraft war es *eine* Liebe, die mit den bisherigen leichten Verhältnissen nichts mehr gemein hatte, sondern die volle Existenz ergriff. Augenblicke größter Glückseligkeit wechselten mit tiefem Trennungsschmerz und greller Eifersucht. Mit Eliza Voroncova blieb Puškin auch in späteren Jahren verbunden. Auf den frühen Tod der Amalija Riznič, im Mai 1825, reagierte er mit betroffenen Versen, die die einstige flammende Liebe in Erinnerung riefen, vor der der Dichter nun aber teilnahms- und tränenlos stand:

> *Wo ist der Schmerz nun, wo die Liebe? Ach, ich find*
> *Für dieses armen Schattens Sehnen,*
> *Für Lust und Seligkeit, die ganz vergangen sind,*
> *In meiner Seele keine Tränen.*[35]

Diesem Gedicht schickte er 1830 ein anderes nach, überschrieben *Beschwörung*. Nun rief er die tote Geliebte in der nächtlichen Geisterstunde zurück, um ihr erneut seine unverbrüchliche Liebe zu gestehen. Beide Gedichte, dem Andenken an die einstige Geliebte gewidmet, waren, obwohl in der Aussage völlig konträr, poetisch wahr. Puškins Aporien traten nicht zuletzt in seinen Liebesbeziehungen unverhüllt zutage.

Heuschreckenplage

Im Grafen wuchs das Mißtrauen gegenüber dem genialen Liebling der Frauen – einschließlich seiner eigenen. Er zweifelte an der Fundiertheit von Puškins Kenntnissen und äußerte sich herablassend über sein Talent. In einem Brief bekannte er im März 1824, daß er mit Puškin keine vier Worte in zwei Wochen spreche und daß er ihn bei der erstbesten

Gelegenheit loszuwerden hoffe.[36] Obwohl die Polizeiberichte seine eigene Erfahrung bestätigten, daß Puškin sich in Odessa «weit zurückhaltender und maßvoller» aufführe als zuvor, richtete er schon bald an Nesselrode offiziell die Bitte, Puškin aus Odessa zu entfernen. Man erweise ihm damit ja letztlich einen Dienst, da die Bewunderung, die ihm während der Badesaison von begeisterten Verehrern seiner Poesie entgegengebracht werde, für seine große Eigenliebe nur schädlich sei. Also war wieder einmal das Milieu zu gefährlich für den Dichter, suchte man wieder nach einer geeigneten Umgebung, die ihm Muße zum Schaffen bieten oder besser: verordnen sollte. Die Obrigkeit wollte ihn fördern – und sich zugleich vom Leibe halten. Vorgeblich hatte man dabei natürlich stets Puškins wahres Interesse im Sinn. Fortan drängte Voroncov bei jeder Gelegenheit und bei verschiedenen Personen darauf, den lästigen Dichter loszuwerden. Puškin hatte die Beschränktheit und Unaufrichtigkeit seines Vorgesetzten zwar längst durchschaut, aber er ahnte nicht, daß dieser alles tat, um sich seiner zu entledigen.

Die Erniedrigungen, denen er ausgesetzt war, wurden immer unerträglicher. Um seinen lästigen Nebenbuhler zu demütigen, ordnete Voroncov im Mai 1824 Puškin zu einer Dienstreise in die Kreise Cherson, Elisavetgrad und Aleksandrija ab. Der abwegige Auftrag lautete, er solle bei den dortigen Behörden Erkundigungen über die Heuschreckenplage einholen. In der Anordnung war genau ausgeführt, welche Daten zu erheben waren. Puškin hatte die betroffenen Orte persönlich in Augenschein zu nehmen und festzustellen, welche Ortschaften von wieviel Heuschrecken befallen und welche Gegenmaßnahme ergriffen worden waren. Er war außer sich vor Wut und entwarf umgehend ein Schreiben, mit dem er sein sofortiges Ausscheiden aus dem Staatsdienst ankündigte. Er wollte den Brief an Voroncovs Kanzleichef, Aleksandr Kaznačeev, richten, von dem er annahm, daß er nicht voreingenommen gegen ihn sei. Doch wohlmeinde Freunde hielten ihn von dem unüberlegten Schritt ab. So stillte er seinen Unmut mit einigen bösen Epigrammen auf Voroncov, von denen das schärfste lautete:

> *Ein halber Lord, halb Ladenschwengel,*
> *Ein halber Weiser, halb ein Bengel,*
> *Ein halber Gauner, doch ich mein',*
> *Er wird am End' ein ganzer sein.*[37]

Obwohl der aufgebrachte Puškin in den Orten, die er auftragsgemäß bereiste, von Verehrern und Verehrerinnen gefeiert und mit Blumen überschüttet wurde, kehrte er im Handumdrehen zurück. Der Heuschreckenforscher soll, so will es die Fama, seinen Bericht in die Form eines bissigen Epigramms gegossen haben:

> *Die Heuschrecken flogen und flogen,*
> *Dann sind sie niedergesessen,*
> *Sie saßen und fraßen – als alles gefressen,*
> *Sind sie davongezogen.*[38]

Byrons Tod

Lord Byrons Tod im griechischen Messolongion, der um diese Zeit in Rußland bekannt wurde, nahm Puškin mit Betroffenheit auf. In den südlichen Jahren war Byron sein maßgebendes Vorbild geworden, mit dem er offen in Wettstreit trat. Die Poeme trugen Byrons Spuren, man konnte in ihnen Kontrafakturen zu einzelnen Werken des Briten erkennen – was die Freunde auch ausgiebig besprachen –, und doch gelangte Puškin stets über Byron hinaus. Mochte, was er jetzt unter der Feder hatte, das Poem *Evgenij Onegin*, auch wie eine Wiederholung des Byronschen *Don Juan* oder *Beppo* erscheinen, am Ende kam der große Versroman heraus. Vjazemskijs Frau Vera, die mit ihren Kindern zu Kur in Odessa weilte, schrieb in einem Brief, daß man gemeinsam Byrons Tod beweine. Gleichzeitig äußerte sich Puškin gegen Vjazemskij auch kritisch über Byron: Sein Schaffen sei in den letzten Jahren abgefallen. Dennoch war er bereit, dem Ansinnen der Freunde zu folgen und einen poetischen Nekrolog auf den verstorbenen Dichter zu schreiben. Herauskam allerdings mit einiger Verspätung die umwerfende Parodie *Ode an seine Erl(laucht, den) Gr(afen) Dm(itrij) Iv(anovič) Chvostov*. Puškin schrieb diese Gedenkverse auf den verblichenen Byron im verblichenen klassizistischen Stil mit verqueren Kirchenslavismen und sinnlos gereihtem mythologischen Personal. Er traf damit nicht nur die hyperepigonale Manier des Grafen und unermüdlichen Verseschmiedes Chvostov, sondern auch seine

Freunde, die den hohen Stil mit progressiven Inhalten zu perpetuieren suchten. Dabei war Puškin keineswegs gegen den hohen Stil als solchen, sondern betrachtete ihn als ein stilistisches Reservoir für besondere Zwecke. Im Stile Chvostovs konnte man einem Dichter wie Byron nicht gerecht werden.

Unehrenhafte Entlassung

Noch immer fehlte den Behörden ein plausibler Anlaß, um Puškin aus Odessa entfernen zu können. Der Zar hatte die Entscheidung darüber persönlich an sich gezogen. Die Hauptfrage lautete, ob und wo ein neuer Mäzen und Vorgesetzter für den Dichter gefunden werden könnte. Puškin brachte durch ein überraschendes Entlassungsgesuch, das er an Voroncov richtete, weitere Verwirrung in die Angelegenheit. Die Obrigkeit zögerte und gab sich den Anschein, Puškin im Dienst halten zu wollen. (Vera Vjazemskaja beklagte sich in dunklen Andeutungen bei ihrem Gatten über Puškins Leichtfertigkeit und Boshaftigkeit, die ihn in die peinliche Lage versetzt hatte, der er nun durch das Entlassungsgesuch entgehen wolle.[39])

Die Würfel fielen Anfang Juli in Petersburg. Unverhofft lieferte ein abgefangener Brief an Vjazemskij einen triftigen Grund, um Puškin nicht nur aus Odessa abzuschieben, sondern überhaupt aus dem diplomatischen Dienst zu entlassen. In dem Brief hatte Puškins dem Freund mitgeteilt, daß er Shakespeare, die Bibel und Goethe lese, daß er bunte Strophen eines neuen romantischen Poems schreibe, und dann folgte der verfängliche Satz: «... ich nehme Stunden in reinem Atheismus. Hier lebt ein Engländer, ein tauber Philosoph, der einzige kluge Atheist, dem ich bisher begegnet bin.»[40] Es handelte sich um den englischen Doktor William Hutchinson, der als Hausarzt bei den Voroncovs in Odessa weilte. Puškin hatte sich eng an ihn angeschlossen und dürfte mit ihm die agnostizistischen Fragen besprochen haben, die ihn gerade in jener Zeit stark beschäftigten. Nicht zufällig entstanden in den südlichen Jahren blasphemische Verse wie *Christ ist erstanden* oder *Aus einem Brief an Vigel'*, ganz zu schweigen von der *Gavriiliade*, die die biblischen Überlieferungen in ein zweideutiges Licht rückten. Puškin verschwieg die atheistische These seines Lehrmeisters, «qu'il ne peut éxister d'être intelligent Créateur et régulateur», ebensowenig wie die schwachen Gründe, die für die Unsterblichkeit der Seele sprachen. «Ein System», kommentierte er, «das nicht so tröstlich ist, wie man gewöhnlich denkt, aber leider höchst wahrscheinlich.»[41]

Im bigotten Klima der letzten Regierungsjahre Alexanders I. wog der Vorwurf des Atheismus schwer. So war es in den Augen der Obrigkeit mehr als gerechtfertigt, den ungezügelten und zudem gottlosen Dichter aufs schärfste zu maßregeln. Sein Name wurde aus der Beamtenliste des Außenministeriums «wegen schlechter Führung», also unehrenhaft, gestrichen.[42] Zugleich wurde er dem Generalgouverneur der Ostseeprovinzen und von Pskov, Marquis de Paulucci (Paulučči), «zur Sorge und Aufsicht» unterstellt und auf das mütterliche Gut Michajlovskoe verbannt. Er verlor damit seine bisherigen bescheidenen Einkünfte – vom Vater hatte er nie Zuwendungen erhalten – und stand fortan unter sicherer Kuratel.

Die Petersburger Freunde hatten nichts ausrichten können. Eher im Gegenteil. In der Hauptstadt verbreitete sich gar das Gerücht, Puškin habe sich erschossen. Dieser dachte zunächst ernsthaft an Flucht ins Ausland, doch dann ergab er sich in sein Schicksal. Am 29. Juli unterschrieb er beim Bürgermeister von Odessa die Anordnung, sich unverzüglich und ohne Umweg ins Gouvernement Pskov zu begeben. Er traf ein letztes Mal mit Eliza Voroncova zusammen und erhielt von ihr den Talisman und ihr Porträt in einem goldenen Medaillon. Am 1. August brach Puškin mit seinem Diener Nikita Kozlov nach Michajlovskoe auf. Eliza Voroncova hatte Odessa bereits am Vorabend verlassen.

Reflexionen über den Dichterberuf

Die Jahre im Süden hatten Puškin nicht nur eine neue, exotische Welt eröffnet, die seine nordischen Erfahrungen vielfältig korrigierte und komplettierte, sie führten auch zu einem Wandel seines dichterischen Grundverständnisses. An die Stelle des früheren grenzenlosen poetischen Spiels, das jegliche Situation, jegliche Person in seinen geistreichen Strudel zog, trat ein romantischer Subjektivismus, aus dem mehr und mehr ein vorher unbekannter existentieller Ernst hervorbrach.

Vor allem in den Liebesgedichten für Amalija Riznič und Eliza Voroncova erreichte Puškins einen Ton offener Bekenntnishaftigkeit, der die
Klischees der gängigen Liebespoesie vergessen ließ. Auch die Sendschreiben, poetischen Briefe und Widmungsgedichte gewannen Tiefe
und Ernst. Die Beschäftigung mit Byron und Goethe wieder brachte
ihm die Widersprüche und Gefährdungen der modernen Seele nahe.
Der kaukasische Gefangene, Aleko und Evgenij, zivilisationsgeschädigt
und unfähig, die Entfremdung vom natürlichen Leben aufzuheben,
standen für die ontologische Krise der Zeit. Auch Goethes Faust, für
die Zeitgenossen ein eminent romantischer Held, wurde in Puškins
Szene aus Faust zur byronesken Figur, die Mephisto mit den Worten
«Ich langweile mich, Teufel» entgegentrat, um am Schluß aus Über-
druß ein mit Menschen und Gütern beladenes Schiff auf den Meeres-
grund zu schicken. Doch auch der Zugriff auf die Realität nahm sicht-
lich zu. Die poetischen Beschreibungen in den südlichen Poemen waren nicht mehr nur imaginierte Vorstellungen, sondern Reflexe des im
Kaukasus, auf der Krim oder in Kišenëv Wahrgenommenen. Man sollte
diesen zunehmenden Objektivismus in Puškins Schaffen freilich nicht
mit dem künftigen Realismus verwechseln, der ja nicht «Kunst», sondern das Leben selbst sein sollte (N. G. Černyševskij). Puškin war sich
stets bewußt, daß die Poesie Kunst war und blieb. Gab sie indes vor, das
Leben zu sein, so zeigte er mit parodistischen oder verfremdenden Verfahren, daß das Leben anders war als die Kunst. Gerade in jenen Jahren
schrieb er einige Gedichte, die traditionelle Motive durch fast schon
naturalistische Drastik verfremdeten und zu neuer Wahrnehmung führten. *Die Kutsche des Lebens*, eine seit langem bei Franzosen und Russen
beliebte Darstellung der Reise als allegorische Lebensfahrt, wurde bei
Puškin zu einem höchst lebendigen Vorgang ohne verbale Scheuklap-
pen:

> *Ist auch die Kutsche schwer beladen,*
> *Sie rollt dahin in leichter Fahrt.*
> *Die graue Zeit, der böse Schwager,*
> *Sitzt auf dem Kutschbock, alt und arg.*

> *Am Morgen sitzen wir im Wagen.*
> *Halsbrecherisch geht's los, und harsch*
> *Verachten wir Trägheit und Zagen.*
> *Fahr schneller doch, verdammter Arsch!*

Doch mittags wird die Fahrt schon schwächer:
Es hat uns durchgeschüttelt. Pein
Erzeugen Berge, Schluchten, Bäche.
Wir schreien: Langsam, dummes Schwein!

Doch immer weiter rollt der Wagen.
Gen Abend ist's uns nicht mehr leid.
Schon dämmernd finden wir ein Lager.
Die Pferde treibt die graue Zeit.[43]

Der Ertrag der südlichen Jahre war beachtlich: fünf Poeme, an die hundert Gedichte, eine Fülle von Aufzeichnungen, Skizzen, Plänen, alles verschränkt mit den charakteristischen Porträtzeichnungen der Personen, die ihn umgaben oder mit denen er sich beschäftigte – gezeichnet stets im scharf gesichteten linksseitigen Profil. Nicht zu vergessen auch, daß er, als er Odessa verließ, bereits am Dritten Kapitel des *Evgenij Onegin* arbeitete, ohne noch irgendwie abzusehen, was daraus einmal werden sollte.

Er hatte sich intensiv mit der englischen und italienischen Sprache auseinandergesetzt und konnte jetzt Shakespeare, Byron und Dante in den Originalsprachen nachvollziehen. Für die deutsche Dichtung, Goethes *Faust* nicht ausgenommen, scheint er jedoch weiter französische Übersetzungen herangezogen zu haben.

Die geringen Einkünfte als Titularrat und die lähmende Abhängigkeit von seinen Vorgesetzten ließen ihn über den Status des Dichters in der russischen Gesellschaft nachdenken. Kaum noch hatte ein Schriftsteller in Rußland von seinen Autorenhonoraren leben können; für einen Edelmann wäre es gar ehrenrührig gewesen, als bezahlter Schriftsteller zu gelten. Dennoch liefen Puškins Überlegungen in diese Richtung. In dem Briefentwurf an Kazanačeev verband er im Juni 1824 den Wunsch nach Unabhängigkeit (als Dichter) mit der Möglichkeit, seine literarische Tätigkeit als «Verdienstquelle» zu nutzen. Das *Gespräch des Buchhändlers mit dem Dichter*, das er bereits in Kišinëv angedacht hatte und bald nach der Ankunft in Michajlovskoe abschloß, brachte in einem Dialog den Interessengegensatz zwischen dem Dichter, der allein seiner freien Inspiration und Phantasie gehorchen will, und dem Buchhändler, der sein Geschäft im Auge hat, auf den Punkt. Ganz nüchtern

stellt der Buchhändler fest, daß es in diesem Eisernen Zeitalter ohne
Geld auch keine (künstlerische) Freiheit geben könne:

> *Was ist der Ruhm, den man Euch zollt?*
> *Ein Flicken auf der Dichterjacke.*
> *Wir brauchen Gold und Gold und Gold:*
> *Drum sammelt Gold in Eurem Sacke!*[44]

Dem Dichter gehen die schöngeistigen Argumente aus; er beendet das
Gespräch – in Prosa! – mit der überraschenden Replik: «Sie haben völlig recht. Hier mein Manuskript. Schließen wir ab.»

VIERTES KAPITEL

Verbannt in Michajlovskoe
1824–1826

In euerm Schatten, Wälder von Michajlovskoe,
Erschien ich![1]

Konflikt mit dem Vater

Michajlovskoe war für Puškin vertrautes Gelände, gespickt mit Erinnerungen aus Kindheit und Jugendzeit, doch nun wurde es zum Verban-
nungsort. Die Familie war versammelt, als er am 9. August 1824 dort
eintraf: Vater, Mutter, Schwester Ol'ga und Bruder Lev. Auch Arina
Rodionovna, seine alte Amme, war mit aufs Land gekommen.

Puškin war durch die Ukraine, über Nežin, Mogilëv, Polock, nach
Norden geeilt. In Mogilev hatten ihn Kavallerieoffiziere, unter ihnen
ein Neffe Engelhardts, begeistert empfangen und ihm auf der Poststation ein Bankett gegeben. Er las ihnen aus seinen Gedichten vor und
schimpfte wacker auf Voroncov.[2] Die letzte Etappe von Opočka bis
Michajlovskoe fuhr er mit eigenem Gespann, das ihm der Kutscher
Pëtr Parfenovič entgegengebracht hatte.

Die Stimmung im Hause war von Anfang an gedrückt. Puškin war
durch die rüde Behandlung, die ihm in Odessa widerfahren war, verbit-
tert und tief gekränkt. Seine Eltern wieder machten sich nicht ohne
Grund Sorgen um den Sohn. Was sollte aus ihm werden, da er, aus dem
Staatsdienst entlassen, nun ganz ohne eigene Einkünfte dastand und
wegen seiner Schreibereien ständig in Konflikt mit der Obrigkeit geriet? Der Vater argwöhnte zudem, daß Puškin die Köpfe seiner Geschwister mit gottlosen Ideen füllte. Er zürnte dem Sohn und geriet im
Streit außer sich. Der Sohn wieder konnte dem Vater nicht verzeihen,
daß er die vom Gouverneur verfügte «vollständige Aufsicht» über das
Verhalten des Sohnes bereitwillig übernommen hatte, nachdem es ein
benachbarter Gutsbesitzer abgelehnt hatte, die Vormundschaft zu an-

Das Herrenhaus in Michajlovskoe.
Lithographie nach einer Zeichnung von I. Ivanov, 1837

zutreten. Generalgouverneur Paulucci hielt dies sogar für zweckmäßiger, da ja die elterliche Macht uneingeschränkter sei als jede von außen kommende ...³ Puškin stand nun unter doppelter Aufsicht: Sein Vater wachte über des Sohnes Wohlverhalten und überprüfte seine Post, die geistliche Überwachung lag beim Igumen Iona des Svjatogorsk-Klosters.

Puškins Verzweiflung war grenzenlos, er dachte an Flucht, an Selbstmord. Nach einem heftigen Streit mit dem Vater, der ihn fälschlich beschuldigte, die Hand gegen ihn erhoben und ihn geschlagen zu haben, sah er selbst in Festungshaft oder Verschickung ins Soloveckij-Kloster ein kleineres Übel als in der häuslichen Verbannung – so in einem Brief an Žukovskij. Im gleichen Sinne äußerte er sich in einem Schreiben an den Zivilgouverneur von Pskov, doch der Brief gelangte dank einem Zufall nicht in dessen Hände.

Das erbitterte Zerwürfnis zwischen Vater und Sohn blieb den Nachbarn nicht verborgen. Mit wachsender Sorge beobachtete etwa die Gutsherrin im nahegelegenen Trigorskoe, Praskov'ja Osipova, wie Puškin sich verzehrte. Als er ihr gestand, den fatalen Brief an den Gouverneur vernichtet zu haben, wandte sie sich umgehend an Žukovskij mit der Bitte, alles zu tun, damit Puškins poetischer Genius Rußland erhalten bleibe. Der Dichter befinde sich in einem Zustand, der ihn aus dem Regen in die Traufe oder, wie die Russen sagen, aus dem Feuer in die Flamme treiben werde.

Ehe die Eltern zur Winter- und Ballsaison nach Petersburg aufbrachen, kam es unverhofft Ende November zur Beilegung des Zerwürfnisses zwischen Vater und Sohn. Sergej Puškin erklärte in einem offiziellen Schreiben an den Adelsmarschall des Gouvernements, daß er wegen anderweitiger Pflichten die Beaufsichtigung seines Sohnes nicht mehr wahrnehmen könne. Diese Aufgabe fiel nun an den Adelsmarschall des Kreises Opočka, einen Onkel von Puškins Lyzeumskameraden Gorčakov. Puškin entstanden daraus von nun an keine Schwierigkeiten mehr.

Schöpferische ländliche Stille

Michajlovskoe war kein großes Landgut. Es umfaßte nach der Vermessung von 1786 rund 2000 Desjatinen (2180 ha) Land und zählte zu Puškins Zeit 80 männliche samt 100 weiblichen Seelen. Das engere Hofgesinde bestand aus 29 Leibeigenen, davon waren 13 männlichen und 16 weiblichen Geschlechts. Das Gut wurde von dem leibeigenen Bauern Michail Kalašnikov verwaltet. Es warf in den 1830er Jahren einen Ertrag von 2000 bis 3000 Rubel ab.[4]

Puškin kümmerte sich weder um die Land- noch um die Hauswirtschaft. Die landwirtschaftlichen Dinge überließ er seinem Verwalter, der zwar treu, aber nicht eben geschickt in Geschäften war. Nach späteren Aussagen seiner Bauern sei es dem Barin ganz gleichgültig gewesen, ob die Bauern Frondienst (barščina) für den Gutsherrn leisteten oder auf den eigenen Feldern arbeiteten – so als ob es nicht seine eigene Wirtschaft gewesen sei.[5] Die häuslichen Dinge oblagen zunächst der Bäuerin Roza Grigor'evna. Puškin entließ sie aber im Herbst 1825 wegen unanständigen Verhaltens und ausfälliger Worte, zumal auch die Amme nicht mit ihr auskam. Als das ad hoc gebildete «Komitee», bestehend aus zwei Bauern und dem Dorfältesten, dem Starosta, auch noch Unregelmäßigkeiten bei der Brotbevorratung feststellte, blieb

Puškin und Onegin am Neva-Ufer.
Skizze Puškins zum Ersten Kapitel des «Evgenij Onegin»

Puškin keine andere Wahl, als die Zügel der Regierung vorläufig selbst in die Hand zu nehmen.

Trotz der Streitigkeiten mit dem Vater, trotz aller Einschränkung und Überwachung zeigte sich bald, daß die ländliche Ruhe Puškins Schaffensimpulse besonders begünstigte.

In dem nicht sehr geräumigen, ebenerdigen Gutshaus, das noch das bescheidene, teils schon beschädigte Mobiliar des Großvaters enthielt, ließ es sich in der warmen Jahreszeit bequem wohnen. Im Winter bezog Puškin ein kleines Zimmer im Hause der Njanja; es war neben der Eingangstreppe gelegen und blickte auf die kleine Parkanlage vor der Zufahrt zum Herrenhaus, den sog. *Skver* (Square). In dem Zimmer befanden sich ein einfaches Bett mit Bettvorhang, ein schäbiger Schreibtisch, zwei Stühle und Bücherregale.[6] Gepflegt war in Michajlovskoe lediglich der Skver, hinter dem sich ein ansehnlicher Park erstreckte.

Puškin war jetzt allein. Auch die Geschwister hatten Michajlovskoe verlassen. Gewiß, es kam Langeweile auf. Aber was war Langeweile? An Ryleev schrieb er im Mai 1825: «Du langweilst Dich in Petersburg, und ich mich auf dem Lande. Die Langeweile ist Zubehör eines denkenden Wesens.»[7] Freilich erwies sich für den Dichter immer wieder gerade der Herbst, die reife, schon ein wenig abgelebte Jahreszeit, als ideale schöpferische Periode, in der die Ideen und Verse nur so aus ihm hervorquollen. Der *Evgenij Onegin* schritt voran. Und bevor noch das Erste Kapitel, zusammen mit dem *Gespräch des Buchhändlers mit dem Dichter*, nach Petersburg zum Druck ging, sandte er seinem Bruder bereits eine Zeichnung, die Puškin und Onegin zusammen am Neva-Ufer zeigte. Ein Künstler, bat Puškin, solle die Skizze ausführen. Es war die bildliche Realisierung der künstlerischen Grundstruktur des entstehenden Werkes: Der moderierende Autor und sein problematischer Held waren gleichberechtigte Instanzen im Versroman, die einander kannten.

Auch mit der Gestalt des Zaren Boris Godunov und der rätselhaften Ermordung des Zarensohnes Dmitrij Ivanovič im Jahre 1591 begann er sich zu beschäftigen, und einige Eintragungen zielten bereits auf die Geschichte seines Urgroßvaters, des «Mohren Peters des Großen» ab. Die große Neva-Überschwemmung im November 1824 wieder legte einen ersten Keim zu dem künftigen Poem über den *Ehernen Reiter* in die ausschweifende Phantasie des Dichters. Und schon dachte er über die Einaktdramen nach, die erst im Herbst 1830 zur Reife gelangen

sollten. So wie vieles von dem, was er im Süden erlebt und bedacht
hatte, erst jetzt, in der Stille von Michajlovskoe, weiter- oder zuende-
gebracht wurde, sollten auch die neuen Inspirationen erst viel später
Gestalt annehmen. Selbst Gedichte, die einen bestimmten, persönlich
durchlebten Augenblick festhielten, entstanden meist erst mit gerau-
mem Zeitabstand. Puškins Inspiration war nachhaltig; und wie sehr er
auch die Versgestalt überdachte und ausfeilte, so blieb doch der ursprüngliche lebendige Impuls immer erhalten.

Unterdessen schritt die lange geplante Gedichtausgabe voran. Drei
Bände unter dem Titel *Die Gedichte Aleksandr Puškins* sollten es werden.

Hohe Schule der Volkstümlichkeit: Arina Rodionovna

Puškin schrieb gewöhnlich in den Vormittagsstunden. Am Abend leistete ihm oft seine vertraute Amme, Arina Rodionovna, Gesellschaft.
Sie blieb während der gesamten Verbannungszeit bei Puškin in Michajlovskoe. Dem Bruder schilderte er seinen Tageslauf so:

> «Am Vormittag schreibe ich Notizen, ich speise spät, nach dem Mittages-
> sen reite ich aus, abends höre ich Märchen und gleiche damit die Mängel
> meiner verdammten Erziehung aus. Was für ein Zauber – diese Märchen!
> Jedes ein Poem.»[8]

Es war Arina Rodionovna, die ihm bei einem Gläschen Wein oder
Wodka Volkslieder vorsang oder Märchen erzählte. Sie war, wie er einmal sagte, seine letzte Lehrerin. Ihr verdankte er das reine, frische Russisch, das frei war von französischen Sedimenten. In seinen Heften notierte er die Hochzeitslieder und Märchen, die er von der Amme gehört
hatte. Nicht wenige Motive und Wendungen tauchten später in seinen
Kunstmärchen wieder auf, etwa in dem *Märchen vom Zaren Saltan* oder
der derben Versschnurre *Vom Popen und seinem Knecht Bal'da*. Auch die
Eiche an der Meeresbucht, die goldenen Ketten und der Kater im
Proömium zur zweiten Auflage von *Ruslan und Ljudmila* stammen aus
diesem Fundus. Puškin spürte in Michajlovskoe erstmals bewußt den
«russischen Geist», wie er in der Sprache, den Liedern und Märchen des
einfachen Volkes geborgen war – weit entfernt von der in den litera-

rischen Salons lauthals geforderten «narodnost'» (Volkstümlichkeit),
die im Grunde zumeist nur auf staatstreuen oder revolutionären Patriotismus hinauslief. Puškin schaute hier und jetzt dem dörflichem Volk
aufs Maul, was für die Ausrichtung seines literarischen Schaffens ebenso
bedeutsam war wie für sein kulturelles Bewußtsein als Russe.

Er ging so weit, daß er sich, als Bauer verkleidet, an den Jahrmarkt-
tagen unters Volk mischte, um Sitten, Vergnügungen und die Lieder
der Mužiki ganz aus der Nähe kennenzulernen und zu studieren. Im
gegürteten Bauernkittel, mit dem Strohhut auf dem Kopf begab er sich
zum Svjatogorsk-Kloster und lauschte den Liedern, die die Armen an
der Klosterpforte über die Erweckung des Lazarus, den Erzengel Michael und das Jüngste Gericht sangen. Ja, er sang mit ihnen und schlug
mit seinem Stock den Takt. Das konnte der Aufmerksamkeit des Kreis-
polizeimeisters nicht entgehen. Der Verhaftung entging Puškin nur,
weil der Ortspolizist ihn schließlich erkannte.[9]

Die hohe Schule der «narodnost'» aber boten ihm die Abende mit
Arina Rodionovna, der einzigen Freundin in Michajlovskoe, mit der
ihm, wie er schrieb, nie langweilig wurde. In dem Gedicht *Winterabend*
(1825) ist die eigenartige, einzigartige Beziehung zwischen dem Dichter und seiner betagten einstigen Amme in anrührenden Versen festgehalten:

> *In dem Hüttchen, morsch sich neigend,*
> *Dunkelheit und Trauer haust.*
> *Alte, sag, warum du schweigend*
> *Aus dem niedern Fenster schaust?*
> *Ließ dich, Mütterchen, verstummen*
> *Das Geheule vor der Tür,*
> *Oder träumst du nur beim Summen*
> *Deines alten Spinnrads hier?*
>
> *Trinken wir! Noch ein paar Züge,*
> *Freundin trüber Jugendzeit,*
> *Fort die Trauer! Her die Krüge!*
> *Bald schlägt unser Herz befreit.*
> *Sing ein Lied mir, wie ein Vöglein*
> *Still gelebt im fernen Land;*
> *Sing ein Lied mir, wie ein Mägdlein*
> *Morgens ging zum Brunnenrand.*[10]

Puškins leibeigene Lehrmeisterin konnte weder lesen noch schreiben. Wenn sie später an ihren Liebling schrieb, er sei ihr unablässig in Herz und Sinn, so mußte sie die Worte einer hilfreichen Seele diktieren.

Leibeigene Liebe

In der warmen Jahreszeit kleidete sich Puškin ländlich einfach. Er kehrte nicht den Barin, den adeligen Herrn, heraus, doch legte er, wie vor allem sein Freund Aleksej Vul'f beteuert, auch im ländlichen Umfeld Wert auf ordentliche Toilette.[11] Zu den Bauern verhielt er sich ungezwungen und natürlich. Besonders mit dem Kutscher Pëtr und dem Gärtner Archip unterhielt er sich gern. Die Bauern, die ihm ohne Arg entgegenkamen, ahnten natürlich nicht, daß manche seiner seltsamen Übungen – etwa das beharrliche Pistolenschießen oder Schwimmen – dem Vorbild des verstorbenen Lord Byron geschuldet waren. Dafür wußten sie sehr wohl, daß die beiden klapperigen Pferde, auf denen ihr Herr auszureiten pflegte, als Reitpferde nichts taugten. Die Trinkfreudigkeit, mit der alten Amme geteilt, vertrieb Mißlaunigkeit und Melancholie. Auch mit den Bauernmädchen kam es, wenn sie sich winters bei der Amme zum Nähen und Spinnen versammelten, gelegentlich zum fröhlichen Umtrunk.

Ivan Pušcin erlebte dies, als er Puškin am 11. Januar 1825 in Michajlovskoe besuchte. Die Freunde sahen den Bauernmädchen interessiert bei der Arbeit zu. Pušcin bemerkte unter ihnen ein Mädchen, das sich von den übrigen durch besondere Schönheit abhob. Er ahnte sofort, daß sie die Auserwählte des Freundes sein mußte. Wortlos, nur durch ein bedeutsames Lächeln, wurde die Vermutung bestätigt.

Ja, Puškin hatte sich auf ein Verhältnis mit Ol'ga Kalašnikova, der Tochter des Gutsverwalters, eingelassen. Sie war neunzehn Jahre alt, «ein sehr hübsches und braves Mädchen», wie er selbst sagte. Die leibeigenen Mädchen als Freiwild der jungen Gutherren – das hatte Puškin in seinem Gedicht *Das Dorf* noch unlängst gegeißelt. Daß seine eigene erotische Phantasie an den hübschen Bauernmädchen vorbeigegangen wäre, stand freilich auch nicht zu erwarten. Unweigerlich nahm er die Bauernmädchen mit seinem Witz, seiner Wendig- und Windigkeit für sich ein. Wann er Ol'ga verführt hat, ist ungewiß, doch bestand die Verbindung, wie aus der Bemerkung Puščins zu ersehen, offenbar bereits im Januar 1825. Und sie war dauerhaft. Im Herbst 1825 wurde Ol'ga schwanger. Um weitere Unannehmlichkeiten zu vermeiden, schickte Puškin die Hochschwangere im Mai 1826 zu seinem Freund Vjazemskij nach Moskau. Der sollte sie aufnehmen, nach Boldino, dem zweiten Landgut der Puškins, bringen und sich später um das Kind kümmern. Der Briefwechsel der beiden Freunde in dieser Angelegenheit zeugt von ebensoviel Lebensklugheit wie Zynismus. Und von der herrschenden Gutsherrenmoral. Puškin an Vjazemskij, Anfang Mai 1826:

> «Diesen Brief wird Dir ein sehr hübsches und braves Mädchen übergeben, die einer Deiner Freunde unvorsichtigerweise geschwängert hat. Gib ihr in Moskau Unterkunft und Geld, soviel sie benötigt, und schicke sie dann nach Boldino. [...] Dabei bitte ich Dich mit väterlicher Zärtlichkeit, Dich um das künftige Kind zu kümmern, wenn es ein Junge wird. [!] In ein Erziehungshaus möchte ich ihn nicht schicken, – aber vielleicht ist es möglich, ihn auf irgendein Dorf zu geben. Ich habe Gewissensbisse, weiß Gott, aber hier geht es schon nicht mehr ums Gewissen.»[12]

Wenige Tage darauf kam, mit unverringertem Stolz, die Anfrage:

> «Hast Du meine Ėda [so hieß das finnische Naturkind aus dem neuen Poem von Baratynskij, R. L.] gesehen? Hat sie Dir meinen Brief ausgehändigt? Nicht wahr, sie ist sehr hübsch?»[13]

Fürst Vjazemskij, stets überlegen und gelassen, hatte zwar Puškins «lebendige schwangere Briefschaft» nicht zu Gesicht bekommen – vielmehr hatte ein Bauer den Brief überreicht –, doch veranlaßte er, daß Ol'ga zusammen mit ihrer Familie umgehend nach Boldino abreiste. (Ol'gas Vater war die Gutverwaltung von Boldino im Februar 1825 übertragen worden.) Daß sie in Moskau ohne Wissen des Vaters niederkomme, sei kaum möglich; besser sei es, sie mit seinem Wissen bei der Familie zu lassen. Vjazemskijs Rat:

> «Schreib Deinem sündigem Schwiegervater einen halb Liebes-, halb Reue-, halb Gutsherrenbrief, gestehe ihm alles, vertraue ihm das Schicksal der Tochter und des kommenden Wesens an ...»[14]

Doch solle Puškin die Verantwortung, die er dem Vater für die werdende Mutter übertrug, unbedingt mit der Aussicht verbinden, daß er dem Vater sein Verhalten später als Gutsherr im guten oder im schlechten vergelten werde.

Ol'ga Kalašnikova gebar in Boldino einen Knaben, der auf den Namen Pavel getauft wurde. Als Vater wurde der Name eines Bauern ins Kirchenbuch eingetragen. Puškins unehelicher Sohn starb, wohl zu seinem Glück, bereits im September desselben Jahres. Ol'ga Kalašnikova lebte fortan in Boldino bei ihrem Vater, der inzwischen das dortige Gut mehr schlecht als recht verwaltete. Im Mai 1831 sandte ihr Puškin die «otpusknaja», die Freilassungsurkunde aus der Leibeigenschaft, zu, datiert mit dem 4. Oktober 1830. Die schöne Ol'ga heiratete kurz darauf einen Beamten und Kleingrundbesitzer, doch starb sie bereits nach wenigen Jahren.

Nachbarn: Die Osipovs und Vul'fs

In Trigorskoe, dem zwei Werst (2,2 Kilometer) von Michajlovskoe entfernten Nachbargut, lebten die Osipovs und Vul'fs, eine verzweigte Familie, die Puškin von seinen früheren Aufenthalten in Michajlovskoe bekannt und vertraut war. Praskov'ja Osipova, die Gutherrin, war unlängst zum zweiten Male verwitwet. Aus ihrer ersten Ehe mit dem Gutsbesitzer Nikolaj Vul'f stammten fünf Kinder, darunter Aleksej Vul'f, einer der engsten Freunde Puškins; aus der Ehe mit dem Staatsrat Ivan Osipov zwei Töchter. Doch beschränkte sich Puškins Umgang nicht nur auf den engeren Kreis der Familie, auch weitere Verwandte, namentlich aus dem Vul'f-Clan, gehörten dazu. Auch nach der Verbannungszeit brach der Kontakt zu den Osipovs und Vul'fs niemals ab. Aleksandr Turgenev meinte, daß Puškin wohl einige der glücklichsten Augenblicke seines Dichterlebens bei den Osipovs verbracht habe.

Praskov'ja Osipova war eine warmherzige, hochgebildete und dabei zupackende Dame, die ihr Landgut Trigorskoe mit Geschick führte und es zu einem beliebten Treffpunkt der verzweigten Familie und ihrer Freunde gemacht hatte. Sie stand in den Vierzigern, als Puškin nach Michajlovskoe verbannt wurde. Der materielle und familiäre Zustand der benachbarten Puškins war ihr bestens bekannt. Sie bangte um den verbannten Dichter, dessen Genialität sie rückhaltlos bewunderte. Fast nahm sie Mutterstelle bei ihm ein, liebte ihn wie einen Sohn und sorgte sich mehr um ihn, als er es von der eigenen Mutter je erfahren hatte. Puškin kehrte oft auf seinen Spaziergängen in das gastliche Haus ein, speiste dort, verbrachte manchmal ganze Tage mit der Osipov-Vul'f'schen Sippe. Als der Streit mit dem Vater kulminierte, suchte er Zuflucht in Trigorskoe. Er fand dort zudem, was es in Michajlovskoe nicht gab: liebenswürdige, kultivierte Gesellschaft und eine reiche Bibliothek. Schalt er die Damen Vul'f, natürlich mit Ausnahme der Mutter, in seinem anfänglichen Verbannungsschmerz auch «unerträgliche Dummchen»,[15] so wandelte sich seine Stimmung bald gründlich. Als Anna (Ivanovna) Vul'f, eine Cousine der Mädchen, auftauchte, verliebte er sich Hals über Kopf in sie: «Ecce femina!», schrieb er an den Bruder.[16] Netty, wie sie gerufen wurde, muß eine zartbesaitete, träumerische, ein wenig hysterische Person gewesen sein, die zur Korpulenz neigte – so hat sie Puškin bei späterer Gelegenheit, aufs neue in sie verliebt, charakterisiert.[17] Allmählich aber fand er auch Gefallen an der ältesten Tochter des Hauses, Anna (Nikolaevna) geheißen, wie ihre Cousine, und ebenfalls gleichaltrig mit Puškin. (Daher bestehen über die im *Don-Juan-Register* verzeichnete Anna Zweifel, ob es sich um die eine oder die andere handelt.) Die an Anna Nikolaevna Vul'f gerichteten Gedichte verraten innige Vertrautheit, die aus gemeinsamen Jugenderinnerungen schöpfte und selbst der von den Freiern Verschmähten (in dem Gedicht *«Ich war deines goldnen Frühlings Zeuge»*) noch didaktischen Trost zusprach. Daß er ihr, der Zurückhaltenden, Stolzen, die frivolen Verse *An Anna N. Vul'f* vorgelegt hat, ist kaum vorstellbar:

> *Ich wollte, ach! des Herzens Glut*
> *Der stolzen Maid zu Füßen legen!*
> *Doch unser Leben, unser Blut*
> *Kann ihre Seele nicht erregen.*
> *Der Tränen satt ist meine Brust,*
> *Der Schmerz will schier mein Herz erdrücken.*
> *Denn dieses Mädchen spürt wohl (–)*
> *Doch sie erlaubt nicht, sie zu (– –).*[18]

Auch für die Stieftochter der Osipova, Aleksandra, entflammte der Dichter und ließ sich zu einem *Geständnis* hinreißen, das freilich ein wenig an ein Ritual erinnerte. Bemerkenswerter waren die Gedichte, die er der verehrten Gutsherrin selbst widmete, darunter die merkwürdigen *Nachahmungen des Koran* (1825). In Anlehnung an die Suren des Koran – Puškin hatte den heiligen Text in französischer Übersetzung gelesen – gestaltete er kleine Gedichte in unterschiedlichen Metren. Aus ihnen sprach der Auftrag Allahs an seinen Propheten, den er in den Schatten der Ruhe geführt und vor Verfolgung geschützt hatte, den Koran zu verkünden. Puškin war nicht etwa Mohammedaner geworden. Doch die dem Propheten von Allah eingegebenen patriarchalischen Lebensregeln – reine, verhüllte Frauen, vor denen man nur in Demut und keuschen Worten sprechen sollte; die Mächtigen der Welt, die, nicht anders als der Bettler, Gottes Ordnung, Belohnung oder Strafe anzunehmen hätten; der Reisende, der in der Wüste einschläft und von Gott zu frischem Leben geweckt wird – das waren Verkündigungen eines geordneten Lebens, die, wiewohl mit einem Gran Ironie vorgebracht, Puškins eigenem gegenwärtigen Denken entsprachen. Vor allem sah er sich sehr wohl als verbannten und verkannten Propheten, wie er es schon bald in einem seiner Schlüsselgedichte, *Der Prophet*, ausdrükken sollte. Irgendwann im Herbst 1825 schrieb er Praskov'ja Osipova als Dank für einen Strauß Herbstblumen die beziehungsreichen Verse ins Album:

> *Die letzten Blumen liebt das Herz*
> *Mehr als die Erstlinge im März.*
> *Sie senken uns des Traumes Wunde*
> *Lebendiger ins Herz hinein.*
> *So ist auch manche Abschiedsstunde*
> *Lebendiger als ein Stelldichein.*[19]

Die Bibliothek im Hause Osipov-Vul'f bot reichen Lesestoff. Puškin konnte sich mit Shakespeare, Ariost, den russischen Dichtern des 18. und frühen 19. Jahrhunderts, aber ebenso mit Klassikern wie Tacitus beschäftigen. Was nicht vorhanden war, forderte er, zusammen mit Senf, Rum und Essigsaurem, beim Bruder an: Byrons *Conversations*, die *Mémoires* von Fouché, Zeitschriften sowie August Wilhelm Schlegels *Dramaturgie* (d. i. *Über dramatische Kunst und Literatur*).[20] Die erzwungene Ruhe schien den Zweck zu erfüllen, den ihre Veranlasser heuchlerisch vorgetäuscht hatten: Puškin legte im bescheidenen Ambiente von Michajlovskoe und Trigorskoe Fundamente, die ihm bisher gefehlt hatten. Sein Dichtertum errang eine neue Qualität, zugleich erfuhr sein Status als Autor im ganzen Land, vor allem aber in der Hauptstadt, eine bisher in der russischen Literatur unbekannte Festigung.

Fluchtpläne

Kein Zweifel, daß Puškin das Wohltuende dieser Ruhestellung durchaus empfand, zumal er durch seinen ausgreifenden Briefwechsel – nie hat er mehr Briefe verfaßt und empfangen als in Michajlovskoe – nicht wirklich abgeschnitten war vom Gang der Dinge, die ihn interessierten. Doch es blieb der Stachel, daß er verbannt, also bestraft war, daß er keine Bewegungsfreiheit genoß, daß er nicht Herr über seine Taten war. So ausschweifend, wie er es in den Versen *Aus einem Brief an Vul'f* bald nach seiner Ankunft in Michajlovskoe geschildert hatte, sollte das Leben des Einsiedlers wider Willen freilich nicht bleiben: Reiten, Pistolenschießen, Lieben, Saufen:

> *Tags wird Liebe hold geübt.*
> *Nachts sind alle Flaschen offen,*
> *Wir sind sterblich bald besoffen,*
> *Bald sternhagelvoll verliebt.*[21]

Aleksej Vul'f, den er sehnlich in Trigorskoe erwartete und den er bat, seinen Kommilitonen Nikolaj Jazykov, den aufsteigenden patriotischen Poeten, mitzubringen, studierte seit 1822 an der Universität Dorpat (Derpt), einer deutschen Universität im Russischen Reich, an der die lebendige Beschäftigung mit den deutschen Traditionen in Ehren stand. Wer, wie Žukovskij, hier studiert hatte, trug eingehende Kenntnisse über die deutsche Literatur und das deutsche Geistesleben davon. Puškin wird von seinen Dorpater Freunden eine Menge über die deutschen Angelegenheiten gehört haben, die seit dem Buch *D'Allemagne* der Madame de Staël in Europa immer mehr von sich reden machten. Aleksej Vul'f verstand einiges von Literatur, dichtete selbst und war vermutlich nicht selten Puškins Nebenbuhler in Herzenssachen. Viele seiner literarischen Pläne konnte er mit dem vertrauten Freund, der die Semesterferien regelmäßig in Trigorskoe verbrachte, besprechen. Nicht selten kam das Gespräch auf die hiesigen Beschränkungen, denen man sich allein durch Flucht ins Ausland hätte entziehen können.

Puškin war nie im westlichen Ausland gewesen und sollte es auch bis zu seinem Tod nie gesehen haben. Anders als die russischen Offiziere, die im Zuge des Vaterländischen Krieges Deutschland und Frankreich,

Berlin, Weimar, Paris mit eigenen Augen gesehen hatten, blieb Puškin das Erlebnis der westlichen Welt, über die er unendlich viel gelesen hatte und der er so viel verdankte, versagt. Bereits in Odessa war er mit dem Gedanken umgegangen, ins Ausland zu fliehen; jetzt schmiedete er mit Aleksej Vul'f erneut Pläne. Und schon tauchten in Petersburg Gerüchte auf, er sei bereits geflohen.

Seit Ende 1824 bis ins Frühjahr 1825 beschäftigten sich die Freunde mit den Fluchtplänen, die allmählich konkretere Gestalt annahmen. Vul'f hätte natürlich mit regulärem Paß reisen können. Für Puškin war es von vornherein aussichtslos, einen Paß auch nur zu beantragen. Er durfte ja nicht einmal die Gouvernementshauptstadt Pskov aufsuchen. So beschloß man, daß Puškin, als Vul'fs Diener verkleidet, mit diesem ins Ausland reisen sollte. Die größte Schwierigkeit bestand freilich in der Geldversorgung. In verschlüsselter Form, immer gewahr, daß seine Post ja kontrolliert wurde, schrieb Puškin im Dezember 1824 an den Bruder:

> «Bei Christus und Gott bitte ich, meinen Onegin möglichst bald der Zensur zu entziehen [was nur im Ausland möglich gewesen wäre, R. L.], da braucht man Geld. Feilsche nicht lange um die Verse ... Ich brauche Geld, um Gottes Willen, Geld!»[22]

Treuherzig versicherte er, daß ihm die Petersburger Fluchtgerüchte teuflisch mißfielen, denn in Michajlovskoe sei es doch so schön! Dann aber folgte der Hinweis, daß er sich mündlich über den Bankier, über die Korrespondenz und über den Aufenthaltsort von Čaadaev mit dem Bruder verständigen wolle.[23] Čaadaev hielt sich seit längerem im Ausland auf. Offenbar sollten Geldüberweisungen an seine Adresse erfolgen. Noch im Sommer 1825 glaubte Pletnëv zu wissen, daß Puškin 15000 Rubel benötige, um nach Amerika oder Griechenland zu fliehen. Folglich, so ließ er Žukovskij listig wissen, dürfe man sie ihm nicht zur Verfügung stellen.[24] Mit der Zeit verebbten die Fluchtgedanken und wurden durch den Plan verdrängt, die enge Konfinierung in Michajlovskoe aus medizinischen Erfordernissen zu lockern. Inzwischen gab es aber auch neue Begegnungen und Verliebtheiten, die den Aufenthalt auf dem Lande wieder erträglicher machten.

Der reinen Schönheit Genius: Anna Kern

In Juni kam Anna Kern, auch sie eine Nichte der Praskov'ja Osipova, nach Trigorskoe angereist. Sie weilte den Sommer über bei ihrer Tante zu Gast. Die Begegnung im Salon Olenins sechs Jahre zuvor hatten weder sie noch Puškin vergessen. Annas Wiedererscheinen und die Erinnerung an wunderbare Augenblicke sollten des Dichters Eingebung aufs äußerste anregen. Und auch Anna hatte das seinerzeitige Zusammentreffen und Gespräch mit Puškin in allen Einzelheiten im Gedächtnis behalten. Alles war wieder gegenwärtig, was auch immer sich inzwischen begeben haben mochte.

Anna Kern befand sich in einer wenig beneidenswerten Lage. Die Heirat mit dem 35 Jahre älteren General Kern hatte ihr zwar die von den Eltern erhoffte herausragende gesellschaftliche Stellung gebracht, einige Male traf sie als Generalsgattin sogar mit Zar Alexander zusammen, doch wurde das Leben an der Seite des alten Haudegens für sie mehr und mehr zur seelischen Folter. Ihr *Tagebuch zur Erholung* aus dem Jahre 1820 verrät, daß sie der Tristesse in der Garnisonsstadt Pskov durch eine romantische Liebe zu einem jungen Offizier zu entgehen suchte. Es war bekannt, daß sie sich bemühte, auf dem Rechtswege ihre Ehe annullieren zu lassen, was ihr endlich auch gelang.

Sie stand, als sie jetzt in Trigorskoe eintraf, in der Blüte ihrer Schönheit. Puškin war sofort wieder entflammt. Auch Anna hielt mit ihrem Wohlwollen nicht zurück. Man traf sich fast täglich. Puškin erschien mit zwei großen Wolfshunden gewöhnlich um die Mittagszeit in Trigorskoe, speiste aber nicht mit der Familie. Anna Kern empfand den Umgang mit dem Dichter ziemlich anstrengend. «Bald war er lauthals fröhlich», erinnert sie sich, «bald traurig, bald schüchtern, bald frech, bald unendlich liebenswürdig, bald melancholisch gelangweilt, und nie konnte man erraten, in welcher Gemütsverfassung er in der nächsten Minute sein würde.»[25] Puškin las seine *Zigeuner* aus dem Manuskript vor – mit so wunderbar musikalischer Stimme, daß die Zuhörerin vor Wonne fast zerschmolz.[26] Anna sang, sich selbst begleitend, die Romanze *«Die Frühlingsnacht atmete»* von Ivan Kozlov zu einer italienischen Melodie, was wiederum Puškin veranlaßte, dem blinden Dichter voller Begeisterung mitzuteilen, eine Schönheit habe seine Romanze

Anna Kern.
Zeichnung Puškins, 1829

auf himmlische Weise gesungen. Den Brief schrieb er in Anwesenheit
der Sängerin nieder. Der 18. Juli endlich brachte einen Ausflug bei
Mondenschein von Trigorskoe nach Michajlovskoe. Man fuhr in zwei
Kutschen, Praskov'ja Osipova und ihr Sohn in der einen, Puškin mit
den Cousinen Anna (Nikolaevna) Vul'f und Anna Kern in der anderen.
Puškin war bester Laune, fröhlich und liebenswürdig. Er erlaubte sich
weder unangemessenen Witz noch Sarkasmen. Er habe, berichtet Anna
Kern, den Mond gelobt, ihn aber dumm geheißen; er liebe ihn nur,
habe er beteuert, wenn er ein schönes Gesicht beleuchte.[27] In Michaj-
lovskoe angekommen, forderte Praskov'ja Osipova Puškin auf, ihrer
Nichte den Park zu zeigen. Diese erinnert sich:

«Er reichte mir eilig die Hand und lief [mit mir] schnell, schnell davon, wie
ein Schüler, der unverhofft die Erlaubnis erhalten hat herumzutollen. Er
erwähnte unsere erste Begegnung bei den Olenins, sprach davon hinrei-
ßend, begeistert, und am Schluß des Gesprächs sagte er: ‹Sie sahen so keusch
aus; und stimmt es nicht? – Sie trugen ja gleichsam ein Kreuz auf sich.›»[28]

Tags darauf, am 19. Juli, schenkte er Anna Kern, kurz vor ihrer Abreise nach Riga, das Erste Kapitel seines *Evgenij Onegin*», dazu auf einem vierfach gefalteten Briefbogen das Gedicht *Ich erinnere mich des wunderbaren Augenblicks*. Als sie das Geschenk in ihrer Schatulle verstauen wollte, berichtet Anna Kern, habe er sie lange angeblickt, dann habe er ihr fast krampfhaft das Blatt wieder entrissen und sich geweigert, es zurückgegeben. Erst auf ihr dringliches Bitten habe sie es schließlich doch noch erhalten. «Was sich damals in seinem Kopf abspielte, weiß ich nicht.»[29]

«Ich erinnere mich des wunderbaren Augenblicks»

Dieses Gedicht, das Puškin Anna Kern widmete, überreichte und dann wieder zurücknehmen wollte, zählt zu seinen schönsten und bekanntesten Gedichten. Kaum ein gebildeter Russe, kaum ein Liebhaber Puškins, der es nicht auswendig hersagen könnte. In der schlichten, kongenialen Vertonung von Michail Glinka hat es zudem seinen Platz in der musikalischen Welt.

Der unnachahmliche Reiz des Gedichts besteht darin, daß in ihm Thema und poetische Struktur dem gleichen Gesetz unterliegen. In Anspielung auf den biographischen Hintergrund wird in den ersten beiden Strophen die Erinnerung an die frühere Begegnung evoziert, die beiden mittleren Strophen rufen die finstere Zeit der Verwirrung und Verbannung auf, in der das Bild der angeredeten Person in Vergessenheit geriet, während die beiden Schlußstrophen die Wiederbegegnung feiern, die den Lebensstürmen neues Glück folgen läßt. Die Wiederbegegnung bedeutet also nicht nur Wiedereinsetzung des Ideals der reinen Schönheit von einst, sondern Überwindung der Verzweiflung während der Zeit des Vergessens. Die thematische Gliederung Begegnung – Vergessen –Wiederbegegnung bildet das Strukturprinzip des Gedichts. Indem der Leser oder Hörer die Verse aufnimmt, erlebt er ganz bestimmte Wiederholungen von Wörtern, Phrasen, Reimen, die in ebenso kunstvoller wie diskreter Korrespondenz zum geschilderten Vorgang stehen. Der Kenner der russischen Poesie wird noch eine weitere Wiederbegegnung ausmachen: Puškin stilisierte das Gedicht, namentlich mittels emotiver Substantive und typischer Stimmungsadjek-

tive, ganz im Sinne der Schule Karamzins und Žukovskijs, also jener
poetischen Manier, der er in der Petersburger Zeit – als er Anna Kern
im Salon Olenins traf – verpflichtet war, die er inzwischen aber überwunden hatte. Sogar die poetische Formel «wie der Genius der reinen
Schönheit» übernahm er aus Gedichten Karamzins und Žukovskijs. So
ist die Struktur «Wiederbegegnung» in höchst komplexer Weise reali-
siert. Doch während bei Žukovskij der «Genius der reinen Schönheit»
als eine göttliche Wesenheit besungen wurde, die die dichterische Inspiration verkörpert, nahm sie Puškin nur als Vergleich auf: Die geliebte Frau wird mit dem Genius verglichen, bleibt aber, wie auch die
Begegnung, durchaus real. Der Reiz des Gedichts besteht eben darin,
daß reale Erscheinung und reale Situation transzendierende Möglichkeiten eröffnen. Die geliebte Frau ist zugleich real und ideal. Alles ist
in diesem schönen Gedicht ausgewogen: Komposition, Vers, sprachliche Gestaltung und die Ebenen der Vorstellung:

> *O Stunde seliger Vereinung,*
> *Wo du erschienst mit holdem Gruß,*
> *Gleich einer flüchtigen Erscheinung,*
> *Der reinsten Schönheit Genius!*

> *In hoffnungslosen Sehnsuchtsqualen,*
> *In dieses Lebens Wogenprall,*
> *Sah ich dein Engelsauge strahlen*
> *Und hörte deiner Stimme Schall.*

> *Es schwanden Jahre. Meine Qualen*
> *Begrub des Lebens Wogenschwall,*
> *Und deiner Engelsaugen Strahlen*
> *Vergaß ich, deiner Stimme Schall.*

> *Verbannt, in düstrem, dumpfen Sehnen*
> *Floß träg und kalt dahin mein Blut –*
> *Ach, ohne Gottheit, Leben, Tränen,*
> *Begeisterung und Liebesglut.*

> *Da schlug die Stunde der Vereinung*
> *Und du erschienst mit holdem Gruß,*

Gleich einer flüchtigen Erscheinung,
Der reinsten Schönheit Genius.

Nun schlägt mein Herz in trunknem Sehnen
Und feurig schießt dahin mein Blut –
Mich rufen Gottheit, Leben Tränen,
Begeisterung und Liebesglut.[30]

Aporien der Liebe

Das Gedicht idealisiert eine Liebesbeziehung, die in Puškins Briefen an Anna Kern leidenschaftlichen Ausdruck fand. Zorn auf ihren Ehemann, Eifersucht auf Aleksej Vul'f standen hier neben dem wunderbaren Eindruck, den ihre Erscheinung, ihr Wesen in ihm hinterlassen hatten.[31] Ähnlich schilderte er seine Liebe zu Anna Kern in Briefen an seine Patronin Praskov'ja Vul'f. Am offensten aber sprach er sich gegenüber der vertrauten Freundin Anna (Nikolaevna) Vul'f aus. Ihr schilderte er, wie er im Park umherirrte und zu sich selbst sprach: «Hier ist sie gewesen»; wie er einen Stein, über den Anna Kern gestolpert war, aufhob und auf seinen Tisch legte – neben ein verwelktes Heliotrop ...[32] Doch deutete er in dem Brief auch an, daß im Verhältnis zu Anna Kern vielleicht statt auflodernder Liebe lediglich leichte Anrührung im Spiele gewesen sein mochte. Denn bei wirklicher Verliebtheit hätten ihn doch bei ihrer Abreise Raserei und Eifersucht ergreifen müssen! So aber quälte ihn vor allem der Gedanke, daß er ihr womöglich nur wenig bedeute und daß ihr wonniglicher Blick bald auf einem Rigaer Gecken ruhen werde.[33]

War Puškins Liebe zu Anna Kern nur eine Pose? Ging es ihm nur darum, die schöne Frau zu gewinnen, den erotischen Triumph auszukosten? Oder einfach darum, die Inspiration zu einem einmaligen Gedicht zu entfachen?

Die Liebe war für ihn ein Schwebezustand, nichts, was ein für allemal geklärt und fixiert gewesen wäre. Im Gedicht fand eine erotische Begeisterung, eine Faszination durch die Schönheit der Geliebten Ausdruck, der so wahr und überzeugend war, wie die Poesie nur sein konnte. Doch galten auch in der Liebe die Puškinschen Aporien. Und

für den Genießer pikanter, unerlaubter Liebesbeziehungen war eine
Ehescheidung, wie sie Anna Kern betrieb, ohnehin ein Sakrileg. Noch
ehe Anna in Trigorskoe eintraf, hatte er sich in einem Gedicht an Ar-
kadij Rodzjanko, einen alten Freund aus der «Grünen Lampe» und
Gutsnachbarn der Kerns, sarkastisch darüber ausgelassen:

> *Ich billige jedoch mitnichten,*
> *Freund, eine Scheidungsprozedur!*
> *Zunächst: des Glaubens heilige Pflichten*
> *Und das Gesetz und die Natur . . .*
> *Und zweitens, gute Freunde, wißt:*
> *Ein wohlanständiger Ehemann ist*
> *Für kluge Frauen unverzichtbar:*
> *Ein Hausfreund ist nur ein Statist*
> *Für ihn, kaum merklich, gar nicht sichtbar.*
> *Wenn ich es irgend richtig sehe:*
> *Der eine hilft dem andern gern,*
> *Und der verschämten Liebe Stern*
> *Ist nichts im Sonnenglanz der Ehe.*[34]

Frivole Gedanken, die bei Puškin, als er sich anschickte, selbst eine
Ehe einzugehen, rasch verflogen. Zunächst aber baute er sie auf die
witzigste Weise in seinem Poem *Graf Nulin* aus. Er hatte Shakespeares
Lucrece gelesen und sich die Frage gestellt, was geschehen wäre, hätte
die tugendhafte Lucretia den gewalttätigen Sextus Tarquinius, der sie
entehrte, geohrfeigt. Die Weltgeschichte hätte dann einen anderen
Verlauf genommen . . .[35] Die tragische Anekdote, die bereits im 18. Jahrhundert häufig als «komische Romanze» dargeboten, also parodiert
worden war, verlegte Puškin in die banale Welt der russischen Gutsbesitzer. Am 13. und 14. Dezember 1825 – zur selben Zeit loderte in
Petersburg der Aufstand auf – brachte er sie in genialischem Schwung
zu Papier. Wie Mozart in der berühmten Hörner-Arie des Figaro deutete er gleich in den ersten Versen an, worum es ging:

> *Heraus, heraus, das Horn erschallt;*
> *Schon reiten in der frühen Stunde*
> *Die muntren Treiber in den Wald,*
> *Es springt die Koppel flinker Hunde.*[36]

Während der Gutsherr sich auf die Jagd begibt, bleibt seine Frau allein im Gutshaus zurück. In der Nähe geht die Karosse des durchreisenden Grafen Nulin zu Bruch. Er ist gehalten, die Nacht im Gutshaus zu verbringen. Der Versuch des Grafen – nomen est omen (der Name ist von «Null» abgeleitet) –, der Gutsherrin nahezutreten, endet mit einer Ohrfeige. Der Gutsbesitzer erscheint am Morgen gutgelaunt und vermeldet jovial, die Karosse sei inzwischen repariert. Puškins Moral am Schluß lautet:

> *Jetzt können wir mit Recht behaupten,*
> *Daß, Freunde, auch in unserer Zeit*
> *Ein gattentreues Eheweib*
> *So selten nicht, wie manche glaubten.*[37]

Zuvor hat der Leser freilich erfahren, daß der lachende Dritte im Spiel der junge Gutsnachbar Lidin ist. Wieder hatte Puškin der epischen Burleske, der Gattung, die er besonders schätzte, eine neue Wendung gegeben, die nicht mehr ironisches Spiel mit Märchenmotiven, hohem und niederem Stil war, sondern, vor Shakespearescher Folie, ein spritziges Eingehen auf die gesellschaftliche Sphäre, die er zu dieser Zeit am besten kannte: die des russischen Landadels.

Geschichtsstoff:
Boris Godunov und die Zeit der Wirren

In einem Brief vom Juni 1825 fragte Puškin bei Del'vig an, wie weit Karamzin mit seiner Russischen Geschichte inzwischen gediehen sei: «Ist er schon bei der Wahl der Romanovs? Diese Undankbaren! Sechs Puškins haben die Wahlurkunde unterschrieben! und zwei ihre Hand aufgelegt, weil sie nicht schreiben konnten! Und ich, schriftkundiger Nachkomme, was ist mit mir, wo bin ich?»[38] Puškin trug sich bereits Ende 1824 mit dem Gedanken, eine Tragödie über den Zaren Boris Godunov, das heißt über die Vorgeschichte der Romanov-Wahl, zu schreiben. In der Folgezeit arbeitete er unermüdlich an diesem Werk. Im Juli 1825 erwähnte er erstmals seine «romantische Tragödie», seine «Heldentat», in einem Brief an Vjazemskij, deren Titel er archaisierend so formulierte: *Komödie über die wahrhafte Not des Moskoviter Staates, über den Zaren Boris und über Griška Otrep'ev. Verfaßt von Gottes*

Knecht Aleks, Sohn des Sergej Puškin im Jahre 7333 [nach der alten Weltzeit, R. L.] *in der Stadt Voronič.*[39] Die Arbeit schritt, gleichzeitig mit dem Vierten Kapitel des *Evgenij Onegin*, rasch voran. Als Anna Kern aus Trigorskoe aufbrach, waren bereits neun Szenen, und damit der erste Teil des Dramas, niedergeschrieben.

Mit dem Zaren Boris Godunov griff Puškin auf die Smuta, die «Zeit der Wirren», zurück, ein in der europäischen Dramatik sehr beliebtes Stoffreservoir, aus dem sich Lope de Vega, Kotzebue, Schiller und viele andere nach ihnen bedient haben. In Rußland hatte Aleksandr Sumarokov 1771 eine klassizistische Tragödie über *Dmitrij den Usurpator* verfaßt. Die besondere Eignung des Stoffkomplexes für die dramatische Gestaltung ergab sich daraus, daß er in der historischen Überlieferung nicht eindeutig belegt war, sondern einige «offene Stellen» aufwies, die eine künstlerische Deutung geradezu herausforderten. Für den Russen kam hinzu, daß die «Zeit der Wirren» eine jener paradigmatischen Epochen der Unordnung und des Übergangs war, wie sie in der russischen Geschichte fast gesetzmäßig auf despotische, diktatorische Herrschaftsphasen folgten. Hier in knappen Worten die historischen Tatsachen, auf die Puškin sich einließ:

Nach dem Tode Ivans des Schrecklichen 1584 bestieg sein schwachsinniger Sohn Fëdor Ivanovič den Thron; tatsächlich aber lenkte nun Boris Godunov, Ivans Schwiegersohn, der aus einem tatarischen Mursengeschlecht stammte, die Staatsgeschicke. Ivans jüngster Sohn, Dmitrij Ivanovič, 1583 mit der siebten und letzten Frau des Zaren gezeugt, wurde 1591 in Uglič ermordet. Obwohl eine Untersuchungskommission eingesetzt wurde, konnten die Umstände, unter denen der Knabe zu Tode kam, bis auf den heutigen Tag nicht geklärt werden. Schon bald gab es Gerüchte, Boris Godunov habe das Kind töten lassen, um nach Fëdors Ableben selbst den Zarenthron zu besteigen. Und so geschah es: Als Fëdor 1598 starb, wurde Boris von der Bojarenduma zum Zaren gewählt. Er regierte zunächst mit Glück und Geschick, doch zog er die Schraube des Schreckens bald wieder an. Als 1601 Hungersnöte ausbrachen, murrte das Volk gegen den Zaren. In dieser Situation tauchte der Pseudo-Demetrius (Lže-Dmitrij) auf, der, dem Mord in Uglič angeblich entkommen, sich nach Polen gerettet hatte. Unterstützt von polnischen Magnaten, rückte er mit einem Söldnerheer gegen Moskau vor. Marina, die Tochter des Wojewoden Mniszek, sollte

nach der Krönung Dmitrijs Zarin werden. Kurz vor der Eroberung
Moskaus durch den Pseudo-Demetrius aber starb Boris Godunov an
einem Blutsturz. Dmitrij gewann Moskau und den Thron, wurde aber
nach der Hochzeit mit Marina ermordet. Der Bojar Šujskij, erst Helfer,
dann Gegner Boris Godunovs, ließ sich zum Zaren ausrufen. Ein weiterer Pseudo-Demetrius trat auf, dem sich Marina anschloß ... Die
Smuta endete 1613 mit der Wahl Michail Romanovs zum Zaren, an der
– wie Puškin nicht müde wurde zu betonen – einige seiner Vorfahren
mitgewirkt hatten.

Drama in Shakespeareschem Geist

Puškin beschäftigte sich mit der Epoche Boris Godunovs anhand der
soeben, 1824, erschienenen Bände X und XI der *Geschichte des Russischen
Reiches* von Nikolaj Karamzin, in denen die verworrenen Abläufe dargestellt waren. Für Karamzin stand fest, daß Godunov das Kind in
Uglič hatte umbringen lassen und daß der Pseudo-Demetrius ein ent-
sprungener Mönch namens Grigorij Otrep'ev gewesen war, der durch
Zufall in die dynastischen Hintergründe um den Zarensohn Dmitrij
eingeweiht worden war. Puškin übernahm diese Version und begründete so den tragischen Konflikt durch die Schuld, die Godunov mit
dem Mord auf sich geladen hat. Die Schuld wirkt nicht nur in seinem
Gewissen fort, sondern führt, da der Ermordete als «Afterzar» wieder-
erscheint, zur Bedrohung von Godunovs Zarenherrschaft und Dyna-
stie. Wie in der romantischen Schicksalstragödie, wo der Fluch der
bösen Tat das ganze Geschlecht des Schuldigen als Sühne fordert, wird
auch in Puškins Drama – übrigens den historischen Tatsachen getreu
– das Geschlecht der Godunovs ausgelöscht. Wiewohl Puškin die
Schuld des Zaren nicht als objektiv erhärtete Tatsache, sondern immer
nur als subjektive Tatsachenbehauptung vorbringen läß (U. Jekutsch),
wird die Schuld durch den Untergang Godunovs im nachhinein be-
glaubigt. Puškins Auffassung vom höheren Gesetz, nach dem, wie in
der Freiheitsode, auch der Tyrann nicht durch neue Untat bestraft werden dürfe, wird hier umgekehrt: Auch der gute Herrscher, als der Godunov im Drama erscheint, kann eine verbrecherische Tat nicht durch
hehre Maximen und gerechtes Handeln ausgleichen.

Puškin stach damit in ein Wespennest, denn auf allen russischen Herrschern, von Peter dem Großen über Katharina bis zu Alexander I. und sehr bald auch Nikolaus I., lastete eine Blutschuld, die selbst durch vorbildliche Herrschertugenden nicht gesühnt werden konnte, geschweige denn durch militärische Erfolge. Die Tragödie des Boris Godunov rührte an ethische Grundfragen des russischen Zartums, und es war bezeichnend, daß das russische Volk, vergleichbar dem Chor in der antiken Tragödie, in den dramatisch entscheidenden Szenen zur richtenden Instanz wurde. Der Gewissenskampf Godunovs spiegelte sich in der wechselnden Stimmung des Volkes – ein Moment, das Puškins Tragödie mit der antiken Chortragödie verband.

Die Beschäftigung mit Shakespeares Königsdramen hatte Puškin gelehrt, wie die Vorgaben der klassizistischen Tragödie, die engen Regeln der Handlungskonstruktion, der Einheit von Zeit und Ort, zu überwinden waren. Er teilte die von Karamzin bezogenen geschichtlichen Vorgänge, von der Wahl Godunovs zum Zaren bis zu seinem Tod, in 23 nicht gezählte Szenen, die an je verschiedenen Orten spielten. An die Stelle der schematischen «Einheiten» trat als mächtiger Organisator des Dramas die Einheit der Handlung, aus der gleichwohl, von Puškin wohlbedacht, eine Symmetrie der Szenenfolge, ja eine «klassische» Einteilung in fünf Akte zu erkennen war.[40] Daß in das tragische Geschehen derb-humoristische Szenen eingeschaltet wurden, verstand sich ebenso wie die Verwendung des Blankverses, des metrischen Vehikels von Shakespeare, Lessing und Schiller, der nun den antiquierten Alexandriner ablöste. Der Bruch mit klassizistischen Konzepten war unerbittlich. Puškins *Boris Godunov*, die erste russische Tragödie von historistischem Anspruch und Shakespearescher Kraft, zeugte von tiefem Nachdenken über Rußland und seine Geschichte. Zugleich war sich der Dichter bewußt, daß er mit dem Stück ein Volksdrama (narodnaja drama) – gegen das klassizistische Hofdrama – vorgelegt hatte. Es handelte vom Schicksal der Nation, nicht von höfischen Intrigen.

In dem Entwurf zu einer Vorrede zum *Boris Godunov* hat Puškin 1830 selbst die drei entscheidenden Anregungen zu seinem Drama genannt:

> «Das Studium Shakespeares, Karamzins und unserer alten Chroniken gab mir den Gedanken ein, eine der dramatischsten Epochen der neueren Geschichte in dramatische Form zu kleiden. Von keinem anderen Einfluß verwirrt, ahmte ich Shakespeare, seine freie und breite Schilderung der

Charaktere, die ungekünstelte und einfache Zusammenstellung der Typen nach; Karamzin folgte ich in der übersichtlichen Entwicklung der Ereignisse, in den Chroniken bemühte ich mich, den Gedankengang und die Sprache der damaligen Zeit zu enträtseln. Reiche Quellen!»

Puškin der Romantiker

In Rußland wuchs Puškins Ruhm unaufhaltsam. Die Zeitgenossen spürten mit jedem neuen Gedicht, das in die Öffentlichkeit drang, sei es in Abschriften, sei es in den Zeitschriften oder endlich in der mehrbändigen Ausgabe seiner Gedichte, daß hier ein Dichter zur Meisterschaft herangereift war. Indem er den Versen sein Persönlichstes, seine Gedanken und seine Überlegungen zu jeder Stunde anvertraute, schönen Frauen Komplimente darbrachte und seine Widersacher mit Epigrammen verfolgte, traf er nicht nur haargenau das Lebensgefühl der russischen Adelsgesellschaft, sondern brachte alles Russische in beispielloser Weise zur Sprache. Hatte man in ihm noch vor kurzem den Nachahmer Byrons gesehen – er selbst tat ja so manches in Habitus und Handeln, um dieses Vorurteil zu bestärken –, so erkannten aufmerksame Beobachter der Literatur, daß Puškin sich bereits in den «byronistischen» Poemen über den Briten erhoben und sich von ihm entfernt hatte. In der Elegie *An das Meer*, bald nach der Ankunft in Michajlovskoe entstanden, nahm er Abschied vom Meer, dem Element des jugendlichen Ungestüms. Abschied auch von den beiden Großen, die im Süden Leitbilder und Beherrscher seiner Gedanken gewesen waren: Napoleon, dem eine Felseninsel zum Grab des Ruhms geworden, und Byron, der mächtig, tief, finster und unbezähmbar wie das Meer gewesen war. Und wohin führte der eigene Weg? An feste Gestade, doch das Meer blieb in ihm verinnerlicht:

> *Zum stillen Wald, in öde Schluchten*
> *Trag ich dich tief im Herzen fort,*
> *Dein Felsenriff und deine Buchten*
> *Und Glanz und Schatten und dein Wort.*[41]

Zur Wiederkehr von Byrons Todestag ließen Puškin und Aleksej Vul'f Morgenmessen in den Kirchen von Trigorskoe und Voronič lesen.

Zum nicht geringen Erstaunen des Geistlichen erbaten sie die Hostie für den Seelenfrieden des Gottesknechts und Bojaren Georgij (so hatten sie den britischen Lord russifiziert). Es erinnerte, wie Puškin an den Bruder schrieb, an die Seelenmesse, die Friedrich II. für Voltaire hatte abhalten lassen.[42]

Auch in Deutschland, Polen, Frankreich und England war man inzwischen auf das neue russische Dichtergenie aufmerksam geworden. Man spürte natürlich die Nähe zu Byron, erkannte aber bald auch die Unterschiede und die eigenen Wege, die Puškin beschritt. Er war jetzt allenthalben als Romantiker abgestempelt, ein noch recht unscharfer Begriff, der meist polemisch gebraucht wurde, um die neue Kunst, die sich von den klassizistischen Normen abwandte, anzuzweifeln. In der wirren Auseinandersetzung um die Begriffe «klassisch» und «romantisch» machte sich Puškin in Michajlovskoe seine eigenen Gedanken. Einerseits bestimmte er – in der kurzen Abhandlung *Über klassische und romantische Poesie* (1825) – die romantische Poesie kunstmorphologisch, indem er ihr alle Gattungen zuschlug, die die Alten nicht gekannt hatten, sowie jene, in denen die früheren Formen verändert oder durch neue ersetzt worden waren. Dies konnte leicht mißverstanden werden. (Annenkov erkennt Puškin in diesem Zusammenhang überhaupt nur eine geringe Fähigkeit zu «theoretischen Feinheiten» zu.) Andererseits war ihm die romantische Poesie das freie Element der schöpferischen Phantasie schlechthin.[43]

Legt man jedoch spätere Kriterien zur Bestimmung der Romantik an, so war nunmehr in Puškins dichterischem Kosmos alles enthalten, was Romantik ausmachte: der romantische Subjektivismus, Volk und Nation als kollektive kulturschöpferische Wesenheiten, das historisch-organische Denken und ein Kunstverständnis, das göttliche Inspiration und originäre Schöpferkraft zum Ausgangspunkt der Kunst erklärte. Alles Normative, Klassifikatorische, Schematische, Didaktische, das dem Klassizismus eignete, war überwunden. Die romantische Kunst schuf sich Form und Gesetz aus der eigenen kreativen Kraft. Solchem Geiste verpflichtet, hatte die europäische Romantik eine Reihe von Spielarten hervorgebracht, eine deutsche, eine englische, eine französische, eine italienische, eine polnische. Puškin rezipierte die unterschiedlichen europäischen Romantismen und rundete sie zu einer – seiner – Synthese. Puškins Schaffen in den 1820er Jahren, sein dichterischer Genius, der sich prägend auf die zeitgenössische russische Literatur auswirkte, stellt vielleicht das reinste und reichste Romantik-Modell dar, das die Weltliteratur kennt.

Das vertiefte historische Verständnis, zu dem er jetzt gelangte, ließ ihn auch die russische Literatur des 18. Jahrhunderts neu durchmustern. So erkannte er Lomonosov, mochte er auch kein überragender Dichter gewesen sein, das Verdienst zu, der russischen Poesie ein brauchbares Verssystem verpaßt und den erhabenen Schatz des Kirchenslavischen bewahrt zu haben. Sumarokov wurde – wohl zu Unrecht – als «unbegabtester unter den Nachahmern» abgetan, während der vielverachtete Trediakovskij als der einzige gesehen wurde, der sein Geschäft verstanden habe. Im gleichen Artikel, einer Polemik mit dem französischen Herausgeber der Fabeln Krylovs, bezeichnete er es als die eigentliche Crux der russischen Literatur um die Jahrhundertwende, daß sie die mediokren französischen Dichter massenhaft nachgeahmt habe. An anderer Stelle «rettete» er wenigstens Deržavin und Krylov vor dem Verdikt. Er entfernte sich mit diesen Urteilen weit von den eigenen Anfängen und leistete einen wesentlichen Beitrag zur Ausformung eines neuen Kanons der russischen Literatur.

Der Dichter – Prophet und Opfer

Zusammen mit den Dichtern der sog. Plejade, zu der man Del'vig, Küchelbecker, Baratynskij, Vjazemskij rechnet, vertrat Puškin das romantische Dichterideal, das im Dichter einen Erwählten sah, der, wie es Del'vig in einem Sonett ausdrückte, im Augenblick der Inspiration mit den göttlichen Mächten vereint war. Der sich, wie in Puškins Gedicht *Der Prophet*, von Geistesdurst gequält, durch die finstere Wüste schleppt, wo ihm ein sechsflügeliger Seraph die Seheraugen öffnet und Gottes Stimme befiehlt:

> *Steh auf, Prophet, und sieh und höre,*
> *Tu meinen Willen nun hinfort,*
> *Geh über Länder, über Meere,*
> *Und brenn die Herzen mit dem Wort.*[44]

Das war im erhabenen Kirchenslavisch gesagt: Gottes Stimme und Wort konnten nicht mit gewöhnlichen russischen Wörtern wie *golos* und *slovo* benannt werden, sondern nur mit den kirchenslavischen *glas* und *glagol*.

Als einziger Russe seiner Zeit sah sich Puškin dem französischen Dichter André Chénier im Geiste verbunden. Lange nahm dieser bei ihm den wichtigsten Platz neben Byron ein. Es waren wieder die symbolischen Parallelen, die ihn mit Chénier verbanden. Zunächst Anhänger der Französischen Revolution, war Chénier bald zu ihrem Kritiker und endlich zu ihrem Opfer geworden. Weil er sich gegen die Hinrichtung Ludwigs XVI. gewandt hatte, warfen ihn die Jakobiner in den Kerker; kurz vor Robespierres Sturz endete er auf dem Schafott. Sohn eines Franzosen und einer Griechin, hatte er das griechische Kunstideal gegen die Seichtigkeit der Zeitgenossen gesetzt. Seine Devise: «Sur des pensers nouveaux faisons des vers antiques» entsprach Puškins neuem ästhetischen Denken wie seinem Bemühen, ernste Gegenstände für die Poesie zu gewinnen. Chéniers Werke erschienen gesammelt erst 1819. Puškin hat sie sich rasch angeeignet. In der großen Elegie *André Chénier* spricht aus dem Dichter, der, bevor er zur Richtstätte geführt wird, letzte Erinnerungen heraufbeschwört – an die selige Zeit, da die Revolution das auf Freiheit und Gleichheit gestützte Gesetz erkämpfte; an den Schrecken, da der neue Herrscher zum Mörder wurde; an die trunkene Jugend, die durch das Schicksal grausam unterbrochen wurde –, niemand anderer als Puškin selbst. Der Franzose war der Dichter der Freiheit, den die Revolution verfolgte und tötete. Auch Puškin hatte die Freiheit besungen und war dafür von der zarischen Obrigkeit verbannt worden. Die Dichter erlitten Unbill für ihre kühnen Worte. Die Menge, die sie verfolgte, war rechts und links, oben und unten.

Besucher in Michajlovskoe: *Puščin und Del'vig*

Ivan Puščin, der alte Lyzeumskamerad, war der erste der Freunde, die sich in Michajlovskoe einfanden. Es war ein eintägiger Besuch mitten im Winter. Kurz vor dem Gutshaus neigte sich der Pferdeschlitten so auf die Seite, daß der Kutscher in den Schnee flog. Doch bald lagen sich die Freunde in den Armen, der eine dick mit Schnee bedeckt, der

Ivan Puščin.   *Baron A. Del'vig.*
Zeichnung von Fa. Verne, 1817   *Lithographie von Langer, 1830*

andere eben erst aufgestanden, fast nackt. Puščin hat diesen 11. Januar
in Michajlovskoe in seinen Erinnerungen ausführlich geschildert.[45] Er
hatte drei Flaschen Clicquot im Gepäck und eine Abschrift der noch
ungedruckten Komödie *Wehe dem Verstand* von Aleksandr Griboedov.
Da das Herrenhaus nicht beheizt war, hielten sich die Freunde in Puškins kleinem Zimmer im Haus der Njanja auf. In deren Zimmer schau-
ten sie den Bauernmädchen zu. Vor und nach dem Essen führten sie
lange Gespräche und lasen das neue Werk von Griboedov. Wie zufällig
schaute der Archimandrit Iona herein, von dem Puškin wußte, daß er
ihn «geistlich» beaufsichtigte. Puškin hatte, als er ihn durchs Fenster
erblickte, rasch die Monatslesungen auf dem Tisch aufgeschlagen. Allerdings verschwand der Pope bald, nachdem er sich an Tee mit Rum
gütlich getan hatte. Puščin lernte Puškins neue Werke kennen und
schrieb den Anfang der *Zigeuner* für die Zeitschrift *Polarstern* (Poljar-
naja zvezda) ab. Die Gespräche der Freunde drehten sich zunächst um
die Hintergründe von Puškins Verbannung. Puščin hatte in Petersburg
zufällig den Schriftwechsel zwischen Nesselrode und Voroncov einse-
hen können, in dem der letztere beharrlich darauf bestand, daß Puškin
zu seinem ureigensten Nutzen mehr Einsamkeit benötige. Natürlich
wollte Puškin wissen, was man über ihn in der Hauptstadt erzählte, und

er schilderte seinerseits das gegenwärtige Landdasein: Er lebe mit der
Muse im Einklang und bemühe sich gern und eifrig, nur bedaure er,
daß seine Schwester nicht bei ihm sei, wiewohl ihr ein Aufenthalt im
winterlichen Michajlovskoe kaum zuzumuten wäre. Das Gespräch über
die Lyzeumskameraden näherte sich unmerklich den Geheimgesellschaften. Puškin brachte seine Vermutungen vor, und Puščin gestand
endlich ein, daß er und andere sich diesem neuen Dienst am Vaterlande
verschrieben hätten. Puškin fiel sofort die Verhaftung Vladimir Raevskijs und seine Einkerkerung ein. «Übrigens», soll er dann gesagt haben, «zwinge ich dich nicht, lieber Puščin, darüber zu sprechen. Vielleicht hast du ja Recht, mir nicht zu vertrauen. Gewiß, ich bin dieses
Vertrauens unwürdig – wegen vieler meiner Dummheiten.»[46] Ehe
Puščin aufbrach, wäre fast ein Brand im Herrenhaus ausgebrochen, da
die Njanja dem Gast eines der Zimmer einheizen wollte. Aber dieser
reiste nach Mitternacht ab. Nach dem Dezemberaufstand wurde Puščin
zum Tode verurteilt, dann zu ewiger Katorga begnadigt. Am 26. August 1856 wurde er amnestiert. Die Freunde haben sich nie wiederge-
sehen.

Anton Del'vig besuchte Puškin im April 1825 und hielt sich etwa
zwei Wochen in Michajlovskoe auf. Der vertraute Lyzeumskamerad
war in allen künstlerischen Fragen Puškins verläßlichster Ratgeber und
Kritiker. Was er an Neuem aus der Feder des Freundes vorfand, mußte
ihn entzücken. Beim Redigieren der Gesammelten Gedichte, die Puškin nun endlich für den Druck vorbereitete, waren Del'vigs sicheres
Urteil und sein untrüglicher Geschmack eine willkommene Hilfe. Die
Vormittage flogen in angeregtem Disput nur so dahin. Die Freunde
spielten einige Runden Billard – eine der wenigen Zerstreuungen, die
Michajlovskoe bot –, nahmen ziemlich spät das Mittagessen ein und
brachen dann nach Trigorskoe auf, wo die Damen sie schon erwarte-
ten.[47] Die Gutsfräuleins schienen sich alle in den Baron verliebt zu haben, der aber blieb gleichgültig wie ein Holzklotz und zog es vor, im
Bett zu liegen und Ryleev zu lesen. So Puškin in einem Brief an seinen
Bruder.[48] In dem Gedicht auf das Lyzeumsjubiläum *Der 19. Oktober*,
das Puškin im gleichen Jahre den in Petersburg versammelten Kameraden aus der Ferne widmete, pries er Del'vig, den «Freund der inspirierten Faulheit», der ihn in Michajlovskoe aufgesucht und ihm Herzens-
glut und Lebensmut zurückgegeben habe.

Als Del'vig Ende April Michajlovskoe verließ, beförderte er in seinem Gepäck, außer neuen Werken und verschiedenen Briefen des Freundes, auch ein Schreiben an Kaiser Alexander, in dem Puškin um die Erlaubnis nachsuchte, seine Krankheit im Ausland kurieren zu dürfen.

Ferne Katastrophen

Dank der Verbannung nach Michajlovskoe blieb Puškin von zwei Petersburger Katastrophen verschont, die ihn leicht Kopf und Kragen hätten kosten können.

Am 19. November 1824 trat die Neva über ihre Ufer und überflutete Petersburg in einem bisher unbekannten Maße. Das verheerende Hochwasser erreichte einen Stand von 410 cm über dem Normalpegel. Hunderte von Menschen kamen in den Fluten um, Tausende von Häusern wurden zerstört oder beschädigt. Da die Stadt zu beiden Seiten des Neva-Flusses angelegt und von Flüssen und Kanälen durchzogen war, wurden gerade auch die Wohnbezirke von den Wassermassen ergriffen. Der polnische Dichter Adam Mickiewicz, nach Rußland verbannt, war Zeuge der Flutkatastrophe. Später sollte er sie in einem anklagenden Gedicht beschwören – und Puškins Antwort darauf wurde sein Poem *Der eherne Reiter*.

Auch Goethe hat sich, als er aus den Zeitungen von dem Ereignis erfuhr, im Weimarer Kreise über die schlechte Lage von Petersburg ausgelassen. Dabei erinnerte er an das Wort Rousseaus, man könne ein Erdbeben nicht dadurch verhindern, daß man in der Nähe eines feuerspeienden Berges eine Stadt baue. Eckermann verzeichnet dieses Gespräch und die Beschäftigung Goethes mit der Wassernot in Petersburg für den 9. Dezember 1824 (neuen Stils).[49] Um diese Zeit (am 4. Dezember 1824, alten Stils) sprach auch Puškin, in einem Brief an die Geschwister, die die Katastrophe an Ort und Stelle erlebt hatten, über dieses Ereignis. Bezeichnenderweise setzte er sich besonders mit den Folgen auseinander, die die Stadtbevölkerung nach der Flut zu tragen hatte, und kritisierte die unzulänglichen Hilfsmaßnahmen der Regierung. Um den Flutopfern zu helfen, bot er sogar die «Onegin-Gelder», das heißt sein Honorar für das Erste Kapitel des Versromans, an.[50] Offenbar begann er bereits damals über das (Miß-)Verhältnis von

Die Petersburger Hochwasserkatastrophe am 24. November 1824

heroischer Tat – der Gründung der glänzenden Metropole an gefähr-
detem Ort – und ihren fatalen Folgen für den kleinen Mann nachzudenken, das im *Ehernen Reiter* dann geschichtsphilosophisch ausgebaut
wurde.

Die Dezemberrevolte im folgenden Jahr zählt zu den fatalsten,
schwerwiegendsten Erschütterungen in der Geschichte der russischen
Zarenmonarchie. Puškin war schon in Petersburg, später in Kišinëv in
den Umkreis der Offiziersverschwörung geraten, die sich in Geheimgesellschaften oder auch als Freimaurerlogen getarnt organisierte. In
die ohnehin eher verworrenen Gliederungen der revolutionären Bewegung mit den beiden Zentren «Nordgesellschaft» und «Südgesell-
schaft» hatte er keinen Einblick. Auch von den politischen Zielen der
Verschwörer dürfte er eine eher nur allgemeine Vorstellung besessen
haben. Daß es um die Herstellung von Freiheit und Gleichheit, um die
Bauernbefreiung, um Parlamentarismus, um die Verkündung einer

Die Dekabristenrevolte am 14. Dezember 1825 in Petersburg

Konstitution, gar auch um die Beseitigung des Monarchen ging – das wußte er aus den «unerlaubten» Diskursen, an denen er selbst oft vorlaut beteiligt gewesen war. Doch welcher Handlungsanleitung die Verschwörer folgten, wer wie wann eine Revolte anführen sollte, das konnte sich seine Phantasie schwerlich ausmalen. Vor allem ahnte er nicht, wie nahe er den Akteuren gestanden hatte und noch stand. In Michajlovskoe allerdings war der letzte der Verschwörer, mit dem er sprach, Ivan Puščin gewesen, im Januar 1825. Seither hatte Puškin jeden Kontakt mit dem Netz der Verschwörer verloren.

Die Putschisten oder Dekabristen, wie sie später nach dem Aufstandsmonat Dezember (dekabr') genannt wurden, nutzten zum Losschlagen einen Augenblick, der in der russischen Geschichte schon mehrfach zu einer labilen Lage geführt hatte: den Thronwechsel. Kaiser Alexander I. war überraschend am 19. November 1825 in Taganrog verstorben, ohne einen leiblichen Erben zu hinterlassen. Da der Thronverzicht des Großfürsten Konstantin zugunsten seines jüngeren Bruders Nikolaus der Öffentlichkeit nicht bekannt gemacht worden war, erfolgte die Eidleistung zunächst auf Konstantin. Erst am 13. Dezember entschloß sich Nikolaus, die Zarenwürde anzunehmen, und beendete damit den «Großmutstreit» unter den Brüdern des Zaren. Sofort, in der Nacht vom 13. zum 14. Dezember, schmiedeten die Verschwörer in der Wohnung Ryleevs den Umsturzplan. Sie wollten am folgenden Tag die Vereidigung des Senats verhindern. Allerdings schlossen sich ihnen nur etwa 3000 Soldaten an. Sie hatten sich auf dem Petersplatz (Senatsplatz) im Karree aufgestellt und harrten auf Befehle, die nicht kamen. Als Graf Miloradovič sie aufforderte, den Eid auf Nikolaus I. zu leisten, schoß Pëtr Kachovskij auf ihn und verletzte ihn tödlich. Auch Küchelbecker schoß auf den Großfürsten Michail, verfehlte ihn aber. Binnen kurzem wurden die Meuterer von loyalen Truppen umringt und niederkartätscht. Nach dem Scheitern des Aufstandes wurden 300 Angehörige der Geheimgesellschaften und 700 Soldaten verhaftet. Bereits am 23. Dezember richtete man ein Untersuchungskomitee ein, das nahezu 600 Fälle an einen Sondergerichtshof überwies. Die Urteile über 121 Dekabristen wurden am 12. Juli 1826 verhängt. Zu den Grunderfahrungen des neuen Zaren zählte von nun an, daß sich die Fronde im höchsten Adel und im Offizierskorps, also der seit Katharina II. stärksten Stütze des Staates, gebildetet hatte. Das Gros des Adels, ganz zu schweigen von der kleinen Zahl der Bürger und der riesigen der leibeigenen Bauern, hatte von den Putschplänen keine Ahnung und hätte sie wohl auch keinesfalls unterstützt. Das Mißtrauen des neuen Zaren gegen die Aristokratie und sein Haß auf jegliche liberale Regung in Staat und Gesellschaft sollte seine Herrschaft fortan bestimmen.

Die rettenden Hasen

Zu Puškins Reaktion auf die Dezemberereignisse sind verschiedene Zeugnisse überliefert, die einen gemeinsamen Kern haben: Die Nachricht über die Thronwirren scheint um den 10. Dezember nach Michajlovskoe gedrungen zu sein. Eine der Osipov-Töchter gab an, daß der Koch Arsenij, der in Petersburg Obst verkaufte und Wintervorräte beschaffte, unverrichteter Dinge zurückgekehrt sei, weil ein Aufruhr in der Hauptstadt bevorstehe. Puškin scheint daraufhin sofort beschlossen zu haben, zu den Freunden nach Petersburg zu eilen. Am nächsten Tag ließ er anspannen und fuhr los. Jedoch sei er, nach dieser Version, schon bald wieder zurückgekehrt, da dreimal ein Hase seinen Weg gekreuzt habe und ihm zu allem Übel bei der Abreise auch noch ein Geistlicher entgegengekommen sei. Kutscher und Barin hätten darin ein schlechtes Vorzeichen gesehen, so daß man die Reise verschoben habe. Ausführlicher hat der Historiker Michail Pogodin in seinem Erinnerungsbuch *Einfache Rede* die Vorgänge nach Puškins eigenem, oft wiederholten Bericht überliefert: Puškin sei entschlossen gewesen, direkt zur Wohnung Ryleevs zu fahren, um sich erstmal mit Nachrichten zu versorgen. Er habe anspannen lassen und dem Diener befohlen, mit ihm nach Piter (Petersburg) zu reisen. Er selbst sei noch rasch nach Trigorskoe gefahren, um sich von den Nachbarn zu verabschieden. Doch da sei ihm auf dem Wege nach Trigorskoe ein Hase über den Weg gelaufen. Und auf dem Rückweg aus Trigorskoe noch einmal ein Hase! Kaum wieder zu Hause, sei ihm gemeldet worden, sein Diener sei plötzlich an «weißem Fieber» (d. i. Säuferwahnsinn) erkrankt. Daraufhin sei die Anordnung einem anderen Diener aufgetragen worden. Als man endlich habe aufbrechen können, sei ihnen am Gutstor der Priester entgegengekommen, um sich vom abreisenden Barin zu verabschieden. All diese Begegnungen seien dem abergläubischen Puškin zuviel des Guten gewesen: Er sei nach Hause zurückgekehrt und habe es vorgezogen, auf dem Land zu bleiben. Wörtlich habe Puškin hinzugefügt:

> «Und was wären wohl die Folgen meiner Reise gewesen: Ich hatte damit gerechnet, in Petersburg spät am Abend einzutreffen, damit sich meine Ankunft nicht allzu schnell herumspräche, und wäre folglich bei Ryleev geradewegs in die Besprechung am 13. Dezember geraten. Man hätte mich mit Begeisterung aufgenommen und wahrscheinlich wäre ich mit den anderen auf dem Senatsplatz gewesen und säße jetzt nicht hier bei euch, meine Lieben!»[51]

Auch Vjazemskij hat diese Geschichte von Puškin selbst gehört, doch wandte er gegen Pogodins Wiedergabe ein: «Soweit ich mich erinnere, waren es nicht zwei Hasen, sondern nur einer. Die Hauptsache aber, daß er nämlich bei Ryleev in der Nacht vom 13. zum 14. Dezember gerade in die Siedehitze des Aufruhrs hineingeraten wäre, stimmt vollkommen.»[52]

Man wird nie genau wissen, ob Puškin von drei, zwei oder nur von einem Hasen gerettet wurde. Als freilich die Liste der Verschwörer

Die gehenkten Dekabristen. Zeichnung von Puškin

veröffentlicht wurde, wunderte sich manch einer in Petersburg, warum Puškins Name fehlte. Und Puškin selbst wußte nur zu genau, wie nahe im Geiste er den «Übelgesinnten» gewesen war. Nach dem Debakel begann er ernsthaft darüber nachzudenken, wie er zu einem Ausgleich mit der Regierung gelangen könne. An Del'vig schrieb er im Februar 1826:

«Natürlich bin ich in nichts verwickelt, und wenn die Regierung Muße hat, über mich nachzudenken, dann wird sie sich leicht davon überzeugen. Dennoch [...] meine Denkungsart ist bekannt. Sechs Jahre hintereinander verfolgt, befleckt durch den Dienstausschluß, verschickt aufs dumpfe Land wegen zwei Zeilen eines abgefangenen Briefes, konnte ich natürlich dem verstorbenen Zaren nicht wohlgesonnen sein, wenn ich auch seinen wahrhaften Vorzügen Gerechtigkeit widerfahren ließ. Allein, ich habe niemals weder Aufruhr noch Revolution gepredigt – im Gegenteil. Wie es auch sei, ich würde wünschen, mich *voll und aufrichtig* mit der Regierung zu versöhnen, und das hängt natürlich von niemandem ab als von ihr selbst. In diesem Wunsche ist von meiner Seite mehr Einsicht als Stolz.»[53]

In einem Brief an Žukovskij Anfang März wurde er deutlicher: Die Thronbesteigung des neuen Zaren gebe ihm die «freudige Hoffnung» ein, daß sein Schicksal geändert werden könne. «Wie auch meine politische und religiöse Denkungsart sei, ich bewahre sie für mich selbst und beabsichtige nicht, auf törichte Weise der allgemein anerkannten Ordnung und Notwendigkeit zu widersprechen.»[54] Žukovskij bekräftigte ihn in dieser Haltung – er wird dafür gesorgt haben, daß Puškins Reuigkeit der Obrigkeit zu Ohren kam.

In dem balladesken Gedicht *Arion* hat Puškin später die wundersame Errettung des legendären Dichters aus dem Schiffsbruch gestaltet. Puškins Arion war nicht, wie in der mythischen Überlieferung, mit räuberischen Matrosen, sondern mit Gefährten unterwegs, die die Segel spannten und sich mächtig in die Ruder legten, während er ihnen seine Lieder sang. Ein gewaltiger Sturm riß das Schiff und die Mannschaft ins Verderben:

> *Das Schiff versank, sie starben all! –*
> *Nur mich, den Sänger, warf der Schwall*
> *Des Meers ans Ufer, mich alleine –*
> *Ich sing das alte Lied ins Land*
> *Und lege mein durchnäßt Gewand*
> *Zum Trocknen auf die Ufersteine.*[55]

Immer wieder gelang es Puškin, das eigene Geschick im Werk durch symbolische Handlungen zu vergegenwärtigen. Arion, der einzig den Sturm überlebt, ist eine der Allegoresen, die des Dichters Erstaunen über die Unwägbarkeiten des Schicksals festgehalten haben.

Dichterbund mit Jazykov

Auf den Dichter Nikolaj Jazykov, den letzten der Besucher in Michajlovskoe, war Puškin schon aufmerksam geworden, ehe es zur persönlichen Bekanntschaft kam. Jazykov studierte zusammen mit Aleksej Vul'f in Dorpat, er hatte sich einige Male in Trigorskoe aufgehalten, ohne mit Puškin zusammenzutreffen. Puškin hatte ihn dann regelrecht zu einem Besuch ermuntert. Im Sommer 1826 erschien Jazykov in Trigorskoe und verbrachte die Zeit von Mitte Juni bis Mitte Juli in Puškins Nachbarschaft. Jazykov hatte, wie Puškin, bereits in jungen Jahren mit freiheitsliebenden Versen, aber auch mit altrussisch stilisierten Bardengesängen von sich reden gemacht, Versen, die ein neues Pathos in die russische Poesie hineintrugen. Puškin zeigte sich beeindruckt, ja empfand Jazykov wohl als den einzigen russischen Dichter, den er hätte beneiden können (so in dem Brief an Vjazemskij vom 9. November 1826). Dieser war in seiner Einstellung zu Puškin erst schwankend, sogar skeptisch gewesen. Er meinte wohl, daß Puškin sein einmaliges Talent verschleudere. Der Aufenthalt in Michajlovskoe konnte ihn nun eines Besseren belehren. Es kam zwischen den beiden «Söhnen des rechtgläubigen Rußland» zum «poetischen Bund», den Jazykov in einem Gedicht an Puškin im August 1826 ausrief,[56] worauf Puškin umgehend mit einem Gedicht *An Jazykov* antwortete.

Aus Jazykovs Briefen und Gedichten ist zu ersehen, daß er in Trigorskoe im Badehaus untergebracht war – wie übrigens auch Puškin, wenn er über Nacht blieb –, daß man musizierte und kleine Tanzfeste im Park arrangierte, daß man im See badete und ausritt. Im Übermut schrieben die beiden Dichter gemeinsam ein Dutzend *Moralischer Vierzeiler* – Parodien auf die Apologe des greisen Ivan Dmitriev, der es liebte, an jungen Poeten herumzunörgeln:

> *Ein Affe liebte es von Jugend an zu springen,*
> *Als Greis noch sprang er kühn durch Ringe, über Leinen;*
> *Was kam dabei heraus? Er brach sich seine Beine.*
> *O Dichter, hüte dich, im Alter noch zu singen!*[57]

Als Jazykov Jahre später vom Tod der Njanja Puškins, Arina Rodionovna, erfuhr, schrieb er ein Gedicht, das das liebliche Ambiente von Michajlovskoe wiedergab, wo sie ihn so herzlich empfangen hatte: den Hügel, den kleinen Fluß, die beiden Seen, das einsame Herrenhaus, umgeben vom alten Park, das an die Zeiten der Kaiserin Elisabeth gemahnte. Und er erinnerte an das bescheidene Zimmer der Amme und daran, wie die «jungen Bojaren» (Puškin, Aleksej Vul'f und Jazykov) die Nächte durchzecht hatten.[58]

Dabei war es für Puškin eine Zeit erschütternder Neuigkeiten, die in rascher Folge bei ihm eintrafen: Karamzin war gestorben. Im fernen Boldino hatte Ol'ga Kalašnikova seinen Sohn Pavel zur Welt gebracht. Vor allem aber: Die Urteile über die Dekabristen wurden vollstreckt. Unter denen, die zur Vierteilung verurteilt und zum Tode durch den Strang begnadigt worden waren, befanden sich Oberst Pestel', dessen Genialität Puškin einst bewundert hatte, und der Dichter Ryleev, dem er sich in der letzten Zeit angenähert hatte. Unter den zu Tode Verurteilten und zu ewiger Katorga Begnadigten waren Küchelbecker, Jakubovič, Bestužev, Puščin und Nikolaj Turgenev, die zum engsten Freundeskreis Puškins gehört hatten. Nikolaj Turgenev befand sich zufällig im Ausland und konnte deshalb nicht belangt werden. Die Nachricht drang nach Michajlovskoe zehn Tage nach dem Kaiserlichen Ukaz. Am nächsten Tag erfuhr Puškin, daß Amalia Riznič in Florenz verstorben war. Puškin brauchte Zeit, um die traumatischen Nachrichten zu verarbeiten – dichterisch, die einzige Möglichkeit, die ihm zur Verfügung stand.

Geheime Bespitzelung

Dabei wußte Puškin zum Glück nicht, daß just in jenen Tagen auf Allerhöchsten Befehl eine geheime Bespitzelungsaktion gegen ihn anlief, unter anderem mit dem Ziel zu eruieren, ob er die Bauern aufwiegele und zur Freiheit aufrufe. Die Denunziation scheint von General Puščin, dem einstigen Logenmeister in Kišinëv und jetzigen Gutsnachbarn, ausgegangen zu sein, der sich auf diese Weise wohl von Verdächtigungen in der Dekabristenaffäre reinwaschen wollte. Ein Offizier namens Bošnjak befragte Gutsnachbarn und Bauern rund um Michajlovskoe. Der ihn begleitende Feldjäger führte einen Blanko-Hafbefehl mit sich, um Puškin jederzeit festnehmen zu können. Keiner der Befragten belastete Puškin indes. Man hatte im Hause Puščin lediglich bemerkt, daß der Dichter manchmal ein Bauernhemd trage, daß er mit den Bauern freundschaftlich umgehe, ja daß er nach dem Ausritt mitunter dem Pferd Auslauf gebe, denn auch jedes Tier habe ein Recht auf Freiheit. Gravierenderes wurde nicht gefunden, im Gegenteil: Alle bekräftigten, daß Puškin äußerst zurückgezogen lebe, daß er außer Trigorskoe keinen anderen Ort aufsuche, daß er sich den Bauern gegenüber zwar freundlich verhalte, sie jedoch keineswegs aufwiegele. Selbst der zum Aufseher bestellte Igumen Iona bestätigte: «Er mischt sich in nichts ein und lebt wie ein Rühr-mich-nicht-an».[59] Unverrichteter Dinge reiste Bošnjak zurück nach Petersburg und erstattete am 1. August Bericht.

Nach dieser für die Behörden befriedigenden Aufklärung sowie einer beim Generalgouverneur Paulucci hinterlegten, eigenhändig unterzeichneten Erklärung Puškins, daß er keiner der Geheimgesellschaften angehört habe, schien die Obrigkeit nun einer günstigen Wendung seiner Geschicke nicht mehr abgeneigt zu sein.

Audienz beim neuen Zaren

Seit längerer Zeit schon war wieder und wieder versucht worden, Puškins Verbannung aus ärztlichen Gründen aufheben zu lassen. Von verschiedenen Seiten wurden Gesuche an den Zaren gerichtet, dem Verbannten doch die Möglichkeit zu gewähren, seine langanhaltende Krankheit in Riga, Dorpat, Pskov oder am besten im Ausland kurieren zu lassen. Puškins Mutter, Žukovskij und der Kranke selbst bedachten beständig diese Pläne und schrieben sich die Finger wund. (Bei Puškin verbarg sich dahinter immer auch der Gedanke, die Heilung zur Flucht ins Ausland zu nutzen.)

Bei der inkriminierten Krankheit handelte es sich um eine Venengeschwulst, ein sog. Aneurysma, an den unteren Extremitäten. Seit zehn Jahren schon, so bekundete Puškin, also bereits seit der Lyzeumszeit, leide er an dieser lästigen Krankheit.[60] Im Sommer 1825 wurde der bekannte Dorpater Medizinprofessor Ivan Moyer, der mit einer Nichte Žukovskijs verheiratet war, eingeschaltet. Er war sofort bereit, Puškin in Pskov zu operieren, um, wie er sagte, den ersten Dichter Rußlands zu retten. Ende September reiste Puškin mit behördlicher Genehmigung nach Pskov, traf dort mit dem Zivilgouverneur zusammen und beriet sich mit dem Arzt Ruhland. Seine Krankheit war jetzt aktenkundig, die Heilungsbedürftigkeit stand außer Frage. Dennoch sagte Puškin Moyer im letzten Augenblick ab, weil er dessen Reise und die ärztlichen Leistungen nicht angemessen honorieren konnte.

Gleichwohl richtete er im Sommer 1826, nach Abschluß der Dekabristenuntersuchung, ein Gesuch an den neuen Zaren, die Gefäßge-

Zar Nikolaus I.

schwulst in Moskau oder Petersburg kurieren zu lassen. Das Bittgesuch wurde von Puškins Mutter bei der Allerhöchsten Bittkommission eingereicht. Die Folgen waren für Puškin umso unerwarteter, als er ja von der inzwischen geschehenen Bespitzelung nichts ahnte. In der Nacht vom 3. zum 4. September traf völlig überraschend ein Feldjäger in Michajlovskoe ein mit dem Befehl, Puškin umgehend nach Moskau zu geleiten. Arina Rodionovna brach, Schlimmes befürchtend, in Tränen aus. Es gelang Puškin gerade noch, einige Manuskripte zu vernichten, sich mit Geld einzudecken, den Mantel überzuwerfen, und schon brach man auf. Es war fünf Uhr morgens.

Man fuhr in Begleitung des Feldjägers über Pskov nach Moskau. Von Novgorod an folgte man der breiten Trasse zwischen den Hauptstädten. Aus Pskov schrieb Puškin rasch noch an Praskov'ja Osipova: «Die Sache ist die, daß bei uns Sündern ohne Feldjäger nichts geht; mir hat man ebenfalls zur größeren Sicherheit einen beigegeben ...»[61]

In Moskau waren die Krönungsfeierlichkeiten im Gange. Puškin traf dort am Morgen des 8. Septembers ein und wurde sofort zum Generalstab gebracht. Der Generalstabschef, Baron Dibič, veranlaßte dringlich, es sei allerhöchst befohlen, Puškin um vier Uhr nachmittags in die Privatgemächer des Kaisers in den Čudov-Palast des Kremls zu geleiten.[62] So geschah es. Die Audienz, die Kaiser Nikolaus I. dem Dichter gewährte, dauerte etwa eine Stunde. Jovial empfing der Zar, hochgewachsen, von schöner Gestalt, den kleinwüchsigen, doch stolzen und selbstbewußten Puškin, der sich weder hatte rasieren noch umkleiden können. Da Nikolaus den bedeutendsten Dichter Rußlands für sich gewinnen wollte, verhielt er sich freimütig und großherzig gegen ihn. Versuche, das Gespräch zwischen dem Monarchen und dem Dichter zu rekonstruieren, erbrachten folgendes Bild: Puškin trat dem Kaiser mit Offenheit entgegen – so wie er es einst im Gespräch mit Graf Miloradovič gehalten hatte. Und Nikolaus fragte ihn unumwunden: «Was hättest du getan, wenn du am 14. Dezember in Petersburg gewesen wärst?» «Ich wäre in die Reihen der Aufständischen getreten», antwortete Puškin. Der Zar soll Puškin aufgefordert haben, er solle seine Denkungsart ändern; Puškin habe das, nach einigem Zögern, zugesagt: Er wolle ein anderer werden. Als Puškin die Zensur ansprach, habe der Zar Erleichterungen in Aussicht gestellt und versprochen, selbst Puškins persönlicher Zensor sein zu wollen. Puškin mag in der Unabhängigkeit von der allgemeinen staatlichen Zensur zunächst einen Vorteil gesehen haben. Doch sollte er bald erkennen, daß der Zar als Zensurinstanz die Dinge in vieler Hinsicht erschwerte. Entscheidend aber war, daß der Zar die Verbannung aufhob und Puškin von nun an den Aufenthalt in beiden Hauptstädten gestattete. Der Zar soll, als er Puškin aus seinem Gemach geleitete, den Höflingen zugeraunt haben: «Jetzt habe ich ihn.»[63]

FÜNFTES KAPITEL

Zwischen Moskau und Petersburg
1826–1830

Das arrogante Petersburg lachte von ferne und mischte
sich nicht in die Angelegenheiten des alten Moskau ein.
Reise von Moskau nach Petersburg (1833/34)

In der alten Hauptstadt

Puškin nutzte die wiedergewonnene Freizügigkeit und blieb erst einmal in Moskau, wo er im «Hotel du Nord» auf der Tverskaja eine Zweizimmer-Suite mietete. Die Kunde von seiner Begnadigung verbreitete sich mit Windeseile in der Stadt, wenn nicht in ganz Rußland. Knapp zwei Monate verbrachte er in Moskau – eine Zeit ständigen Trubels. Neue Bekanntschaften waren zu schließen, alte aufzufrischen; Lesungen, Empfänge, Gesellschaften, Bälle jagten einander. Puškin war als Dichter bereits eine Berühmtheit, sein Schicksal aller Welt bekannt. Nun hatte der Monarch ihm allerhöchste Gunst und Gnade erwiesen. Das versetzte, wie ein Zeitgenosse bemerkte, die Poesiealben und die Lorgnetten in Bewegung.[1] Zu alledem begann gerade in diesen Tagen der Verkauf der neuen Ausgabe seiner Gedichte.

Moskau, die Stadt seiner Kinderjahre, war Puškin nicht fremd geworden. Doch entdeckte er erst jetzt ihren besonderen Charakter, der sich von allem, was Petersburg verkörperte, abhob. Als Kind – vor dem großen Brand von 1812 – hatte er den steinernen Kreml, die unzähligen goldköpfigen Kirchen, die breit ausgestreckte hölzerne Stadt wahrgenommen; jetzt erlebte er das neuerstandene Moskau, das seine alte große Bedeutung keineswegs verleugnete. Schon in den ersten Tagen sah er eine Vorstellung im wiedererrichteten Bol'šoj teatr. Wenige Tage später besuchte er das große Volksfest auf dem Jungfrauenfeld

(Devič'e pole) im Rahmen der Krönungsfeierlichkeiten, bedauerte allerdings, daß es zu wenig Schlägereien, zu wenig Bewegung gegeben habe.

Von Anfang an war der materielle und geistige Unterschied zwischen der alten und der neuen Hauptstadt offensichtlich gewesen. Jedem Betrachter, ob Russe oder Ausländer, war klar, daß Moskau das alte Rußland repräsentierte und Petersburg das neue, daß die moskovitischen Werte in Moskau bewahrt waren und die europäischen, «rossianischen» im Petrinischen Petersburg ihren Ort hatten. Und wiewohl das alte russische Moskau in die Petrinische Modernisierung mit hineingerissen worden war, entwickelte es andere geistige Angelpunkte. War das modische Petersburg, im großen und ganzen, in Geschmack, Hof- und Gesellschaftskultur, nicht zuletzt auch in den künstlerischen und literarischen Ausrichtungen dem französischen Vorbild verpflichtet, so bot Moskau dazu einen Widerpart, der sich, abgesehen von der gewollt-russischen Prägung, auch stark an deutschen Impulsen aufrichtete. Zugespitzt formuliert: Petersburg war eher französisch und Moskau eher deutsch. Puškin traf hier mit Dichtern zusammen, die, anders als er selbst in Carskoe Selo und Petersburg, die «französische Schule» nie durchlaufen hatten. Anfangs gab er sich in seinen Artikeln im *Moskauer Telegraph* (Moskovskij telegraf) mit dem Pseudonym «Staryj Arzamasec» noch als alter Arzamas-Anhänger zu erkennen, aber für die jungen Moskauer Dichter war der Streit zwischen «Beseda» und «Arzamas» längst der Schnee von gestern. Sie dachten, inspiriert von deutschen Kulturphilosophen wie Herder, Fichte und Schelling, über das Spezifische der russischen Kultur nach, ähnlich wie Puškin in Michajlovskoe über die russische «narodnost'» nachgedacht hatte. Wieder taten sich neue Horizonte auf, die eigene Denkansätze plötzlich in neuen Zusammenhängen zeigten. Puškin war, ähnlich wie Goethe, zu keiner Zeit ein spekulativer Denker, aber die Überlegungen über die Fundamente, den Sinn und die Entwicklung der russischen Kultur, auf die er im Moskauer Literatenkreis stieß, konnten ihn nicht kalt lassen.

Sergej Sobolevskij – Puškins Faktotum

Zu den Freundschaften, die Puškin in Moskau erneuern konnte, zählte die mit Pavel Naščokin. Er war ein Schulfreund seines Bruders Lev gewesen, hatte dann in verschiedenen Garderegimentern gedient, war allerdings bereits mit 22 Jahren aus dem aktiven Dienst ausgeschieden. Jetzt entstand ein enges Vertrauensverhältnis zwischen Puškin und dem lebhaften Naščokin, der über ein bemerkenswertes Erzähltalent verfügte und einem genüßlichen Leben zuneigte. Puškin verdankte ihm manche Anregung und Hilfe.

Der Mann aber, der ihm Moskaus Türen öffnete, war Sergej Sobolevskij, ebenfalls ein Schulkamerad seines Bruders. Er arbeitete inzwischen im Moskauer Archiv des Außenministeriums. Bereits früher war er Puškin bei Verlagsgeschäften behilflich gewesen. Zusammen mit Lev Puškin hatte er in Petersburg die Drucklegung von *Ruslan und Ljudmila* vorbereitet; später besorgte er die Herausgabe der *Räuber-Brüder*, des Zweiten Kapitel des *Evgenij Onegin* und der *Zigeuner*. Jetzt, in Moskau, wurde der umtriebige, witzige Sobolevskij zu Puškins engstem Vertrauten, ja zu seinem Faktotum. Gleich in den ersten Tagen vermittelte er die Bekanntschaft mit Nikolaj Polevoj, dem Herausgeber des *Moskauer Telegraphen*, der sich für die romantische Strömung in Rußland einsetzte. Auch zu den Venevitinovs, entfernten Verwandten Puškins, die er noch aus seiner Kinderzeit kannte, stellte Sobolevskij die Verbindung her. Daß Puškin dort bereits am 11. September, also noch vor dem großen Krönungsfest auf dem Jungfrauenfeld, den Historiker Michael Pogodin traf, einen der führenden Moskauer Köpfe, zeigt, wie begierig er den Kontakten zu den Moskauer Philosophen, den «Ljubomudry», entgegenstrebte und mit welcher Ungeduld diese den bewunderten Dichter empfingen. Auch die bedeutendste Begegnung, die Puškin in Moskau erwartete, die mit dem polnischen Dichter Adam Mickiewicz, kam durch Sobolevskij zustande.

Es gelang ihm sogar, Puškin mit seinem Verleumder und Urfeind, dem Grafen Fëdor Tolstoj, auszusöhnen. Puškin hatte sich in Michajlovskoe beharrlich durch Schießübungen auf das Duell mit dem berüchtigten «Amerikaner», wie er allgemein hieß, vorbereitet. Selbst seine Pistolen hatte er im letzten Augenblick vor der Abreise nach

Moskau noch eingepackt, um sich Satisfaktion zu verschaffen. Gleich nach seiner Ankunft am 8. September ließ er dem Grafen die Herausforderung durch Sobolevskij überbringen. Wie es dem gelang, die Dauerfeindschaft, anstatt mit einem Duell, mit nachhaltiger Versöhnung zu beenden, grenzt, bei der Tiefe der Puškin zugefügten Ehrverletzung, an ein Wunder. Später half Sobolevskij auch, Duellforderungen, die an Puškin ergingen, auf friedlichem Wege zu bereinigen, so im Frühjahr 1827 das Duell mit einem eifersüchtigen Artillerieoffizier, mit dem er im Hause des Fürsten Urusov in Streit geraten war. Nach Puškins Tod gab es Stimmen, denen zufolge es vielleicht einzig der Überredungskunst Sobolevskijs hätte gelingen können, den Dichter von seinem letzten Duell abzuhalten. Aber er befand sich seit August 1836 im Ausland.

Sobolevskij verhandelte mit dem Zensurkomitee, dem Puškins Texte nach wie vor noch vorgelegt werden mußten. Der zuständige Zensor, Ivan Snegirëv, Professor des lateinischen Schrifttums an der Moskauer Universität, zählte zwar zu Puškins Bewunderern, doch war er natürlich gehalten, die offiziellen politischen und sittlichen Normen durchzusetzen.

Nach Puškins neuerlichem, anderthalbmonatigem Aufenthalt in Michajlovskoe nahm ihn Sobolevskij in seiner Wohnung auf. Die beiden Freunde kamen prächtig miteinander aus. Beiden behagte die anregende Geselligkeit rund um die Literatur. Sobolevskij liebte wie Puškin ungeschönte Offenheit, mochte sie von vielen auch als taktlos, ja gewöhnlich empfunden werden. Und er war, mit einem Wort Venevitinovs, ein «liebenswürdiger Weiser der Sekte der Epikureer».[2] Doch billigten nicht alle Freunde Puškins engen Umgang mit Sobolevskij.

«Zarin der Musen und der Schönheit»

Puškin hielt in Moskau mit der Kunde nicht hinterm Berg, daß er Neues aus Michajlovskoe mitgebracht hatte, vollendete Werke und weitgediehene Pläne. Dmitrij Venevitinov zählte sie nach seinem ersten Besuch bei Puškin, einen Tag nach der kaiserlichen Audienz, aus dem Gedächtnis (wenn auch mit falschen Titeln) auf: *Boris Godunov*, *Mozart und Salieri*, *Graf Nulin*, eine Fortsetzung des *Faust*, acht abgeschlossene «Gesänge» des *Evgenij Onegin*. Am meisten war man auf den *Boris Godunov* gespannt. Und noch am gleichen Abend fand bei Sobolevskij eine Lesung des Dramas statt, an der, unter anderen, Venevitinov, Graf Viel'gorskij und Ivan Kireevskij teilnahmen. Bei den Venevitinovs las Puškin aus dem *Boris Godunov* am 25. September zunächst im kleinen Kreis vor, am 12. Oktober fand in ihrem Haus eine öffentliche Lesung statt, zu der alles geladen war, was im literarischen Moskau Rang und Namen besaß. Unter den begeisterten Zuhörern befand sich auch die Fürstin Zinaida Volkonskaja, deren Salon Puškin bereits regelmäßig besuchte.

Der Salon der Fürstin Zina – wie die Volkonskaja genannt wurde – überbot an gesellschaftlichem Glanz alle anderen in der alten Hauptstadt. Die Hausherrin, geistvoll und hochgebildet, dichterisch und musikalisch begabt und mit einer schönen Singstimme ausgestattet, verstand es, die besten Köpfe Moskaus in ihrem Hause in der Tverskaja zu versammeln: Dichter, Maler und Musiker, Journalisten, Professoren der Universität und dazu die angesehensten Persönlichkeiten der Adelswelt. Daß ihr Puškin hochwillkommen war, steht außer Frage. Zum Glück blieb beiden Seiten verborgen, daß die Obrigkeit Puškins Besuche im gastlichen Haus der Fürstin aufmerksam registrierte.

In den Versen *An die Fürstin Z. A. Volkonskaja*, die er der Adressatin zusammen mit den neuerschienenen *Zigeunern* zusandte, gab Puškin in knappen Strichen ein Bild von der lebendigen Atmosphäre des Salons: Klatsch und Tratsch bei Whist- und Bostonspiel, Ballgetuschel – und mittendrin die «Zarin der Musen und der Schönheit», die die Spiele Apolls liebte und in ihrer zarten Hand das Zauberszepter der Inspirationen hielt.

Im Hause der Fürstin Zina verabschiedete sich am 26. Dezember 1826 ihre Verwandte Marija Volkonskaja, die ihrem Gatten, dem zu Katorga verurteilten Dekabristen Sergej Volkonskij, gegen den Willen ihrer Familie nach Sibirien folgte. Nikolaj Nekrasov hat 1872 in dem Poem *Russische Frauen* diesen Abschiedsabend dichterisch gestaltet. Er griff dabei auf die *Aufzeichnungen* zurück, die Marija Volkonskaja für ihre Enkel niedergeschrieben hatte.[3] Hier sind die Erinnerungen an den gemeinsamen Aufenthalt in Jursuf ausgebreitet, an das ausgelassene Tollen am Meeresstrand, an Puškins Verliebtheit(en), an die geheime Byron-Lektüre und -Übersetzung, an die einsame Zypresse vor der Terrasse – Puškins Freund. Und seine kräftigenden, tröstlichen Worte beim Abschied: Ja, sie solle ihrem Gatten nachfolgen, ihre Seele sei stark und rein. Selig sei, wer die Eitelkeiten der Welt gegen die hehre Tat selbstloser Liebe tausche! Das Leid könne nicht lange währen, der Zorn des Zaren nicht ewig sein. Selbst wenn sie sterbe, werde die Erzählung über ihre Leiden von allen lebendigen Herzen weitergetragen werden.[4] Zinaida Volkonskaja, die kunstliebende «Zarin der Moskauer großen Welt», hatte den Abend durch Musikdarbietungen italienischer Sänger zu einem schmerzlich-festlichen Abschiedskonzert gemacht. Sie selbst trug eine Arie von Paër vor. Maria konnte sich nicht satt hören: «O singt doch, singt und spielt! Ich werde ja solche Musik, solche Lieder nicht mehr hören!»[5] Puškin schrieb nach diesem Abend das Gedicht, das er Marija Volkonskaja als geheimes Sendschreiben an die zur Zwangsarbeit verschickten Dekabristen mitgeben wollte. Doch war sie, als er es ihr am 27. Dezember überreichen wollte, bereits abgereist. Diese Verse, in denen er seine Verbundenheit mit den Märtyrern jener Zeit ausdrückte, wurden bald in Abschriften verbreitet:

Stolz sollt ihr in Sibiriens Schacht
trotz schwerem Schicksal tapfer stehen,
denn nichts vergeht, was ihr vollbracht
und was ihr denkt in lichten Höhen.

Die Hoffnung, die dem Unglück treu,
wird in der Gänge tiefen Schatten
euch schützen gegen das Ermatten,
und endlich kommt die Zeit herbei:

die Liebe und die Freundschaft dringt
zu euch durch alle Widerstände,
so wie durch eure Kerkerwände
jetzt meine freie Stimme klingt,

die starken Fesseln gehen entzwei,
die Kerker stürzen, an den Toren
seid ihr zur Freiheit neu geboren,
das Schwert – ihr nehmt's von Brüdern neu.[6]

Puškin blieb Zinaida Volkonskaja bis an sein Lebensende gewogen, ebenso wie sie ihm ein ehrendes Andenken bewahrte. 1829 verließ sie mit ihren Kindern Rußland und lebte fortan in Rom, wo sie zum Katholizismus übertrat. Im Park ihrer Römischen Villa ließ sie eine Büste des Dichters aufstellen.

Die «Ljubomudry» – Liebe zur Weisheit

Puškin traf in Moskau auf einige seiner alten Freunde und Mitstreiter. Pëtr Vjazemskij, während Strafversetzung und Verbannung stets sein zuverlässigster Ratgeber in allen literarischen und praktischen Fragen, trat nach dem intensiv gepflegten Briefwechsel nun wieder leibhaftig in Puškins Lebenskreis. Vjazemskijs Frau Vera, seit der Begegnung in Odessa in alle Herzensangelegenheiten des Dichters eingeweiht, blieb seine engste Vertraute bis zum bitteren Ende.

Auch Evgenij Baratynskij war, 1825 durch Beförderung zum Offizier endlich rehabilitiert, aus dem rauhen Finnland nach Moskau zurückgekehrt. Er war glücklich, sich wieder unter Dichterfreunden bewegen zu dürfen. Rasch festigte sich erneut das Band mit Puškin und Vjazemskij, auch zu den «Ljubomudry», den Moskauer «Philo-sophen», suchte er Verbindung. Er gab Soireen im eigenen Hause (auch bei ihm las Puškin, am 29. Oktober 1826, den *Boris Godunov*) und bewegte sich wie Puškin in den Moskauer literarischen Zirkeln und im Salon der Volkonskaja. In einem gemeinsamen Bändchen erschienen 1827 Puškins *Graf Nulin* und Baratynskijs Poem *Der Ball*, eine Eifersuchtsgeschichte, die sich wie das tragische Gegenstück zu Puškins Burleske ausnahm.

Doch langsam kühlte sich die Beziehung zwischen beiden Dichtern ab. Baratynskij wollte Puškin – ebenso wie den Ljubomudry – von einem bestimmten Punkte an nicht mehr folgen. Er hing an dem reinen Plejadengeist, den er stärker in Del'vig und Vjazemskij verkörpert sah als in Puškin. Die völlige Vereinsamung, in die er später fiel, zeichnete sich schon damals in Moskau ab.

Was Puškin jedoch zunächst in Moskau anzog, war der Kreis der Ljubomudry, waren die literarischen und philosophischen Ideen, die dort verhandelt wurden. Der Kreis rekrutierte sich größtenteils aus jungen Adeligen, die am Moskauer Archiv des Außenministeriums

dienten und darum «Archiv-Jünglinge» genannt wurden. Zwar bestand
der Kreis, als Puškin nach Moskau kam, offiziell nicht mehr, das
«Obščestvo Ljubomudrija» (die Gesellschaft der Weisheitsliebe) hatte
sich nach dem Dezemberaufstand aufgelöst und Statuten und Proto-
kolle verbrannt. Aber die führenden Köpfe der Ljubomudry und ihnen
Nahestehende – wie Venevitinov, der als Sekretär der Gesellschaft fungiert hatte, Ivan Kireevskij, Nikolaj Rožalin, Chomjakov, Ševyrëv und
Pogodin – bestimmten weiterhin das literarische Leben in Moskau.
Während die jüngeren, vor allem die Brüder Chomjakov und Kireevskij, bereits begannen, das slavophile Ideengebäude zu errichten, beschäftigten sich die älteren, wie Venevitinov und Vladimir Odoevskij,
mit dem Pantheismus Spinozas, dem Idealismus Kants, der Ich-Philo-
sophie Fichtes und ganz besonders mit Schellings Identitätslehre. Ihr
Ziel war die Begründung einer eigenen «Wissenschaftslehre» (naukou-
čenie). Venevitinovs idealistische Spekulationen kreisten um die Einheit von Geist und Natur, so in dem Dialog *Anaxagoras*, oder um die
Idee, in welcher die Phantasie die Form der Vernunft und die Vernunft
die Form der Phantasie annehmen sollte.[7] Er hatte sich in eine romantische Spiritualität so hineingedacht, daß er, wie Novalis, an die Fähigkeit des magischen Dichters glaubte, Ideen in Realität zu verwandeln
und umgekehrt. Byron hatte ihn, wie ja auch Puškin, zutiefst beeindruckt, und er hatte seinen Tod beweint. Dann war Goethe zu seinem
dichterischen Vorbild geworden, den er jetzt auch Puškin ans Herz
legte. In dem Gedicht *An Puškin* sprach er die Erwartung aus, daß sich
Puškin nach dem Tode seiner bisherigen Vorbilder, Byron und Chénier, nun Goethe zuwenden möge. Goethe sei, schrieb er, ohne des
Dichters Namen zu nennen, nicht nur «unser Erzieher», sondern auch
«dein Erzieher», er verberge sich im Lande der Phantasie, in seinem
heimatlichen Deutschland.[8] In der Tat war Puškin, wie Venevitinov
wohl wußte, mit seiner Faust-Szene höchst eigenwillig in Wettstreit
mit dem Patriarchen der Romantik – so sahen ihn bekanntlich seine
russischen Bewunderer – getreten. Venevitinov gab sich in dem Gedicht überzeugt, daß Goethe in seinem tristen Altersdomizil mit lebhafter Freude Puškins Stimme vernehmen werde. Diese Hoffnung hat
sich trotz der legendären Schreibfeder, die Goethe über Žukovskij an
Puškin gesandt haben soll, wohl nicht bewahrheitet.[9]
   Dmitrij Venevitinov verstarb, 21 Jahre alt, im März 1827 an einer

Lungenentzündung, die er sich auf der Reise nach Petersburg zugezogen hatte. An seiner Beisetzung nahmen auch Puškin und Mickiewicz teil. In fassungslosem Schmerz beweinten sie den frühen Tod des genialischen Dichters. Puškin verdankte ihm nicht nur viele Anregungen, sondern hatte in ihm auch einen Verteidiger gegen bornierte Kritiker gefunden. Seine Worte am Grabe: «Wie konnten wir ihn nur sterben lassen!» Gleichwohl klangen bei ihm gerade in jenen Tagen bereits auch kritische Töne zu den metaphysischen Spekulationen der Ljubomudry auf. An Del'vig schrieb er am 2. März 1827 über die Redakteure des *Moskauer Boten*:

> «Herrschaften, sag ich zu ihnen, euch ist es eine Lust, leeres Stroh zu dreschen; das alles mag für die Deutschen gut sein, die mit positiven Erkenntnissen schon gesättigt sind, aber wir …»

Der «Moskauer Bote» – Anspruch und Wirklichkeit

Puškin hatte seine Gedichte und Essays bisher in Petersburger und Moskauer Zeitschriften unterschiedlicher Richtung veröffentlicht. In letzter Zeit hatte er die der Romantik aufgeschlossenen Zeitschriften *Moskauer Telegraph* und *Nördliche Biene* (Severnaja pčela) bevorzugt, beide von Nikolaj Polevoj herausgegeben, der aus dem Kaufmannsstande kam und manchmal als «Kaufmann der 2. Gilde aus Kursk» gehänselt wurde. Die Begegnungen mit Polevoj in Moskau enttäuschten Puškin, auch die künstlerische Ausrichtung der Zeitschriften auf ein breiteres Publikum hin irritierte ihn nicht weniger als Venevitinov oder Pogodin. Später sollte sich diese populistische Einstellung bei Polevoj zu einer ausgesprochen «antiaristokratischen» Animosität auswachsen.

Gleich in den ersten Moskauer Tagen suchte Puškin alte und neue literarische Freunde für die Gründung einer eigenen, gegen Polevojs Blätter gerichteten Literaturzeitschrift zu gewinnen. Und die Pläne gediehen erstaunlich schnell: Schon am 24. Oktober 1826 wurde mit einem Bankett im Hause Aleksej Chomjakovs die Gründung des *Moskauer Bote* (Moskovskij vestnik) festlich begangen, einer Zeitschrift, die von Pogodin herausgegeben, von den Ljubomudry bestückt und mit der Gallionsfigur Puškin geschmückt werden sollte. Mit Genugtuung konnte Pogodin auf die zahlreich Versammelten blicken, deren Mitarbeit an der Zeitschrift in Aussicht stand, darunter die Brüder Chomjakov, Venevitinov und Kireevskij, Baratynskij, Puškin und Mickiewicz. Die beiden letzteren wurden gehörig gefeiert. Nach dem Bankett begaben sie sich in den Salon der Fürstin Volkonskaja.

Michail Pogodin war der Sohn eines freigelassenen Leibeigenen. Ihm war der Besuch des Gymnasiums und der Universität ermöglicht worden. Als Literaturkritiker machte er sich einen Namen, wobei er früh die künstlerische Reife Puškins hervorhob; als Historiker begründete er mit der Magisterschrift über die Herkunft der Rus' seine Universitätskarriere; als Erzähler und Dramatiker fand er die Anerkennung Puškins. Pogodin war mit seinem unermüdlichem Fleiß, seiner Zuverlässigkeit, seiner Belesenheit und nicht zuletzt mit seiner freundlichen, offenen Art in den Moskauer Jahren Puškins engster Mit- und Zuarbeiter. Mit der Gründung des *Moskauer Boten* war ein Vertrag in Kraft getreten, nicht im Scherz «Ultimatum» genannt, demzufolge Puškin, um ihn bei der Stange zu halten, 10 000 Rubel *per annum* zugesichert wurden – allerdings erst nach verkauften 1200 Exemplaren der Zeitschrift.[10]

Der *Moskauer Bote* wurde das verspätete Organ der Ljubomudry. Die deutsche Literatur war mit Übersetzungen aus Goethe, Schiller, E. T. A. Hoffmann, Jean Paul, Tieck und August Wilhelm Schlegel gewichtig vertreten. Venevitinov veröffentlichte hier seine Gedichte über den Dichter, «den Sohn der Götter, den Liebling der Musen und der Inspiration»,[11] und Puškin folgte ihm nach mit dem Gedicht *Der Dichter* – eine Darstellung des Poeten, gefangen in den Nichtigkeiten des Lebens, bis ihn die Inspiration mächtig erfaßt:

> *Wenn aber an sein scharfes Ohr*
> *Von fern des Gottes Worte dringen,*
> *Hebt seine Seele ihre Schwingen,*
> *Wie ein erwachter Aar, empor.*[12]

Im Pöbel aber erkennt er die Masse derjenigen, die der Poesie nicht teilhaftig werden und vor denen er, wild und rauh, in die weitrauschenden Eichenhaine flieht ...

Puškin veröffentlichte im *Moskauer Boten* eine nicht geringe Zahl seiner Dichtungen, obwohl sich bald zeigte, daß die Zeitschrift beim breiteren Publikum nur geringen Widerhall fand. Was Puškin hier vorlegte, sprach zugleich von dem «Moskauer Einfluß», dem er sich für eine gewisse Zeit ergeben hatte: Die Szene im Čudov-Kloster aus dem *Boris Godunov*, die altrussischen Geist atmete, eröffnete das erste Heft des *Moskauer Boten*; bald folgten die *Szene aus Faust*, die Goethes Helden ins Byronistische umdeutete, und Gedichte über das erhabene Dichtertum, die mit denen Venevitinovs ein Duett bildeten. Die meisten dieser Texte waren bereits früher, in Michajlovskoe, geschrieben worden. Veröffentlicht, fügten sie sich der Moskauer Richtung ein. Allerdings traten schon im Herbst Mißhelligkeiten zwischen Puškin und der jungen Redaktion des *Moskauer Boten* auf.

Unstetigkeiten

Viele Anzeichen ließen erkennen, daß sich Puškins Leben nach der Verbannung konsolidierte. Endlich kam die Versöhnung mit den Eltern zustande, wozu ihn die Freunde immer wieder gedrängt hatten. Seine Stellung als Dichter schien seit der Audienz beim Zaren gefestigt wie nie zuvor. Der langgehegte Wunsch, über ein eigenes Publikationsorgan zu verfügen, schien sich endlich zu erfüllen. Selbst die Finanzlage verbesserte sich dank steigender Honorarzahlungen. (Das Erste Kapitel des *Evgenij Onegin* hatte fast 7000 Rubel erbracht, das Zweite 5000, auch die Gedichte verkauften sich gut.[13]) Gleichwohl waren die Jahre, die jetzt folgten, von Unstetigkeit und Unruhe bestimmt – einem ständigen Hin und Her zwischen Moskau, Michajlovskoe und Petersburg.

Anfang November schon reiste er nach Michajlovskoe, wo er von seiner alten Amme und dem Hofgesinde herzlich begrüßt wurde; auch Praskov'ja Osipova empfing ihn in Trigorskoe als freien Mann. Er dachte über das Schicksal der Dekabristen und seinen eigenen Anteil an der Verschwörung nach; bald entstand jene Zeichnung, die die fünf Gehenkten am Galgen zeigt. Er machte sich daran, seine Erinnerungen an Karamzin niederzuschreiben, und schloß das Fünfte Kapitel des *Evgenij Onegin* ab, ebenso das Memorandum *Über die Volkserziehung*, das der Zar von ihm erwartete und mit Zustimmung aufnahm. Doch schon am 23. November zog es ihn wieder nach Moskau zurück. Denn von Sof'ja Puškina, einer entfernten Verwandten, in die er sich vor der Abreise Hals über Kopf verliebt hatte, war ihm befohlen worden, daß er sich am 1. Dezember in der Stadt zurückzumelden habe. Auf dem Wege nach Moskau überschlug sich seine Koljaska kurz hinter Pskov. Mit Prellungen und Atembeschwerden wurde er nach Pskov gebracht, wo er sich in einem Gasthof einquartierte. Erst nach drei Wochen war er soweit wiederhergestellt, daß er nach Moskau weiterreisen konnte.

Puškin wartete in Pskov auf Schnee, um mit mehr Bequemlichkeit reisen zu können. In dem Gedicht *Winterlicher Weg*, das damals entstand, hielt er die langweilige winterliche Fahrt mit der raschen Trojka unter dem eintönigen Glockengebimmel und den Liedern des Kutschers fest:

> *Durch die lichten Nebelwogen*
> *bricht hervor des Mondes Strahl,*
> *hat die Wiesen überzogen*
> *mit dem Leuchten traurig fahl.*

> *Über öde Winterwege*
> *läuft die Trojka rasch dahin,*
> *vorn das Glöcklein bimmelt träge,*
> *klingt durch meinen müden Sinn.*

> *Alt Vertrautes scheint zu klagen*
> *in des Kutschers langem Lied,*
> *Wildheit mal, dann schweres Zagen*
> *mir das Herz zusammenzieht …*

> *Und kein Licht, kein Dach zu sehen,*
> *Leere, Schnee … Ich sehe nur*
> *bunte Meilenpfähle stehen*
> *an der schneeverwehten Spur …*[14]

Tröstlich allein die Vorstellung, daß der lyrische Held am Abend mit seiner Nina am Kamin sitzen und sich an ihr nicht werde satt sehen können. Das reale Ich hatte keine andere als Sof'ja Puškina im Sinn, nach der er sich sehnte und die er so schnell wie möglich heiraten wollte.

Puškin lebte nach seiner Rückkehr in die alte Hauptstadt bei Sobolevskij. In dem geräumigen Zimmer hatte er über dem Schreibtisch das Porträt Žukovskijs aufgehängt, das dieser ihm zum Abschluß von *Ruslan und Ljudmila* geschenkt hatte. Hier besuchten ihn die Freunde, hier wurde, wie er in einem Brief schrieb, gelacht, gelogen und klug geschwätzt.[15]

Im Februar 1827 war Puškin in die Moskauer Adelsversammlung aufgenommen worden. Fleißig besuchte er Bälle und Maskeraden und ebenso die in Moskau gastierende Italienische Oper, die vor allem Werke von Rossini in ihrem Repertoire hatte.

Im April 1827 richtete er ein Gesuch an Benckendorff, aus familiären Gründen nach Petersburg reisen zu dürfen. Die Allerhöchste Genehmigung erfolgte Anfang Mai unter der Voraussetzung, daß das dem Zaren gegebene Ehrenwort, sich edel und anständig zu verhalten, vollständig eingehalten werde. Nach einem Abschiedsbankett bei Polevoj mit Mickiewicz, Baratynskij und anderen Freunden reiste er am 20. Mai nach Petersburg.

Dort verblieb er fast anderthalb Jahre, bis zum Januar 1828. Hingegen dauerten die Aufenthalte in Moskau im Winter 1828/29, im Frühjahr und Herbst 1829 jeweils nur ein paar Wochen. Dazwischen lagen Aufenthalte in Michajlovskoe und Malinniki, dem Gutsbesitz der Osipov-Vul'fs im Gouvernement Tver'. In der Unrast jener Jahre blieb die Anziehungskraft der neuen Hauptstadt für Puškin ungebrochen.

Wiedersehen mit Petersburg

Sieben Jahre war er nicht in der glänzenden Metropole Rußlands gewesen. Er traf am 23. Mai 1827 dort ein und nahm sich ein Doppelzimmer im Hotel Demut an der Mojka. Die Begegnung mit den Eltern verlief herzlich. Gleich am ersten Tag speiste er bei ihnen; die Del'vigs und Anna Kern waren hinzugeladen. Puškin las aus dem Fünften Kapitel des *Evgenij Onegin* vor. Del'vigs Frau berichtete in einem Brief, während der Lesung habe Puškins Mutter vor Freude geweint wie ein Kind und damit alle in Rührung versetzt. Del'vig sei ebenfalls im siebten Himmel gewesen: «Ich dachte, daß ihre Umarmungen gar nicht wieder aufhörten.»[16] Auch seinen 28. Geburtstag feierte er im Hause der

Eltern an der Fontanka, nahe der Semënov-Brücke. Anna Kern, die dem Dichter jetzt mit großer Aufmerksamkeit entgegenkam, schenkte ihm ihren von der Mutter ererbten Ring; Puškin revanchierte sich mit einem Ring mit drei Brillanten.

Unter den neuen Bekanntschaften, die er in Petersburg schloß, war wohl die mit Elizaveta Chitrovo, der Tochter Feldmarschall Kutuzovs, die wichtigste. Puškin war häufig zu Gast in ihrem Salon wie später auch in dem ihrer Tochter, der Gräfin Dar'ja Ficquelmont (Fikel'mon). Wiewohl wesentlich älter als Puškin, war Madame Chitrovo dem jungen Poeten auffallend zugetan. Fast sah es so aus, als mache sie ihm den Hof, wenn sie ihm täglich Billets zukommen ließ und ihn anhimmelte. Puškin nahm ihre Exaltiertheit mit ironischer Gelassenheit hin, manchmal an der Grenze zum Unwillen. Auf ihre Klage, daß er sie vernachlässige, schrieb er ihr einmal, er fürchte in der Welt nichts mehr als anständige Frauen und erhabene Gefühle: «Es leben die Grisetten!»[17] Auf der anderen Seite stieß er bei ihr auf ein ungewöhnliches Maß an Kunstverstand und Interesse an seinen Werken. In der Folgezeit war sie Puškin ein sorglicher Geist, der viel Positives für ihn bewirkt hat.

Über Anna Kern und Del'vig erneuerte er die Bekanntschaft mit dem Komponisten Michail Glinka, dessen Schaffen er aufmerksam verfolgte, wenngleich er die meisten seiner Puškin-Vertonungen, insbesondere die großartige Opernversion von *Ruslan und Ljudmila*, nicht mehr erleben sollte. Aber er geriet auch in Spielerkreise. Denn die Spielleidenschaft hatte ihn erneut gepackt, und bald steckte er, trotz fließender Honorare, wieder in Geldnöten. Öfters tauchte er in der Spielerrunde des Grafen Zavadovskij, Teilnehmer am unvergessenen Viererduell und notorischer Spieler, in dessen Datscha auf der Vyborger Seite auf. Oder die Spieler besuchten ihn im Hotel Demut. Ging das Geld aus, so konnte er schon einmal ein noch ungeschriebenes Kapitel des *Evgenij Onegin* als Einsatz ins Spiel stellen. Doch brachte er es nicht übers Herz, Briefe Ryleevs zu setzen.

Gespenstische Begegnung I

Auf einer seiner Fahrten von Michajlovskoe nach Petersburg kam es zu einer geradezu unglaublichen Begegnung mit dem Lyzeumskameraden, Dichterfreund und bestraften Dekabristen Wilhelm Küchelbekker. Es war Mitte Oktober 1827. Während der Rast auf der Poststation Boroviči war Puškin unversehens wieder einmal an einen Spieler geraten, an den er eine ansehnliche Summe verlor. Auf der nächsten Station, Zalazy, fand er Schillers *Geisterseher* und begann darin zu lesen. Schon nach wenigen Seiten wurde er unterbrochen. Vier Trojkas mit Feldjägern hielten vor der Station. Zuerst meinte er, es seien Polen, doch dann erkannte er in einem der Verhafteten, hochgewachsen, bleich und abgemagert – er hatte ihn zuerst für einen echten Juden gehalten – seinen Freund Wilhelm Küchelbecker. In sein Tagebuch schrieb Puškin am folgenden Tage:

> «Wir warfen uns einander in die Arme. Die Gendarmen versuchten, uns auseinanderzuziehen. Ein Feldjäger packte mich unter Drohungen und Flüchen an der Hand – ich hörte nicht auf ihn. Küchelbecker wurde schlecht. Die Gendarmen gaben ihm Wasser, setzten ihn in den Wagen und sprengten davon.»

Puškin hatte durch einen schicksalhaften Zufall seinen Freund bei der Überführung nach Dinaburg getroffen. Diese fast gespenstische Begegnung fand ihre nicht weniger schaurige Bestätigung in dem Rapport des begleitenden Feldjägers an den zuständigen Befehlshaber, der da lautete:

> «Als wir unterwegs zu der Station Zalazy kamen, stürzte plötzlich auf den Verbrecher Küchelbecker (...) ein gewisser Herr Puškin zu und begann nach Küssen mit ihm zu reden. Als ich dies sah, ließ ich in aller Eile den einen wie auch jene beiden anderen [Gefangenen] etwa eine halbe Werst von der Poststation wegbringen, um sie nicht miteinander reden zu lassen, und blieb selbst auf der Station, um die Reisepapiere auszufüllen und die Reisekosten zu begleichen. Doch er, der Herr Puškin, bat mich, Küchelbecker Geld zu geben; das schlug ich ihm ab. Da schrie er los, der Herr Puškin, und drohte mir, und was sagte er: daß er sofort nach seiner Ankunft in Petersburg seiner kaiserlichen Majestät Meldung machen wird,

daß ihm nicht erlaubt wurde, mit einem Freund zu sprechen ebenso wie ihm Geld zu geben.»[18]

Der Verbrecher Küchelbecker habe ihm später gesagt, das sei jener Puškin gewesen, der Verse schreibt ...

Gereift und geläutert?

Es konnte scheinen, als ob Puškin gereift sei. Er trat jetzt, bei all seiner spritzigen Lebendigkeit und inneren Unruhe, gemessener auf, ja, er hatte offensichtlich auch jenen äußerlichen Extravaganzen abgeschworen, die für jedermann ein erster Blickfang waren. Die Wandlung wurde von vielen Zeitgenossen registriert. In Berichten der bestens informierten Moskauer Obrigkeit hieß es, Puškin sei in allen Häusern wohl aufgenommen, es habe sogar den Anschein, als beschäftige er sich jetzt weniger mit Versen als mit Kartenspiel; er habe die Muse gegen das modische Kartenspiel Mouches ausgetauscht ...[19]

Als er irgendwann im Juli 1827 im Petersburger Englischen Klub den Kaiser in den höchsten Tönen lobte und die Anwesenden veranlaßte, einen Toast auf ihn auszubringen, wurde dies dem Monarchen sofort hinterbracht. Das festigte die Überzeugung, daß sich Puškin gründlich geändert habe. In der Hauptsache sei er damit beschäftigt, seine Werke möglichst gewinnbringend zu verkaufen, hieß es im Polizeibericht.[20]

Vjazemskij in Moskau freilich sah es anders. Er nahm es Puškin übel, daß dieser, wenigstens vorläufig, den *Moskauer Boten* begünstigte, während er selbst Polevojs *Moskauer Telegraph* den Vorzug gab. In einem Brief an Aleksandr Turgenev äußerte er sich ziemlich skeptisch über den Freund:

«Ja, mit Puškin wird man nie zurechtkommen, und außerdem tut er nichts. Er hat sich voll aufs Moskauer [gesellige] Leben eingelassen, ist verliebt, hat sich verbraucht – und damit hat es sich. Er sagt, daß er nur einmal im Jahr, nämlich im Herbst, poetischen Auslauf nehme und daß er in der übrigen Zeit nichts schreiben könne.»[21]

Aufschlußreich sind auch zwei Zeugnisse über den äußeren Eindruck, den Puškin bei seinem Aufenthalt in Petersburg im Juni 1827 hinterließ. Das erste stammt von Konstantin Serbinovič, einem Beamten des Außenministeriums und Zensor, der mit Puškin im Hause der Karamzins zusammentraf. Seinem Tagebuch vertraute er an:

«Er war sorgfältig gekleidet, vielleicht aus Schicklichkeit in der Gesellschaft von Damen. Dunkelbraunes Haar und Backenbart – der Blick nicht feurig – oft stützte er sich [mit den Ellenbogen] auf den Tisch und klopfte mit seinen langen Fingernägeln auf das Mahagoniholz – das Lachen, der Blick genau wie bei seinem Bruder Lev – wenn er etwas Liberales sagte, wurde er ganz rot – ein trügerisches Aussehen.»[22]

Aleksandr Nikitenko, Professor für russische Literatur an der Petersburger Universität und später einflußreicher Zensor, vermerkte zwei Tage später, nach einer Begegnung mit Puškin bei Anna Kern, in seinem Tagebuch:

«[Puškin] ist ein Mensch von kleinem Wuchs, der auf den ersten Blick aus sich nichts Besonderes darstellt. Wenn man sein Gesicht, mit dem Kinn beginnend, betrachtet, wird man darin, bis zu den Augen, vergebens den Ausdruck poetischer Begabung finden. Allein, die Augen ziehen einen unbedingt in Bann: In ihnen wird man die Strahlen jenes Feuers erblicken, das seine Verse erwärmt – schön wie ein Strauß frischer Frühlingsrosen, hell tönend, voller Kraft und Gefühl.»[23]

Im gleichen Jahr entstanden die beiden wohl bekanntesten Porträts des Dichters, die, nach Ausweis der Zeitgenossen, eine erstaunenswerte Ähnlichkeit mit dem Original aufwiesen. Anfang 1827 ließ sich Puškin von Vasilij Tropinin, einem der besten Moskauer Maler, porträtieren. Er hielt die Sitzungen vor Sobolevskij geheim und überreichte ihm das fertige Porträt als Überraschungsgeschenk. Im Sommer 1827 malte Orest Kiprenskij, der führende Petersburger Porträtmaler, Puškins Konterfei auf Bestellung Del'vigs. Die Muse mit der Lyra im Hintergrund fehlte auf der ursprünglichen Version, sie wurde erst auf Bitten der Freunde hinzugefügt. Der nach diesem Gemälde von Nikolaj Utkin angefertigte Kupferstich fand bald weite Verbreitung. Puškins Freunde Katenin und Baratynskij zeigten sich, wie auch sein Vater, von der naturgetreuen Wiedergabe der Gesichtszüge und der Augen auf dem Bild überrascht (siehe Frontispiz).

Widrigkeiten

Während des erzwungenen Aufenthaltes in Pskov holten ihn die Scherereien mit der Zensur wieder ein. General Benckendorff, inzwischen Chef der Dritten Abteilung der Eigenen Kanzlei Seiner Kaiserlichen Majestät, die als Geheimpolizei mit der Überwachung und Kontrolle der Gesellschaft und des Staatsapparates befaßt war, monierte in einem Schreiben an Puškin, daß dieser unerlaubterweise, da unzensuriert, seine Tragödie öffentlich vorgelesen habe, außerdem habe er kleine Gedichte an der Zensur vorbei in Druck gegeben. Puškin erkannte, daß er durch das kaiserliche Versprechen mitnichten von den Mechanismen der Zensur befreit war. Er entschuldigte sich umgehend – er habe den *Boris Godunov* dem Zaren nicht unkorrigiert vorlegen wollen – und übersandte das Manuskript der Tragödie, das einzige, über das er verfügte, nach Petersburg. Faddej Bulgarin, Puškins intimer Gegner in Petersburg, erhielt es zur Durchsicht und schrieb herablassende «Bemerkungen» nieder, die der Zar an sich nahm. Über Benckendorff ließ er Puškin mitteilen, daß er seinen Zweck auch erfüllen könne, wenn er sein Stück, nach erforderlicher Reinigung, in eine historische Erzählung oder einen Roman in der Art Walter Scotts umarbeite.[24] Der kaiserliche Zensor schien sich als künstlerischen Ratgeber zu verstehen. In seiner Antwort an Benckendorff stimmte Puškin der Meinung des Zaren förmlich zu, daß der *Boris Godunov* vielleicht eher ein historischer Roman als eine Tragödie sei, doch bekannte er zugleich, daß er außer Stande sei, das einmal Geschriebene umzuarbeiten.[25]

Die kleinliche Zensur hakte sich an einzelnen Wörtern oder Versen fest. In dem Gedicht auf das Lyzeumsjubiläum Der 19. Oktober wurde das Wort «opal'nyj» (in Ungnade gefallen) und die Wendung «izgnan'ja den' pečal'nyj» (der traurige Tag der Verbannung), die sich auf Puščin bezogen, moniert; in dem Anna Kern gewidmeten Gedicht nahm die Zensur Anstoß an dem Vers «V gluši, vo mrake zatočen'ja» (Verbannt, in düstrem, dumpfen Sehnen).[26] Ernster gestalteten sich die Nachforschungen zu einer Abschrift des Freiheitspassus aus dem Gedicht *André Chénier*, die unter der Überschrift *Der 14. Dezember* in Novgorod kursierte, also auf die Freiheitsideale des Dezemberaufstandes umgedeutet wurde. (Die Verse waren in der gedruckten Ausgabe durch Punkte er-

setzt worden.) Puškin wurde beim Moskauer Oberpolizeimeister ein-
vernommen, gestand, daß die Verse von ihm stammten, daß sie vor
dem jüngsten Aufruhr geschrieben wurden und sich auf die Französische Revolution bezögen, der André Chénier bekanntlich zum Opfer
gefallen sei. Als er Monate später erneut in der Sache vernommen
wurde, fragte er zurück, was denn der unglückselige Aufruhr vom
14. Dezember, der durch drei Kartätschen niedergemacht wurde, mit
der Französischen Revolution gemein habe.[27] Selbst die Schlußvignette
der *Zigeuner*, die neben anderen emblematischen Zeichen eine zerbro-
chene Kette zeigte, erregte Verdacht.[28] Der Autor hatte sie, wie ermit-
telt wurde, selbst ausgesucht – zum Glück aus einem nicht indizierten
Schriftmusterbuch. Auch die Tatsache, daß die zweite Auflage des *Gefangenen im Kaukasus* ohne abermalige Zensur veröffentlicht worden
war, wollte man Puškin anlasten. Dieser rechtfertigte sich mit dem
Hinweis, daß die Autoren nach geltendem russischen Recht keinen
Einfluß auf Wiederauflagen oder Raubdrucke hätten.

Gingen all diese kleinen Widrigkeiten an Puškin glimpflich vorüber,
so drohte eine ernste Affäre von einem Werk, das er womöglich schon
vergessen hatte, der *Gavriiliade*. Im Mai 1828 beschwerten sich Bäue-
rinnen aus dem Hofgesinde eines Gutsbesitzers beim Metropoliten Se-
rafim von Novgorod und Petersburg, ihr Herr verderbe sie und verletze
ihren orthodoxen Glauben dadurch, daß er ihnen aus einem lästerli-
chem Buch, *Gavriiliade* geheißen, vorlese. Der Metropolit leitete das
Puškin zugeschriebene, gotteslästerliche Werk an die zuständige Be-
hörde weiter, der Zar nahm sich der Angelegenheit höchstpersönlich
an. Puškin wurde erneut geheim überwacht; die polizeiliche Untersuchung des Falles nahm ihren Lauf. In der Befragung durch den Petersburger Militärgouverneur Anfang August 1828 bestritt Puškin, der Verfasser des inkriminierten Werkes zu sein, er habe es allerdings 1815
oder 1816 im Lyzeum abgeschrieben, doch sei die Abschrift später ver-
lorengegangen. Die Obrigkeit wollte nun wissen, von wem er den Text
erhalten habe, weil nur so zweifelsfrei zu erweisen sei, daß er das Werk
nicht selbst verfaßt habe. Der Zar versuchte – vom fernen russisch-türkischen Kriegsschauplatz im bulgarischen Varna aus – Puškin bei seiner Ehre zu packen: Er glaube Puškins Ehrenwort, aber er solle erklären, wer seinen Namen so schändlich mißbraucht habe. Puškin wurde
es allmählich bang zumute. «Mir hat sich», schrieb er an Vjazemskij,

«der erzdumme Scherz um den Hals gelegt. Die ‹Gavriiliade› ist endlich bis zur Regierung gelangt; man schreibt sie mir zu ...»[29] Bei einer weiteren Befragung am 2. Oktober 1828 blieb ihm keine Wahl, als in einem Brief an den Zaren die Wahrheit einzugestehen: Er selbst war der Verfasser. Überraschend traf zwei Wochen später die Verfügung des Herrschers ein, die Ermittlungen über die *Gavriiliade* seien einzustellen. Der Zar kannte nun den Verfasser und behielt, warum auch immer, sein Wissen für sich. Es gehört zu den Puškinschen Aporien, daß er just zu der Zeit, da sich die gefährliche Schlinge zusammenzog, binnen weniger Wochen sein Poem *Poltava* niederschrieb – das Hohe Lied auf Peter den Großen.

Puškin und Mickiewicz: künstlerische Nähe

Die Bekanntschaft mit dem polnischen Dichter Adam Mickiewicz geht auf Mitte Oktober 1826 zurück. Auf einer Soiree bei der Fürstin Volkonskaja hörte Puškin eine der berühmten poetischen Improvisationen Mickiewiczs. Er war davon so begeistert, daß er ausgerufen haben soll: «Quel genie! Quel feu sacré! Que suis-je auprès de lui!», wobei er Mickiewicz spontan umarmt habe.[30] Mickiewicz brillierte nicht nur mit seiner Improvisationskunst in der russischen Gesellschaft, er beeindruckte die russischen Dichterkollegen auch durch seine Balladen, Romanzen und Sonette, die als der Inbegriff des Romantischen aufgenommen wurden. Vjazemskij, Ryleev und andere Russen hatten das Aufblühen der polnischen romantischen Poesie aufmerksam verfolgt. Mickiewiczs *Krim-Sonette* wurden unzählige Male ins Russische übersetzt und nachgeahmt. Er hatte in ihnen ähnliche Eindrücke künstlerisch verarbeitet, wie sie Puškin wenige Jahre zuvor in einer Reihe von Dichtungen ausgebreitet hatte. Nur hatte der Pole dafür die strenge Sonettform gewählt, die er auf neue Art mit exotischem Inhalt, kulturphilosophischen Betrachtungen und der nicht verhallenden Sehnsucht nach seiner litauischen Heimat füllte. Auch Mickiewiczs Schicksal bewegte wohl die Phantasie seiner russischen Bewunderer: Als Mitglied eines patriotischen geheimen Tugendbundes, «Philomathen» (Freunde des Wissens) beziehungsweise «Philareten» (Freunde der Tu-

Adam Mickiewicz bei einer Lesung seiner Werke in einem vornehmen
literarischen Salon. Gemälde von G. Mjasojedov

gend) benannt, der sich an der Universität Wilna gebildet hatte, wurde
er wegen freiheitlicher Gedichte 1823 festgenommen und bald darauf
für viereinhalb Jahre nach Rußland verbannt. Die erste Zeit der Verbannung verbrachte er in Petersburg, wo er mit Ryleev und Bestužev-
Marlinskij zusammentraf. 1825 wurde er nach Odessa versetzt – ein
Jahr, nachdem Puškin von dort nach Michajlovskoe vertrieben worden
war. Eigentlich sollte Mickiewicz am Lycée Richelieu unterrichten,
doch das schien der Obrigkeit zu riskant. So wurde er in Odessa von
eben jenem Geheimagenten Bošnjak bespitzelt, der bald darauf auch in
der Umgebung von Michajlovskoe herumschnüffeln sollte. Als man
Mickiewicz nach Moskau abschob, wo er der Kanzlei des Gouverneurs
zugeteilt wurde, brach eben in Petersburg der Dezemberaufstand los.

Puškin und Mickiewicz begegneten sich allenthalben in der Moskauer
Gesellschaft, so wie später auch in Petersburg. Sie trafen bei Chomjakov
zusammen, bei der Beerdigung Venevitinovs und bei vielen weiteren
Gelegenheiten. Im März 1827 schrieb Mickiewicz seinem Freund An-
toni Odyniec, daß er sich häufig mit Puškin treffe. Puškin sei im Gespräch sehr witzig und zupackend, er habe viel und mit gutem Verständnis gelesen. Er habe reine und erhabene Vorstellungen.[31] In diese Zeit

fiel auch eine Improvisation Mickiewiczs aus seinem neuen Werk *Konrad Wallenrod*. In Puškins Gegenwart trug der Dichter polnisch vor, übersetzte dann selbst ins Französische, während gleichzeitig ein Student eine russische Interlinearübersetzung anfertigte, nach der Puškin später ein Bruchstück der Dichtung in russische Verse übertrug. In den Gesprächen der beiden Dichter ergaben sich manche Berührungspunkte: das Krimerlebnis und ihre davon inspirierten Dichtungen; Mickiewiczs «Krim-Sonette» und ihre russische Übersetzung (Vjazemskij hatte sie in Prosa übertragen, meinend, daß die Sonettform nicht adäquat zu transponieren sei); Erinnerungen an Odessa, wo sich Puškin 1823/24, Mickiewicz ein Jahr später aufgehalten hatte. Gewiß hätten sie die Tatsache, daß sie nacheinander von dem demselben Geheimagenten, dem «Entomologen» Bošnjak, bespitzelt worden waren, mit bitterem Spott bedacht – hätten sie diese makabre Koinzidenz geahnt.

Puškin lernte über Mickiewicz auch andere Polen kennen, mit denen er aber offenbar nicht viel anzufangen wußte. Als Puškin am 19. Mai 1827 erstmals wieder nach Petersburg aufbrach, gehörte Mickiewicz zu denen, die ihn nach dem von Sobolevskij auf seiner Datscha arrangierten Abschiedsbankett das Geleit gaben. In Petersburg setzte sich später die enge Freundschaft mit Mickiewicz fort. In der Zeit bis zu Mickiewiczs Ausreise aus Rußland, am 15. Mai 1829, kam es zu zahlreichen weiteren Begegnungen der beiden Dichter. Mickiewicz bewegte sich in den gleichen Kreisen wie Puškin, veranstaltete im Hotel Demut seine einzigartigen Improvisationsabende und fand sich gelegentlich sogar im Hause von Puškins Eltern ein. Die Gespräche über die Literatur und über einen künftigen Ausgleich zwischen Russen und Polen fanden kein Ende.

Die Begegnung der beiden größten Dichter ihrer Nation zählt zu den Sternstunden der russischen wie der polnischen Literatur. Beide waren fast gleichaltrig, Puškin nur zwei Monate jünger als Mickiewicz. Der Eindruck, den sie voneinander gewannen, konnte besser nicht sein. Sie brachten sich uneingeschränkte Hochachtung entgegen und erkannten das Genie einer im anderen an. Das ging so weit, daß sie beim gemeinsamen Betreten eines Raumes lange darum rangen, einander den Vortritt zu lassen. Einmal, bei Puškins Schwester, überboten sich die Dichter mit höflichen Phrasen, während die übrigen Gäste bereits auf musikalische Darbietungen oder eine Partie Whist warteten. Auf

Puškin weisend sagte Mickiewicz: «Den Vortritt, meine Herren, hat das As.» Puškin parierte mit den Worten: «Nein, Sie haben den Vortritt! Die Trumpf-Zwei schlägt das As.»[32] Vjazemskij allerdings hat die Anekdote im umgekehrten Sinne überliefert: Beide seien sich auf der Straße begegnet; Puškin sei zur Seite getreten mit den Worten: «Die Zwei geht aus dem Wege, wenn das As kommt!», worauf Mickiewicz geantwortet habe: «Die Trumpf-Zwei schlägt ja das As!»[33]

Übrigens war Mickiewicz der einzige «westliche» Dichter von Rang, den Puškin in seinem Leben kennengelernt hat. Das herzliche Einvernehmen, das bewundernde Interesse des einen am Schaffen des anderen hielt bis zu Mickiewiczs Abreise an. Puškin übersetzte, außer dem Anfang des *Konrad Wallenrod*, zwei Balladen, die Mickiewicz in Rußland geschrieben hatte, Mickiewicz Puškins Gedicht *Erinnerung* (1828), in dem der Dichter das Hervorbrechen von Erinnerungen, Gewissensbissen und unterdrückter Trauer in den Stunden nächtlichen Wachens beschwor:

> *Ich spüre in der Nacht, wie's in mir wühlt und bohrt*
> *Und aufzuckt in Gewissensbissen;*
> *Die Träume glühn; im Geist, erdrückt von Schmerz und Gram,*
> *Drängt lastend der Gedanken Fülle;*
> *Und die Erinnerung löst das Buch von Reue und von Scham*
> *Wortlos vor mir in seiner Hülle;*
> *Und zitternd les ich nun, gequält von bitterem Haß,*
> *In meinem Leben, dem ich fluche,*
> *Und klag ich auch und wein ich Tränen ohne Maß –*
> *Sie löschen nichts in diesem Buche.*[34]

Während Puškin bei Mickiewicz dem lyrisch-epischen Genre nachspürte, griff dieser zu Puškins aufrichtiger Bekenntnislyrik. Puškin hatte das Gedicht am 19. Mai 1828, wenige Tage vor einem gemeinsamen Ausflug mit Mickiewicz nach Kronštadt geschrieben. Das Autograph läßt erkennen, daß er anläßlich des 29. Geburtstages eine Besichtigung seines Lebens vorhatte, die er dann aber allein auf die bedrängenden Nachtmare einengte. So gelang ihm eines seiner schönsten Gedichte, Ausdruck zugleich einer tiefen Sinnkrise, die ihn erfaßt hatte und deren Leidensgefährte Mickiewicz mit seiner Übersetzung wurde.

Puškin und Mickiewicz: politische Entzweiung

Entsprechend seinem künstlerischen Temperament konnte Puškin nicht anders, als mit Mickiewicz in Dichterwettstreit zu treten. War vielleicht bereits das Peter-Poem *Poltava*, entstanden zwischen April und Oktober 1828, in dem Zar Peter über den abtrünnigen Verräter Mazepa triumphierte, ein nationalrussisches Gegenstück zu Mickiewiczs *Konrad Wallenrod*, so steht der polemische, intertextuelle Bezug im *Ehernen Reiter*» zu den (anti)russischen Gedichten Mickiewiczs im «Anhang» (*Ustęp*) der dramatischen Dichtung *Totenfeier* außer jedem Zweifel. Puškin hatte die in Rußland verbotenen Gedichte Mickiewiczs von Sobolevskij erhalten, der sie im Juli 1833 von einer Auslandsreise mitgebracht hatte. In Puškins Nachlaß fand man Abschriften der Gedichte aus dem *Ustęp*, auf die er in kaum verschlüsselter Fom im *Ehernen Reiter*», seinem zweiten Peter-Poem, reagierte.

Zwischen den einst eng befreundeten Dichtern war ein schweres Zerwürfnis eingetreten. Was war geschehen?

Mickiewicz hatte Rußland bereits verlassen, als im November 1830 der polnische Aufstand losbrach. Die Aufständischen, die vergebens auf eine Intervention der westlichen Großmächte gesetzt hatten, wurden durch die überlegenen russischen Streitkräfte unter Feldmarschall Paskevič endlich besiegt. Puškin ließ sich von seiner Verbitterung über den Verrat der polnischen Brüder zu heftigen Anklagen und Drohungen hinreißen. Zusammen mit Žukovskij veröffentlichte er im September 1831 die Broschüre *Auf die Einnahme Warschaus*, die das Gedicht *An die Verleumder Rußlands* enthielt, Verse, die ihn als überheblichen Verteidiger des russischen Staatsgedankens, Verkünder panslavischer Ambitionen und Schmäher der Feinde Rußlands erscheinen ließen. Sie verbanden in der polenfreundlichen Öffentlichkeit des Westens seither Puškins Namen mit der Nikolaitischen Reaktion. In zeitgenössischer deutscher Übersetzung, die Aleksandr Turgenev in die Hände geriet, klang seine Herausforderung so:

> *Was tobt ihr auf den Rednerbühnen,*
> *Woher der Groll, mit dem ihr gegen Rußland schäumt?*[35]

Die Freundschaft der beiden großen Dichter hat diese politische Krise nicht überlebt. Auf Mickiewiczs feindseliges Gedicht *An die russischen Freunde* reagierte Puškin mit dem unvollendeten Gedicht *Er lebte unter uns*, mit dem er sich 1834 von Mickiewicz lossagte. Die durchgehenden Enjambements verliehen Puškins Versen einen seltsam aufgewühlten Duktus:

> *Er lebte unter uns*
> *In einem Volke, das ihm fremd; er nährte*
> *Im Herzen keinen Zorn auf uns, und wir,*
> *Wir liebten ihn. Friedlich und freundlich suchte*
> *Er unsere Gespräche auf. Wir haben*
> *Mit ihm so unsern reinen Traum geteilt*
> *Wie unser Lied (er kam von oben her*
> *Und sah von oben auf das Leben). Häufig*
> *Hat er von künftigen Zeiten uns gesprochen,*
> *Da sich die Völker, ihren Zwist vergessen,*
> *In einem großen Haus zusammenfinden.*
> *Begierig lauschten wir dem Dichter.*[36]

Gleichwohl haben sich die beiden Dichter das überragende Künstlertum einander nicht abgesprochen. Puškin setzte Mickiewicz in einem seiner letzten Werke, der unvollendeten, 1837 posthum veröffentlichten Erzählung *Ägyptische Nächte*, ein Denkmal, indem er in der Gestalt des italienischen Improvisators, in deutlicher Anspielung auf den Polen, das geniale Künstlertum schlechthin inkarnierte. Dies geschah, anders als in *Mozart und Salieri*, in der Gegenüberstellung mit dem gewöhnlichen Dichter Čarskij, dem er eigene Züge verlieh.

Auch Mickiewicz hat Puškins dichterischen Rang nie in Frage gestellt. Nach dessen Tod schrieb er einen Nachruf, in seinen Vorlesungen über die slavischen Literaturen am Collège de France würdigte er das Werk Puškins: Seine Stimme habe eine neue Ära in der russischen Geschichte eröffnet.

Auf Freiersfüßen

Bald nach Aufhebung der Verbannung waren Gerüchte aufgekommen, Puškin wolle heiraten. In der Tat schien ihn dieser Gedanke jetzt zu beschäftigen, zumal er dem Zaren ja versprochen hatte, ein anderer zu werden. Was bedeutete, daß er als Dichter nicht nur die Belange der Monarchie und des Staates künftig uneingeschränkt beachten, sondern auch, daß er die eigene Lebensführung in strengeren Griff nehmen werde. Hierbei konnte der Ehestand eine heilsame Rolle spielen. Puškin war alt genug, besaß als Dichter höchstes Ansehen, konnte darauf hoffen, daß er, wenngleich ohne Dienststellung im Staate, einen eigenen Hausstand aus seinen Honorareinkünften würde bestreiten können. Auch war auf einen Anteil an den beiden Erbgütern zu rechnen, Michajlovskoe oder Boldino, deren Ertragslage allerdings nicht gerade rosig war. Und schließlich wäre er endlich auch frei von den noch immer schwierigen familiären Einbindungen gewesen. Vieles sprach also für den Schritt in die Ehe, wiewohl Puškin sich und seinen Freunden nicht verhehlte, daß er wohl für die eingeschränkte Freiheit und das geregelte Leben, das die Ehe verhieß, wenig geeignet sei.

Im Januar 1827 glaubte man zu wissen, daß Sof'ja Puškina, eine entfernte Verwandte, die Auserwählte sei. Wirklich war Puškin im Sommer zuvor hell für diese fast exotische Schönheit entbrannt. Fëdor Tumanskij hatte sie in einem Gedicht mit einer Tscherkessin verglichen; das überbot Puškin in dem Gedicht *Antwort an F(ëdor) T(umanskij)*: Alle Schätze des Orients verblaßten vor den wonnevollen Strahlen ihres südländischen Auges. Die schöne Sof'ja war die Schwägerin eines von Puškins neuen Moskauer Bekannten, Vasilij Zubkov, Rat am Zivilgerichtshof, in dessen Hause Puškin in der ersten Moskauer Zeit aus besagtem Grunde viel verkehrte. Der Entschluß, Sof'ja Puškina zu ehelichen, war schnell gefaßt. «Ich sehe sie einmal in der Loge, das zweite Mal auf dem Ball, das dritte Mal halte ich um ihre Hand an», schrieb er an Zubkov aus Pskov, wo er krank darniederlag. Er bat seinen Bekannten, bei seiner Schwägerin ein gutes Wort für ihn einzulegen und den schlechten Eindruck auszuräumen, den er durch seinen unglücklichen Charakter wie auch durch sein lächerliches Benehmen hinterlassen hatte.[37] Doch die kapriziöse Schönheit wies den Heirats-

antrag zurück, sei es, weil Puškin ihren «Befehl», sich in Moskau bis
zum 1. Dezember einzufinden, nicht eingehalten hatte; sei es, weil ihr
der Dichter als eine zu unsichere Partie erschien. Bald nachdem Puškin
nach Moskau zurückgekehrt war, heiratete sie einen anderen.

Puškin hatte jedoch längst neues Feuer gefangen. Auf einem Ball im
musikliebenden Hause Nikolaj Ušakovs, eines höheren Beamten der
Baukommission, erblickte er die siebzehnjährige Ekaterina Ušakova,
die ihn sogleich in ihren Bann schlug. Oft, zuweilen dreimal am Tage,
suchte er sie auf, schenkte ihr Verse, widmete ausschließlich ihr seine
Aufmerksamkeit, auch in Gesellschaft. Die Zuneigung beruhte auf Ge-
genseitigkeit, sie war, wiewohl platonisch, durch Witz und Galanterie
gewürzt, wie die Ekaterina Ušakova gewidmeten Gedichte verraten.
Das ganze Haus der Ušakovs schien von Puškin und seinen Versen
durchdrungen zu sein. Dennoch bewahrheitete sich nach Puškins Abreise aus Moskau die Ahnung der jungen Frau, daß er sie bald vergessen
werde.

Anna Olenina – «Annette Pouchkine»

Die Heiratspläne ruhten auch in Petersburg nicht. Dabei hatte natürlich die nicht mehr ganz junge Elizaveta Chitrovo, auch wenn sie die
Tochter des großen Feldherrn Kutuzov war und sich an Puškin heran-
drängte, keine Chancen. Aber es fehlte nicht an jungen Schönheiten,
an die sich seine leidenschaftliche Natur heften konnte. Anknüpfend an
alte Verbindungen, besuchte er bald wieder den Salon der Olenins, die
ihre Gäste in ihrem Haus an der Mojka oder in ihrer Meierei Prijutino,
16 Werst von Petersburg entfernt, empfingen. Olenin war in der Staats-
hierarchie weiter aufgestiegen, er gehörte dem Reichsrat an, der vom
Kaiser eingesetzten obersten Regierungsbehörde, und war Staatssekre-
tär im Departement für Zivile und Geistliche Angelegenheiten. Seine
Tochter Anna – Puškin hatte sie vor seiner Strafversetzung als Kind
erlebt – war inzwischen zu einer jungen Dame erblüht, die Schönheit
und Geist besaß und die bereits als *Frejlina* (Hofdame) bei Hofe eingeführt war. Puškin war, als er sie Ende 1827 wiedersah, von ihr ebenso
fasziniert wie sie von ihm. Nannte sie ihn nach der neuerlichen Begegnung unumwunden «den interessantesten Menschen seiner Zeit», so
zeugten von Puškins Liebesbegeisterung einige Gedichte, die in ihrer

Mischung aus Aufrichtigkeit und Scherz an Heinrich Heines fast gleichzeitiges *Buch der Lieder* gemahnen. Da wurde – in *Du und Sie* – nach einer tatsächlichen Episode die verletzte Redeetikette ausgespielt:

> *Sie sagt zu mir, wohl aus Versehen,*
> *Statt* Sie *ein freundlich-liebes* Du,
> *Und meine seligen Träume wehen*
> *Ihr aus verliebter Seele zu.*
>
> *Gedankenvoll zur Erde blickend*
> *Steh ich vor ihr und schäme mich;*
> *Und sage ihr:* Sie *sind entzückend!*
> *Und denke: Ach, wie lieb ich* dich!*[38]*

Annas Augen übertrumpften – in dem Gedicht *Ihre Augen* – nun gar die südlich-tscherkessischen Augen einer erst kürzlich erloschenen Flamme:

> *Doch, gib es zu, was sind sie gegen*
> *Die Augen der Olenina!*
> *Wie strahlt daraus des Genius Leuchten,*
> *Wie schlicht und kindlich ist ihr Blick,*
> *Wie süß kann sie die Sehnsucht feuchten,*
> *Wie träumen sie von zartem Glück! ...[39]*

Puškin machte keinen Hehl aus seiner großen Liebe zu Anna Olenina, und er wußte sich wiedergeliebt. Er schwelgte in seinem Glück, sah sie schon als seine Ehegattin und nannte sie vorab «Annette Pouchkine». Die Gedichte, die von dieser wahren Liebe sprechen, zählen zu Puškins bekanntesten, darunter die acht Verse, die die klaffenden Widersprüche Petersburgs aufzählen – Musterstück seiner aporetischen Sichtweise –, zwischen denen sich der goldene Lockenkopf der Olenina bewegt:

> *Stadt der Pracht und Stadt der Armen,*
> *Sklavengeist und Harmonie,*
> *Grün und bleich die Himmelsbahnen,*
> *Langeweile, Eis, Granit –*
> *Alles tut mir leid ein bißchen,*
> *Denn es läuft hier ab und zu*
> *Ein gar feines kleines Füßchen,*
> *Goldne Locken wehn dazu.[40]*

Im Gedicht *Vorahnung* jedoch spürte der von den Stürmen des Lebens Ermattete, der auf Rettung im Hafen gehofft hatte, daß die Trennung unausweichlich heranrückte:

> *Doch ich spüre schon das Ende*
> *Unseres Glücks, des Abschieds Qual,*
> *Und, mein Engel, deine Hände*
> *Drück ich nun zum letzten Mal.*[41]

Was konnte diese wunderbare Beziehung, die bereits durch eine Verlobung gefestigt schien, ins Wanken bringen und endlich scheitern lassen? Es waren die oben geschilderten Widrigkeiten um die illegal verbreiteten Teile des Gedichts *André Chénier* und die *Gavriiliade*, die Puškin wieder in politischen Verdacht gerückt hatten. Unglückseligerweise gehörte Annas Vater als Mitglied des Reichsrates der Untersuchungskommission an, die die Anschuldigungen gegen Puškin überprüfte. Er gehörte zu den Unterzeichnern des Protokolls vom 28. Juni 1828, durch das Puškin erneut unter geheime Beobachtung gestellt wurde. Olenin, der den Dezemberaufstand als einen verbrecherischen Aufruhr betrachtete, dem jede freiheitliche Regung als Angriff auf die bestehende Ordnung galt, war außerstande, einen Freiheitssänger und Gotteslästerer als Schwiegersohn zu akzeptieren. Als Puškin um die Hand seiner Tochter Anna anhielt, wies er den Antrag zurück. Die Beziehungen zwischen Puškin und den Olenins brachen damit ab. Bei einer der letzten Begegnungen schrieb er Anna Olenina ein Gedicht ins Album, das in schlichten, metapherlosen Versen Liebe und Großherzigkeit im Augenblick der erzwungenen Trennung ausdrückte:

> *Ich habe Sie geliebt. Mag sein, die Liebe*
> *Ist meiner Seele noch nicht ganz entrückt;*
> *Allein, sie soll Sie länger nicht verdrießen;*
> *Ich will nichts tun, was irgend Sie bedrückt.*
> *Ich habe Sie geliebt wortlos und sehnlich,*
> *Von Scheu gequält, von Eifersucht geplagt;*
> *Ich habe Sie geliebt so wahr, so zärtlich,*
> *Wie Sie, geb's Gott, ein andrer lieben mag.*[42]

Bei einer späteren Begegnung 1833 soll er ins gleiche Album unter das Gedicht hinzugeschrieben haben: «plus-que-parfait» ...

Puškin tröstete sich schon im Sommer 1828 mit der Gräfin Agrafena Zakrevskaja, einer umschwärmten Petersburger Schönheit. Daß ihm diese Grande Dame nicht gleichgültig war, blieb auch Anna Olenina nicht verborgen. Obwohl er ihr einige Gedichte widmete und sie sogar in seinem *Don-Juan-Register* auftauchte, war sie aber wohl nicht mehr als ein tröstendes Mittel, um den Verlust Anna Oleninas zu überwinden. Im Spätherbst 1828 suchte Puškin Malinniki im Gouvernement Tver' auf, einen Gutssitz der Osipov-Vul'fs. Wieder befand er sich in der Gesellschaft vieler schöner Mädchen, aber, so stellte er ein wenig resigniert fest, er liebte nur platonisch.

Natal'ja Gončarova

Ende 1828 lernte er – er hielt sich gerade wieder in Moskau auf – die sechzehnjährige Natal'ja Gončarova kennen. Schon zwei Monate später – er war inzwischen erneut in Petersburg gewesen – schickte er den «Amerikaner» Graf Fëdor Tolstoj, einen alten Bekannnten der Familie, als Brautwerber zu den Gončarovs, um seinen Heiratsantrag zu unterbreiten.

Was war das für ein Mädchen, was war das für eine Liebe, die Puškin so rasch zum entscheidenden Schritt trieb?

Natal'ja Gončarova war ein junges Mädchen von berückender Schönheit. Ihre ausdrucksvollen dunklen Augen mit einem reizvollen leichten Silberblick, ihre gerade Nase und ihr schmaler Hals, ihre harmonischen Gesichtszüge, ihre elegante Gestalt – sie war größer als Puškin –, ganz zu schweigen von der vielbeneideten Wespentaille, machten sie, wo immer sie auftrat, zu einer ungewöhnlichen Erscheinung. Dabei war sie, streng und zur Frömmigkeit erzogen, in Gesellschaft äußerst zurückhaltend, ja gehemmt. Sie besaß einen eigenen Gebetsraum mit zahlreichen Ikonen; ihre besondere Verehrung galt dem verstorbenen Kaiser Alexander. Puškins lockere Unterhaltungen irritierten das scheue Mädchen.

Ihr Vater besaß auf seinem Gut eine Tuchfabrik, die Natal'jas Bruder bewirtschaftete. Beträchtliche, vom Großvater überkommene Schulden waren abzutragen, die Familie lebte in bescheidenen Verhältnissen. Als Puškin sich den Gončarovs näherte, war Natal'jas Vater, Nikolaj

Gončarov, bereits geisteskrank. Er lebte zurückgezogen, nur bisweilen war im Hause sein Stöhnen und Brüllen zu hören – bis er ruhiggestellt war. Im Hause herrschte eine unerträgliche Stimmung, zu der Natal'jas Mutter, herrisch, streng, geizig, nicht wenig beitrug. Sie hoffte für ihre Nataša, da sie nun mal eine besondere Schönheit sei, auf eine bessere Partie, und obwohl sie die jüngste von drei Schwestern war, fand die Mutter nichts dabei, sie als erste zu verheiraten.

Nach der Familienüberlieferung begegneten sich Puškin und Natal'ja Gončarova zum ersten Mal auf einem Debütantinnen-Ball während der Moskauer Wintersaison 1828/29. Natal'ja trug ein weißes luftiges Kleid und einen goldenen Reif im Haar. Sie erregte mit ihrer schüchternen Schönheit sofort die Aufmerksamkeit Puškins, der seinerseits von Verehrern und Bewunderern umringt war. Als er sich an Natal'ja Gončarova wandte, stockte ihr fast der Atem.[43] Ihre Verwirrung entzückte den Dichters so sehr, daß er, offenbar wie im Taumel, erklärte, daß sein Schicksal auf immer mit der jungen Person verbunden sein werde, die die allgemeine Aufmerksamkeit auf sich gezogen hatte.

Als sie den Heiratsantrag erhielt, war Natal'ja bestürzt. Sie fühlte sich fast noch als Kind und fürchtete sich, wie ihre beiden älteren Schwestern, vor dem hochgelobten, leidenschaftlichen Dichter, dem Liebschaften und Extravaganzen aller Art nachgesagt wurden. Von seinen Werken kannte sie nichts als ein paar vertonte Romanzen. Freilich schien alles ein rasches Ende zu nehmen, da Natal'ja Mutter den Antrag nicht annahm – allerdings auch nicht abwies. Immerhin sei die Tochter ja noch zu jung, man solle noch ein wenig warten. In Wahrheit zweifelte sie an Puškins politischer Zuverlässigkeit und daran, daß er noch in der Huld des Zaren stand. Zudem war er ihr nicht reich genug, und an eine angemessene Mitgift für ihre Nataša war, da der Großvater das Familienvermögen durchgebracht hatte, schon gar nicht zu denken.

Dann reiste Puškin Anfang März urplötzlich in den Kaukasus zu der unter Feldmarschall Paskevič gegen die Türken operierenden Armee. Wenn er Natal'ja auch einen glühenden Liebesbrief schrieb, so blieb doch weiterhin alles in der Schwebe. Natal'ja wartete, doch konnte sie den Sinn dieser eigenartigen, überhasteten Reise nicht verstehen. War es Sehnsucht nach Abenteuern oder gar nach dem Tod? Dennoch machte sie sich in der Zeit des Wartens und Bangens um ihn mehr und mehr mit dem Gedanken vertraut, daß er ihr Bräutigam sein werde.

Natal'ja Gončarova, um 1830

Nach der Rückkehr aus dem Kaukasus hielt Puškin zum zweiten Mal um ihre Hand an.

Auf dem Kriegspfad

Im Mai 1828 hatte die Hohe Pforte Rußland den Krieg erklärt. Sie reagierte damit auf die Vernichtung der osmanischen Flotte in der Bucht von Navarino durch Briten, Franzosen und Russen im Jahre zuvor.

Dahinter stand freilich die Frage der Autonomie Griechenlands nach dem Befreiungskampf sowie der Status der Donaufürstentümer. Rußland führte den Krieg an zwei Fronten mit außerordentlichen militärischen Erfolgen. Der Zar hatte sich höchstpersönlich an die Donaufront begeben und verfolgte die langwierige Belagerung der Festungen Varna und Šumla. In der Kaukasusregion operierte eine Armee von 20 000 Mann unter Feldmarschall Paskevič erfolgreich gegen eine fünffache türkische Übermacht.

Puškin und Vjazemskij hatten sogleich nach Kriegsausbruch die Absicht, sich auf den Kriegsschauplatz zu begeben, doch wurde ein entsprechendes Gesuch vom Zaren abschlägig beschieden. Im März 1829 wurden Puškin die Reisepapiere zur Kaukasusarmee überraschend vom Petersburger Postdirektor ausgestellt, obwohl keine Reisegenehmigung seitens der Regierung vorlag. Wenige Tage darauf, am 9. März, trat Puškin die Reise an. Er nahm einen Umweg von 200 Werst auf sich, um im Gouvernement Orël den berühmten General der Infanterie Aleksej Ermolov zu besuchen, den bisherigen Oberbefehlshaber in Grusien (Georgien), der 1827 durch Paskevič, einen Günstling Nikolaus I., abgelöst worden war. Im späteren Bericht *Die Reise nach Erzerum* schilderte Puškin die Begegnung mit dem sympathischen, wegen seiner Ablösung verbitterten General. Im Gespräch ironisierte er seinen Nachfolger ob seiner «leichten» Siege, kritisierte Karamzins matte Darstellung von Rußlands Aufstieg und beklagte den Einfluß der Deutschen in der Russischen Armee. Ermolov war leutselig, aber auch vorsichtig in seinen Äußerungen. Puškins Namen und Vatersnamen, die förmliche Anrede unter Russen, konnte er nicht behalten.

Puškin nahm dann, Kursk und Char'kov umgehend, die direkte Route über Novočerkassk, Stavropol' nach Tiflis. In der Kalmückensteppe besuchte er eine Kibitka, ein kalmückisches Wohnzelt. Die Familie war beim Essen; eine junge, hübsche Kalmückin nähte und rauchte dabei. Folgendes Gespräch entspann sich: «Was nähst du da? – Ein Unterkleid. – Für wen? – Für mich. – Küsse mich. – Das geht nicht, da schäm' ich mich.» Mit einer Schöpfkelle gab sie ihm Tee mit Hammelfett und Salz. Puškin hielt den Atem an. Er hatte nie etwas Ekelhafteres gegessen. Zum Nachessen gab man ihm gedörrtes Stutenfleisch. «Nach dieser Heldentat glaubte ich, das Recht auf eine Belohnung zu haben», schreibt Puškin weiter in seinem Tagebuch. «Aber meine stolze Schöne schlug mich mit einem Musikinstrument, ähnlich unserer Balalajka, an den Kopf.» Er floh vor der eigenartigen Koketterie der Kalmückin in die Steppe. In der poetischen Nachschau, dem Gedicht *An eine Kalmük-kin*, wurde daraus wenige Tage später etwas anderes. Die liebliche Kalmückin, natürlich mit Schlitzaugen, platter Nase und breiter Stirn, sprach zwar nicht französisch, trug kein Seidenkleid, kannte weder Shakespeare noch Migräne, und doch:

> *Was schadet's? Eine halbe Stunde,*
> *Bis man die Pferde angespannt,*
> *War ich von deinem roten Munde,*
> *Von deiner Schönheit wie gebannt.*[44]

Ein Abstecher führte zu den Heißen Wassern (Gorjačie vody), Ort glücklicher Erinnerungen. Inzwischen hatten zwar pompöse Badeanstalten, Gebäude und moderne Einrichtungen die Bequemlichkeit vermehrt, aber Puškin blickte darauf in einer Stimmung von «unbegreiflicher Wehmut». Von Ekaterinograd an ging es auf der Grusinischen Heerstraße mit einer langgezogenen Karawane, im Schutze einer Eskorte aus Kosaken und Infanterie samt einer geladenen Kanone, weiter, vorbei an der Festung Minaret, nach Vladikavkaz, dann am Terek entlang in das Allerheiligste des Kaukasus. Man zog am Kazbek vorbei, der schwierig-steile Kreuzberg wurde überquert, endlich gelangte man hinab ins glückliche Grusien.

Die Lebensverhältnisse der kaukasischen Volksstämme, die Unterschiede zwischen ihnen, etwa zwischen Osseten und Tscherkessen, blieben Puškin nicht verborgen. Er spürte ihr Mißtrauen, ja ihren Haß auf die Russen. In seinem Reisetagebuch notierte er seine unbestechlichen Beobachtungen:

> «Die Tscherkessen hassen uns, und die Russen bleiben ihnen nichts schuldig. – Wir haben sie von ihren freien Weideplätzen verdrängt, ihre Auls [befestigten Dörfer, R. L.] zerstört – ganze Stämme vernichtet.»

Doch erlebte er auch bei freundschaftlichen Banketten in Tiflis den Reichtum der kaukasischen Lieder und Tänze, deren wechselnde Stimmungen ihn begeisterten.

In Tiflis hielt sich Puškin zwei Wochen auf. Er besuchte das berühmte Öffentliche Bad, wo er, unbeschadet einer Menge halb- und unbekleideter Frauen – es war Frauentag – sich vom Bademeister die Glieder ausrenken, einseifen und massieren ließ. Er hörte die sonoren grusinischen Lieder, trank den Kachetiner und Karabacher Wein. In der deutschen Kolonie aß er teuer und schlecht, auch das deutsche Bier war von unangenehmem Geschmack. Schließlich erhielt er die Erlaubnis, sich zur kämpfenden Truppe zu begeben, und brach sofort auf. Nach Gewaltritten, bei denen er bis zu 75 Werst am Tag zurücklegte, traf er Mitte Juni 1829 bei Kars auf die russischen Truppen. Dort feierte er das Wiedersehen mit dem alten Freund Nikolaj Raevskij, der inzwischen zum General aufgestiegen war, und seinem Bruder Lev, der bei jenem Adjutant war. Puškin fand kaum Zeit, sich von den Reisestrapazen zu erholen, da rückte das Heer schon in Richtung Erzerum aus. Er schloß sich dem Nižegoroder Dragonerregiment an, das Raevskij befehligte. Da er als einziger statt der Uniform einen schwarzen Rock und einen glänzenden Zylinder trug, hielten ihn die Soldaten für einen Popen und nannten ihn das «Dragoner-Väterchen». Im Biwak wurde er dem Oberkommandierenden General-Feldmarschall Graf Paskevič-Ėrivanskij vorgestellt, der ihn liebenswürdig empfing und ihm sogar eines der Stabszelte anbot. Doch nun wurde es ernst. Puškin erlebte Gefechte und Angriffe mit Toten auf beiden Seiten. Er befand sich inmitten der kämpfenden Truppe und war, als die türkische Front durchbrochen wurde, unter den Verfolgern. Mit blankem Säbel focht er gegen den türkischen Feind. Er war es, der auf Befehl des Kavalleriegenerals Raevskij dem Oberkommandierenden die Meldung überbrachte, daß der Feind geschlagen sei. Die russischen Streitkräfte rückten jetzt auf Erzerum vor, das am 27. Juni in russische Hand fiel.

In Erzerum

Mit ungewöhnlichem Interesse verfolgte Puškin nicht nur die militärischen Operationen, die er, oft in der Begleitung des Oberkommandierenden, «von oben», wahrnahm. Er zeigte auch Mut, wenn die türkischen Kugeln und Kartätschen um die Köpfe pfiffen. Mit Neugier trat er in die türkischen Behausungen, die ihm armselig erschienen, in die Moscheen, auf den geheimnisvollen türkischen Friedhof. Puškin bewohnte als Gast Paskevičs eines der Haremszimmer im Palast des Se-

Lanzenreiter – Puškin im Kaukasus 1829

rasker, des türkischen Befehlshabers, die durch die Kampfhandlungen stark gelitten hatten. Gern nahm er die Gelegenheit wahr, zusammen mit einem Offizier und einem Dolmetsch den Harem des Osman-Pascha, der wie der Serasker in russische Gefangenschaft geraten war, zu inspizieren. Während der Offizier sich mit der Herrin des Harems unterhielt, sah Puškin sich um. «Ich erblickte», berichtete er, «plötzlich unmittelbar über der Tür ein rundes Fensterchen und in diesem runden Fensterchen fünf oder sechs runde Köpfe mit neugierigen schwarzen Augen.» Er wollte seine Entdeckung schon dem Offizier mitteilen, «doch die Köpfchen nickten, zwinkerten, und einige Fingerchen drohten, mir bedeutend, ich möge schweigen. Ich gehorchte und behielt meine Entdeckung für mich. Alle waren von Angesicht angenehm, doch keine war eine Schönheit.»[45] So hatte er, wie er nicht ohne Stolz vermerkte, einen Harem gesehen, was Europäern nur selten gelinge.

Ehe er am 19. Juli nach Tiflis und endlich zurück in die Heimat aufbrach, besuchte er – in Nachahmung imperialer Gesten – noch das Lager der pestkranken Soldaten. Beim Abschied schenkte ihm Graf Paskevič einen türkischen Säbel, der ihn an die heroischen Tage in den Einöden Armeniens erinnern sollte.

In Vladikavkaz holte ihn die Literatur wieder ein. Er traf auf Freunde, die russische Journale mit sich führten. Als erstes stieß er auf eine boshafte Besprechung seines Poems *Poltava* von Nikolaj Naždin. Ihm wurde klar, daß es galt, sich wieder auf literarische Auseinandersetzungen einzustellen.

Gespenstische Begegnung II

Nach eigenem Zeugnis will Puškin auf seiner Reise zur kaukasischen Front Aleksandr Griboedov, den er als außerordentlichen Menschen und genialen Verfasser der Komödie *Wehe dem Verstand* bewunderte, noch einmal begegnet sein. Es war dies die zweite seiner gespenstischen Begegnungen.

Griboedov war nach der Dezemberrevolte verhaftet worden, doch wies er, obwohl er vielerlei Beziehungen zum engsten Kreis der Verschwörer unterhalten hatte, entschieden jegliche Mittäterschaft von sich. Nach einer Audienz beim Zaren wurde er aus der Haft entlassen, zum Hofrat befördert und in diplomatischer Mission in den Kaukasus gesandt. Er führte, nach Paskevičs Sieg in Erivan, die Waffenstillstandsverhandlungen mit Persien. Seine diplomatischen Erfolge brachten ihm den Rang eines Staatsrates und die Ernennung zum Kaiserlichen Gesandten in Persien ein. In Teheran wurde Griboedov am 30. Januar 1829 bei antirussischen Demonstrationen neben weiteren Botschaftsangehörigen von der aufgebrachten Menge gelyncht. In der *Reise nach Erzerum* berichtete nun Puškin, wie er am 11. Juni, zu Pferde, begleitet nur von seinem Diener und Packpferden, schon in Armenien, dem Leichnam Griboedovs begegnete:

> «Nach einigen Minuten der Ruhe ritt ich weiter und erblickte mir gegenüber auf dem Steilufer eines Flusses die Festung Gergery. Drei Bäche stürzten rauschend und schäumend das Steilufer herab. Ich ritt durch den Fluß. Zwei Ochsen, vor eine Arba [einen zweirädrigen Karren, R. L.] gespannt, erklommen die steile Straße. Wo kommt ihr her, fragte ich sie. Aus Teheran. – Was führt ihr mit euch? Griboed. Es war der Körper des getöteten Griboedov, den sie nach Tiflis begleiteten.»[46]

Aleksandr Griboedov.
Zeichnung Puškins,
Moskau 1831

Puškins allzu sinnfällige «Griboedov-Episode» kann sich allerdings so nicht zugetragen haben; sie beruht – anders als die Begegnung mit Küchelbecker – auf einem Irrtum, auf Wunschdenken oder reiner Erfindung. Denn weder Puškins Ortsangabe noch die weiteren Umstände treffen zu: Griboedovs Leichnam war bereits am 1. Mai 1829 auf einem Trauerkatafalk, begleitet von einer Ehrenabteilung der Infanterie, nach Tiflis geleitet worden, wo die Beisetzung am 18. Juli stattfand.[47] Letztlich erfüllte die Episode wohl einen «kompositorischen» Zweck, gestattete sie doch Puškin, sich über die Bedeutung Griboedovs auszulassen und an den Abschied von ihm im Jahr zuvor zu erinnern. Griboedov sei damals bekümmert gewesen, Vorahnungen hätten ihn gequält. Als ihn Puškin zu trösten versuchte, habe er gesagt: «Vous ne connaissez pas ces gens-là: vous verrez qu' il faudra jouer des couteaux.»

Auf der Reise entstand ein ganzer Zyklus von Gedichten mit kaukasischem Kolorit. In dem Gedicht *Auf Grusiens Hügeln* beschwor Puškin zu einer Abendstimmung am Aragva-Fluß die Liebe über Zeit und

Raum hinweg. War damit die einstige Liebe zu Marija Raevskaja oder
die neue zu Natal'ja Gončarova gemeint?

> *Auf Grusiens Hügel sinkt die dunkle Nacht herein;*
> *Ich höre die Aragwa schäumen.*
> *Mir ist so schwer, so leicht; mein Gram ist klar und rein;*
> *Und alle meine Schmerzen träumen*
> *Von dir, von dir allein ... Die Trauer wird so licht,*
> *Und keine Qual kann sie erregen,*
> *Und wieder brennt das Herz in mir und liebt – denn nicht*
> *Zu lieben wird es nie vermögen.*[48]

Andere Gedichte hielten in lebhafter Zeichnung die gewaltige Ge-
birgswelt mit ihren wild-fröhlichen Flüssen und herabstürzenden La-
winen oder das Kloster auf dem Kazbek fest. Nach dem Sieg der Russen über das Osmanische Reich, im November 1829 besiegelt durch
den Frieden von Adrianopel (Edirne), packte Puškin die patriotische
Begeisterung wie in den folgenden Versen:

> *Und wieder krönte uns der Ruhm,*
> *Und wieder ward der Streit entschieden,*
> *Der stolze Feind sank bei Arzrum*
> *Und in Edirne schloß er Frieden.*
> *Und weiter ward das Russenland,*
> *Das nun im Süden Fahnen hißte,*
> *Es zog die halbe Schwarzmeerküste*
> *An seine Brust mit starker Hand.*[49]

Der militärische und vor allem politische Erfolg Rußlands stand in
diesem Krieg außer Zweifel. Große Gebietsgewinne im Kaukasus-,
Schwarzmeer- und Balkanraum waren zu verzeichnen, Rußland hatte
sich als Schutzmacht der orthodoxen Slaven auf dem Balkan durchgesetzt; die Türkei war geschwächt, aber nicht vernichtet, was auch nicht
im russischen Interesse gelegen hätte. Puškin hatte selbst Anteil an den
russischen Waffentaten. Er zeigte mehr und mehr Verständnis für die
imperialen Ziele Rußlands, Vormacht der orthodoxen und der slavischen Nationen zu sein. Gleichwohl sah er auch die finstere Seite der
ungezähmten Machtgier der Herrscher dieser Welt. Mit dem Gedicht
Der Antiar, entstanden 1828, im Klima des sich entfachenden Krieges,

schuf er eine Parabel über den Giftbaum, dessen todbringende Substanz sich die Fürsten verschaffen, um sie als Vernichtungswaffe einzusetzen:

> *Der Fürst jedoch gab das Gebot,*
> *Die Pfeile mit dem Gift zu tränken,*
> *Und mit den Pfeilen sicheren Tod*
> *Auf alle Völker rings zu lenken.*[50]

Literarische Streitigkeiten

Während Puškins Abwesenheit war Unruhe in der literarischen Welt entstanden. Es ging dabei nicht zuletzt auch um seine Person und sein Künstlertum.

Nadeždins kritische Ausfälle gegen Puškins jüngste Werke, denen er Inhaltlosigkeit und Verstöße gegen die poetischen Normen, gemessen allerdings an arg antiquierten ästhetischen Kriterien, vorwarf, waren nur ein Auftakt. Im Winter 1829/30 setzte eine regelrechte Hetzkampagne gegen Del'vig und Puškin ein, denen die Literatenclique um Bulgarin mangelnden Patriotismus und «Aristokratismus», eine von den Belangen und Bedürfnissen Rußlands abgehobene Literatur, vorwarf. Dahinter verbargen sich literarische, politische und kommerzielle Gründe.

Der Plejadenkreis hatte bisher kein eigenes Publikationsorgan besessen. Seit 1825 gab Del'vig alljährlich den Almanach *Nördliche Blumen* (Severnye cvety) heraus, der *Moskauer Bote* war seit 1826 ein Auffangbecken für die verbotenen Organe der Dekabristen gewesen. Aber was bedeutete das gegen die journalistische Übermacht der dreimal wöchentlich, mit einer Auflage von 3000 Exemplaren erscheinenden *Nördlichen Biene*, die von Bulgarin und Greč bereits mit den Methoden der späteren Boulevardpresse betrieben wurde? Zudem befand sich seit 1829 auch das patriotische, halboffiziöse Journal *Sohn des Vaterlandes* (Syn otečestva) in den Händen der gleichen Literaten, die damit fast über ein Monopol im zeitgenössischen Pressewesen verfügten. Staatskonform und fortschrittsfeindlich, konventionell im literarischen Geschmack, stets auf der Jagd nach Sensationen, um ein möglichst breites

Publikum anzusprechen, polemisierten diese Zeitschriften gegen die von Del'vig, Puškin und ihren Freunden vertretene Richtung. Als gegnerisches Organ wurde zuerst der *Moskauer Bote*, nach dessen Schließung 1830 die *Literaturzeitung* (Literaturnaja gazeta) angenommen. Diese wurde zunächst von Del'vig, unter aktiver Mitwirkung von Puškin und Vjazemskij, herausgegeben, dann von Orest Somov, dem Theoretiker der Romantik. Da die Zeitschrift keine Lizenz für eine politische Rubrik besaß, konnten gesellschaftlich-politische Fragen nur im Gewande der Literatur behandelt werden. Als sich nun Polevoj mit dem *Moskauer Telegraphen* und Nikolaj Nadeždin der Bulgarin/Greč-Gruppe anschlossen, stand die *Literaturzeitung* in der kurzen Zeit ihres Bestehens 1830/31 einer übermächtigen gegnerischen Front gegenüber.

Die Polemiken nahmen zeitweilig große Schärfe an. In einem Pamphlet gegen Bulgarin, dem er die Maske des französischen Polizeispitzels Vidocq (Vidok) übergestülpt hatte, entlarvte Puškin die «demokratische» Richtung Bulgarins als eine moralische Monstrosität, die Religion, Obrigkeit und Sittlichkeit dadurch stützte, daß sie die positive Rechtsordnung durch Denunziation und Hetze unterlief. «Müßten nicht die Zivilbehörden ihre weise Aufmerksamkeit auf die neuartige Verführung richten, die der Umsicht der Gesetzgebung völlig entgleitet?»

Puškin veröffentlichte in der *Literaturzeitung* Bruchstücke aus seinen neuen Werken: aus dem Achten Kapitel des *Evgenij Onegin*, der *Reise nach Erzerum* und aus dem Roman *Der Mohr Peters des Großen*.

SECHSTES KAPITEL

Herbst in Boldino

1830

Wohl dem, der jung war in der Jugend,
Wohl dem, der rechtzeitig gereift, [...]
Mit zwanzig sich als Geck gezeigt,
Mit dreißig auskömmlich beweibt ...
Onegins Reise (1829)

Ich singe die früheren Hymnen ...
Arion (1827)

Rückkehr nach Moskau

Mitte September 1829 traf Puškin wieder in Moskau ein. Er hatte sich anderthalb Monate bei der kämpfenden Truppe und zum ersten Mal außerhalb der russischen Staatsgrenze aufgehalten, hatte Einblicke in die Lebenswelt der Grusinier, Armenier und Türken erhalten, hatte unter den frischen Eindrücken Gedichte geschrieben und seine Erlebnisse sorgfältig im Tagebuch notiert. Er war an vielen Orten als Dichter gefeiert worden. Der Feldzug hatte erst durch ihn gleichsam poetische Weihen erhalten, was namentlich auch der Oberkommandierende Graf Paskevič zu schätzen wußte. Mit den Offizieren kam er bestens zurecht, zumal er ja auf alte Freunde – und dazu auf seinen Bruder Lev – traf. Allerdings gab es unter ihnen auch gerissene Spieler. Gegen das erlassene Verbot ließ er sich auf der Rückreise in Pjatigorsk wieder zum Glücksspiel verleiten. Auf einen Schlag verlor er sein gesamte Reisebarschaft, 1000 Tscherwonzen (Goldmünzen zu fünf oder zehn Rubel), und kurz darauf noch einmal 5000 Rubel an einen mitreisenden Gauner – Puškin nannte ihn ganz offen einen «chevalier d'industrie». Nur mit Mühe konnte er Geld für die Begleichung der Schulden und für die

Weiterreise beschaffen. Und das Glücksspiel sollte auch in Moskau kein Ende nehmen. Das Hasard, die Herausforderung des Glücks, war ihm ein Lebenselement, er konnte davon nicht lassen. Einem englischen Reisenden vertraute er später in Petersburg an, er würde es eher vorziehen zu sterben, als nicht zu spielen.[1]

Als er am 20. September in Moskau eintraf – wieder Quartier nehmend in seinem alten Hotel auf der Tverskaja, das seit kurzem «Angleterre» hieß – begab er sich noch in Reisekleidern zu den Gončarovs. Dort waren die Kinder gerade dabei, den Frühstückstee einzunehmen. Die Mutter schlief noch. «Plötzlich», erinnerte sich Natal'jas Bruder Sergej Gončarov, «ein Poltern an der Haustreppe, und kurz darauf fliegt eine Galosche aus dem Flur ins Eßzimmer. Das war Puškin, der sich in aller Eile ausgezogen hatte. Als er hereinkam, fragte er sofort nach Natal'ja Nikolaevna.»[2] Die wohlerzogene Natal'ja wagte es natürlich nicht, ohne Erlaubnis der Mutter vor Puškin hinzutreten. Man weckte Madame Gončarova, sie empfing endlich ihren künftigen Schwiegersohn im Negligé. Die Werbung um ihre Tochter sollte ihm noch manche Nuß zu knacken geben.

Für Puškin setzte sich das unstete Leben zwischen den Hauptstädten zunächst fort. Schon im November 1829 war er, nach mehrwöchigem Aufenthalt im Gouvernement Tver', wieder in Petersburg und verbrachte dort, wie stets im Hotel Demut wohnend, die Wintersaison. In Petersburg erfuhr er bald, daß seine Reise in den Kaukasus von Allerhöchster Seite mit Mißtrauen registriert worden war. Benckendorff hatte Auskünfte über Puškin beim Militärgouverneur von Tiflis angefordert, doch Puškin war, als das Schreiben in Tiflis eintraf, längst über alle Berge. Es ging Benckendorff und dem Zaren darum zu erfahren, wer Puškin die Reise in den Kaukasus und nach Erzerum erlaubt hatte. Außerdem wollte man ihm zu verstehen geben, daß dies, sollte es sich um Eigenwilligkeit gehandelt haben, nachteilige Folgen für ihn hätte. Sofort nach seinem Eintreffen in Petersburg erhielt Puškin ein Schreiben Benckendorffs, und er antwortete umgehend: Er habe, als er sich zur operierenden Armee begab, hauptsächlich seinen Bruder wiedersehen wollen, außerdem habe sich sein Jugendfreund Nikolaj Raevskij für ihn eingesetzt, so daß er als «halb Soldat, halb Reisender» an den Kampfhandlungen teilgenommen habe.[3] (Er wußte nicht, daß General Raevskij in der Zwischenzeit verhaftet worden war, weil er angeblich strafversetzte Dekabristen begünstigt hatte.) Puškin gestand seinen Fehler ein, bangend, in den Augen des Herrschers als undankbar zu erscheinen. Als der Zar bald darauf mit Puškin zusammentraf, beteuerte dieser, der Oberkommandierende selbst habe ihm die Anwesenheit bei der Truppe erlaubt. Darauf der Zar: «Sie hätten mich [um Erlaubnis] bitten müssen. Wissen Sie denn nicht, daß die Armee mir gehört?»[4]

Eine Einladung nach Paris hatte nun um so weniger Aussichten auf behördliche Genehmigung. Sie kam von Ivan Jakovlev, einem der Spielerfreunde Puškins, bei dem er mit 6000 Rubeln in der Kreide stand. Sein Gesuch an Benckendorff faßte Puškin im Januar 1830 jedoch viel weiter. Er bat um die Genehmigung einer Reise nach Frankreich und Italien oder um die Teilnahme an einer Chinaexpedition – solange er noch nicht verheiratet sei.[5] Sein Verlangen nach neuen Erfahrungen, in Europa oder in Asien, war unersättlich – und es sollte, nach dem Willen der Obrigkeit, ungestillt bleiben. In der Antwort auf sein Gesuch, die mit dem 17. Januar 1830 datiert war, schlug ihm wieder jene Mischung aus Sorge und Kontrolle entgegen, die ihm so lästig war: Die Auslandsreisen, hieß es, würden seine finanziellen Möglichkeiten überfordern und ihn zudem von seinen eigenlichen Beschäftigungen abhalten. Wenigstens wurde ihm die Druckerlaubnis für den *Boris Godunov* in Aussicht gestellt.[6]

Ende 1829 begegnete er in Petersburg Alexander von Humboldt, dem großen Naturforscher, der gerade von seiner Reise zurückkehrte, die ihn ins Uralgebirge, an die chinesische Grenze und ans Kaspische Meer geführt hatte. Man traf bei einem festlichen Essen zusammen, an dem auch die berühmte polnische Pianistin Maria Szymanowska teilnahm. Humboldt interessierte sich für Puškins historische Studien zum Pugačëv-Aufstand. Puškins Eindruck von dem großen Gelehrten schlug sich in einem Bonmot nieder: «Sieht Humboldt nicht aus wie die Marmorlöwen am Brunnen? Genauso fließt die fesselnde Rede aus seinem Munde.»[7]

Auf dem Bärenfell mit Dolly Ficquelmont

In die gleiche Zeit fiel die Bekanntschaft mit Elizaveta Chitrovos Tochter, der Gräfin Darja Ficquelmont, die mit dem neuernannten österreichischen Gesandten im Zarenreich und späteren Außenminister der Donaumonarchie verheiratet war. Zu Dolly Ficquelmont, wie sie genannt wurde, einer Dame von tadellosem Ruf, entwickelte sich rasch ein enges, andauerndes Verhältnis, das zu Intimitäten führte. Sie war von Puškin so hingerissen, daß sie ihren 27 Jahre älteren Gatten mit dem Dichter hinterging und dabei erhebliche Risiken auf sich nahm. Puškin hat seinem Freunde Naščokin ein Liebesabenteuer mit Dolly Ficquelmont in allen Einzelheiten anvertraut, das dieser überliefert hat.[8] Die Liebenden hatten sich im Palast der Ficquelmonts verabredet. Puškin war unbemerkt ins Haus gelangt und hatte sich im Salon unter einem Diwan versteckt. Als die Gräfin nach Hause kam, zündeten Lakaien die Kandelaber im Salon an, die Gräfin erschien in Begleitung einer Dame, die sich allerdings nicht lange aufhielt. «Etez-vous là?», fragte die Gräfin vorsichtig, und Puškin trat aus seinem Versteck hervor. Sie schlossen sich im Schlafzimmer ein und zogen die Gardinen zu. «Es begannen die Entzückungen der Wollust», berichtet Naščokin weiter. «Sie spielten, vergnügten sich. Vor dem Kamin war eine prächtiger Vorleger aus Bärenfell ausgebreitet. Sie zogen sich nackt aus und begossen sich mit Parfüm, das im Zimmer war, und legten sich auf das Fell ...» Als Puškin erwachte, war heller Tag, die Diener längst auf den Beinen. Als sie dem Haushofmeister an der Tür begegneten, wäre Dolly fast in Ohnmacht gefallen. Schließlich führte eine gewiefte Zofe Puškin durch das Schlafgemach des Grafen, der durch die Schritte erwachte, doch von der Zofe hinter seinem Wandschirm beruhigt wurde. Puškin entkam, nicht ohne dem Haushofmeister 1000 Rubel Schweigegeld geboten zu haben. An der pikanten Geschichte sind Zweifel geäußert worden. Manche halten sie für eine Ausgeburt der schlüpfrigen Phantasie Sobolevskijs. Andererseits weiß man, daß Puškin vor Abenteuern nicht zurückschreckte und nur zu oft seine Geistesgegenwart und Willenskraft auf die Probe stellte.

Das «Don-Juan-Register»

Nach der Rückkehr aus dem Kaukasus ließ Puškin sich auch im Moskauer Hause der Ušakovs wieder regelmäßig sehen. Ekaterina, seiner einstigen unschuldigen Flamme, überreichte er die beiden ersten Bände seiner *Gedichte*, die er selbst erst jetzt zu Gesicht bekommen hatte. Eine der Widmungsaufschriften lautete: «Nec femina, nec puer», womit er noch einmal die besondere platonische Beziehung zu dem knabenhaften Mädchen unterstrich. Obwohl sie um Puškins Leidenschaft für Natal'ja Gončarova wußte, schien sie noch immer auf eine eheliche Verbindung mit ihm zu hoffen. Auch Vjazemskij war noch im März 1830, also kurz bevor Puškin das Jawort von Natal'jas Mutter erhielt, in dem nämlichen Glauben. An seine Frau schrieb er Anfang April aus Petersburg: «Sage Puškin, daß die hiesigen Damen nicht gestatten, daß er heiratet...»[9] Überraschenderweise kam dann alles ganz anders, als gedacht: Ekaterinas jüngere Schwester Elizaveta heiratete am 30. April; eine Woche später, am 6. Mai, fand Puškins Verlobung mit Natal'ja Gončarova statt. Die zartfühlende Ekaterina blieb mit ihren Wünschen und Hoffnungen allein. Erst nach Puškins Tod raffte sie sich endlich auf, eine Ehe einzugehen. Teils auf Verlangen ihres Bräutigams, teils aus eigenem Antrieb hat sie vor ihrem Tode sämtliche schriftliche Andenken an Puškin verbrannt.

Doch auch zu ihrer Schwester, der um ein Jahr jüngeren Elizaveta Ušakova, unterhielt Puškin ein enges Vertrauensverhältnis. Ihr trug er ins Album nicht nur Gedichte und Zeichnungen ein, sondern auch die Aufzählung aller Frauen, für die er je entbrannt war: das berüchtigte *Don-Juan-Register*. Es waren dies zwei Listen mit weiblichen Namen, die inmitten anderer Notizen erschienen und, nach den Schriftmerkmalen zu urteilen, wohl in zwei Folgen, etwa zwischen dem 21. September und dem 12. Oktober 1829, aufgeschrieben wurden. Puškins Zeichnungen von Elizaveta Chitrovo, Anna (Nikolaevna) Vul'f, Anna Olenina, Natal'ja Gončarova, den Schwestern Ušakov, Amalija Riznič und Elizaveta Voroncova standen offensichtlich im Zusammenhang mit dem Register. Was war damit bezweckt? Eine Bilanz, ehe das monogame Leben begann? Trost für die Ušakov-Schwestern, denen in Puškins großem Liebesreigen wenigstens ein bescheidenes Plätzchen

Das «Don-Juan-Register»

zugewiesen ward? Ein Sich-Brüsten mit der großen Trophäenzahl, die sich der unwiderstehliche Tausendsassa ans Panier geheftet hatte? All das mag ein wenig hineingespielt haben. Aber bedeutete es nicht auch, immer im Sinne des Puškinschen Denkens, daß der Dreißigjährige zwar viele Liebesaffären, jedoch keine alles bezwingende Liebe gefunden hatte? Das, was in seinem künftigen Drama *Der steinerne Gast* das tragende Problem sein sollte? Selbst Natal'ja Gončarova, die erwählte einzigartige Schönheit, tauchte im Register nur als eine unter vielen auf. Vera Vjazemskaja gegenüber nannte er sie seine 113. Liebe.[10]

Tücken des Heiratsgeschäfts

Puškin wurde bei den Gončarovs mit Kühle und Vorsicht aufgenommen. Vor allem Natal'jas Mutter war fordernd und abweisend, mit der schüchternen Tochter kam es kaum zu Gesprächen, den Vater bekam Puškin nicht zu Gesicht.

Von vielen Seiten wurde bezeugt, daß Puškin in jener Zeit, in Moskau wie in Petersburg, verstärkt von *toska* und *skuka*, Melancholie und Langweile, zwei verbreiteten Leiden der russischen Seele, heimgesucht wurde. Wieder hielt er sich im Herbst länger in Malinniki und Pavlovskoe, Landsitzen der Osipov-Vul'fs, auf. Auch verliebte er sich erneut in Netty Vul'f. Doch lief alles auf nichts hinaus. Allerdings schrieb er mit Einbruch des Winters einige seiner schönsten Wintergedichte. Der Schneesturm, vom Reisenden im Wagen nicht als eine der meteorologischen Unbilden erfahren, sondern als verwirrender Aufruhr der Naturgeister, ist in *Die Dämonen* festgehalten:

> *Wolken ziehen, Wolken jagen.*
> *Nacht, in die kein Mondstrahl bricht,*
> *Flocken, fort vom Wind getragen,*
> *trüb der Himmel, ohne Licht.*
> *Übers Feld die Räder gleiten;*
> *«ding-ding-ding» das Glöckchen klingt.*
> *In den unbekannten Weiten*
> *kalte Furcht mein Herz durchdringt!*
>
> *«Kutscher, schnell!» – «Es will nicht gehen.*
> *Herr, den Pferden wird's zu schwer.*
> *Nichts kann ich im Schneesturm sehen,*
> *Schnee weht auf die Wege her.*
> *Keine Spur ist zu entdecken.*
> *Nichts zu machen. Schlag mich tot!*
> *Da, ein Dämon will uns schrecken,*
> *führt uns in die Irre, droht.»*
> *[..]*
> *Ungestalt, unendlich viele*
> *der Dämonen Schemen sind,*
> *wirbeln in des Mondscheins Spiele*

wie Novemberlaub im Wind ...
in der Nebel grauem Schleier –
was ist's, das sie singen läßt?
Eines Hausgeists Totenfeier?
Einer Hexe Hochzeitsfest?

Wolken ziehen, Wolken jagen.
Nacht, in die kein Mondstrahl bricht.
Flocken, fort vom Wind getragen,
trüb der Himmel, ohne Licht.
Schwarm um Schwarm Dämonen eilen
hoch und höher, himmelwärts,
und ihr Klagen und ihr Heulen
bricht mir in der Brust das Herz ...[11]

In *Wintermorgen* dagegen entsteht aus der Schilderung des frostigen, sonnigen Morgens nach dem Schneesturm, da die Geliebte erwacht, eine lebensnahe Szene:

Sanft unter blauen Himmelsweiten
siehst du den Schnee als einen breiten
und zarten Teppich, glänzend weiß.
Allein der Wald blieb schwarz, der lichte,
im Rauhreif leuchtet grün die Fichte,
das Flüßchen schimmert unterm Eis.

Von Bernsteinglanz wird immer bunter
der ganze Raum. Und jetzt ist munter
das Feuer knisternd laut entbrannt.
Wie wohl wird uns am Herd zumute!
Doch sag: Ob man die braune Stute
uns nicht vor unsern Schlitten spannt?

Derweil wir durch den Neuschnee gleiten,
Geliebte, lassen wir uns leiten
von unsres Pferdes freiem Trieb.
Besuchen wir die weiten Felder,
die kürzlich noch so dichten Wälder,
das Ufer, welches mir so lieb.[12]

Nach einer abwechslungsreichen Petersburger Wintersaison mit Bällen und Maskeraden, literarischen Soireen, Konzerten, Opern- und Theaterbesuchen kehrte Puškin Mitte März 1830 wieder nach Moskau zurück. In Petersburg hatte er die Freundschaft mit Žukovskij im alten Geiste erneuert. Oft war er im Salon der Witwe Karamzins, Ekaterina Karamzina, anzutreffen. Sie war Vjazemskijs Schwester, schon als Lyzeist hatte er sie angehimmelt. Fortan wurde sie seine engste Vertraute, die er selbst in seine intimsten Ehe- und Familienangelegenheiten einweihte. Mit Del'vig und Somov, den Herausgebern der *Literaturzeitung*, stand er in regelmäßiger Verbindung. Die Zeitschrift war lebendig, schreckte vor keiner Polemik zurück, am wenigsten, wenn es galt, dem Bulgarin-Kreis Paroli zu bieten.

Natürlich wurde Puškin nach wie vor polizeilich überwacht. Benckendorff stellte ihn wegen seines ständigen Hin- und Herreisens zur Rede. Der Zar ließ sich über ihn berichten und tat ein übriges, wenn er nach dem großen Ball beim französischen Gesandten monierte, daß Puškin unter all den Uniformierten als einziger im schwarzen Frack erschienen war.

Von den Gončarovs wurden gelegentlich Grüße und Freundlichkeiten nach Petersburg übermittelt. Tochter Natal'ja prangte mit ihrer Schönheit in der Moskauer Gesellschaft, doch gelang es niemandem, sehr zum Leidwesen der armen Ekaterina Ušakova, die Festung Kars (so nannte sie ihre Rivalin), einzunehmen.[13] Als Puškin wieder in Moskau eintraf, eilte er unverzüglich in die Adelsversammlung, wo ein Benefizkonzert gegeben wurde. Der Zar, der sich gerade in Moskau aufhielt, war anwesend, und mit größtem Behagen erkannte Puškin im Saale auch Natal'ja Gončarova und Vera Vjazemskaja, was seinen Unmut über die aufdringlichen Briefe der Elizaveta Chitrovo, die ihn in Moskau erreicht hatten, ein wenig gedämpft haben dürfte.

Am Tage vor seiner zweiten Brautwerbung schrieb Puškin einen bekenntnisoffenen Brief an seine künftige Schwiegermutter, in dem er seine große Liebe zu Natal'ja noch einmal bekräftigte. Ihr kaltes Verhalten habe ihn «in völliger Verzweiflung» nach Petersburg getrieben. Noch immer zweifele er an ihrer Gegenliebe, glaube aber, daß er, wenn sie ihm das Jawort gebe, künftig ihre Zuneigung erringen werde. Er hoffe, daß sein Vermögen ausreiche, ihr die ihr zukommende Lebensstellung zu bieten. Er sei bereit, für sie all seine bisherigen Neigungen, all seine Leidenschaften, sein ganzes freies, eskapadenreiches Leben zu opfern.[14] Als er am Ostersonntag, dem 6. April 1830, in Begleitung seines Brautwerbers Graf Fëdor Tolstoj im Hause der Gončarovs zum zweiten Mal um die Hand der Tochter anhielt, gab ihre Mutter die Zustimmung. Die Verlobung von Natal'ja Gončarova mit Aleksandr Puškin gaben ihre Eltern am 6. Mai 1830 im Rahmen einer kleinen familiären Festlichkeit bekannt.

Puškin war sich zutiefst bewußt, daß er vor einer grundlegenden Wende in seinem Leben stand. Aus dem Brief, mit dem er den Eltern seinen Entschluß mitteilte und um ihren Segen bat, sprach heiliger Ernst. Er benötige den Segen der Eltern nicht als Formalität, sondern als Garanten für sein Wohlergehen: «Damit die zweite Hälfte meines Daseins für Euch trostreicher sein möge als meine traurige Jugend.» Er verschwieg nicht, daß seine Braut in zerrütteten Vermögensverhältnissen lebte, und bat die Eltern um Unterstützung.[15]

Die Zustimmung von Natal'jas Mutter war nicht ohne Bedingungen erteilt worden. Einmal wollte sie, wie aus dem Brief hervorgeht, den Puškin umgehend an Benckendorff schrieb, seine Vermögensverhältnisse geordnet wissen, zum anderen forderte sie Sicherheit, daß seine Stellung zur Obrigkeit untadelig sei.[16] Der Zar zögerte nicht, Puškin ein Unbedenklichkeitszeugnis auszustellen: Kein Schatten von Behördenmißgunst sei je auf den Dichter gefallen, hieß es; er sei nie unter polizeiliche Überwachung gestellt worden (was nicht zutraf), sondern Graf Benckendorff habe ihn, nicht als Chef der Gendarmen, sondern als Vertrauensperson des Zaren, beaufsichtigt und zur Vernunft zu bringen versucht. Man stellte es Puškin frei, dieses Schreiben wem auch immer vorzuzeigen. Was die Vermögensfrage anlangte, so war sie – formaliter – schon dadurch geklärt, daß der Monarch dem Dichter ja freigestellt hatte, von seinem literarischen Schaffen zu leben. Zudem hatte ihm sein Vater einen Teil des Landgutes Boldino mitsamt 200 unverpfändeten Seelen zugesprochen. Da der Zar endlich auch den Druck des *Boris Godunov* genehmigt hatte und sich die übrigen Werke Puškins gut verkauften, schien auf der Seite der Einkünfte alles zum besten zu stehen. Ja, der Petersburger Verleger Smirdin war, wie Pëtr Pletnëv, Puškins literarischer Agent aus Petersburg, berichtete, bereit, dem Dichter für alles Geschriebene vier Jahre lang eine Monatsrente von 600 Rubeln zu zahlen.

Auch Natal'ja erhielt von ihrem Großvater als Mitgift einen Teil des Dorfes Katunki, ebenfalls im Gouvernement Nižnij Novgorod gelegen. Ferner war daran gedacht, eine Bronzestatue Katharinas II. aus dem Familienbesitz einzuschmelzen und den Gewinn daraus der Mitgift zuzuschlagen. (Die Allerhöchste Genehmigung hierzu wurde tatsächlich auch erteilt.) Doch änderte all dies nichts an der Tatsache, daß die Braut arm und der Bräutigam hochverschuldet war. Wenige Tage nach der Verlobung verlor er an einen berufsmäßigen Spieler 25 000 Rubel, die er gegen Wechsel mit einer Laufzeit von vier Jahren zurückzuzahlen hatte. Pogodin setzte alle Hebel in Bewegung, um das Geld für die ersten Zahlungen zusammenzukriegen. Es gelang nur «mosaikartig», wie er an Puškin im Juni schrieb, – mal 2000 Rubel, mal 1800.[17] Anfang Juli wuchsen die Spielschulden um weitere 12 500 Rubel ...

Poet und Madonna

In dieser Zeit entstanden die einzigen Sonette, die Puškin geschrieben hat, drei besondere Beispiele, ja Kabinettstücke der Gattung. Er folgte damit dem Vorbild Del'vigs, der das Sonett in Rußland in den 1820er Jahren revitalisiert hatte, und Mickiewiczs, dessen *Krimsonette* in der russischen Übertragung von Ivan Kozlov soeben erschienen waren, zwei Jahre nach der Prosaübersetzung von Vjazemskij.

Im ersten, *Das Sonett* überschrieben, sind mit dem Titel Gestalt und Thema bezeichnet, denn das Gedicht gibt in der strengen Form einen Überblick über die Geschichte des Sonetts. Als aufmunterndes Motto wählte Puškin ein Zitat aus Wordsworth: «*Scorn not the sonnet, critic*», dann folgen Verneigungen vor Dante, Petrarca, Shakespeare, Camões, Wordsworth und, in den abschließenden Terzetten, vor Mickiewicz und Del'vig:

> *Im Schutz der Berge Tauriens, meerumflossen,*
> *Hat Polens Sänger jählings eingeschlossen*
> *Sein Traumbild in dies eingeschränkte Maß.*

> *Bei uns kannt noch kein Mädchen seine Klänge,*
> *Als unser Delwig schon für sie vergaß*
> *Die heiligen Hexameter-Gesänge.*[18]

Wiewohl ihm der Zwang des «eingeschränkten Maßes» künstlerisch gegen den Strich ging, vereinfachte Puškin seine Sonette nicht etwa in formaler Hinsicht, sondern erschwerte sie noch. Bei Del'vig hatte er (in dem Sonett *Inspiration*) gesehen, daß man dem Gedicht, außer in der Folge der Endreime, an der (in der Übersetzung nicht beachteten) Zäsurstelle nach der vierten Silbe zusätzlich Reime oder Assonanzen einfügen konnte. Dies geschah im obigen Sonett in zehn Versen, was der bei Puškin stets hochgradigen Euphonie weitere Fülle verlieh.[19]

Das Sonett *Dem Dichter*, das in vielem auf das Vermächtnisgedicht *Exegi monumentum* vorausweist, kann wohl als Puškins reinstes und strengstes künstlerisches Credo in Versform angesehen werden. Nicht umsonst griff er dabei auf die ehrwürdige Sonettform und den «klassizistischen» Alexandrinervers zurück. Er erreichte damit einen hochgestimmten, fast unerbittlichen Ton, welcher die dem Dichter gestellten kategorischen Imperative zu unverrückbaren Gesetzen stempelte. Der Dichter ist Zar – da das Russische keinen Artikel kennt, kann man weidlich darüber nachsinnen, ob es im Deutschen durch «der Zar», «ein Zar» oder lediglich «Zar» wiederzugeben sei. Man weiß auch nicht, wer in dem Gedicht, das durchgehend in der zweiten Person Singular formuliert ist, spricht. Wer ist denn der rigorose ästhetische Gesetzgeber? Eine göttliche Instanz? Ein gebieterischer Geschmacksrichter – wie Del'vig? Oder der Dichter persönlich, der sich selber anruft? Entscheidend freilich sind die Botschaften: Daß der Poet nichts auf die Liebe des Volkes noch auf den Spott der Menge geben darf; daß er seinen Weg allein zu gehen hat; daß er einzig und allein der künstlerischen Vollkommenheit verpflichtet ist; und daß er, namentlich, selbst sein höchstes Gericht darstellt. All das steht nicht nur als strengstes Postulat vor dem Künstler, es ist auch, auf der biographischen Ebene, die Antwort auf die Zumutungen, welchen der reale Poet seitens des Zaren und der Obrigkeit ausgesetzt gewesen war. Die gedankliche Klimax aber bringen die letzten Verse. Mit der unerhörten Aussage, daß der Dichter die Verachtung der Menge verdiene, sollte er denn mit seinem Werk zufrieden sein, treibt Puškin das agonale Prinzip, das sein Schaffen von Anfang an bestimmte, ins Extrem: Der Dichter wird zu seinem eigenen Rivalen, der mit sich selbst im Kampf um die größte Vollkommenheit liegt:

Poet! an Volkes Gunst sei nimmer dir gelegen.
Des Lobs, des Preises Lärm rauscht nur zu schnell vorbei;
Dir schlägt der Dummheit Spruch, der Menge Spott entgegen,
Doch du bleib stark und fest, und bleib dir selber treu.

Du bist ein Zar: so bleib allein. Geh auf den Wegen,
Die dir dein Denken weist, geh unbeirrt und frei,
Und wenn du dichtest, mach, daß es vollkommen sei,
Und hoff für edle Tat auf keinen andern Segen.

Dein Lohn liegt in dir selbst. Du selbst bist dein Gericht;
Du weißt am besten, was dein Werk taugt und was nicht.
Braucht es vor deinem Spruch, du strenger, nicht zu zittern?

Bist du zufrieden? Dann mag nur die Menge schrein
Und mag auf den Altar, wo deine Glut brennt, spein
Und mag mit Kindersinn an deinem Dreifuß schüttern.[20]

Die Form des Sonetts ist untadelig; nur an einer Stelle weicht der Dichter von der obligatorischen Reimfolge ab (indem er Kreuzreim anstelle des umarmenden Reimes im zweiten Quartett zuläßt), bezeichnenderweise da, wo das Adjektiv «frei» (*svobodnyj*) erschien – eine der feinen formalen Gesten Puškins, die unmerklich mit der Aussage korrespondieren.

Rief sich Puškin in der Wendesituation die Ideale der Dichtkunst in Erinnerung, so ist in dem Sonett *Die Madonna* die Aussicht angesprochen, daß er nun mit seiner Gattin zusammenleben werde. Die private Einstellung zu Bildern im eigenen Hause, die zuerst benannt wird, nimmt rasch eine petrakistische Wendung, wobei ein reales Gemälde, eine Madonna von Raffael, den Kontext liefert:

Ich war bisher, solang ich lebe, nicht gewillt,
Mit Bildergalerien mein schlichtes Haus zu schmücken,
Daß abergläubisch sich Besucher dran entzücken,
Wenn einem Kennermund ein Kennerspruch entquillt.

In meinem Eck, von Müh und Arbeit ausgefüllt,
Könnt ein Gemälde nur mich immerdar beglücken,

Ein einziges: daß, wie aus Wolken, aus dem Bild
Die Jungfrau und ihr Sohn auf mich herniederblicken –

Mit stiller Würde sie, mit geistigen Blicken er –
Sanft und allein – es schwebt kein Engel um sie her –
An Zions Palme dort im Glanz der Gloriensonne.

Mein Wunsch ward mir erfüllt. Der Herr der Ewigkeit
Hat dich zu mir gesandt, geliebteste Madonna,
Das reinste Musterbild der reinsten Lieblichkeit.[21]

Die Transformation des gewünschten heiligen Bildes zur wirklichen, geliebten Madonna läßt erneut Puškins Schwingen zwischen der idealen und der realen Geliebten, wie in den Versen an Anna Kern, aufscheinen. Aber auch zu diesen hochgestimmten Versen läßt sich ein ironisches Bonmot im Hintergrund finden – in einem Brief, in dem er, nicht lange vor dem Madonna-Sonett, Elizaveta Chitrovo seine Heirat ankündigte. «J'epouse une madonne louche et rousse», schrieb er, in Anspielung auf Natal'jas schielendes Auge und rötliches Haar.[22] Auch eine petrarkistische Überhöhung ließ letztlich die realen Gegebenheiten nicht vergessen, zumal sie Puškin in höchstem Maße faszinierten. (Laut Vjazemskij soll sich Puškin damit gebrüstet haben, das Sonett sei gar nicht Natal'ja, sondern einer anderen Frau gewidmet.[23]) Als er hernach beim Buchhändler Slёnin Raffaels Bridgewater-Madonna angeboten fand (es handelte sich allerdings nur um eine Kopie), die seiner geliebten Madonna glich wie ein Wassertropfen dem anderen, verharrte er lange davor in gerührter Betrachtung. «Ich würde sie [die Madonna] kaufen», schrieb er an Natal'ja, «wenn sie nicht 40 000 Rubel kosten würde.»[24]

Sieht man vom *Evgenij Onegin* ab, der in Strophen verfaßt ist, die dem englichen Sonettyp entsprechen, so hat Puškin nur diese drei Sonette, Perlen der Weltpoesie, geschrieben, und zwar 1830/31, im Moment seiner Lebenswende.

Die Choleraepidemie

Am 1. September 1830 brach Puškin von Moskau ins Gouvernement Nižnij Novgorod auf, um in Boldino den ihm vom Vater zugesprochenen Teil des Puškinschen Familiengutes rechtskräftig in Besitz zu nehmen. Puškin hatte 540 Werst zurückzulegen; es ging über Pokrov, Vladimir, Murom und das an den legendären literarischen Zirkel erinnernde Arzamas, wo er übernachtete. Gleich nach der Ankunft setzte er zusammen mit dem Dorfschreiber die erforderlichen Gesuche an das Kreisgericht auf. Der Wert des Dorfes Kistenevo, das er mitsamt 200 Bauern und ihren Familien erhalten sollte, wurde auf 80 000 Rubel geschätzt, wovon er einen Teil umgehend verpfänden wollte. Puškin war zum ersten Mal in Boldino, das Gut machte auf den ersten Blick keinen guten Eindruck. Seine Stimmung war, wie in der ganzen letzten Zeit, mißmutig und melancholisch, wenn nicht verzweifelt. Kurz vor seiner Abreise hatten ihn einige Ereignisse aufgewühlt, mit denen er fertig werden mußte.

Sein Onkel Vasilij Puškin war verstorben, sozusagen in den Armen des Neffen. Trotz seiner schwierigen finanziellen Lage kam Puškin für die Beerdigungskosten auf. Der Verlust des Onkels, dieses liebenswürdigen Dichters, der seinen Weg von früh an begleitet und gefördert hatte, ging ihm zu Herzen. Doch was ihn innerlich zerriß, war das Zerwürfnis mit seiner künftigen Schwiegermutter, das alle Hoffnungen auf die Heirat mit Natal'ja ins Wanken brachte. Bei seinem letzten Besuch vor der Abreise war offener Streit ausgebrochen, der mit gegenseitigen Anschuldigungen und offenen Beleidigungen geendet hatte. Puškin war so zerknirscht, daß er der Braut am folgenden Tag ihr Jawort zurückgab. Am 28. August schrieb er in einem verzweifelten Brief an Natal'ja:

«Ich begebe mich nach Nižnij [Novgorod] ohne Zuversicht in mein Schicksal. Falls Ihre Mutter beschlossen hat, unsere Hochzeit aufzuheben und Sie einverstanden sind, sich ihr zu unterwerfen, so werde ich alle Motive unterschreiben, die sie anzuführen beliebt [...]Vielleicht hat sie recht, und ich habe nicht recht, wenn ich einen Augenblick geglaubt habe, daß ich für das Glück geschaffen sei. Jedenfalls sind Sie völlig frei; was mich anlangt, so gebe ich Ihnen mein Ehrenwort, daß ich nur Ihnen gehören oder niemals heiraten werde.»[25]

Gerüchte über die Ausbreitung der Cholera waren noch vor seiner Abreise nach Moskau gedrungen. Er wandte sich gegen die aufkommende Panik mit den Worten, die einzige Arzenei gegen die Cholera sei «allein *courage, courage* und weiter nichts».[26] Er blickte auf die Gefahr, wie er in sein Notizbuch schrieb, mit dem Gleichmut, den er den Asiaten schuldete, zu denen er gerade aufbrach.[27] Er reiste weiter mit dem Gefühl, als fahre er zu einem Duell: «mit Ärger und großer Unlust».[28] Bald sollte sich zeigen, daß alle Befürchtungen sogar noch untertrieben waren.

Rußland war 1830 von der ersten großen Choleraepidemie befallen worden. Sie drang von Osten her in die zentralen Teile des Landes vor und löste allerorten Panik und Schrecken aus. Am Ende überzog sie ganz Europa. Die Behörden versuchten, die Seuche durch rigorose Quarantänemaßnahmen einzudämmen. Bäume wurden an den Trassen gefällt, Sperren gebaut. Um der Quarantäne zu entgehen, dachte Puškin daran, wieder nach Moskau zurückzukehren. Doch wurde seine Kutsche bereits nach 20 Werst durch eine Sperre aufgehalten. Ein zweiter Versuch, sich Mitte November nach Moskau durchzuschlagen, scheiterte ebenfalls. Bis Ende November hielt ihn die Cholera in Boldino fest. Dies schüttelte seine Lebenspläne arg durcheinander, kam aber seinem dichterischen Schaffen in ungewöhnlichem Maße zugute.

Versüßtes Landleben

Zunächst einmal genoß Puškin die erneut gewonnene Einsamkeit, das frische Landleben behagte ihm ganz offensichtlich. An Pletnëv schrieb er:

> «Jetzt sind meine finsteren Gedanken verflogen ... Ich bin im Dorf angekommen und ruhe mich aus. Um mich herum Cholera Morbus. [...] Das hätte ja gerade noch gefehlt, daß ich mich zu Onkel Vasilij begebe [also: sterbe, R. L.] und du auch noch meine Biographie schreiben mußt. [...] Steppe, nichts als Steppe; von Nachbarn nicht die Spur: Reite, soviel du willst, schreib zu Hause, soviel dir in den Sinn kommt, niemand stört dich.»[29]

Und schon kündigte er dem Freunde allerlei in Prosa und Versen an. Wieder fand er Gefallen an einem leibeigenen Bauernmädchen, diesmal war es eine gewisse Fevronija Viljanova, der er Briefe geschrieben und eine Abschrift des *Gefangenen im Kaukasus* geschenkt haben soll. Puškins Diener glaubte sogar, der Barin habe sie heiraten wollen; während andere Stimmen lediglich von zufälligen Begegnungen im Wald beim Beeren- und Pilzesammeln berichten. Immerhin hat er sich später um die materielle Absicherung des Mädchens gekümmert.[30] Auch mit Ol'ga Kalašnikova, seiner leibeigenen Liebe aus Michajlovskoe, die er nach Boldino abgeschoben hatte, traf er wieder zusammen. Ihr stellte er jetzt den Freibrief aus der Leibeigenschaft aus. Über eine Wiederaufnahme zarter Beziehungen ist nichts bekannt.

Natürlich ergab sich schon bald Kontakt zu Gutsherrinnen in der Umgebung. Natal'ja Novosil'ceva lebte samt Töchtern im nahen Nachbardorf Apraksino, gut acht Werst von Boldino entfernt. Die jungen Damen kannten sich in Puškins Werken bestens aus. Sie stritten mit ihm über den Ausgang des *Evgenij Onegin*: Das Duell sollte anderes enden; Onegin und Tat'jana sollten am Schluß glücklich zusammenfinden ... Doch Puškin ließ sich nicht beirren. Der Versroman war in seinen Gedanken fertig konzipiert. Er hatte nicht vor, die tragischen Ansätze zur Idylle umzubiegen. «Nein», rief er aus, «keineswegs; er [Onegin] war doch Tat'janas gar nicht wert».[31] Von der Fürstin Anna Golicyna im immerhin 30 Werst entfernten Panovo erhielt er die neuesten Nachrichten über die Ausbreitung der Cholera. (Natal'ja, seine Braut, wurde, als sie von dieser Dame hörte, rein intuitiv mißtrauisch.)

Der Adelsmarschall hatte Puškin aufgefordert, die Aufsicht über die Quarantänen im Kreis zu übernehmen. Puškin weigerte sich zunächst, mußte sich aber der strengen Anordnung des Innenministers, das Amt zu übernehmen, fügen. Seine Bauern klärte er sehr sinnfällig über die Cholera auf. Sie hatten sich bei ihrem neuen Barin über den strengen, ungerechten Starosta Kalašnikov beschwert und seine Ablösung gefordert. Der Barin aber erklärte ihnen: «Die Cholera ist euch, Brüder, auch deshalb geschickt worden, weil ihr den Obrok [den Bodenzins] nicht bezahlt und euch dem Trunk ergebt. Wenn ihr so weitermacht, dann wird man euch auspeitschen. Amen!»[32] Seinem Freund Pletnëv versicherte er brieflich, er würde sich totlachen, wenn er diese «Predigt» erhielte – aber eines solchen Geschenkes sei er ja gar nicht würdig.[33]

Boldino – Puškins Patmos

In seinem Reisekoffer hatte er ganze Packen von Manuskripten mit nach Boldino gebracht. Kein Zweifel, er hoffte darauf, wieder, wie alljährlich im Herbst, die literarische Ernte einzufahren. Was aber im abgelegenen Boldino herauskam, war nicht der übliche Jahresertrag, sondern glich einem Wunder, wie es in der Geschichte der Literaturen nicht oft zu verzeichnen sein dürfte.

Die ländlichen Aufenthalte waren immer auch ein Rückdenken und Erinnern gewesen. Viel Zurückliegendes wurde in der Einsamkeit aufgearbeitet und in die gehörige dichterische Form gebracht. Diesmal führte das Bewußtsein, vor der entscheidenden Wende seines Lebens zu stehen, bei Puškin zu einer Bilanzierung aller Bereiche seiner Existenz, seiner Liebesfähigkeit, seines Standes und seiner Herkunft, wie auch natürlich seiner künstlerischen Maximen. Noch nie hatte er sich so umfassend mit seinen ureigenen Problemen auseinandergesetzt wie in den Boldinenser Werken – immer in der Stellvertreter-Attitude der symbolischen Handlung, die Grundsätze und Lösungen von Lebensfragen auf der poetisch-fiktionalen Ebene vollzog. Lagen auch die Wurzeln der Werke, die in Boldino zum Abschluß kamen, teils um Jahre zurück, so war um so erstaunlicher, daß sie nun in neuen, bisher nicht erprobten Formen in die Welt traten. Boldino war in Puškins Leben und Schaffen sowohl ein Abschluß als auch ein Neuanfang. Er selbst nannte (in einem Brief an Pogodin, Ende Oktober 1830) die End- und Wendezeit in dem abgelegenen Dorf sein Patmos – nach der griechischen Insel, auf der die *Offenbarung des Johannes*, die Beschreibung der Apokalypse, entstanden war. Bei Puškin entstand zwar, außer vielleicht in dem Gedicht *Der Held*, das unter der Maske Napoleons Zar Nikolaus pries, da er das choleraverseuchte Moskau aufgesucht hatte, keine apokalyptische Dichtung, aber seine künstlerischen Neuerungen und der thematische Universalismus, der sich in den Boldinenser Werken abzeichnete, konnten als ein neues Kapitel der russischen Literatur verstanden werden – falls man darin nicht bei weniger gutem Willen einen Abschied Puškins von sich selbst erblicken wollte.

Allein die Ausbeute der drei Herbstmonate oder, wie er an Del'vig schrieb, sein «Vasallentribut» für die *Literaturzeitung* war gewaltig. Er

Das Herrenhaus in Boldino. Heutige Photographie

arbeitete ständig an mehreren Werken gleichzeitig; einige der Kurzdramen und Erzählungen schrieb er in wenigen Tagen nieder. Und es
formten sich die Kapitel des *Evgenij Onegin*, die Einaktdramen, die Erzählungen und selbst die Literaturpolemiken wie von Zauberhand zum
gerundeten Ganzen.

Während draußen Regen und Schnee tobten, knietiefer Morast jede
Bewegung hinderte; während die Choleraquarantänen eine baldige
Rückkehr nach Moskau ausschlossen und Puškin wochenlang ohne
Nachricht von Natal'ja blieb, nicht wissend, ob sie sich noch im gefähr-
deten Moskau aufhielt oder aufs Land gezogen war – während alledem
befand sich der Dichter, einsam in seinem bescheidenen Gutshaus lebend, auf dem Gipfel seiner Kunst.

Abschluß des «Evgenij Onegin»

Der Versroman *Evgenij Onegin*, Puškins Hauptwerk, von dem bereits
seit 1825 nacheinander einzelne Kapitel erschienen waren, wurde in
Boldino endlich abgeschlossen. Das Werk war, zunächst unter dem
Einfluß Byrons, doch ohne rechtes Konzept Kapitel um Kapitel fortge-

schrieben worden. Puškin hatte dafür eine 14zeilige Strophe kreiert, die sich an die englische Sonettform anlehnte. Anstatt vor solcher formaler Herausforderung zu verzagen, entfaltete der Versvirtuose in seinen Onegin-Strophen (dieser Terminus hat sich in der Literaturwissenschaft eingebürgert) ein Feuerwerk an Klang- und Intonationseffekten, überreich an Witz und Pointen. Die 4füßigen Jamben, die er auch hier wieder einsetzte, fügten sich jedem Gegenstand, jeder stilistischen Tönung und jeder lexikalischen Nuance. Puškin scheute nicht vor Fremd- und Modewörtern zurück. Die Phrasierung der Verse war so frei und flexibel, daß sie mitunter wie Prosa klang. Nicht umsonst hat Jurij Lotman «Prosaisierung» als die stilistische Grundstruktur des Versromans herausgestellt.[34]

Auf einem Blatt verzeichnete Puškin am 25. September 1830 die Gesamtstruktur mit Entstehungsort und -zeit der einzelnen Kapitel, die am Ende freilich noch verändert werden sollte:

«Onegin»
ERSTER TEIL. VORWORT
I. Gesang   *Langeweile*. Kišinëv, Odessa.
II. *Der Dichter*. Odessa 1824.
III. *Das Fräulein*. Odessa, Michajlovskoe 1824.

ZWEITER TEIL
IV. *Das Dorf*. Michajlovskoe 1825.
V. *Namenstag*. Mich[ajlovskoe] 1825, 1826.
VI. *Das Duell*. Michajlovskoe 1826.

DRITTER TEIL
VII. *Moskau*. Moskau, Mich[ajlovskoe],
     St. P[eters]b[urg], Malenniki 1827, 1828.
VIII. *Reisen*. Moskau, Pavlovskoe, Boldino 1829.
IX. *Die große Welt*. Boldino.[35]

Dazu vermerkte er, daß er an dem Werk vom 9. Mai 1823 bis zum 25. September 1830 gearbeitet habe: genau 7 Jahre, 4 Monate und 17 Tage. Hierbei war das Zehnte Kapitel nicht berücksichtigt, von dem Puškin große Teile in chiffrierter Form niedergelegt hatte. Zwei Blätter fand man in seinem Nachlaß, sie konnten erst im 20. Jahrhundert entziffert werden. Der bruchstückhafte Text enthält offene politische Aussagen, wie sie für den Versroman sonst untypisch sind. Scharfe Schmähreden gegen Alexander I. – «der schwache und listige Machthaber, der glatzköpfigen Stutzer» – stehen neben der Schilderung der geheimen Treffen der Verschwörer, die namentlich aufgezählt und charakterisiert werden. Neben Lunin, Jakuškin, Pestel' wurde der hinkende Nikolaj Turgenev genannt, der in dem Verschwörerkreis die Befreier der leibeigenen Bauern gesehen habe. Und auch sich selbst brachte Puškin ein; er habe dort seine Noël-Gedichte vorgelesen.[36] Daß Puškin das Zehnte Kapitel ebenso wie das Achte eliminierte (dieses wurde durch das ursprünglich Neunte Kapitel ersetzt) hatte seinen Grund in einer Veränderung der Romankonzeption, die sich nach der Kaukasus-Reise vollzogen haben muß: Onegin sollte nun nicht mehr in die politische Verschwörung hineingezogen werden, aber auch nicht als russischer Ahasver enden, wie es das Reise-Kapitel nahegelegt hätte; vielmehr war ihm bestimmt, ein gelangweiltes Glied der guten Gesellschaft zu bleiben.[37]

Symbolische Handlungen des Dichters

Im Vorwort zum Ersten Kapitel des *Evgenij Onegin* hatte Puškin 1825 geschrieben:

> «Hier der Anfang eines großen Gedichts, das wahrscheinlich nicht vollendet werden wird. Einige Gesänge oder Kapitel des ‹Evgenij Onegin› sind schon fertig. Geschrieben unter dem Einfluß günstiger Umstände, tragen sie den Stempel jener Heiterkeit, die die ersten Werke des Verfassers von ‹Ruslan und Ljudmila› kennzeichnete. Das erste Kapitel [...] enthält die Beschreibung des welthaften Lebens eines jungen Mannes aus Petersburg Ende des Jahres 1819 und erinnert an ‹Beppo›, das scherzhafte Werk des finsteren Byron. Weitsichtige Kritiker werden freilich das Fehlen eines Plans bemerken. Es ist jedem freigestellt, über den Plan eines ganzen Romans bereits nach der Lektüre des ersten Kapitels desselben zu urteilen ...»

Die Romanhandlung vollzieht sich in den folgenden Kapiteln so: Die junge Lebemann Onegin erbt von seinem Onkel ein Gut in der Pro-

vinz. Er begibt sich aufs Land und lernt dort den Gutsnachbarn Vladimir Lenskij kennen, einen Dichter, der soeben vom Studium in Göttingen zurückgekehrt ist. Er verkehrt auch mit den benachbarten Guts-
besitzern. Bei den Larins trifft er auf zwei Töchter: Tat'jana, versponnen
und zurückhaltend, und Ol'ga, vital und lustig. Tat'jana verliebt sich in
Onegin und bekennt ihm ihre Liebe in einem romantischen Brief.
Onegin weist ihre Liebe mit zynischer Kälte zurück. Lenskij verliebt
sich in Ol'ga und will sie heiraten; auf dem Verlobungsball flirtet Ol'ga
mit Onegin. Voller Eifersucht fordert ihn Lenskij zum Duell. In diesem Duell findet er den Tod von Onegins Hand. Onegin begibt sich
auf Reisen und kehrt erst nach längerer Zeit nach Petersburg zurück.
Tat'jana ist inzwischen die Frau eines Generals geworden. Onegin erkennt sie in der Gesellschaft wieder. Nun verliebt er sich in sie und
bekennt ihr in einem Brief seine Liebe. Tat'jana erwidert seine Gefühle, doch siegen in ihr Pflichtgefühl und Achtung vor sich und ihrem
Gatten. Sie weist Onegin zurück.

Der endgültige Handlungsverlauf bietet eine symmetrische, bipolare
Komposition – zuerst verliebt sich Tat'jana in Onegin und wird von
ihm zurückgewiesen, am Ende kehrt sich das Verhältnis um. Dies namentlich läßt die von Puškin intendierte symbolische Handlung deutlicher ausfallen. Ähnlich wie Goethe eine Lebenskrise durch Werthers
Tod stellvertretend überwunden hatte, symbolisierte der Duelltod
Lenskijs im Sechsten Kapitel (nach dem Dezemberaufstand entstanden) die Abkehr Puškins von der eigenen «Göttingischen Seele», also
jenem Syndrom aus Naturrecht, Freiheitspathos und empfindsamer
Poesie, das ihn seit dem Lyzeum beherrscht hatte. Es obsiegt Onegin,
der kaltherzige, gelangweilte Egozentriker, ein Verehrer Byrons – wie
der reale Puškin in der Mitte der 1820er Jahre. Doch auch Onegin
scheitert am Schluß, er wird zurückgewiesen. Der reale Autor verabschiedete sich damit symbolisch von seiner byronistischen Existenz,
während Tat'jana das Ideal der treuen Gattin verkörpert, was Puškin
diesmal, vor dem Eintritt in den Ehestand, keineswegs ins Lächerliche
zog.

Puškin hatte im *Evgenij Onegin* die Lebenswelt der russischen Adelsgesellschaft – in Petersburg, Moskau und in der Provinz – breit und
detailgenau geschildert; in seinen Helden zwei Haltungen manifestiert,
die für die russische Ideengeschichte – und für ihn selbst – prägend

waren; in der bereits erprobten Erzählweise des zwischen Helden und Publikum moderierenden Autoren-Ichs eine Fülle von Fragen angesprochen, die den Roman zu einem einzigartigen Kompendium vor allem in literarischen Dingen machen. Der Kritiker Vissarion Belinskij, dessen Stern in den 1830er Jahren aufging, nannte den Roman «eine Enzyklopädie des russischen Lebens», was, auf die Adelswelt bezogen, uneingeschränkt zutraf.

Mozarttum und Salierismus

Zu den erstaunlichsten Werken in Puškins Schaffen zählen die vier in Boldino entstandenen Einaktdramen, die nicht nur von ihrer Thematik, sondern ebenso von ihrer künstlerischen Anlage her höchste Ansprüche einlösen. In der russischen Literatur waren Dramen, die sich auf nur wenige Personen und Szenen beschränken und dabei auf eine einzige psychologisch-philosophische Fragestellung konzentrieren, nicht etabliert. Puškin selbst war sich im Zweifel, wie er die vier Stücke gattungsmäßig bestimmen sollte. «Dramatische Szenen», «Dramatische Skizzen», «Dramatische Untersuchungen», «Versuch dramatischer Untersuchungen» buchstabierte er durch.[38] Und ebenso ratlos stand die Literaturkritik vor Puškins «kleinen Tragödien», wie sie heute meist genannt werden. Es ging in allen vier Stücken um Fragen, die den Dichter in Boldino besonders bewegten. Auch in ihnen fand er wieder ein Medium, seine Lebensprobleme in symbolischer Projektion durchzuspielen.

Das erste Stück, zunächst *Der Geizige*, dann *Der geizige Ritter* genannt, griff in die feudale Welt des europäischen Mittelalters, um den Konflikt zwischen einem geizigen, machtbewußten Vater und seinem verschwenderischen Sohn zu gestalten. Die Lebensauffassungen der beiden Kontrahenten sind unvereinbar. Der Vater will nicht hinnehmen, daß der Sohn in jugendlicher Unbedachtheit das Geld verpraßt; der Sohn nicht, daß er vom Vater in bitterer Armut gehalten wird. Selbst der um Vermittlung bemühte Herzog kann die beiden nicht versöhnen, obwohl er den Vater mahnt, seinen Sohn am Hofleben teilnehmen zu lassen. Der Vater, wähnend, daß sein Sohn ihn umbringen lassen will, wirft ihm den Fehdehandschuh hin und stirbt vor innerer Er-

regung mit den Worten «Wo sind meine Schlüssel?» In der mittleren
der drei Szenen erscheint der alte Baron in seiner unterirdischen
Schatzkammer und denkt, als ein «Dämon des Geizes»[39], über die
Wollust des Goldbesitzes und die Macht, die dieser verleiht, nach – ein
unübertrefflicher Monolog, der die erotischen, psychopathologischen
und kriminellen Einlagerungen der manischen Habgier offenbart. Daß
hier Puškins Verhältnis zu seinem geizigen Vater und die wiederholten
Konflikte um Geld und Verschwendung ihren Niederschlag gefunden
haben, steht außer Zweifel.

Noch näher liegt der Bezug zu Puškins damaliger Situation in dem
Dramolett *Das Gelage während der Pestzeit.* In Moskau hatte er vor der
Abreise einen Band mit poetischen Werken englischer Autoren erstanden. Dieses Buch, eines der wenigen, die ihm in Boldino zur Verfügung
standen, diente ihm jetzt als Quelle der Inspiration. Aus dem Drama
The City of the Plague von John Wilson nahm er eine Szene und machte
daraus ein Stück, das sich in den Zyklus der «kleinen Tragödien» ein-
ordnete. Im pestverseuchten London des Jahres 1665 tafeln Männer
und Frauen auf offener Straße, während die schwarzen Leichenkarren
vorüberfahren. Die Versammelten widersetzen sich den Aufrufen eines
Priesters zur Buße, ja, der Vorsitzende der Tafelrunde ruft zum Widerstand gegen den verheerenden Tod durch gesteigerten Lebensgenuß
auf. Puškins beliebtes Zusammendenken der Gegensätze traf sich hier
mit seinem Ruf «*courage, courage*», mit dem er der Cholera entgegenge-
treten war.

In dem Dramolett *Mozart und Salieri*, einem der bedeutendsten
Werke Puškins, ging es um das Künstlertum. Das Stück sollte zunächst
den Titel *Neid* tragen, denn der Konflikt entstand aus dem Kunstneid,
dem Neid zwischen Künstlern, und den sah Puškin durchaus als ein
positives Motiv. «Der Neid ist die Schwester des Wettstreites, er ist
also von guten Eltern», sagte er im Zusammenhang mit dem Stück.

Puškin kannte Mozarts Schaffen seit langem. Seine Schwester spielte
Mozarts Werke auf dem Klavier. Er war ein eifriger Konzertbesucher,
die Opern *Figaros Hochzeit* und *Don Giovanni* waren ihm vertraut.
Ulybyševs Mozart-Monographie hatte er bereits im Manuskript einse-
hen können.[40] Vor allem aber war noch in Michajlovskoe das Gerücht
an sein Ohr gedrungen, der Wiener Hofkapellmeister Antonio Salieri
habe vor seinem Tod, im Mai 1825, gebeichtet, Mozart aus Neid ver-

giftet zu haben. Dies nahm Puškin auf und gestaltete es als Konflikt zwischen zwei Künstlertypen, dem intuitiv schaffenden, regelsetzenden Genie, Mozart, und dem fleißigen, Regeln befolgenden Handwerker, Salieri. Man hat das, nicht ganz zu Unrecht, mit dem Gegensatz zwischen romantischer und klassizistischer Ästhetik in Verbindung gebracht.

Doch legt Puškin einen viel komplexeren, letztlich wieder aporetischen Gedanken dar. Salieri nämlich ermordet Mozart, den er bewundert und haßt, um die Gerechtigkeit auf Erden wiederherzustellen. Doch gerade durch seine Tat beweist er, daß es keine Gerechtigkeit gibt: Der Täter überlebt ungestraft den Ermordeten um 34 Jahre. Allerdings bestätigt er mit seiner Tat, daß er kein Genie ist, denn, nach dem von Mozart zuvor formulierten ethischen Maß, sind Genie und Verbrechen zwei unvereinbare Dinge. Einerseits versündigt sich also Salieri an Mozart, dem von höchstem Künstlertum und Ethos erfüllten Genie, andererseits aber legt Puškin Salieri Reflexionen über die Kunst und Aussagen über den heiligen Schaffensakt des Komponierens in den Mund, die ihn als ergebensten Diener der Kunst zeigen. Mozart hingegen wird als Künstler dargestellt, der ein legeres, herablassendes Verhältnis zur Kunst besitzt, ja seine eigene Musik kaum zu schätzen weiß. Er spielt Salieri ein neues Stück vor, das auf Puškins eigene Poetik zu verweisen scheint: Jugend, Liebe, Freundschaft, Heiterkeit wurden jäh abgelöst durch Todesschatten und Finsternis – also ein Mitdenken des Gegenteils, das auch bei Puškin immer wieder die künstlerische Grundspannung bildet. Salieri tötet Mozart am Ende, um die Musik zu retten, denn nach Mozarts künstlerischem Höhenflug kann es keine Fortsetzung der Kunst mehr geben:

> *Was nützt es denn, wenn Mozart weiterlebt*
> *und neue Gipfel sich vielleicht erobert?*
> *Wird er die Kunst damit erheben? – Nein:*
> *Sie fällt doch wieder, wenn er uns entschwindet.*
> *Und einen Erben hinterläßt er nicht.*
> *Was nützt es? – Wie ein Engel bringt er uns*
> *etwas von paradiesischen Gesängen,*
> *um – flügellosen Wunsch in uns empörend –*
> *uns Kindern eitlen Staubes zu entfliehn![41]*

Für Puškin besaß das Stück wiederum auch eine ganz persönliche, existentielle Bedeutung. Das mozartianische, inspirierte, fast zufällige Schaffen, das Hervorquellen der Wörter, Bilder, Rhythmen und Reime hatte er immer wieder an sich selbst erfahren. Inspiration war in der Puškin-Plejade ein hochgehaltener Begriff. Doch Puškin kannte auch die kombinierende Arbeit, das Stückeln und Werkeln mit dem künstlerischen Material, mit einem Wort: den Salierismus.

In diesem Dramolett zeichnet er mit Mozarttum und Salierismus also eigene schöpferische Möglichkeiten. Sie befinden sich in einem Widerstreit, der auf eine Weise gelöst wird, die der tragischen Konfliktlösung eigentlich widerspricht. Denn Mozart obsiegt zwar künstlerisch und ethisch, geht aber unter; während Salieri, in beidem unterliegend, überlebt. Eine Puškinsche Aporie auch im Verhältnis von Genialität und Handwerk. In der Kunst war Mozarttum ohne Salierismus nicht zu denken – wie auch umgekehrt. Doch aus der Logik des Stückes folgt zugleich die Warnung, daß die Genialität leicht Gefahr läuft, Opfer des biederen Fleißes zu werden.

Die Liebe des Don Juan

Der steinerne Gast, am 3./4. November wie in einem Schreibrausch niedergelegt, griff die Frage auf, die Puškin in den Boldinenser Wochen vor allem am Herzen lag: Liebe und Ehe, oder besser: der Don-Juanismus und seine Überwindung. Puškins Briefe an Natal'ja zeugten von aufrichtigster Liebe zu seiner jungen Braut; Sorge um ihr Ergehen klang in ihnen auf und Verzweiflung bereits bei dem Gedanken, er könne sie verlieren. Aber noch unlängst, als er mit Natal'ja bereits verlobt war, hatte er anderen Frauen Briefe geschrieben, die gleichfalls von leidenschaftlicher Liebe zeugten.

Im Januar 1830, in Petersburg, entbrannte Puškin in Liebe zu der Polin Karolina Sobańska (Soban'skaja). Er war ihr bereits früher verschiedentlich begegnet, zuletzt in Odessa, wo sie mit Generaloberst Witt (Vitt), dem Chef des militärischen Geheimdienstes, zusammenlebte. Diese ausnehmend schöne und kluge Frau, Tochter des Gouverneurs von Kiev, Graf Rzewuski (Rževuskij), stammte aus einer der ältesten polnischen Adelssippen. Und doch diente sie Witt als Informantin

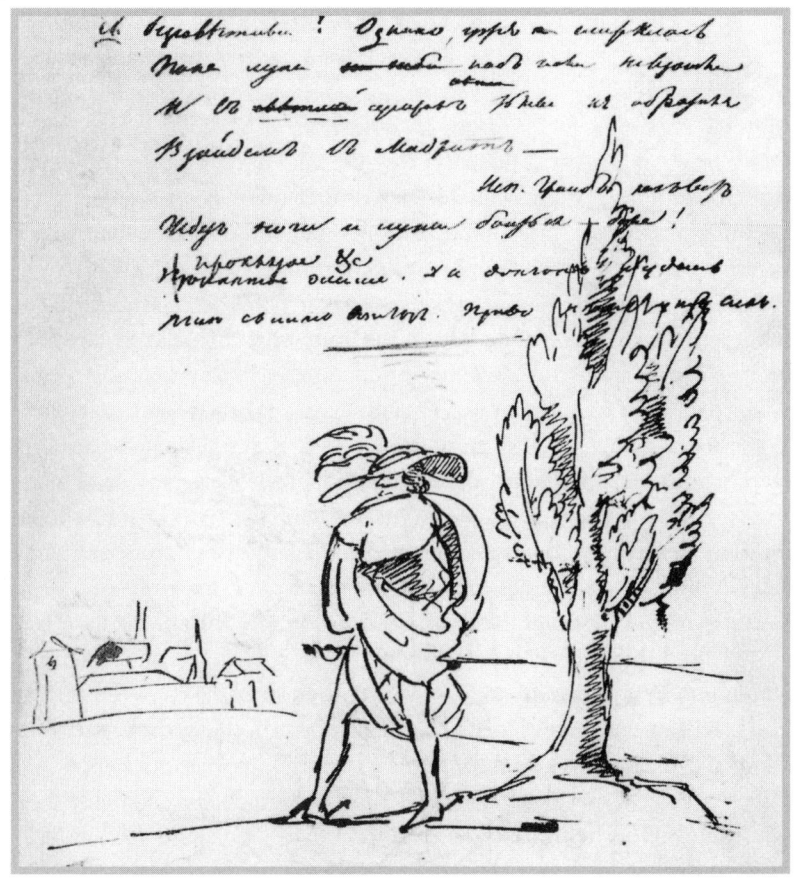

Don Juan. Zeichnung Puškins zum «Steinernen Gast»,
November 1830 in Boldino

und bespitzelte in Odessa die polnischen Zirkel. Mickiewicz verliebte sich in sie, und wenn sie für ihn auch eine «Donna Giovanna» blieb, hielt er sie für gütig und empfindsam.[42] Auch Puškin mußte mit Bitternis erleben, daß sein Werben um die stolze Schönheit zu keinem Erfolg führte. Um so leidenschaftlicher seine Liebesbekundungen:

«Aufrichtige Worte verwandeln sich in Ihrer Gegenwart zu leeren Scherzen. Sie sind ein Dämon, das heißt, *jener Geist, der zweifelt und verneint*, wie es in der Bibel heißt. [...] Das Glück ist so wenig für mich geschaffen, daß ich es nicht erkannte, als es vor mir stand [...] ich habe an mir all Ihre Macht erfahren.»

Das schrieb er ihr am 2. Februar; wenige Tage darauf hieß es in einem Briefkonzept an Karolina Sobańska: «Früher oder später werde ich alles aufgeben müssen und Ihnen zu Füßen fallen ...» Unter dem Briefkonzept zeichnete er Porträts von sich und Natal'ja.

Puškins erotische Vielgleisigkeit setzte sich bis kurz vor die Eheschließung fort. Im Grunde hat sie nie aufgehört. Im Winter 1830/31 besuchte er häufig die Zigeunerinnen eines Moskauer Chores, mit denen ihn Naščokin bekannt gemacht hatte. (Dieser lebte mit einer Zigeunerin namens Ol'ga zusammen.) Das Zigeunermädchen Tanja Dem'janova hat überliefert, daß Puškin noch zwei Tage vor der Hochzeit mit ihr im Hause Naščokins zusammengetroffen sei. Tanja habe ihm ein Wahrsagelied vorgesungen, das Puškin zu heftigem Schluchzen veranlaßt habe, weil es ihm großen Verlust voraussagte.[43]

Der steinerne Gast und die tragische Lösung, die Puškin für das Dramolett fand, bildeten vor dem biographischen Hintergrund einer anhaltenden Praxis ständig neuer Verliebtheit und rasch wechselnder Liebschaften ein neues Versuchsmodell. Vor allem Anna Achmatova, die große Dichterin, mit besonderer Empathie für Puškins Leben und Dichten begabt, hat den *Steinernen Gast* «biographisch» gedeutet; sie sah im Tod Don Juans (bei Puškin: Don Guan) den symbolischen Untergang des Puškinschen Don-Juanismus (angesichts der bevorstehenden Heirat mit Natal'ja Gončarova).[44] In der Tat stattete Puškin seinen Helden mit Attributen aus, die deutlich auf den realen Autor zurückverweisen: Don Juan ist ein Dichter; er steht dem Monarchen nahe; er ist (wegen eines Duells) verbannt worden und gebraucht in der Peripetie des Stückes die gleiche Wendung wie Puškin in einem Brief an Pletnëv über sich selbst: «Es scheint, ich bin neugeboren.»

Abgesehen davon und abweichend von der literarischen Überlieferung spitzte Puškin das Sujet in der Weise zu, daß Don Juan den Gatten Donna Annas im Duell tötet hat. Er kehrt nach Madrid (bei Puškin: Madrit) zurück, lauert der Witwe am Grabmal ihres Gatten auf, verliebt sich unsterblich in sie und erreicht, daß sie ihn in ihrem Hause empfängt. Hier nun, in der IV. Szene des Stückes, gibt sich Don Juan

zu erkennen (er hatte sich zuvor als Don Diego ausgegeben) und offenbart sich als gewandelter Liebender:

> [...] *Lange*
> *War ich des Lasters untertäniger Schüler,*
> *Doch seit der Zeit, da ich Sie angesehen,*
> *Bin ich, so scheint es mir, wie neugeboren.*
> *Seit ich Sie liebe, liebe ich die Tugend.*[45]

Doch ehe er aufbrechen kann, erscheint der steinerne Gast, das Grab-
denkmal des Commendatore, den er zuvor frevlerisch eingeladen hat,
und reicht ihm die Hand. Don Juan stirbt in dem Moment, da ihn die
echte Liebe zu Donna Anna ergriffen hat.

9. September bis 20. Oktober: *«Belkins Erzählungen»*

Puškin war bisher nicht mit erzählender Prosa vor das Publikum getreten. Zwar hatte er bereits 1822, unter Hausarrest in Kišinëv stehend,
Über Prosa nachgedacht, wobei er sich mit Entschiedenheit gegen den
blumigen und/oder bombastischen Stil der älteren Autoren aussprach
und lapidar forderte:

> «Genauigkeit und Kürze – das sind die ersten Gütezeichen der Prosa. Sie
> erfordert Gedanken und wieder Gedanken – ohne sie sind die glänzenden
> Ausdrücke nichts wert. Verse sind was ganz anderes ...»

Das war nicht nur klipp und klar gesagt, sondern auch weit vorausge-
dacht, denn Puškin brauchte ziemlich lange, um sich der Prosaerzäh-
lung anzunähern. In Michajlovskoe hatte er im Sommer 1827 intensiv
an dem Roman *Der Mohr Peters des Großen* gearbeitet, in dem er das
Schicksal seines Urgroßvaters Abram Gannibal in Paris und Petersburg nachzeichnen wollte. Entsprechend Puškins Auffassung vom Ge-
schichtsroman sollte die Petrinische Epoche, deren historischer Sinn in
der Europäisierung Rußlands lag, anhand einer privaten Geschichte
dargestellt werden: Peters Mohr (bei Puškin: Ibragim) wird zur Ausbildung nach Paris geschickt. Er hat dort ein Verhältnis mit der Gräfin
D., die ein braunes Kind (von ihm) zur Welt bringt. Nach Petersburg

zurückgekehrt, wird er mit der Bojarentochter Natal'ja Rževskaja, die aus dem Lager der Reformgegner kommt, verheiratet, die ein weißes Kind (von einem Strelitzenoffizier) gebärt. Also wieder eine bipolare Umkehrgeschichte – wie im *Evgenij Onegin*. Doch wurde der Roman nicht vollendet. Abgesehen von einigen Entwürfen und Skizzen, waren die in Boldino geschriebenen *Erzählungen des verstorbenen Ivan Petrovič Belkin* Puškins erste vollendete Prosastücke.

Natürlich war alles längst bedacht worden. Man findet in Puškins Lebenweg Erfahrungen, Erlebnisse, Anekdoten die als «Keim» der einzelnen Sujets gelten können. Die fünf Geschichten – so wäre das russische *povest'* vielleicht am besten zu übersetzen –, die den Erzählzyklus bildeten, sind relativ kurz, fast alle zweiteilig und in einem «unpoetischen», knappen Stil verfaßt. Zweifel mögen am Erzähler, dem biederen, treuherzigen Landadeligen Ivan Petrovič Belkin, aufkommen, dem man das Aufblitzen von Witz und Ironie nicht recht abnehmen kann. Dabei hat sich Puškin redlich bemüht, im Hintergrund zu bleiben: Er fungiert als Herausgeber «A. P.», indes Belkin im Vorwort mit einer Biographie ausgestattet wird, die gewisse Parallelen zur Puškinschen, freilich ins Harmlose gewendet, aufweist. Die Erzählungen, heißt es, entsprächen alle der Wahrheit, allein schon deshalb, weil es Belkin an Einbildungskraft mangele; er habe sie von verschiedenen Personen gehört. Dies kann als ein ironisch formuliertes Programm des Realismus genommen werden, und doch geht es in allen Stücken um weit mehr: Puškin spielt mit überkommenen literarischen Motiven, variiert sie, dreht sie um, kombiniert und kontaminiert sie immer so, daß sich am Ende zeigt: Das Leben ist anders als die (überkommene) Literatur.

In der am 9. September niedergeschriebenen Erzählung *Der Sargmacher* erweist sich der schauerliche Besuch der Toten, die der geldgierige Sargmacher im Rausch zu sich eingeladen hat, als Traum. Im drastisch vorgeführten, deutsch bestimmten Handwerkermilieu gleitet auch das Phantastische in die Banalität ab.

Im *Posthalter* (deutsch auch *Der Postmeister* oder *Der Stationsaufseher*), am 14. September entstanden, kehrt Puškin das Gleichnis vom verlorenen Sohn und Karamzins *Arme Liza* um: Dunja, die schöne Tochter des Posthalters Samson Vyrin, wird zwar von einem Husaren entführt, aber der läßt sie nicht fallen, sondern nimmt sie zur Frau und hat Kin-

der mit ihr – dies wenigstens deutet die letzte Episode an. Die überkommenen Rollen sind gründlich vertauscht: Die verführte Tochter
macht ihr Glück, der Vater geht zugrunde.

Das Fräulein als Bäuerin, am 19./20. September niedergeschrieben,
nimmt das «Romeo und Julia»-Motiv der Liebe zwischen verfeindeten
Familien auf und verbindet es mit den gespielten Standesunterschieden
aus den Komödien Marivauxs. Dank dem pfiffigen Agieren der Liza
Muromskaja, mal als aufgetakeltes Landfräulein, mal als gelehriges
Bauernmädchen Akulina, kann eine Versöhnung der verfeindeten
Nachbarn nicht ausbleiben.

In der geheimnisvollsten Erzählung des Zyklus, *Der Schuß*, brachte
Puškin manches aus seinen Kišinëver Duellerfahrungen zur Sprache.
Ähnlich wie Sil'vio, der Held der Erzählung, jahrelang auf die Gelegenheit wartet, seine Rachsucht im aufgeschobenen Teil des Duells mit
seinem Beleidiger zu stillen, hatte Puškin noch unlängst der Satifak-
tionsforderung an seinen Verleumder, den Grafen Tolstoj, entgegen-
gefiebert. Das unterbrochene Duell spielt auf Tells Apfelschuß und
Münchhausens Hirsch-Erzählung an, die aber natürlich nicht wiederholt, sondern verfremdet werden.[46]

Die Erzählung *Der Schneesturm* schließlich, am 20. Oktober verfaßt,
die sich wie ein eigenartiges Pendant zu Heinrich von Kleists *Marquise
von O.* ausnimmt, bringt gängige Motive wie Entführung und heimli-
che Eheschließung, Verwechslung der Brautleute und den Vaterländischen Krieg in eine durch das russische Element des Schneesturms
ausgelöste Verwirrung.

Das Anstrahlen intertextueller Motive, Zitate, Motti in diesen Erzählungen versetzt den Leser zunächst in eine vertraute literarische
Welt, die durch Puškins Kunst in untragische Lebenswirklichkeit ge-
wandelt wird. Genau betrachtet, sind es die weiblichen Gestalten, die
die verrutschte Welt wieder in vernünftige Bahnen lenken: die Diene-
rin Aksin'ja, die den Sargmacher aus dem Alkoholrausch weckt; die
Gräfin Maša (im *Schuß*), die sich dem schrecklichen Sil'vio zu Füßen
wirft und ihn damit zum Umdenken bringt; Dunja Vyrina, die zwar
nicht den Defätismus ihres Vaters, dafür aber ihr eigenes Geschick
meistern kann. Liza (aus *Das Fräulein als Bäuerin*) und Mar'ja (aus dem
Schneesturm) haben aus der Romanlektüre romantische Vorstellungen
über die Liebe gewonnen – ein Motiv, das auch im *Evgenij Onegin* er-

scheint –, doch gelingt es ihnen, sich in der Lebenswirklichkeit zu-
rechtzufinden und dabei jenen Rest an Romantik zu bewahren, der für
das echte Glück, nicht nur in Puškins Verständnis, unerläßlich ist.

Ein wahres Glanzstück ironischen Erzählens hätte *Die Geschichte des
Dorfes Gorjuchino* werden können, sie blieb jedoch leider Fragment.
Puškin brach hier ironisch die eigenen ländlichen Erfahrungen und bot
sie in der hinterwäldlerischen Sprache eines Landadeligen aus dem
Geschlechte der Belkins dar. Allein die vorangestellte Autobiographie
des Chronisten ist an witziger Selbstdekuvrierung nicht zu überbieten.
Auf die statistische Beschreibung des Dorfes folgt die eigentliche Chronik, beginnend mit dem Goldenen Zeitalter unter dem vom Volke gewählten Starosta Trifon, gefolgt von dem gestrengen Regime des Ver-
walters **, unter dem das Dorf gänzlich verarmt. Das war Satire auf
Staat und Gesellschaft in äsopischer Verkleidung, wie sie erst bei Salty-
kov-Ščedrin wieder begegnen sollte.

Neues und Unerwartetes

Das meiste, was Puškin in Boldino schrieb, war künstlerisch neuar-
tig – für ihn selbst wie für die russische Literatur.

Gewiß, Vorbild für die «kleinen Tragödien» waren die *Dramatic Sce-
nes* des Engländers Barry Cornwall gewesen, die Puškin in dem erwähnten Band englischer Romantiker gefunden hatte. Aber er machte
mehr daraus: Kurzdramen, die einen philosophisch-psychologischen
Komplex abhandeln. Da reicht ein Thema, das zwischen zwei Kontrahenten aufgeworfen wird, aus, um eine tiefgreifende, doch niemals eindeutige Antwort zu geben. Bezeichnenderweise spielen alle «kleinen
Tragödien» in westlichen Ländern: im feudalistischen Frankreich, in
Spanien, in England und Österreich. Bedeutet das, daß damit Konflikte
von unversaler Geltung angesprochen sind, die sich überall zutragen
konnten? Oder handelt es sich, was bei Puškins sicherem kulturologi-
schen Gespür wahrscheinlicher ist, um «unrussische» Konflikte, solche, die so in russischem Milieu (noch) nicht denkbar waren?

Weiter ist bemerkenswert, daß Puškin in den Kurzdramen wie in den
Erzählungen Stoffe aus der literarischen Überlieferung aufgriff, die
prima vista jedermann bekannt waren: der Geizige, Don Juan, die zer-

strittenen Familien (*Romeo und Julia*), die verwechselte Braut usw. Doch wurden sie jeweils in überraschender Weise ausgeführt, verändert, von anderen Motiven und Figuren kontaminiert, so daß sie immer ein anderes Ende nahmen, als erwartet. Nirgends in Puškins Werk ist das Prinzip, daß das Leben anders verläuft, als es die Literatur vorgibt, so konsequent durchgeführt wie in den Boldinenser Werken.

Die Versmärchen waren weitere Neuerungen. Lange hatte sich Puškin mit der Absicht getragen, die von Arina Rodionovna oder in Malinniki aufgenommenen Märchen in eine literarische Form zu bringen. In Boldino schrieb er zwei Märchentexte, die in Ausdruck und Versform den echten Volkston trafen wie bisher noch nie in der russischen Literatur. Das *Märchen vom Popen und seinem Knecht Bal'da* war in tonischen Paarreimern verfaßt, die man sonst nur in der Folklore kannte:

> *Es war mal ein Pop',*
> *Ein hölzerner Kopp.*
> *Der tät zum Markte laufen,*
> *Um irgendwas zu kaufen.*
> *Bal'da kam ihm entgegen,*
> *Ging ziellos seiner Wege.*
> *«Warum, Väterchen so früh schon auf?*
> *Was für Ware suchst du zum Kauf?»*
> *Der Pope antwortet: «Ich brauch einen Knecht:*
> *Koch, Stallbursch und Zimmermann wäre recht.*
> *Wo wär' wohl zu finden ein neuer*
> *Dienstgeist, und nicht allzu teuer?»*[47]

Der grobe Knecht läßt sich anheuern und haut dann den Popen wie den Teufel gewaltig übers Ohr. Žukovskij milderte nach Puškins Tod den antiklerikalen Akzent des Märchens ab, indem er aus dem Popen einen Kaufmann, aus der Popenfrau eine Hausfrau machte. Puškins Aussageintention wurde damit gänzlich verbogen. Auch im zweiten, nicht vollendeten *Märchen von der Bärin* verwandte Puškin das Volksmetrum, diesmal in Anlehnung an den tonischen Bylinenvers.

Puškins Märchen – das gilt auch für die in den 1830er Jahren folgenden: das *Märchen vom Zaren Saltan ...*, das *Märchen vom Fischer und vom Fischlein* oder das *Märchen vom Goldenen Hahn* – entsprangen ganz der russischen Lebenssphäre, anders als die «europäischen» Dramolette und *Belkins Erzählungen*, die allesamt im europäisierten russischen Milieu spielten. Dann war da ein neues, wie zufällig entstandenes burleskes Poem: *Das kleine Haus in Kolomna*. Puškin begann es ganz sorglos als eine geistreiche Plauderei über die Kunstmittel, die er in dem Gedicht verwendete: 5 füßige Jamben, Oktaven, ein banales Sujet, ohne tieferen Sinn. Er bekannte, daß er der 4 füßigen Jamben überdrüssig sei, daß er die 3 reimige Oktave gewählt habe – sie war damals in Rußland noch kaum eingebürgert –, daß er sich die verpönten Verbalreime (die das Reimen im Russischen stark begünstigen) erlauben werde; daß er die Zäsur nach der vierten Silbe beachten und sein Lager vom Parnaß auf den Trödelmarkt verlegen werde. Und er erzählte die banale Geschichte von der falschen Magd, die in Wirklichkeit der verkleidete Liebhaber der Tochter einer Kleinbürgerin war. Reine, zweckfreie Versvirtuosität trat in Erscheinung wie ein spielerisch leichtes Scherzando. Es war zugleich die poetische Antwort an seine Kritiker, die ihm das Fehlen ernster, patriotischer Inhalte vorgeworfen hatten. Starke Zweifel sind angebracht, ob Nadeždin oder Bulgarin die geniale «Entblößung des Kunstmittels»[48], die Puškin hier vorführte, überhaupt begriffen.

Adelsstolz und Bürgersinn

Auch die Gedichte, die in Boldino entstanden, brachten neue Ansätze. Mozartsche Motive weckten in dem Gedicht *Der Page oder Das fünfzehnte Jahr* die Erinnerung an frühe Jahre Cherubinischer Verliebtheit; das spanische – Don-Juaneske – Milieu klang in *Ich bin hier, Inesilla* oder *Vor der edlen Spanierin* an. In dem Gedicht *Der Reim* erklärte er die Entstehung dieses Kunstmittels durch einen selbsterfundenen, fast Ovid'schen Mythos als Tochter Apolls und der Nymphe Echo – im Russischen ist der Reim (rifma) weiblichen Geschlechts –, die, von Mnemosyne gehegt und von den Aoniden gepflegt, heranwuchs. Hier überließ er sich ganz antikem Geist und gebrauchte – seinem Thema zum Trotz – reimlose elegische Distichen:

> *Echo, die schlaflose Nymphe, erging sich am Strand des Peneios.*
> *Da erblickt' sie Apoll, Leidenschaft brannt in ihm auf.*

Bald empfing die Nymphe die Frucht der Entzückung des Gottes;
Unter Najaden-Geplärr quälend gebar sie das Kind:
Eine liebliche Tochter. Sie ward anvertraut Mnemosyne.
Lebhaft wuchs sie heran im Aoniden-Chor.
Feinfühlig wie die Mutter, gehorsam dem strengen Gedächtnis,
Lieb den Musen, wird sie Reim auf Erden genannt.[49]

Das Gedicht, das die Wendestimmung jener Wochen am deutlichsten artikulierte, überschrieb Puškin mit dem neutralen Gattungsnamen *Elegie.* Hier wurden Puškins Selbstzweifel, seine gebrochene Hoffnung auf Glück und das Vorausdenken bis zum Tode in einfachem elegischen Duktus gefaßt.

Der irren Jahre längst vergangene Lust
Liegt lastend wie ein Rausch auf meiner Brust.
Doch wird, wie Wein, der Schmerz, den ich erfahren,
Nur stärker noch und schwerer mit den Jahren.
Mein Weg ist dunkel. Leiden und Beschwer
Droht mir der Zukunft sturmbewegtes Meer.
Doch möchte ich, o Freunde, noch nicht scheiden;
Will leben, um zu denken und zu leiden;
Ich weiß, noch manche Lust liegt mir bereit
Inmitten Unrast, Schmerz und Traurigkeit:
Ich werde wieder Harmonien trinken
Und weinend über Traumgebilde sinken,
Und sterb ich dann, geschieht's, daß mir, vielleicht,
Die Liebe licht ein letztes Lächeln zeigt.[50]

Dantesche Terzinen riefen in dem Gedicht *Der Schule denk ich meiner Jugendzeit* die frühen Jugendjahre zurück. Die Verse geben manche Rätsel auf: Ist es die «Schulzeit» in Moskau oder in Carskoe Selo? Ist die erhabene, strenge Lehrerin mit dem Häubchen im Haar, die die Kinder prägte, die Amme Arina Rodionovna oder – Katharina II.? Und der Park, wo sich der Knabe Träumereien hingab und mächtig von zwei dämonischen Statuen angezogen wurde – ist es der Jusupov-Park in Moskau oder der in Carskoe Selo? Es ist nicht einmal gesichert, daß Puškin hier die eigene Kindheit beschwor; denkbar wären die 17 Strophen auch als Beginn einer Verserzählung. Autobiographisch indes sind

die beiden Standbilder zu deuten, Apoll und Venus, die den Knaben
früh beeindruckten:

> *Das eine – Phöbus – sah voll Leidenschaft*
> *Mit Zorn und Stolz gar schrecklich auf mich nieder,*
> *Und aus ihm strahlte überirdische Kraft.*
>
> *Das andere zeigte üppige Frauenglieder,*
> *Ein zweifelhaftes Lügenideal –*
> *Dämonisch wohl –, doch auch voll Schönheit wieder.*[51]

Unablässig kreisten in Boldino Puškins Gedanken um den eigenen
Standpunkt, sei es als Poet, als Mensch, sei es als Edelmann. In dem
Gedicht *Mein Stammbaum* nahm er den Fehdehandschuh auf, den ihm
Bulgarin zugeworfen hatte und kehrte den Vorwurf des literarischen
«Aristokratismus» um, indem er sich ironisch zum «Bürgersmann» er-
klärte. (Das Wort *meščanin* bedeutet eigentlich «Stadtbürger», wird
aber im Russischen meist pejorativ gebraucht im Sinne von «Kleinbür-
ger» oder «Spießbürger».)

> *Die Schar der russischen Autoren*
> *Schilt mich, ich sei Aristokrat,*
> *So dringt ihr Spott zu aller Ohren,*
> *Doch welch ein Unsinn, in der Tat!*
> *Bin nicht Leibkutscher, nicht Assessor.*
> *Kein Kreuz den Adel mir gewann,*
> *Bin weder Rektor noch Professor,*
> *Ich bin ein schlichter Bürgersmann.*[52]

Mit Stolz verwies er auf die eigene Sippe mit dem Ahnen Rača, der
Aleksandr Nevskij gedient hatte, mit jenen, die mit dem Volkshelden
Kuz'ma Minin gegen die Polen kämpften, oder jenen, die die Wahl des
ersten Romanov-Zaren unterstützten. Diesen wieder stellte er mit
überdeutlichen Anspielungen den neuen Hofadel gegenüber, der – wie
die Fürsten Men'šikov und Bezborodko, die Grafen Kutajsov und Razumovskij – den alten Bojarenadel überrundet hatte. Doch verschwieg
er auch nicht den Starrsinn, mit dem sich einige seiner Vorfahren gegen die Zarenmacht gestellt hatten. Am Schluß bekundete er, nicht
ohne Stolz, daß er ein Mann des Wortes, ein Dichter sei, weder reich

noch ein Höfling; einfach Puškin, groß durch sich selbst: ein Bürgersmann.

Gegen Bulgarin alias Figljarin

Er leistete Widerstand gegen diejenigen, die sein Talent im Niedergang sahen oder, was schlimmer war, an seine Ehre als Autor und Edelmann rührten. Die Zahl seiner Verleumder und Schmäher war groß. Aber ebenso groß waren sein Zorn und die zerschmetternde Kraft seiner Satire.

Faddej Bulgarin, Puškins Intimfeind, hatte die Druckerlaubnis des *Boris Godunov* trickreich hinausgezögert und damit erreicht, daß sein eigener Roman über den Pseudodemetrius früher als Puškins Drama erschien.[53] Noch im Vorwort seines Romans führte Bulgarin eine versteckte Polemik gegen Puškins Auffassungen[54] und ließ in der *Nördlichen Biene* schon bald eine auf Puškin gemünzte «Anekdote» über einen französischen Dichter folgen, einen Atheisten und Spieler, in dessen Werken es weder hohe Gedanken noch nützliche Wahrheiten gab, der aber den Mächtigen zu Füßen kroch, um sich ins «gemachte Bett» zu legen (im Russischen ist es der «genähte Kaftan»).[55] Bulgarin verschärfte die Polemik von Mal zu Mal. Er sprach im Blick auf Puškin von «afrikanischer Literatur»[56] und übte endlich am Siebten Kapitel des *Evgenij Onegin* maßlose Kritik. Es fehle an Patriotismus, statt eines wahren großen Helden erscheine der bleiche, schwache Onegin: «Es tut dem Herzen weh, wenn man dieses farblose Bild sieht.» Der vollständige Sturz des Puškinschen Talents sei offensichtlich.[57] Puškin reagierte mit dem oben erwähnten bösen Vidocq-Artikel und einem scharfen Epigramm auf Bulgarin, der damit seinen Spitznamen weghatte:

> *Es macht nichts, daß du Pole bist:*
> *Kościuszko und Mickiewicz waren's!*
> *Und kämst du von den Krimtataren,*
> *Auch dies noch keine Schande ist,*
> *Wärst du selbst Jude – keine Not;*
> *Doch bei Figljarin seh ich rot.*[58]

Allein, ohne daß Puškin es ahnen konnte, waltete hinter den Kulissen wieder ein *Deus ex machina* und setzte Bulgarins Treiben ein Ende: Zar

Nikolaus. Er hatte die Kritik des Polen über das siebte *Onegin*-Kapitel gelesen und wandte sich noch am gleichen Tage mit strenger Anordnung an Benckendorff: In der *Nördlichen Biene* sei ein höchst ungerechter und gemeiner Artikel gegen Puškin erschienen; um eine Fortsetzung zu verhindern, sei Bulgarin einzubestellen und ihm die Veröffentlichung jeglicher weiterer Literaturkritiken zu untersagen, ja, womöglich seine Zeitschrift zu verbieten.[59]

Dies hatte sich im Frühjahr 1830 abgespielt. Jetzt, in Boldino, verschaffte sich Puškin endlich Luft. Da ihm die Angriffe seiner Gegner nicht vorlagen, parierte er auf sie so, wie er sie «auswendig» im Kopf hatte. Auch die Entgegnungen ordneten sich – wie alles in Boldino – wieder zu einem Ganzen. Er nannte den Zyklus seiner Ende Oktober niedergeschriebenen Statements *Versuch der Abwehr einiger nicht-literarischer Anschuldigungen*. Dies waren geistvolle Gedanken etwa über die Vor- und Nachteile, die die Freiheit des Wortes und die in Rußland bestehende Zensur boten, oder über den geringen Entwicklungsstand der russischen Literaturkritik. Seine Einwände richteten sich, wie er beteuerte, allein gegen «nicht-literarische Anschuldigungen». Als Autor war er sich gewiß, aber ehrenrührige Angriffe auf seine Person galt es zurückzuweisen. Zum Beispiel wenn es hieß, er sei nicht wohlgestaltet, seine Porträts seien allzu schmeichelhaft. Puškin antwortete kategorisch:

> «Ob ich von schönem oder häßlichem Aussehen bin, von altem Adel oder aus dem Bürgerstande, gut oder böse, ob ich vor den Großen krieche oder sie nicht einmal grüße, ob ich Karten spiele udgl.: Darum wird sich mein künftiger Biograph [...] kümmern. Dem Kritiker und dem Publikum aber geht es ausschließlich um mein Buch.»

Puškin wehrte sich gegen die aufkommende Prüderie, die *Graf Nulin* ob seiner Freiheiten verdammte, verwahrte sich gegen den unerlaubten Abdruck seiner Gedichte, wies den Aristokratenvorwurf gegen die *Literaturzeitung* zurück und rechtfertigte, wie in *Mein Stammbaum*, die eigenen Vorfahren. Er bekannte sich zu seiner Sippe und zum Adelsstand in einer deutlichen Aussage, wie sie sich nur an dieser Stelle findet:

> «Allein, von wem ich auch abstamme – ob von Bürgern, die geadelt wurden, oder aus einem historischen Bojarengeschlecht, einem der ältesten der

russischen Geschlechter, ob von Vorfahren, deren Name fast auf jeder Seite unserer Geschichte begegnet – die Art meiner Meinungen hing davon in keiner Weise ab. [...] Wie meine Denkungsart auch sei, so würde ich doch niemals mit jemanden den demokratischen Haß auf den Adel teilen. Dieser erschien mir immer als ein für ein großes gebildetes Volk unabdingbarer und natürlicher Stand.»

Die Beleidigung seiner Vorfahren ließ Puškin niemandem durchgehen. Im *Post scriptum* zum Stammbaum-Gedicht reagierte er auf eine der Unterstellungen Bulgarins:

> *Figljarin hat für sich entschieden:*
> *Ein Schiffer kaufte dazumal*
> *Für eine Flasche Rum im Süden*
> *Sich meinen Ahnherrn Hannibal.*

> *Wißt, jener Schiffer war der Große,*
> *Der in die Weltenräder griff*
> *Und der mit Macht und Sturmgetose*
> *Gesteuert unseres Landes Schiff.*

> *Der Schiffer nahm den Negerknaben*
> *Und zog ihn auf: und er ward brav*
> *Und ward ihm gleich an Geistesgaben,*
> *Des Zaren Liebling, nicht sein Sklav.*[60]

Del'vigs Tod

Ende November 1830 trat Puškin die Rückreise aus Boldino an. Noch immer wurden die hygienischen Schutzmaßnahmen aufrechterhalten; in Platovo, 72 Werst vor Moskau, verbrachte er drei Tage in Quarantäne. Am 5. Dezember erreichte er Moskau und stieg wie gewöhnlich im Hotel Angleterre ab. Wieder einmal war er abgebrannt, so daß er Naščokin bat, ihm umgehend 2000 Rubel zu beschaffen. Als er zu Natal'ja kam, gab es sofort wieder Ärger mit der Mutter. Rasch blühten

Gerüchte auf, die Verlobung sei gescheitert, was natürlich frei erfunden war. Den Freunden – Baratynskij in Moskau mündlich, Pletnëv in Petersburg brieflich – konnte er den reichen Schaffensertrag aus Boldino vorweisen. Daß er fünf Prosaerzählungen geschrieben hatte, verriet er Pletnëv noch wie ein Geheimnis. Eng schloß er sich in diesem Winter an Naščokin an, von dessen Zigeunerinnen er sich gern zerstreuen ließ. Selbst den Jahreswechsel sollte er mit ihnen verbringen. Seine ebenso sing- wie trinkfreudige Tanjuša hatte sich ein Lied ausgedacht, in dem sie ihre dichtenden Verehrer namentlich aufzählte.[61]

Kaum war er zurück, da erreichten ihn die ersten Nachrichten vom polnischen Novemberaufstand. Seine Reaktion war erbittert und hart. Er vermochte das Geschehen nur aus einer sehr einseitigen, russischen Sicht zu bewerten. Und so hoffte er, daß die Erzfeinde Rußlands ausgemerzt und die Polnische Verfassung, von Alexander aus Eitelkeit, gegen die russischen Interessen erlassen, nicht überleben werde. Doch dann hieß es in dem Brief an Elizaveta Chitrovo weiter:

> «Uns können die Polen nur leid tun. Wir sind zu stark, um sie zu hassen. Der jetzt beginnende Krieg wird ein Krieg bis zur Ausrottung. [...] All das erfüllt mich mit tiefer Trauer.»[62]

In dieser Zeit sprach er oft davon, daß er auf den polnischen Kriegsschauplatz eilen werde, wenn sich die Hochzeit mit Natal'ja weiter hinausziehe. Unter den Polen gebe es jenen Weißkopf, dem es, nach der Kirchhofschen Prophezeiung, bestimmt sei, ihn zu töten.[63]

Kurz vor der Hochzeit erschien der *Boris Godunov*, von allen Seiten begeistert begrüßt und als Puškins bislang bedeutendstes Werk aufgenommen. Auch der Zar ließ Puškin durch Benckendorff mitteilen, daß er das Werk mit besonderem Vergnügen zu lesen geruht habe. (Die weit schmeichelhafteren Formulierungen des Entwurfs schwächte Nikolaus eigenhändig ab.)[64] Neben diesem unstrittigen Erfolg, dem nur wenige, darunter Katenin, widersprachen, verbreitete sich allmählich die Kunde von den neuen, in Boldino verfaßten Werken, deren Erscheinen man mit Ungeduld entgegensah. In diesen für den Dichter glücklichen Tagen traf ihn die Nachricht vom Tode Anton Del'vigs. Er war überraschend an einer heftigen Lungenentzündung gestorben. Dieser engste Freund seit Lyzeumstagen war bis zuletzt Puškins strenger Berater und ergebener Mitkämpfer gewesen. Die *Literaturzeitung* war ihr gemeinsames Werk. (Del'vig hatte noch im Herbst 1830 wegen eines mißliebigen Artikels die Redaktion an Somov abgeben müssen.) In den letzten Jahren war Del'vig das eigentliche Zentrum der Plejade gewesen, allein schon deshalb, weil er ortsfest in Petersburg lebte und dort einen kleinen, exklusiven literarischen Salon unterhielt. Puškin empfand den Verlust des Freundes, der als erster von ihnen gegangen war, als ein verhängnisvolles Ereignis. An Pletnëv schrieb er:

> «Niemand war mir auf der Welt näher als Del'vig. Von allen Kindheitsbeziehungen blieb er mir allein unter den Augen – um ihn versammelte sich unser armes Häuflein. Ohne ihn sind wir wie verwaist.»[65]

Und Elizaveta Chitrovo vertraute er an: «Er war der beste von uns …»[66] Zur Trizna, dem slavischen Leichenschmaus, die zu Del'vigs Ehren am 27. Januar 1831 im Moskauer Restaurant «Jar» begangen wurde, versammelten sich seine engsten Freunde: Vjazemskij, Baratynskij, Jazykov und Puškin.

Junggesellenabschied und Hochzeit

Für die Hochzeitsvorbereitungen verblieb nicht mehr viel Zeit. Puškin mietete eine Wohnung am Arbat, wo er nach der Eheschließung bis zum 15. Mai 1831 mit seiner Frau wohnte. Doch waren vor allem die finanziellen Verhältnisse zu sichern. Zu diesem Zwecke verpfändete Puškin das ererbte Gut Kistenevo für 40 000 Rubel beim Moskauer Vormundschaftsrat; nach Abzug von Gebühren und der Tilgung einer geringeren Schuld verblieben ihm 38 000 Rubel. Zur Finanzierung der Mitgift für seine Braut und die Ausrichtung der Hochzeitsfeier lieh er seiner Schwiegermutter 11 000 Rubel; die Aussicht auf Rückzahlung war gering. Da er zugleich ansehnliche Summen für die Schuldentilgung aufwandte, verblieben ihm am Ende 17 000 Rubel zum Leben.

Am Vorabend der Hochzeit lud Puškin einige Freunde zum «Mal'čišnik», zum letzten Junggesellenmahl, in seine Arbat-Wohnung ein, darunter seinen Bruder Lev, Denis Davydov, Vjazemskij, Baratynskij, Naščokin, Jazykov und Ivan Kireevskij. Puškin las Verse über den Abschied von der Jugend vor (sie sind nicht erhalten), scheint sich aber den Abend über in trauriger Verfassung befunden zu haben.[67]

Doch endete das Ganze, wie Jazykov berichtete, als ein «Abschiedsbe-
säufnis auf das Junggesellenleben».[68]

Selbst am Hochzeitsmorgen, dem 18. Februar 1831, entstand am
Morgen noch einmal Streit mit der Schwiegermutter, die sich immer
neue Ausreden einfallen ließ, um weiteres Geld aus ihrem Schwiegersohn herauszupressen. Da der Moskauer Metropolit die Genehmigung
verweigert hatte, die Eheschließung in der Hauskirche des Fürsten Golicyn vorzunehmen, fand die Hochzeitszeremonie in der Himmelfahrt-
Christi-Kirche in der Caricynskaja-Straße statt. Während der Trauung,
so wurde berichtet, seien versehentlich das Kreuz und das Evangelium
vom Pult zu Boden gefallen, als eben das junge Paar seine Runde lief.
Puškin erbleichte. Als kurz darauf seine Kerze erlosch, habe er beim
Hinausgehen aus der Kirche gesagt: «Lauter schlechte Vorzeichen.»[69]

Das Hochzeitsmahl fand nach der kirchlichen Trauung im Hause
der Brauteltern statt. Puškin Bruder Lev hatte es opulent arrangiert. Er
war als einziger Vertreter der Puškin-Familie anwesend. Puškin selbst
war bester Laune. Die kleinen Pannen hatte er beiseite gesteckt. Er
strahlte Freude und Frohsinn aus und ergötzte sich, wie alle in der
Hochzeitsrunde, an der betörenden Schönheit der jungen Braut.

SIEBTES KAPITEL

Letzte Jahre in Petersburg
1831–1837

Ich kann Untertan, sogar Sklave sein, aber Liebediener und
Hofnarr werde ich nicht einmal beim himmlischen Zaren sein.
Tagebuch, 10. Mai 1834

Ehestart in Moskau

Das frischgetraute Paar lebte zuerst in dem von Puškin angemieteten
Haus am Arbat, Moskaus altem Geschäftsviertel. Die Angewohnheiten
des Junggesellenlebens aufzugeben, sich seiner jungen Frau zu widmen,
dem eigenen Hausstand vorzustehen – das war für Puškin, wie sehr er
in der letzten Zeit auch von einem geordneten Leben geträumt hatte,
alles andere als einfach. Am Tage nach der Hochzeit besuchten ihn
Freunde; über den Gesprächen mit ihnen vergaß er seine Frau, die weinend erkannte, daß das Leben mit Puškin auch Einsamkeit und Verlas-
senheit bedeuten würde. Sicherlich, es gab die üblichen Bälle, Maskeraden, Konzerte, Schlittenfahrten, bei denen Puškin mit seiner schönen
Frau glänzte. Auch im eigenen Quartier am Arbat veranstaltete Puškin
Bälle. Die Gäste priesen seine Gastlichkeit und wunderten sich, daß ein
so eingefuchster Junggeselle wie Puškin plötzlich ein ansehnliches
Hauswesen führte.[1] Gegen die Freunde sparte er nicht mit Äußerungen, die sein neues Glücksgefühl und seine Wiedergeburt bestätigten.
Die Gesellschaft aber blieb skeptisch. Schon wurden Verse verbreitet,
die Puškin angeblich selbst am Tage nach der Hochzeit geschrieben
haben sollte; sie waren freilich zu schlecht, als daß sie von ihm hätten
stammen können:

Wer klüger werden will,
der lerne;

Wer erlöst werden will,
der bete;
Wer in der Hölle leben will,
der heirate.[2]

Zu einem unerfreulichen Störfaktor wurde Puškins Schwiegermutter. Sie mischte sich ungefragt in alle Belange der jungen Leute ein. Ständig gab es Streit mit ihr. Und meist ging es ums Geld. Als Puškin die geliehenen 11 000 Rubel zurückforderte – sie wurden dringend für den Neuanfang in Petersburg benötigt –, bot Madame Gončarova ihren Brillant- und Smaragdschmuck an, den Puškin allerdings beim Pfandleiher selbst auslösen sollte. Er löste ihn aus, um ihn sogleich erneut zu verpfänden. Bei derartigen anhaltenden Querelen war es nicht verwunderlich, daß es nach der Übersiedlung des Paares nach Petersburg, im Mai 1831, zum vollständigen Bruch mit der Gončarova kam. Die spätere äußerliche Versöhnung mit der Schwiegermutter änderte nichts an Puškins negativem Urteil über diese herrische, geldgierige und ungerechte Frau.

Familienleben

Den Plan, nach Petersburg zu gehen und sich in Carskoe Selo niederzulassen, hatte Puškin im Grunde schon vor der Eheschließung gefaßt. Nach Ostern sollte er verwirklicht werden. In Moskau fühlte sich Puškin, wie aus seinen Briefen hervorgeht, vom aktuellen Nachrichtenfluß abgeschnitten. Vor allem aber sah er in Petersburg inzwischen wieder günstigere literarische Möglichkeiten, nachdem sich der Höhenflug der Moskauer Ljubomudry abgeflacht hatte. Da sich zudem das Ende der *Literaturzeitung* abzeichnete (das letzte Heft erschien am 30. Juni 1831), beschäftigten Puškin bereits Pläne, eine eigene Zeitschrift herauszugeben.

Das Paar traf am 18. Mai 1831 in Petersburg ein. Bis zur Möblierung des Domizils in Carskoe Selo blieb man im Hotel Demut. Längst hatte es sich herumgesprochen, daß Puškins Frau die Gesellschaft der Hauptstadt durch ihre außergewöhnliche Schönheit bereichern werde. Die Aufnahme, die sie fand, entsprach solchen Erwartungen. Auch Madame Chitrovo und ihre Tochter erkannten Natal'jas Schönheit ohne

Abstriche an. Die scharfäugige Dolly Ficquelmont beschrieb sie so: «Sie ist eine sehr junge und sehr schöne Person, fein, schlank, hochgewachsen – das Gesicht einer Madonna.» Puškin sei sehr in sie verliebt; falle aber neben ihr durch seine Häßlichkeit um so mehr auf.[3] Und an anderer Stelle hieß es, er wirke jetzt ernsthafter, gleichwohl strahle seine Physiognomie, neben der Melancholie und Stille seiner Frau, keine innere Ruhe und Zuversicht aus.[4] Das subjektive Glücksempfinden Puškins in der ersten Ehezeit war jedoch wahr und ungetrübt.

Pletnëv hatte für den Freund in Carskoe Selo eine Wohnung in einer ansehnlichen Datscha gemietet, die der Witwe eines kaiserlichen Kammerdieners gehörte. Die Wohnräume befanden sich im Erdgeschoß, während Puškin im Obergeschoß ein geräumiges Arbeitskabinett zur Verfügung stand. Bereits am 25. Mai, einen Tag vor Puškins 32. Geburtstag, zog das junge Paar dort ein; es wohnte in Carskoe Selo bis Ende Oktober. Da die Cholera inzwischen bis nach Petersburg vorgedrungen war, lebten die beiden zunächst abgeschnitten von der Welt. Puškins Eltern, die eine Datscha in Pavlovsk gemietet hatten, um der Seuche zu entgehen, blieben in der Quartantäne hängen. Es gelang ihrem Sohn nicht, sie freizustellen.

Carskoe Selo war für Puškin altvertrautes Gelände. Mannigfache Erinnerungen wurden wach; er hatte Natal'ja manches zu erzählen und zu zeigen. Den Vormittag verbrachte er im Kabinett. Es gab viel zu redigieren und zu ergänzen. In das Dritte Kapitel des *Evgenij Onegin* fügte er neu den «Brief Tat'janas an Onegin» ein. Im Sommer bereitete er *Belkins Erzählungen* für den Druck vor und veröffentlichte sie anonym. Als ihn der Lyzeumszögling Pavel Miller, der ihn gelegentlich besuchte, fragte, wer denn dieser Belkin sei, antwortete Puškin: «Wer er auch sei, aber gerade so muß man Erzählungen schreiben: einfach, klipp und klar.»

Gegen Abend ging Puškin gern mit seiner Frau im ausgedehnten Park von Carskoe Selo spazieren, meist längs des Großen Sees, der wundervolle Ausblicke und Stimmungen bot. Oft fanden sich abends Gäste bei den Puškins ein, vor allem Žukovskij, später auch Aleksandr Turgenev, der im Juni aus dem Ausland zurückgekehrt war. Elf Jahre hatten sich die Freunde nicht gesehen. Eng schloß sich ihnen jetzt Aleksandra Rosset an, eine junge, dabei hochgebildete und kunstsinnige *Frejlina*, die mit dem Hof, ebenfalls vor der Cholera, nach Carskoe

Selo gekommen war. Sie war ein gern gesehener Gast im Dichterkreis, der sich um Puškin bildete. Zu den alten Petersburger Freunden stieß bald der junge Gogol', der den Sommer 1831 in Carskoe Selo als Privatlehrer verbrachte.

Wetteifernd in «poetischem Turnier»[5], schrieben Žukovskij und Puškin Kunstmärchen, die diese Gattung erst eigentlich in Rußland etablieren sollten. Puškins *Märchen vom Zaren Saltan* übertraf freilich mit seiner Volkstümlichkeit und den eleganten trochäischen Versen Žukovskijs Märchen *Berendej*, das, laut Annenkov, eher deutschen romantischen Vorbildern als der russischen Welt entsprach. Beiden lagen übrigens Märchenerzählungen von Puškins Amme Arina Rodionovna zugrunde.[6] Gemeinsam veröffentlichten Puškin und Žukovskij unter dem Titel *Auf die Einnahme Warschaus* patriotische Gedichte, deren herausfordernder, hochmütiger Ton gegenüber den Feinden Rußlands kaum zu überbieten war. Puškin schien tatsächlich eine Wiederholung der französischen Invasion von 1812 zu befürchten, die er als Lyzeist in Carskoe Selo erlebt hatte.

Nach der Familiengründung war ernsthaft auch über eine neue Lebensplanung nachzudenken. Er beschloß, den Herbst der Literatur zu widmen und sich im Winter in die Archive zu vertiefen, das heißt geschichtliche Forschungen zu treiben.[7] Und wieder konnte er auf Zar Nikolaus bauen: Der stellte ihn in Dienst mit dem Auftrag, die *Geschichte Peters I.* zu schreiben. Puškin wurde mit Wirkung zum 14. November 1831 erneut dem Außenministerium zugewiesen und erhielt dank besonderer Allerhöchster Gnade ein Jahresgehalt von 5000 Rubel.

Archivstudien führten ihn im Dezember 1831 noch einmal drei Wochen nach Moskau. Sonst aber wurde nun Petersburg der feste Wohnsitz Puškins und seiner wachsenden Familie. Fast im Jahresrhythmus brachte Natal'ja nacheinander vier Kinder zur Welt. Am Mai 1832 wurde Puškins erste Tochter Marija (Maša) geboren. Am 6. Juli 1833 folgte der Sohn Aleksandr (Saša) – die Puškins wohnten damals in einer Datscha in Novaja Derevnja bei Petersburg. Am 14. Mai 1835 kam der zweite Sohn Grigorij zur Welt, gefolgt am 23. Mai 1836 von der zweiten Tochter Natal'ja. (Kurz zuvor, am 29. März 1836, war Puškins Mutter verstorben.)

Die Petersburger Wohnungen der Puškins wechselten oft. Im Sommer mietete man eine Datscha. 1833 und 1834 zog es Puškin im Herbst nach Boldino, dem Ort schöpferischer Ruhe. In seiner Abwesenheit bezog Natal'ja zum 1. September 1833 eine geräumige Wohnung mit Pferdestall, Remise, Weinkeller und weiteren Nebenräumen in der Pantelejmonovskaja-Straße, nahe dem Sommerpark, die sie ein Jahr lang bewohnten. Die letzte Wohnung bezog Puškin mit seiner Familie im Herbst 1836 an der Mojka, Haus Nr. 12, in günstiger Nähe zum Nevskij Prospekt wie zum Schloßplatz gelegen.

Immer wieder überkamen Puškin Gedanken, ob er den Dienst quittieren und mit der Familie aufs Land, nach Michajlovskoe, übersiedeln sollte, wo er in der dörflichen Stille ganz anders arbeiten konnte als im Trubel der Stadt. Auf dem Lande lebte man fast umsonst, während das aufwendige Leben in Petersburg Puškin rasch an seine finanziellen Grenzen führte. Auch die Unruhe des Herzens wurde in der Metropole von vielen Seiten angeheizt. Er aber war ruhebedürftig geworden. In dem Natal'ja gewidmeten Gedicht bat er:

> *O Freundin, es ist Zeit, das Herz will nicht mehr leiden.*
> *Die Tage fliehn dahin, mit jeder Stunde scheiden*
> *auch Bruchteile des Seins, und haben auch wir zwei*
> *zu leben stets geglaubt – wie rasch ist es vorbei!*
> *Kein Glück ist auf der Welt, doch Freiheit gibt's und Frieden,*
> *ein Los, beneidenswert, war niemals mir beschieden.*
> *Wie lange sann ich müder Sklave über Flucht*
> *zum fernen Ort der Wonnen und der Arbeit Zucht.*[8]

Geist und Beschränktheit der großen Welt

Puškin und seine Frau verkehrten in den glänzendsten Häusern der Stadt, beim Grafen Ficquelmont, dessen Palais, die österreichische Gesandtschaft, sich an der Dvorcovaja Uferstraße (Dvorcovaja naberežnaja) befand; beim Außenminister Graf Nesselrode, bei der Witwe Karamzins, bei den Smirnovs und den Bobrinskijs, um nur einige illustre Namen zu nennen.

Es war eine Atmosphäre voller Pomp und Pracht, Geist und Beschränktheit, Eitelkeit und Neid, in der Intrigen und üble Nachrede gediehen. Puškin genoß einerseits den Glanz dieser Welt und die

Zeichnung ungleicher Tänzer

Schönheit der Damen, litt andererseits aber unter Unverständnis und Neid, die ihm mitunter kaum verhohlen entgegenschlugen. Er konnte in der Gesellschaft auf die ergebener Treue und Zuneigung seiner Freunde rechnen, auf die Dichter Žukovskij, Vjazemskij und den Urfreund Aleksandr Turgenev. Aber es gab auch immer wieder zermürbende Spannungen mit seinen Feinden, darunter die Minister des Zaren Graf Nesselrode, Graf Benckendorff und Sergej Uvarov, die Puškin als Freigeist und Freund der Freiheit mißtrauten und bespitzeln ließen. Anders der Zar selbst. Er hatte Puškin in den letzten Jahren ein derartiges Maß an Wohlwollen entgegengebracht, ja, ihn einige Male kraft seiner kaiserlichen Machtvollkommenheit buchstäblich gerettet, daß die Hofkreise an seiner Wertschätzung des Dichters nicht zweifeln konnten. Andererseits kann als sicher angenommen werden, daß er ihm ebenfalls nicht ganz über den Weg traute, abgesehen davon, daß er insgeheim wohl zu den Anbetern seiner Gattin zählte.

Puškins Hochmut, sein Aristokratenstolz, seine ätzenden Invektiven gegen Feinde und Langweiler sind immer wieder bezeugt worden; nicht weniger seine Ungezwungenheit und Fröhlichkeit, das ununterbrochene Sprudeln seines Geistes und seine ungeheure Beschlagenheit. Er war für Freunde und genehme Damen die liebenswürdigste, geistsprühendste Persönlichkeit, für Feinde und Gegner hingegen ein boshafter, scharfzüngiger Widerpart.

Vielfach ist überliefert, daß Puškin es in Gesellschaft vermied, neben seiner Frau zu stehen und zu gehen: er habe dies, da er kleiner war als sie, als «erniedrigend» empfunden.[9] Manch ein Zeitgenosse empfand ihn als häßlich von Gestalt. Die Gräfin Ficquelmont, die ihm durchaus zugetan war, beschrieb sein Äußeres mit drastischen Worten: «Man kann kaum häßlicher sein. Im Aussehen eine Mischung von einem Affen und einem Tiger.»[10] Seine kleine, gedrungene Gestalt ließ eine elegante Aufmachung kaum zu. Wenn er sich im schwarzen Frack mit seinem hohen schwarzen Zylinder auf der Straße zeigte oder in Ballaufmachung seine fast um einen Kopf größere, elegante schöne Frau zum Tanz führte, war das kein erhebendes Bild.

Auf den Spuren des Kosakenführers Pugačěv

Puškin nahm seine Aufgabe als russischer Historiograph ernst. Die Möglichkeit, Akten in den geheimen Archiven einzusehen, kam seinem brennenden Interesse an allen Fragen der Geschichte Rußlands entgegen. Seit Anfang des Jahres 1833 beschäftigte er sich mit dem Pugačěv-Aufstand. Die Akten zu diesem Ereignis befanden sich im Geheimen Kriegsarchiv im Gebäude des Generalstabs auf dem Schloßplatz. Die Pugačěvščina, der Aufstand der Kosaken, Leibeigenen, Mordwinen und Baschkiren im Jaik-Gebiet (der Fluß Jaik wurde nach dem Aufstand in Ural umbenannt) und beiderseits der Wolga unter dem Don-Kosaken Emel'jan Pugačěv in den Jahren 1773–1775, war die größte Bedrohung und gefährlichste Erschütterung des Zarenreiches im 18. Jahrhundert gewesen. Wieder ging es um die Herrscherlegitimität, da sich Pugačěv als Peter III. ausgab, den «guten Zaren», den Katharina hatte beseitigen lassen. Zu der *Geschichte Pugačěvs*, die Puškin erforschte, trat alsbald der Plan, einen Roman zu schreiben, dem die historischen Ereignisse als Hintergrund dienen sollten, oder umgekehrt, die Geschichtsepoche anhand einer erfundenen Erzählung darzustellen – so hatte er, ganz im Sinne Walter Scotts, den Roman 1830 definiert.

Um diese Pläne voranzutreiben, die Gouvernementsarchive in Kazan' und Orenburg in Augenschein zu nehmen sowie anschließend in Boldino zu schreiben, erbat er einen mehrmonatigen Urlaub, der ihm auch gewährt wurde. Obwohl Natal'ja gerade zum zweiten Mal niedergekommen war und sich nur langsam vom Kindbett erholte, trat Puškin Ende August die Reise an, die ihn, zusammen mit Sobolevskij, über Toržok mit Zwischenaufenthalten in Pavlovsk und Jaropolec, dem Landgut seiner Schwiegermutter, zunächst nach Moskau führte. Im Naščokinschen Kreise und unter den Moskauer Literaten fühlte er sich wohl. Es gab Einladungen, man feierte mit Champagner, Ananaspunsch und Sterlet, dem guten russischen Fisch. Doch schon bald ging es weiter auf der großen Landstraße nach Nižnij Novgorod. Aus seinen Briefen an Natal'ja klang echte Sorge, daß ihr das Geld fehlen könnte, die Zofe, den Koch, den Kutscher, den Apotheker und Madame Sichler, die Modistin, zu bezahlen; daß sie wieder ihre Anfälle bekommen, daß Maša, die anderhalbjährige Tochter, erkranken könne.[11]

Auf der Reise ergaben sich einige kuriose Mißverständnisse. In Orenburg hielt man ihn wegen seiner überlangen Fingernägel (es war dies eine der Puškinschen Marotten) für den Antichristen. In Nižnij Novgorod wurde er auf der Poststation mit größter Zuvorkommenheit abgefertigt, da man ihn für für einen incognito reisenden Revisor, also einen Staatsinspektor, hielt.

Er wählte den Weg nach Kazan' auf der rechten Wolgaseite. Unterwegs nahm er bereits verschiedene Berichte über die Untaten Pugačëvs auf; in Kazan' unterrichtete er sich über die Belagerung; von dem Medizinprofessor Karl-Friedrich Fuchs (Fuks), einem guten Kenner der lokalen Verhältnisse, erhielt er eine Menge Informationen, von denen viele in der *Geschichte Pugačëvs* wiederkehrten. Daß er in Kazan' auch auf Evgenij Baratynskij traf, vermerkte er nur am Rande.

Über Simbirsk und Samara, überall wohl empfangen und mit nützlichen Nachrichten über Pugačëv versehen, gelangte er nach Orenburg, wo Vladimir Dal', der Ethnograph und künftige Lexikograph, sein kundiger Führer wurde. Zusammen mit ihm besuchte er die Kosaken-Sloboda Berda. Eine 75jährige Kosakin berichtete ihm, als sei es gestern geschehen, von Pugačëvs «goldenem Palast», von den Eidleistungen auf den Usurpator, von den Hinrichtungen und der endlichen Niederlage. Das Volk habe ihn geliebt.[12] Dal' begleitete Puškin nach

Ural'sk, dem Zentrum der Jaik-Kosaken, wo die Erinnerungen an die Pugačëvščina noch ganz lebendig waren. Unterwegs berichtete man ihm vom Schicksal des Garnisonskommandanten Charlov, den die Aufständischen erhängten, ebenso wie von dem Offizier, der sich Pugačëv anschloß – wichtige Motive, die in der *Hauptmannstochter* wieder auftauchten.

Nach mehrtägigem Aufenthalt bei den gastfreien Kosaken begab sich Puškin, überreich versorgt mit mündlichen und schriftlichen Daten zum Pugačëv-Aufstand, geradewegs nach Boldino. Am 1. Oktober 1833 traf er dort ein.

Muß erwähnt werden, daß in Kazan', Orenburg und in seinem Dorf Kistenevo wiederum «geheime Aufsicht» über ihn verhängt worden war?

Herbst in Boldino 1833

Es hatte ihm, wie er seiner Frau schrieb, längst in den Fingern gekribbelt.[13] In Boldino zögerte er keinen Tag und begann sofort mit der Arbeit an der *Geschichte Pugačëvs*. Ablenkungen gab es so gut wie keine, selbst Aufwartungen bei den Gutsnachbarn entfielen. Vielleicht ermahnte er deshalb seine Frau wiederholt halb im Ernst, sie solle in Gesellschaft nicht zuviel kokettieren, sich zurückhaltend verhalten, *comme il faut* und nicht *vulgar*.[14]

Seinen Tageslauf schilderte er in einem Brief an Natal'ja:

> «Ich wache um 7 Uhr auf, trinke Kaffee und liege bis 3 Uhr. [...] Um 3 Uhr setze ich mich aufs Pferd, um 5 geht's in die Badewanne und danach esse ich zum Mittag Kartoffeln und Buchweizenbrei. Bis 9 lese ich. Da hast Du meinen Tag, und immer ganz allein.» [15]

Der Vormittag, im Bett verbracht, war seine beste Arbeitszeit. Die Bauern beschwerten sich über den Verwalter Kalašnikov, der alles habe verkommen lassen. Soeben war ein neuer Verwalter in Boldino eingetroffen, der Kalašnikov ablöste. Puškin betraute den letzteren immerhin mit der Verwaltung des Dorfes Kistenevo. Der inzwischen verheirateten schönen Ol'ga scheint er eine Unterstützung zum Erwerb eines Hauses gewährt zu haben. Vor der Abreise nahm Puškin das letzte

Drittel des Obrok, der jährlichen Abgabe der Bauern an den Barin, in Empfang: 750 Rubel.

Sonst aber schrieb er in Boldino in einem Schaffensrausch Werk um Werk nieder. Die ganze Zeit über waren gleichzeitig mehrere Texte unter der Feder. In die *Geschichte Pugačëvs* wurden die neuen Materialien eingearbeitet und das Werk dann zügig abgeschlossen. Es entstanden binnen weniger Tage das *Märchen vom Fischer und vom Fischlein*, verfaßt im tonischen Volksmetrum, das *Märchen von der toten Zarentochter und den sieben Recken*, geschrieben in den glätteren Trochäen; das Poem *Angelo*, eine poetische Wiedererzählung von Shakespeares *Maß für Maß*, wobei die Handlung nach Italien verlegt und vereinfacht wurde, sowie das Poem *Der eherne Reiter*, eines der genialsten Werke Puškins. Dessen zweiter Teil, die Erzählung über das Petersburger Hochwasser, bestehend aus 230 Versen, wurde an einem Tag, dem 31. Oktober, gedichtet. Auch die Novelle *Pique Dame*, ein Glanzpunkt im Erzählwerk Puškins, war binnen weniger Tage niedergeschrieben. Es traten hinzu die Übersetzungen zweier Balladen von Adam Mickiewicz sowie eine Handvoll Gedichte, darunter das Fragment *Herbst*. Die langsam fließenden Oktaven dieser Elegie hatte Puškin bereits beim ersten Aufenthalt in Boldino angesponnen, jetzt führte er die Huldigung jener Jahreszeit der Abschiedsherrlichkeit und des prächtigen Verwelkens weiter, die für ihn zugleich die Zeit erblühender Schöpferkraft war:

> *Und so erblühe ich in jedem Herbst aufs neu;*
> *Der russische Frost erfrischt mir Geist und Leib und Glieder;*
> *Ich liebe neu des Seins gewohntes Einerlei;*
> *Der Hunger stellt sich ein, am Abend bin ich müder;*
> *Mein Blut spielt wieder mir im Herzen froh und frei,*
> *Ich spür Verlangen glühn – bin glücklich, jung und wieder*
> *Von Lebenslust erfüllt – so ist mein Organism*
> *(Ich hoffe, ihr verzeiht mir diesen Prosaism).*[16]

Er schloß das Gedicht nicht ab, sondern führte es nur bis zu dem schöpferischen Punkt, da die Gedanken im Kopf den Reimen entgegenstürzen und die Verse frei dahinfließen – gleich dem Schiff, das unbewegt geschlafen hat, von den Matrosen getakelt wird und nun mit windgeschwellten Segeln durch die Wellen gleitet:

Es schwimmt. Wo ziehn wir hin? ...

Ein poetologisches Gedicht, aufschlußreich für Puškins Schaffenspro-
zeß und die wundersamen Zeiten von Boldino. Dagegen gibt das be-
kenntnishafte Gedicht *Gib, Gott, daß mich nicht Wahnsinn packt*, das zu
Lebzeiten nicht veröffentlicht wurde, einen fast erschreckenden Einblick in des Dichters Unterbewußtsein, indem er zerstörerische und
glückverheißende geheime Wünsche bekannte, die hervorzubrechen
drohten, wenn er wahnsinnig würde.

Replik auf Mickiewicz: «Der eherne Reiter»

Sobolevskij hatte bei der Rückkehr von seinem fünfjährigen Aus-
landsaufenthalt die polnische Ausgabe der Werke Mickiewiczs für Puškin mitgebracht. Die Petersburger Gedichte darin, der sogenannte
Ustęp (Anhang), lösten Puškins Widerspruch aus. Das Bild, das Mickiewicz von Petersburg und dem Leben in der Stadt und ihren Bewohnern
gezeichnet hatte, war von schärfster Negativität, vielleicht sogar von
Rachsucht getragen. In einem Gedicht verglich er das Peter-Denkmal
mit dem Reiterstandbild Mark Aurels. Anders als der römische Impera-
tor, der als Beglücker des Volkes und als Weiser gesehen wurde, war
ihm Peter ein rücksichtsloser Tyrann, der, gleich einem Wasserfall, zu
Eis erstarrt, über dem Abgrund hängt. Was aber, heißt es am Schluß
des Gedichts, wird geschehen, wenn die Sonne der Freiheit aufgeht
und der Frühling aus dem Westen nach Rußland kommt? In Mickiewiczs Gedicht *Oleszkiewicz* wurde die Vorahnung der am folgenden Tag
eintretenden Überschwemmung ausgesprochen.

Die Schmähungen Rußlands und Peters des Großen konnte Puškin
nicht unbeantwortet lassen. Sein Poem *Der eherne Reiter* war in wesentlichen Partien eine Replik auf die kühne Herausforderung Mickiewiczs.
Wie so oft bei Puškin war auch hier der dichterische Wettkampf der
entscheidende Schaffensimpuls. Die Beschreibung Peters des Großen,
die Liebeserklärungen an Petersburg, die Evokation des Peter-Denk-
mals im *Ehernen Reiter* waren eindeutig Zurückweisungen der malizi-
ösen Herabsetzungen Mickiewiczs. Aber Puškin ging es um mehr. In
der Einleitung zum Poem beschwört er die Entstehung der Stadt aus

dem Geiste des Herrschers. Gleich einem göttlichen Tabu bleibt der Name des Herrschers ungenannt; von IHM wird gesprochen, ER hat alles gedacht und geschaffen:

> *Die Newa hüllte sich in Stein;*
> *Die Wasser überspannen Brücken,*
> *Und dunkelgrüne Gärten schmücken*
> *Der Inseln malerische Reihn.*
> *Und vor der jungen Metropole*
> *Neigt Moskau demütig das Haupt,*
> *Wie vor der Kronengloriole*
> *Die Zarenwitwe, machtberaubt.*[17]

Auf das Herrscher- und das Städtelob folgen emphatische Liebeserklärungen des Erzählers (hinter dem der reale Autor zu erkennen ist) an Petersburg, die Mickiewiczs Schmähungen umkehren:

> *Ich lieb' dich, Schöpfung Peters, deine*
> *Gestrenge, einheitliche Pracht,*
> *In dem granitenem Gesteine*
> *Der Newa königliche Macht.*[18]

Der Zauber der Petersburger Weißen Nächte, der Petersburger Winter, die Freuden im Junggesellenkreise, die Hauptstadt des Militärs werden im hohen Odenstil gepriesen:

> *Rag, Peters Stadt, in hehrer Pracht,*
> *Wie Rußland stolz und unbezwungen!*
> *Bezähm der Elemente Macht,*
> *Der du dein Leben abgerungen.»*[19]

Damit aber leitet der Erzähler zu seiner eigentlichen Geschichte über. Sie verbindet die schrecklichen Ereignisse der Petersburger Hochwasserkatastrophe vom November 1824 mit einer Anekdote von einem Offizier, der im Traum vor dem Zaren flieht, die Puškin vor einiger Zeit gehört hatte.

Der Held der Verserzählung heißt Evgenij. Er ist ein kleiner Beamter, allerdings bojarischer Herkunft (Puškins Situation!), dessen Verlobte Paraša in den Wasserfluten umgekommen ist. Evgenij verliert darüber den Verstand. Nur einmal noch begehrt er auf – gegen das

Peter-Denkmal. Und in diese gespenstische, hochdramatische Szene band Puškin die Frage nach dem Schicksal Rußlands ein:

> *Wie schrecklich ragt er aus der Nacht!*
> *In diesem Blicke – welche Macht!*
> *Auf dieser Stirn – welch ein Gedanke!*
> *In diesem Rosse – welche Glut!*
> *Wo sprengt er hin in wildem Mut,*
> *Wo sinkt sein Huf, daß Welten wanken?*
> *Mächtiger Zwingherr des Geschicks!*
> *Hast du nicht so, am Eisenzaume,*
> *Emporgeschnellt aus dumpfem Traume,*
> *Vorm Abgrund, Rußland, festen Blicks?*[20]

Der eherne Reiter konnte zu Lebzeiten Puškins nicht veröffentlicht werden. Die echt Puškinsche Aporie zwischen dem Heros der Geschichte und dem «kleinen Mann», der zum Opfer der großen Taten wird, war für das offiziöse Denken in Rußland nicht tragbar. Žukovskij versuchte in seiner posthum vorgelegten Bearbeitung manche der Puškinsche Aussagen abzumildern. Erst im 20. Jahrhundert konnte der Text in der ursprünglichen Fassung erscheinen.

Psychologie des Spielers: «Pique Dame»

Am 9. November 1833 reiste Puškin aus Boldino ab und traf am 20. November wieder in Petersburg ein. Nach drei Monaten in der «Steppenöde» und einem kurzen Zwischenaufenthalt im «üblen, verhaßten Moskau» kehrte er nicht nur mit einem Packen neuer Werke zurück, sondern auch mit einem dichten Bart, den er sich in Boldino hatte stehen lassen. In Moskau erstand er für 200 Rubel Radiščevs *Reise von Petersburg nach Moskau*, ein streng verbotenes Werk – es war das Exemplar der Geheimen Kanzlei, das er erwarb. Die Kontrafaktur, die er dagegensetzte, indem er die Reiseroute zur *Reise von Moskau nach Petersburg* umkehrte und Radiščevs Text kritisch unter die Lupe nahm, gewann bald darauf Gestalt.

Seine Frau war auf einem Ball, als er zu Hause eintraf; er entführte sie von dort «wie ein Ulan ein Provinzfräulein vom Namenstag der

Stadthauptmännin».[21] Mit dem Vater einigte er sich, daß er künftig die Verwaltung von ganz Boldino übernehmen werde. Die finanzielle Lage sah düster aus. Es drohte eine Nachzahlung wegen Mietausfall an seinen früheren Vermieter, da er nicht rechtzeitig gekündigt hatte. Gegen Wucherzinsen nahm er einen Schuldbrief über 10 000 Rubel auf. In diesen Tagen trat er mit seinem Verleger Smirdin in Verbindung, dem er das in Boldino Vollbrachte vorwies. Smirdin, der umsichtige Förderer der russischen Literatur in der Puškin-Zeit, trug sich gerade mit dem Gedanken, eine neue Zeitschrift herauszugeben, die speziell auf die Lesebedürfnisse des Publikums ausgerichtet sein sollte. Für diese *Lesebibliothek* (Biblioteka dlja čtenija) war Puškins neue Novelle *Pique Dame* wie geschaffen. Das phantastische Genre war in Rußland durch E. T. A. Hoffmann in Mode gekommen. Fürst Vladimir Odoevskij, Veteran aus dem Kreise der Ljubomudry, war ins hoffmanneske Fahrwasser geraten, was nicht gerade Puškins Zustimmung fand. Wenn er selbst Phantastisches aufnahm, wie in *Pique Dame*, so geschah es in ironischer Brechung und mit einer fast schon irritierenden intertextuellen Einbindung des Sujets.

Puškin griff dabei auf eine wahre Begebenheit zurück, die ihm der Enkel der Gräfin Natal'ja Golicyna mitgeteilt hatte. Dieser kam nach Spielverlusten zu seiner Großmutter mit der Bitte um Geld. Sie aber nannte ihm drei Karten, mit denen er sicher gewinnen werde: Drei, Sieben, As. Den Fingerzeig hatte sie vom Grafen Saint Germain in Paris erhalten. Puškin änderte das Sujet im Sinne seines künstlerischen Konzeptes um. Held der Novelle wurde der Pionieroffizier Germann (Hermann), der durch Glücksspiel zu Reichtum gelangen will. Als er erfährt, daß die uralte Gräfin Tomskaja drei Glückskarten kennt, die sicheren Gewinn versprechen, beschließt German, ihr das Geheimnis zu entreißen. Er gewinnt das Vertrauen ihrer Ziehtochter Lizaveta Ivanovna und dringt mit ihrer Hilfe in die Gemächer der Gräfin ein. Als er mit Bitten und Drohungen auf sie eindringt, stirbt die Gräfin. Nach dem Begräbnis nennt sie Germann im Traum drei Karten: Drei, Sieben, As. Germann gewinnt damit zweimal, doch beim dritten Mal verliert er. Er verfällt in Wahnsinn.

Puškin kannte die Psychologie des Spielers aus eigener Erfahrung ebenso wie die glücks- oder unglücksverheißenden Zeichen, die das Schicksal aussandte. Aber er konnte magisches Geschehen auch in ironisches Licht setzen und es vor allem aufs überzeugendste in der Petersburger Gesellschaft ansiedeln. Der Erfolg der Novelle war bemerkenswert. Puškin notierte selbst in seinem Tagebuch: «Meine ‹Pique Dame› ist groß in Mode. Spieler setzen jetzt auf Drei, Sieben und As.»

Puškins Hoffnung, daß sich seine zerrüttete geldliche Situation mit Smirdins Hilfe verbessern werde, sollte sich, wenigstens vorübergehend, erfüllen.

Kammerjunker bei Hofe

In der Petersburger Hofgesellschaft war man längst auf Puškins schöne Frau aufmerksam geworden. Vor allem die Kaiserin wünschte, Natal'ja Puškina bei den Hofbällen zu sehen. Ihr war die berückende junge Frau aufgefallen, als sie sich mit ihren Hofdamen im Park von Carskoe Selo erging. Um sie auf Bällen, Festen und Soireen präsentieren zu können, verlieh der Zar Puškin am letzten Tag des Jahres 1833 den Hofrang eines Kammerjunkers – eine zweischneidige Beförderung. Einerseits hatte Puškin längst auf einen Hofrang gerechnet; sein alter Freund Vigel' hatte ihm, als er nach Petersburg kam, einen Sitz in der Akademie und einen Hofrang versprochen.[22] In der Hauptstadt zu leben, ohne der Aura des Zarenhofes teilhaftig zu sein – das wäre nicht nach Puškins stolzem Sinn gewesen. Auf der anderen Seite bedeutete es für den größten Dichter Rußlands fast eine Demütigung, daß er mit dem Rang eines Kammerjunkers bedacht wurde, der gewöhnlich «18jährigen Grünschnäbeln»[23] verliehen wurde. Angemessen für Puškin wäre der Rang eines Kammerherrn gewesen. Als er während eines Balles beim Grafen Orlov von der bevorstehenden Ernennung erfuhr, geriet er außer sich vor Wut. Žukovskij und Viel'gorskij mußten ihn mit kaltem Wasser beruhigen. Er war drauf und dran, zum Zaren zu eilen und ihn zu beschimpfen.[24] Später versuchte er, die neuen Pflichten mit Ironie herunterzuspielen. Quälender waren die hohen Ausgaben, die ihm aus dem Kammerjunkerrang erwuchsen.

Puškin hat in seinem Leben nur selten Tagebuch geführt; seine Aufzeichnungen waren eher zufällig und hielten nie über einen längeren Zeitraum an. Die einzige Ausnahme bildet das *Tagebuch der Jahre 1833–*

1835, in dem vor allem das Leben der Petersburger Gesellschaft festgehalten ist – so, wie es Puškin erlebte. Erwähnt werden die obligatorischen Mittags- und Abendessen, die sogenannten «Routs», Bälle mit und ohne Tanz, Gespräche über Politik, die russische Geschichte und die Literatur, Hofklatsch, Treffen in den Literaturzirkeln, Lesungen, Anmerkungen aller Art, etwa darüber, daß die Straßen Petersburgs unsicher waren und sich selbst auf dem Schloßplatz Raubüberfälle ereigneten.

Auch die zahlreichen Mißverständnisse, zu denen die ungeliebte Kammerjunkerwürde führte, sind im Tagebuch vermerkt. Puškin war gehalten, sich eine teure Hofuniform schneidern zu lassen, ein Kleidungsstück, das ihm weder zusagte noch stand. Fatal war, daß er ständig gegen die Kleiderordnung verstieß. Zum großen Ball im Aničkov-Palais erschien er in Uniform, um zu erfahren, daß Frack vorgeschrieben war. Er verließ den Ball und kam nicht zurück, worauf der Zar mit Unwillen reagierte. Ein andermal erschien er im Aničkov-Palast skandalöserweise mit Dreispitz statt mit der vorgeschriebenen runden Kopfbedeckung. Mitunter zählte er auf, wieviel Verstöße gegen die Etikette ihm bei einer Einladung unterlaufen seien. So erschien er einmal beim Gesandten Ficquelmont eine halbe Stunde zu früh und trug grobe Stiefel (statt eleganter Schuhe) – und ärgerte sich grenzenlos darüber.

Wichtiger waren die Interna aus dem kaiserlichen Kreis, die er fixierte. Seine Verachtung der Mörder Pauls I. schäumte erneut auf; in Paul sah er jetzt «unseren romantischen Kaiser». Nikolaus erschien ihm in seiner militärisch-handfesten Art erträglicher als sein Bruder Alexander, der falsche Visionär. Immer wieder Hofklatsch, Intrigen und Bonmots. Dazwischen die Notiz, der Zar habe ihm für den Druck der *Geschichte Pugačëvs* 20 000 Rubel bewilligt. Es klang wie ein Aufatmen, als er im Februar 1835 vermerkte:

> «Seit Januar bin ich sehr mit Peter [dem Großen] beschäftigt. Auf Bällen war ich dreimal; verließ sie aber früh. Mit Hofintrigen wenig befaßt. Nix für die Nachkommen.»

Einerseits genoß Puškin – und mehr noch seine Frau – die exklusive Gesellschaft der Hocharistokratie, doch andererseits litt er unter der Zurücksetzung und der unnützen Zeitverschwendung. Oft schützte er Krankheit vor, um nicht in der ungeliebten Kammerjunkeruniform bei

Hofe erscheinen zu müssen. Die höfischen Pflichten wahrzunehmen, erforderte zudem einen finanziellen Aufwand, dem Puškin in keiner Weise gewachsen war. So trug seine Frau bei den Hofbällen eine prächtige Robe in der Farbe dunklen Honigs, *miel foncé*, für die Puškin, trotz der Schuldenlast, unter der er stöhnte, 1000 Rubel aufzubringen hatte. Fünf Tage vor der Enthüllung der Alexander-Säule auf dem Schloßplatz, die für den 30. August 1834 angesetzt war, verließ Puškin Petersburg, um nicht mit den übrigen Kammerjunkern an der großen Zeremonie teilnehmen zu müssen. Die Säule, die mit 47,5 m Höhe die Vendôme-Säule überragte, galt seinerzeit als das höchste Denkmal der Welt. Für Puškin war sie ein Ärgernis, weil hier ein Herrscher kultisch erhöht wurde, den er verachtete. Unterwegs bedrängten ihn betrunkene Kutscher und taten sich groß damit, daß ihnen die Freiheit gegeben und eine Säule errichtet worden sei. Besser allerdings wäre eine Kirche gewesen. Puškin stimmte dem zu: Eine Kirche mit einer Schule sei nützlicher als eine Säule mit Adler und einer Aufschrift, die der analpabetische Bauer noch lange nicht werde lesen können.[25]

Über Moskau, wo Natal'ja mit den Kindern verblieb, begab er sich erneut nach Boldino. Er stieg nicht im Herrenhaus, sondern im Gutskontor ab. Wieder gab es Scherereien mit den Bauern; die Hypothekenzinsen waren nicht bezahlt; Pëtr Bezobrazov, ein entfernter Verwandter Puškins, war entschlossen, den Anteil seines verstorbenen Schwiegervaters Vasilij Puškin am Erbgut Boldino an sich zu bringen. Puškin verhandelte mit ihm, beide versuchten sich gegenseitig zu überlisten. Puškin, alles andere als ein Geschäftsmann, schrieb an seine Frau:

> «Ich sehe von hier Dein mißtrauisches Gesicht, Du denkst, daß ich ein Dummbart bin und daß man mich wieder hinters Licht führt – wir werden sehen.»[26]

Vasilijs Puškins hochverschuldeter Besitz wurde später versteigert.

Puškins dritter Aufenthalt in Boldino verlief weniger glücklich als die vorangegangenen. Die Scherereien um Gut und Bauern langweilten ihn und ließen keine Verse im Kopf aufkommen. Jazykov, der Puškin in Boldino besuchte, konnte er nur das *Märchen vom goldenen Hahn*, nach einer Legende von Washington Irving, und einige Gedichtfragmente vorweisen. Vielleicht auch, daß die Erzählung *Kirdžali* in Boldino niedergeschrieben wurde, die eine Episode aus dem griechischen Freiheitskampf behandelte, die Puškin noch in Kišinëv zugetragen worden war.

Bereits Mitte Oktober war er in wieder in Petersburg. Die Familie hatte inzwischen eine neue Wohnung am Französischen Ufer bezogen. Natal'ja war mit den Kindern, ihren Schwestern und Bruder Dmitrij bereits am 1. Oktober dort eingetroffen.

Nikolaj Gogol' – ein kongenialer Freund

Daß Puškin und Gogol' in den Petersburger Jahren zusammentrafen, zählt zu den Sternstunden der russischen Literatur. Der aus einer polnisch-ukrainischen Familie stammende Nikolaj Gogol', gut zehn Jahre jünger als Puškin, war nach Absolvierung des Gymnasiums in Nežin im Dezember 1828 nach Petersburg gekommen, um Beamter oder Historiker zu werden – oder russischer Schriftsteller. Die Bekanntschaft hatte sich kurz nach Puškins Ankunft in Petersburg ergeben, als dieser den Freunden im Hause Pletnëvs seine Frau vorstellte. Das geschah am 20. Mai 1831. Bald traf man, wie erwähnt, in Carskoe Selo wieder zusammen, nach Gogol's Erinnerung, fast jeden Abend. Puškin förderte den jungen Schriftsteller auf vielfältige Weise. Er, der ja eben erst zur erzählenden Prosa gelangt war, einer Prosa, die sich durch Kürze und Prägnanz auszeichnete, erkannte in Gogol' das überragende Talent, das freilich von dem eigenen deutlich unterschieden war. Gogol' brillierte in seinen Erzählungen aus der ukrainischen Welt mit überbordender Komik, grotesken Einfällen und Stoffen, die der ukrainischen Folklore entnommen waren. (Alles, was aus der Ukraine kam, dem damaligen «Kleinrußland», hatte beim Publikum Konjunktur.) Über die *Abende auf dem Weiler nahe Dikan'ka* schrieb Puškin entzückt: «Das ist echte Heiterkeit, aufrichtig, ungezwungen, ohne Ziererei, ohne Zimperlichkeit. Und welch eine Poesie an manchen Stellen!» Er konnte nachempfinden, was ihm Gogol' berichtete: Die Setzer in der Druckerei hätten vor Vergnügen das Lachen kaum unterdrücken können. Gogol' nahm dies für ein Zeichen, daß er ein Schriftsteller ganz nach dem Geschmack des gemeinen Volkes sei – kein «Aristokratendichter».

Nikolaj Gogol'

Auf das gebildete Publikum wirkte Gogol's Prosa recht fremdartig und darum neu. Puškin hielt solche Fremdartigkeit und Freiheit in der russischen Prosa für notwendig. «Man muß unserer Sprache mehr Freiheit geben», schrieb er an Pogodin. Prosa schreibe er, Puškin, weit unregelmäßiger als Verse, und sprechen tue er noch schlechter, fast so schlecht wie Gogol' schreibe (so wenigstens deutet Annenkov die entsprechende Stelle).[27] Puškin wollte nun keineswegs den bravourösen komischen Stil seines Schützlings ändern. Im Gegenteil: Er ergötzte sich ausnehmend daran. Aber er ermahnte Gogol', seine komische Kurzschlüssigkeit, die Ungleichmäßigkeit und Unregelmäßigkeit seines Stils wie auch die Inkohärenz und Unwahrscheinlichkeit einiger Erzählungen zu überwinden und sich ernsteren Themen zu widmen.[28] (Ganz ähnlich hatten einst in Petersburg die reiferen Freunde den jungen Puškin zu lenken versucht.) Bezeichnend, daß er in seiner Gogol'-Rezension (1836) die Skizze *Der Nevskij Prospekt* als das «vollständigste» Werk des jungen Autors hervorhob – das Werk, in dem Gogol' sich erstmals der dämonisch-verführerischen Großstadt Petersburg zugewandt hatte. Das Phantastische mischte sich hier, anders als in *Pique Dame*, mit dem Grotesken und führte zur Entblätterung der Schillerschen Schönheitsillusion.

Puškin beließ es nicht bei allgemeiner Richtungsweisung, sondern gab Gogol' auch ganz konkrete Hilfen und Stoffe an die Hand, die dieser auf geniale Weise verwertete. Als Gogol' an der historischen Erzählung *Taras Bul'ba* arbeitete, machte ihn Puškin mit einem mündlichen Erzähler bekannt, der Geschichten über die ukrainische Steppe im epischen Stil vortrug.[29] Gogol' seinerseits bat Puškin im August 1835 in einem Brief um ein Sujet für eine Komödie oder, wie er schrieb, um «irgendeine lächerliche oder nicht lächerliche, jedoch echt russische Anekdote»; er werde daraus eine Komödie mit fünf Akten machen, die lächerlicher als der Teufel sein werde.[30] Die «Anekdote», die Puškin lieferte, bildete die Grundlage von Gogol's *Revisor*, einer der großen Komödien der Weltliteratur. Allerdings ist sich die Forschung nicht ganz einig, welche «Anekdote» Puškin konkret angeboten hat. In geselliger Runde soll Puškin gelegentlich die Geschichte vom vermeintlichen Revisor, der in einer Provinzstadt auftaucht und die Beamtenschaft in Aufregung und Angst versetzt, zum besten gegeben haben. Er war selbst auf seiner Reise nach Orenburg und Nižnij Novgorod für einen Revisor, einmal auch für einen Postaufseher gehalten worden. Noch in der bessarabischen Zeit hatte er ein satirisches Werk über einen Hochstapler in der Provinz skizziert, der der Gattin und der Tochter des Gouverneurs gleichzeitig den Hof machte, denn man hielt ihn für einen … leider ist nicht zu entziffern, wofür man ihn hielt.[31] Bei Gogol' wurde daraus der unbedarft-dreiste Kollegienregistrator Chlestakov (14., also letzte Rangklasse), der von den Provinzhonoratioren für einen kaiserlichen Revisor (2. oder 3. Rangklasse) gehalten wurde. Gogol' brauchte nichts als diese Situation, um daraus ein fünfaktiges Feuerwerk von Komik und Tiefsinn zu entfachen.

Das Sujet zu dem Roman *Die toten Seelen* ging ebenfalls auf Puškin zurück. In seiner *Autorenbeichte* schilderte Gogol', wie ihn Puškin dazu anhielt, ein größeres Werk in Angriff zu nehmen. «Endlich», heißt es bei Gogol', «gab er mir ein eigenes Sujet, aus dem er selbst etwas in der Art eines Poems hatte machen wollen und das er [...] keinem anderen gegeben hätte.» Puškin habe gemeint, daß das Sujet der *Toten Seelen* für Gogol' besonders geeignet sei, weil es ihm völlige Freiheit lasse, zusammen mit dem Helden ganz Rußland zu bereisen und eine Fülle verschiedenster Charaktere darzustellen.[32] Eigentlich hatte Puškin ein solches Sujet bereits im Neunten Kapitel des *Evgenij Onegin*, der *Reise Onegins*, selber verwendet. Doch Gogol' machte mit seiner improvisierenden Schaffenweise etwas ganz anderes daraus, als sich Puškin hätte vorstellen können.

Gogol' verfolgte eine Zeitlang den Plan, einen Dreier-Almanach, *Trojčatka*, herauszugeben, an dem außer ihm selbst nur Vladimir Odoevskij und Puškin teilnehmen sollten. In den Jahren 1832 und 1835 lebte Gogol' längere Zeit nicht in Petersburg, seit Juni 1836 weilte er, von Ort zu Ort getrieben, im Ausland. Die Nachricht von Puškins tragischem Tod erreichte ihn in Paris. Erschütternd seine Klage über den unersetzlichen Verlust:

> «Ich habe nichts ohne seinen Rat unternommen. Nicht eine Zeile wurde geschrieben, ohne daß ich ihn mir nicht vorgestellt hätte» (an Pletnëv).
> «Für mich ist der Verlust größer als für alle. Du trauerst als Russe, als Schriftsteller, ich aber ... ich kann nicht einmal ein Hundertstel meiner Trauer ausdrücken. Mein Leben, meine höchste Wonne ist mit ihm gestorben» (an Pogodin).
> «O Puškin, Puškin! Welch schönen Traum war mir im Leben vergönnt zu sehen, und wie traurig war mein Erwachen» (an Žukovskij).[33]

Gogol' war der erste, der (in den *Arabesken*, 1835) Puškin als den großen russischen Nationaldichter herausstellte.

Das Problem der Loyalität: «Die Hauptmannstochter»

Über die Entstehungsgeschichte von Puškins umfangreichstem Erzählwerk, dem Roman *Die Hauptmannstochter*, ist vergleichsweise wenig bekannt. Einen ersten Plan skizzierte Puškin Ende 1833, der in der Folgezeit mehrfach ergänzt und geändert wurde. Die Arbeit schritt langsam voran, parallel zur *Geschichte Pugačëvs*. Veröffentlicht wurde der Roman 1836 im vierten Band des *Zeitgenosse* (Sovremennik). Er hatte viel an lebendigem Kolorit durch Puškins Reise nach Kazan' und Orenburg gewonnen. Die Studien zum Pugačëv-Aufstand garantierten die umfassende Kenntnis der historischen Vorgänge. Im erhaltenen Bruchstück eines Vorworts zur *Hauptmannstochter* sprach Puškin genau jenes Prinzip an, das für ihn den Roman ausmachte: «Dem Leser wird leicht die Kette der wahrhaften Ereignisse zu erkennen sein, die durch die romanhaften Erfindungen geführt wird.» Das war das Modell des Scottschen historischen Romans, das von Puškin, wie von vielen russischen Schriftstellern der Zeit, aufgegriffen wurde. Außerdem empfing er, wie Peter Brang gezeigt hat, Anregungen von der 1832 veröffentlichten *Erzählung meiner Großmutter* von Aleksandr Krjukov, die in Form einer naiv, aus der Sicht einer alten, ungebildeten Adeligen berichteten Geschichte einen ähnlichen Stoff behandelte. Anders Puškins Roman. Hier geht es um den Loyalitätskonflikt eines jungen Adeligen, Pëtr Grinëv, der in den Wirren des Pugačëv-Aufstandes zwischen die Fronten gerät. Auf der Reise in eine kleine Festung bei Orenburg, wo er Dienst tun soll, schenkt er im Schneesturm einem fast erfrorenen Unbekannten einen Pelz. In der Festung angekommen, verliebt er sich in Maša, die Hauptmannstochter, um die sich auch Švabrin, ein wegen eines Duells aus der Garde ausgeschlossener Offizier, bemüht. Bald nach Ausbruch des Aufstandes wird die Festung von Pugačëv eingenommen. Grinëv entgeht der Hinrichtung, weil ihn der Usurpator wiedererkannt hat und befreit: Er war es, dem Grinëv den Pelz geschenkt hatte. Švabrin schließt sich den Aufständischen an. Um Maša, die vom Nebenbuhler bedrängt wird, zu retten, reist Grinëv zurück ins Lager Pugačëvs, der beide freigibt. Nach der Niederwerfung des Aufstandes wird Grinëv unter dem Verdacht, mit Pugačëv paktiert zu haben, verhaftet. Maša reist nach Carskoe Selo, wo sie zufällig im Park auf die Kaiserin trifft. Ohne zu wissen, mit wem sie spricht, erzählt sie ihre Geschichte. Katharina, gerührt durch den Bericht, verfügt die Freilassung Grinëvs.

Grinëv berichtet als Ich-Erzähler seine Jugenderlebnisse für seine Enkel, dabei bemüht, seinen unstrittigen Verrat irgendwie zu bemänteln. (Puškin trieb das soweit, daß er bewußt einige zeitliche Unstimmigkeiten in den Text einbaute.) Grinëvs Illoyalität gegen die Monarchin ist aus seiner Unerfahrenheit und aus seiner Liebe zu Maša entstanden. Die Zarin nun läßt Milde walten und zeigt Verständnis für das junge Paar. Neben der Herrschermilde, die nach Puškin Verständnis für einen Monarchen ebenso unverzichtbar ist wie seine Machtvollkommenheit, geht es ihm um die Vermenschlichung Pugačëvs, der

nicht als verbrecherisch, böse, sondern als dankbar und großmütig geschildert wird. Aus dem Gleichnis vom Adler und dem Raben, das der
Kosakenhäuptling dem unerfahrenen Grinëv zum besten gibt, kann
man fast eine byroneske Haltung herauslesen.

Auch wenn Puškin zahlreiche Motive vom Scottschen Romanmodell
übernahm[34] und in der Genauigkeit des historischen Kolorits dem Briten folgte – in der Offenheit der Konzeption und der analytischen
Tiefe, mit der die historischen Kräfte Rußlands erfaßt wurden, ging er
weit über Scott hinaus. Der in der *Hauptmannstochter* aufgezeigte Widerstreit zwischen aufgeklärtem Staat und anarchischen Volksmassen
birgt in sich ein Grundproblem der russischen Geschichte. Wieder
wird offenbar, daß der Einzelne zum Opfer geschichtlicher Vorgänge
werden kann – so wie der kleine Beamte Evgenij (im *Ehernen Reiter*)
zum Opfer der Elementarkatastrophe wird. Alles dies entsprang Puškins
Nachdenken über Geschichte, Staat, Gesellschaft und Individuum.
Was ihn aber in diesem seinen bedeutendsten Prosawerk am meisten
bewegte, war das Problem der Loyalität: einmal gegen den Herrscher,
dann gegen die Freunde, die sich gegen den Herrscher gewandt hatten
und bestraft worden waren. Grinëvs Abenteuer zwischen den Fronten,
sein Schwanken in den Loyalitäten waren nichts anderes als der roman-
haft verkleidete und zeitlich verfremdete Weg, den Puškin selbst einst
gegangen war.

Immer wieder: Peter der Große

Peter der Große, Kaiser und Zar, hatte Rußland aus der Rückständig-
keit gerissen und dem Land eine Modernisierung aufgezwungen, die es
einer permanenten Spannung aussetzte, welche auch hundert Jahre danach für jeden Russen spürbar blieb. So kann es nicht verwundern, daß
Peter der Große für Puškin ein ständiger Anstoß zum Nachdenken war.
Über Herrschergewalt und Herrschergröße, über Selbstherrschaft und
Wohl des Staates, über Zarenwillkür und Leid der Untertanen. Rußland, wie es Puškin vor Augen hatte, war das Werk dieses größten russischen Zaren. Für Puškins Denkmethode, das Nebeneinanderstellen
unauflöslicher Gegensätze, bot Peters öffentliches und privates Handeln vielfältige Herausforderungen. Eine weitere bestand darin, daß

Zar Nikolaus I. diesem Vorfahren nachstrebte und den Vergleich mit ihm suchte. Genau bei dieser «Familienähnlichkeit» suchte Puškin den Zaren in dem Gedicht *Stanzen* zu packen, das er nach dem Dekabristenaufstand schrieb. Auch Peters Ruhmestaten hätten mit Aufruhr und Bestrafung begonnen – gemeint war der Strelitzenaufstand von 1698, den Peter blutig niederschlug –, doch habe er durch Gerechtigkeit, Förderung der Wissenschaften und Verzicht auf nachtragende Rache seine Größe bewiesen:

> *Und kühn hat seine Herrscherhand*
> *Die Saat der Bildung ausgebreitet,*
> *Nie schmähte er sein Vaterland:*
> *Er sah voraus, was ihm bereitet.*

> *Bald ein Gelehrter, bald ein Held,*
> *Bald auf der Werft, bald auf dem Meere,*
> *Gab er, umfassend eine Welt,*
> *Der Arbeit auf dem Thron die Ehre.*[35]

Dieses Herrscherbild bewahrte Puškin in sich auf. In dem Gedicht *Das Gelage Peters des Ersten*, abgedruckt im ersten Heft des *Zeitgenossen* (1835), schildert er ein Versöhnungsfest mit Flottenaufzug und Feuerwerk auf der Neva. Doch was feiert Zar Peter? Den Sieg über die Schweden? Die Ankunft des Urbootes der russischen Flotte? Den Jahrestag von Poltava? Nein, er hat sich mit einem schuldigen Untertan versöhnt. Ein weiterer Appell Puškins an Zar Nikolaus, den Dekabristen zu verzeihen.

Auch in anderen Werken taucht Peter auf. So in dem Romanfragment über den Urgroßvater Gannibal, das den Epochenumbruch zum Hintergrund hat. Zwar wird die Heftigkeit des Zaren und seiner Kumpanen in drastischen Szenen dargestellt, doch geht es vor allem um die Unvereinbarkeit der beiden Kulturmodelle, die sich in dieser Zeit gegenüberstanden. Gegenüber Vladimir Dal' sprach Puškin in Orenburg von seinem Plan, außer dem historischen Werk ein künstlerisches Werk zur Erinnerung an den Giganten Peter zu verfassen.[36] Er meinte damit wohl den *Ehernen Reiter*, den er bald darauf in Boldino niederschrieb.

Die Beschäftigung mit der Geschichte Peters des Großen war seit März 1832 sein vorrangiges Geschäft.. Wenn er das historiographische

Werk über Peter auch bis zu seinem Tod nicht vollenden konnte, so lieferten ihm die intensiven Studien in den Geheimarchiven verschiedener Behörden, die Einsichtnahme in die Bibliothek Voltaires und die Beschäftigung mit der Peter gewidmeten Geschichtsschreibung eine Fülle an historischen Fakten und Gesichtspunkten. Aus den erhaltenen Teilen des Geschichtswerkes (in der Akademie-Ausgabe umfaßt die Niederschrift samt Materialien immerhin ca. 300 Seiten) ist eine Auffassung von dem großen Zaren herauszulesen, die im ganzen wiederum die offensichtlichen Widersprüche im Wesen und Handeln des Herrschers nebeneinander bestehen läßt. Peter erscheint einerseits als Herrscher von ungeheurer Willenskraft und unbändigem Tatendrang; er denkt über die großen und kleinen Angelegenheiten nach und faßt unverzüglich die notwendigen Entschlüsse, die letztlich zur Umstülpung des gesamten Staatsgefüges führen. Doch andererseits ist er von grausamer Strenge, setzt seine Perestrojka mit maßloser Willkür durch, straft aufs härteste Widersacher und Säumige. Dann wieder zeigt er Güte, vergibt großzügigste Belohnungen, lechzt nach Verzeihen und Versöhnung.

So stehen in Puškins Geschichtswerk die großen Taten und Werke des genialen Staatsgründers – in nüchterner Wiedergabe der Res gestae des Zaren, mit jährlicher Aufführung der von Peter erlassenen Ukase – neben den Grausamkeiten desselben Mannes und neben den unzähligen Opfern, die seine Kriege und die Errichtung seiner Stadt, «Peters Schöpfung», forderten.

Natürlich sah Puškin auch an der Vergötzung Zar Peters nicht vorbei. Er kannte die traditionelle Panegyrik und Odendichtung, die das Herrscherlob in vorgestanzten Wendungen immer aufs neue sang. Und er kannte das prächtige Reiterstandbild auf dem Senatsplatz, das Katharina II. ihrem Vorgänger 1782 hatte setzen lassen. Dieses Denkmal, das bedeutendste Werk des französischen Bildhauers Étienne Falconet, zeigt den Zaren hoch zu Roß, in einer dramatischen Bewegung, so als setze er zu einem gewaltigen Sprunge an, während die Hinterhufe des Rosses eine Schlange – die Feinde des Zaren – zertreten, und der Blick des Herrschers in die Ferne, nach Westen weist. Im *Ehernen Reiter* jagt das Denkmal hinter dem kleinen Beamten Evgenij her. Doch wo der geschichtliche Sprung enden würde, zu dem Peter ansetzt – das bleibt ungewiß.

Viele der Einsichten, die Puškin aus der Beschäftigung mit der Geschichte Peters gewann, fanden Eingang in das Peter-Bild im *Ehernen Reiter*. In dem Poem legte er die poetische Summe zu dem großen Tatmenschen nieder, der zum Alptraum seiner Untertanen wurde – und zu einem der großen Themen Puškins.

In der Geldfalle

Im Juli 1831, kaum in Carskoe Selo eingetroffen, wandte sich Puškin an einen unbekannten Adressaten mit der kurzen Nachricht: «Warten Sie ein paar Tage, ich bin buchstäblich ohne eine Kopeke.» Welche Umstände auch hinter diesem Satz verborgen sein mögen, sie könnten als Motto über den letzten Lebensjahren Puškins stehen. Es gelang ihm bis zu seinem Tod nicht, die große Schuldenlast abzutragen und seine materielle Situation zu sanieren.

Zunächst kam ja durchaus Geld herein. Die größte Summe – 38 000 Rubel – stammte aus der Boldinenser Hypothek, die freilich, wie erwähnt, nicht nur durch die schwiegermütterlichen Forderungen rasch dahinschwand. Doch es gab weitere Einkünfte: Puškin bezog ein ordentliches Gehalt als Historiker für das Außenministerium; beträchtliche Autorenhonorare flossen ihm zu; regelmäßig übersandte ihm der Gutsverwalter den fälligen Obrok aus dem Gut Boldino. Aber das Geld schmolz wie nichts dahin. Da waren die Schulden: Spielschulden, Hypothekenschulden, Einzelkredite, für die Wucherzinsen zu zahlen waren. Und endlich waren da die Aufwendungen für ein hofgerechtes Leben. Elegantes Mobiliar, die Ball- und Gesellschaftstoiletten für Natal'ja, die Kammerjunker-Uniform, Zofe und Köchin, Kutsche und Pferde – alles verursachte enorme Ausgaben.

Pletnëv und Sobolevskij wickelten die Geschäfte mit Puškins Verlegern ab. Er selbst war für finanzielle Verhandlungen wenig geeignet. Immer wieder machte er sich, wenn er verreiste, bittere Vorwürfe, daß er seine Frau in mißlicher Geldnot zurückließ. Immer wieder spielte er mit dem Gedanken, aus dem Staatsdienst auszuscheiden und ständig auf dem Lande zu leben. Er ließ sogar schon sondieren, ob sich nicht in der Nähe von Michajlovskoe ein bescheidenes Landgut finden lasse, das er erwerben könne. Das Landleben wäre weit billiger gewesen und hätte ihm Muße zum Schaffen gebracht. Er befand sich in einem Circulus vitiosus, den er nicht zu durchbrechen vermochte.

Der Zar stand Puškins Landplänen skeptisch gegenüber. Auf ein Entlassungsgesuch, das Puškin am 25. Juni 1834 einreichte, antwortete er, daß er ihn nur freistellen könne, wenn er zugleich seiner Entlassung aus dem Historiographenamt zustimme. Das wieder kam für Puškin nicht in Frage, weil er auf die Archivstudien nicht verzichten konnte. Übrigens war auch Natal'ja wenig erbaut von dem Gedanken, ihr Leben in ländlicher Abgeschiedenheit zu verbringen. Sie genoß die Bälle und Hoffeste. Oft tanzte sie bis zum frühen Morgen. In der Butterwoche, dem russischen Karneval, im März 1834 war ihr auf einem Ball im Schloß plötzlich übel geworden; Puškin hatte sie nach Hause gebracht, wo sie eine Fehlgeburt erlitt, die sie nur knapp überlebte.

In dieser Zeit gewährte der Zar Puškin für die Drucklegung der *Geschichte des Pugačëvschen Aufruhrs* – unter diesem Titel sollte das Werk erscheinen – 20 000 Rubel als zinsloses Darlehen, das allerdings in zwei Jahrestranchen zurückzuzahlen war. Auf einem Blatt stellte Puškin seine Schulden zusammen. Unterschiedliche Beträge zwischen 300 und 13 400 Rubel summierten sich zu insgesamt 37 600 Rubel. Die Geldnot stachelte Puškins Erwerbssinn an: Als ihm der Zensor Nikitenko einige Verse im Poem *Angelo* strich, verfiel er darauf, die Verse durch Punkte zu ersetzen und dafür Honorar von seinem Verleger Smirdin zu fordern. Nikitenko sah darin, da er wußte, daß Puškin von Smirdin pro Verszeile einen Tscherwonez erhielt, ein Zeichen für den ausgeprägten Geschäftssinn des Dichters.[37]

Die Lage spitzte sich immer weiter zu, weil Puškin, außer für die eigenen, auch für die Schulden seines total verantwortungslosen Bruder Lev aufkommen mußte. Sie beliefen sich auf 18 000 Rubel. Zu ihrer Begleichung mußten die letzten 78 Seelen des Gutes Boldino verpfändet werden. Damit waren sämtliche Ressourcen der Familie verbraucht. Puškin hatte nun den laufenden Lebensunterhalt der Eltern und des Bruders zu bestreiten; zudem mahnte Schwester Ol'ga ständig ihren Anteil am Boldinenser Erbe an. Auch Freund Naščokin, der inzwischen ebenfalls geheiratet hatte und in der Provinz in äußerste Not geraten war, forderte Geld von Puškin. Natal'ja bettelte ihren Bruder um ein paar hundert Rubel an, um die laufenden Kosten begleichen zu können. Puškins Eltern haderten mit ihrem Geschick. Die kranke Mutter und der Vater, einst stolzer Besitzer von 1200 Seelen, nagten am Hungertuche. Für sie stand fest, daß es durch Glücksspiel und Verschwendungssucht der beiden Söhne so weit gekommen war.

Puškin veranschlagte für den Lebensunterhalt der Familie, für Wohnung, Pferde usw. *per annum* 30 000 Rubel. Zwischen Schuldentilgung und Aufnahme neuer Wechsel blieb in den Jahren 1834–1836 nicht der geringste finanzielle Handlungsspielraum. In dieser verzweifelten Lage wandte er sich an den Zaren mit der Bitte um ein Darlehen, um die Schuldenlast – er bezifferte sie mit 60 000 Rubel, davon 30 000 Ehrenschulden – abzuschütteln. Zur Sanierung hielt er eine Summe von 125 000 Rubel für erforderlich. Doch der Zar stellte ihm endlich nur 30 000 Rubel zur Verfügung, die das Finanzministerium durch Einbehalt zweier Jahresgehälter und andere Abschläge auf 18 231 Rubel zusammenschmelzen ließ. Wieder erwies sich der Zar als Retter. Auf Puškins Bitte hin ordnete er an, den vollen Darlehensbetrag auszuzahlen.[38]

Als der Dichter sich im Herbst 1835 einige Wochen in Michajlovskoe aufhielt, hoffend auf schöpferische Eingebungen, schrieb er an seine Frau:

«[...] ich bin ganz beunruhigt und schreibe nichts, und die Zeit geht dahin [...] Und worüber denke ich nach? Darüber, wovon wir leben sollen.»[39]

Es sollte ein fruchtloser Herbst bleiben. Die Geldnöte ließen ihn nicht zur Ruhe kommen. Er war launisch, unkonzentriert, aufbrausend, stritt sich wie in alten Zeiten mit dem Vater, versohlte sogar, obwohl er doch sonst ein zärtlicher Vater war, seinen Saša, und selbst Töchterchen Maša erhielt den einen oder anderen Klaps. Er fühlte sich alt, und die Worte seiner seligen Amme fielen ihm ein: «Schön war er nie, doch jung ist er gewesen.»[40]

Trotz ansehnlicher Autorenhonorare vergößerte sich die Schuldensumme immer wieder durch riskantes Glücksspiel und neue Schulden. Im Sommer 1836 erbat Natal'ja in einem verzweifelten Brief an ihren Bruder Dmitrij die gleiche Unterstützung, die auch ihre Schwestern erhielten. «Wir sind in einer so armseligen Lage, daß es Tage gibt, wo ich nicht weiß, wie ich das Haus führen soll ...»[41] Im Dezember 1836 nahm Puškin 3900 Rubel Schulden auf, terminiert auf drei Monate (also bis Februar 1837, dem Todesmonat); am 24. Januar 1837 wurde das Tafelsilber der Familie erneut zum Pfandleiher gebracht.[42] Noch we-

Puškin am Ende (betrübt).
Unbekannter Maler, 1837

nige Tage vor seinem Tod wandte sich Puškin an Schwager Dmitrij Gončarov mit der Bitte, Geld zu beschaffen.

Am Ende besaß Puškin ganze 75 Rubel – und hinterließ 60 000 Rubel Schulden (nach anderen Quellen: die doppelte Summe).[43]

Schaffenskrise: Pläne, Skizzen, Fragmente

Ein nicht geringer Posten seiner Ausgaben entfiel auf Bücherkäufe. Er hielt sich auf dem laufenden. Die Werke des in Rußland verbotenen Heinrich Heine erhielt er als Konterbande von ausländischen Diplomaten. Mit großer Anteilnahme verfolgte er die Arbeit des jungen

Pastorensohnes Éduard Guber an der Übersetzung von Goethes *Faust*. Die Zensur hatte die Übersetzung verboten, und in seiner Verzweiflung darüber hatte der junge Mann das Manuskript vernichtet. Puškin ermunterte ihn, eine zweite Übersetzung zu versuchen, und half mit Rat und Tat bei der Vorbereitung der Drucklegung. Die erste russische *Faust*-Übersetzung erschien 1838, bereits nach Puškins Tod, mit der Widmung «Dem unvergessenen Andenken A. S. Puškins».

Auch auf die von dem Autodidakten Vuk St. Karadžić gesammelten serbischen Volkslieder war er aufmerksam geworden. Diese reine «Naturpoesie», wie sie Jacob Grimm gefeiert hatte, war in ganz Europa zu einem literarischen Ereignis geworden, das Goethe und Mickiewicz ebenso faszinierte wie Puškin. Dieser ließ sich dazu hinreißen, zwölf Lieder der von Prosper Mérimée herausgegebenen Sammlung *La Guzla* nebst einigen anderen Texten ins Russische zu übersetzen. Angeblich handelte es sich bei Mérimées Sammlung um «illyrische» (südslavische) Lieder aus Dalmatien, Bosnien, Kroatien und der Hercegovina; in Wahrheit waren es Fälschungen von der Hand des Franzosen. Anders als Goethe, der mit sicherem Gespür erkannte, daß es sich bei den «poésies illyriques» um «eingeschwärzte Kinder» des Herrn Mérimée handelte[44], ging Puškin, wie übrigens auch Mickiewicz, dem Mystifikator auf den Leim. Puškins Übertragungen erschienen im März 1835 in der *Lesebibliothek*. Über Sobolevskij, der sich in Paris aufhielt, ließ Puškin nach den Quellen der Lieder fragen, und Mérimée antwortete mit einem ironiegetränkten Brief. Hier legte er im einzelnen dar, wie die Fälschungen entstanden waren und ließ sich bei Monsieur Pouchkine entschuldigen: Er sei stolz und beschämt, daß er ihn hinters Licht geführt habe. Es verwundert, daß Puškin die peinliche Angelegenheit nicht auf sich beruhen ließ, sondern in den Gesammelten Gedichten sogar Mérimées Brief beifügte.

Aus dem seinerzeit vielbeachteten *Viaggio in Dalmazia* (1774) des Abbaten Alberto Fortis – die französische Ausgabe befand sich in Puškins Bibliothek – begann er die berühmte *Hasanaginica* zu übersetzen, die Goethe bereits 1775 unter dem Titel *Klaggesang der edlen Frauen des Asanaga* übertragen hatte. Das kurze Fragment war bemerkenswerter als der ganze Zyklus der unseligen *Lieder der Westslaven*.

Vom Oktober 1832 bis Februar 1833 hatte Puškin an einem Roman gearbeitet, der später nach der Hauptfigur *Dubrovskij* genannt wurde.

Der Held, ein junger Edelmann, der durch juristische Machenschaften um seinen Besitz gebracht worden war, unternahm einen Rache- und Raubfeldzug gegen seine Peiniger. Puškin stützte sich dabei auf einen tatsächlichen Fall, den er aus den Gerichtsakten kannte. Vollendet wurde das Werk nicht.

Rusalka, ein Drama, das den romantischen Stoff der unglücklichen Liebe zwischen einer Wassernixe und einem Edelmann durch realistische Motivation neu zu sichten versuchte, blieb ebenfalls unabgeschlossen, obwohl Puškin sich des Stücks seit 1826 in immer neuen Anläufen angenommen hatte.

Jetzt, in der Schaffenskrise, die sich seit Herbst 1835 deutlich abzeichnete und die vielleicht mehr als alles andere seinen Lebenswillen untergrub, verfolgte er Pläne, Pläne, Pläne, skizzierte er in großer Zahl Entwürfe und Fragmente, doch abgesehen von der intensiven Arbeit an der pragmatischen Darstellung der Geschichte Peters I. blieb es bei Absichten und frommen Wünschen. Große Gesellschaftsromane wurden angepeilt, ein Werk über Christus, ein Sittenbild aus der Zeit Neros, ein kulturhistorisches Panorama über den europäischen Epochenumbruch vom Mittelalter zur Neuzeit (*Szenen aus den Ritterzeiten*) – alles interessante Entwürfe und Ansätze, aber keine ausschlaggebende Richtung, die er entschieden hätte weiterverfolgen können. Lotman schloß später von den nachgelassenen Textfragmenten auf die «inspirative Spannung»[45], die Puškin damals beherrscht habe, und las aus ihnen einen Weg zum Realismus heraus.[46] Es erscheint aber geradezu abwegig, die diffuse Suche, von der die Skizzen und Fragmente zeugen, als zielgerichtetes Streben zu deuten. Gewiß, aus dem *Russischen Pelham*, wie man ein recht umfangreiches Romanfragment in Anlehnung an Bulwer Lyttons *Pelham, oder Die Abenteuer eines Gentleman* (1828) benannt hat, hätte ein breitangelegtes Bild, vielleicht sogar ein Schlüsselroman über die Petersburger Gesellschaft mit Einblicken in die großstädtische Unterwelt, wie bei dem Briten, entstehen können. Das Sujet sollte mit vielen von Puškins eigenen bösen Erfahrungen – Spielerrunden, Duelle, zweifelhafte Petersburger Bekannte wie Fëdor Orlov oder Aleksandr Zavadovskij – angereichert werden. Aber der «Roman» kam über einige Seiten Text und Handlungsskizzen nicht hinaus.

Einen Lichtblick bot die neue Zeitschrift *Der Zeitgenosse* (Sovremennik), die Puškin 1835 gründete. Er hatte die Genehmigung für ein Organ in der Art der englischen Quarterly Reviews erhalten, das jährlich vier «Almanache» bringen sollte. Zum ersten Mal besaß er eine eigene literarische Plattform, und es gelang ihm noch einmal, die Creme der russischen Autoren aus dem Umkreis der Plejade zu versammeln: Žukovskij, Vjazemskij, Vladimir Odoevskij, Ševyrëv, Pletnëv, der über die Bildungsanstalten für Frauen, und Aleksandr Turgenev, der über das geistige Leben in Paris berichten sollte, sowie das neue As Gogol'. Natürlich war Puškin selbst mit beachtlichen Werken vertreten, darunter *Das Gelage Peters des Ersten*, einige Essays, etwa über Voltaire, und vor allem mit der *Hauptmannstochter*. Nach Puškins Tod brachte der *Zeitgenosse* nachgelassene Werke des Dichters, die Žukovskij mit übergroßer Vorsicht, auch vor willkürlichen Eingriffen in den Text nicht zurückschreckend, redigiert hatte. Seit Mitte der 1840er Jahre sollte die Zeitschrift dann zum Vorreiter der realistischen Richtung in der russischen Literatur werden.

Durch die eigene Zeitschrift geriet Puškin in einen gewissen Gegensatz zu seinem Verleger Smirdin. Befürchtend, daß er nicht nur seinen besten Autor verlieren, sondern ihn sogar als Konkurrenten gegen sich haben würde, bot Smirdin Puškin 15 000 Rubel an, falls er von seinem Unternehmen Abstand nähme. Doch Puškin hoffte auf Einnahmen aus der Zeitschrift in einer Größenordnung von 60 000 Rubel.[47] Leider zeigte sich bald, daß der *Zeitgenosse* solche Hoffnungen nicht erfüllte.

Wankende Autorität

Jeder, der sich mit Puškins Werk beschäftigt, erkennt einen deutlichen Einschnitt im Boldinenser Herbst 1830. Der Abschluß seines Hauptwerks, der Übergang zu völlig neuen Gattungen und poetischen Formen waren deutliche Anzeichen einer künstlerischen Wende. Das bisher so geschlossen wirkende Werk – vorwiegend Versdichtung, Gedichte, Verserzählungen, überwiegend in 4 füßigen Jamben geschrieben, dazu das Drama *Boris Godunov* – öffnete sich zur Prosa hin; staatspolitische Themen drängten, wie im *Ehernen Reiter*, nach vorn, ganz zu schweigen von den Geschichtswerken, die Puškin in der letzten Petersburger Zeit im Auftrage des Zaren schrieb. Selbstverständlich zeugten alle Werke, die Puškin gegen Ende seines Lebens in Angriff nahm, noch immer von seinem künstlerischen Rang. Doch lagen sie, im Sinne der literarischen Evolution, nach ihren Konzepten gleichwohl auf einem anderen Wege als dem, den die russische Literatur nach dem Tode Puškins, in den 1840er Jahren, einschlagen sollte. Puškins Weg war nicht der Weg zum sozialpsychologischen, zum sozialanalytischen Roman, sondern eher der zur Geschichtsdarstellung und zur kulturgeschichtlichen Analyse. So verwundert es nicht, daß von den beiden Hauptrichtungen der 1850er/1860er Jahre die dominierende, realistische von Nikolaj Černyševskij auf Gogol' – nicht auf Puškin – zurückgeführt wurde; wohingegen sich die andere, die oft als «Unterströmung» bezeichnete Puškin-Richtung (*puškinskoe napravlenie*) vorrangig an der poetischen Kunst Puškins, an seiner Lyrik und den Poemen der 1820er Jahre, orientierte.[48] Auch im literarischen Publikum hielt manch einer Puškins Übergang zur Prosa für ein Zeichen des Niedergangs seines Talents, wenn nicht für Verrat an der Poesie.

Der abnehmende Erfolg der Werke Puškins mußte den Dichter ebenso verunsichern wie die von mediokren Literaten gegen den «Aristokratendichter» geführten Angriffe. Und zutiefst mußte ihn das scharfe Urteil des besten Literaturkritikers jener Jahre, Vissarion Belinskij, schmerzen. Der vormalige Bewunderer Puškins erklärte in seiner Artikelfolge *Literarische Träumereien* (1834), zehn Jahre habe Puškin in der russischen Literatur geherrscht wie ein Zar; der *Boris Godunov* sei seine letzte große Tat gewesen, doch im dritten Teil seiner Gesammelten Gedichte seien die Klänge seiner harmonischen Lyra erstorben. Mit dem Jahre 1830 sei die Puškin-Periode, «die höchste Blütezeit unserer Literatur», zu Ende gegangen; sie sei plötzlich abgerissen, ebenso wie auch Puškin selbst am Ende gewesen sei und mit ihm sein Einfluß . . .[49] Mit Bedauern, aber auch Häme verband sich der Eindruck, daß Puškin kaum noch Gedichte schreibe, daß er sich der pragmatischen Geschichtsschreibung ergeben habe und daß er ein Höfling geworden sei. Mit anderen Worten, der Dichter Puškin habe sich ausgeschrieben.

Hinzu kam, daß Puškin zweifelhafte Werke zugeschrieben wurden, etwa weitere Erzählungen von «A. Belkin» oder eine Wieland-Übersetzung. Der Zeitschriftenkrieg, nun namentlich zwischen der *Lesebibliothek* und dem *Zeitgenossen*, verschärfte sich. Puškin konnte die Zweifler an seinem Talent durch die in seiner Zeitschrift vorgelegten

Texte nicht überzeugen. Im Gegenteil. Sie konstatierten jetzt, daß der Poet nicht nur zur Prosa desertiert, sondern gar Journalist geworden sei.

Todesahnungen und poetisches Vermächtnis

Überblickt man Puškins existentielle, gesellschaftliche, materielle und künstlerische Befindlichkeit in der letzten Zeit vor seinem Tode, so ist nicht zu verkennen, daß in allen Bereichen äußerste Anspannung bestand, die durch Puškins widersprüchliches, herausforderndes, oft auch leichtsinniges Verhalten immer noch weiter verschärft wurde.

Seit 1835 schrieb Puškin Gedichte, die auf irgendeine Weise den Gedanken an das Ende vorwegnahmen. *Aus A. Chénier*, eine freie Nachdichtung des Gedichts *La mort d'Hercule* von André Chénier, griff den Mythos vom Ende des Alkiden auf. Puškin schnitt die Erzählung aus Ovids *Metamorphosen* auf den dramatischen Augenblick der Entrückung des Heros in die Unsterblichkeit zurück. Der Plot: Herakles hat den Kentaur Nessos, der seine Frau Deianeira vergewaltigen wollte, mit einem vergifteten Pfeil tödlich getroffen. Nessos gibt Deianeira sein blutgetränktes Hemd: Es werde Herakles von Untreue abhalten. Als Herakles es anzieht, beginnt es seinen Körper zu zerfressen. Von unsäglichen Schmerzen gequält, steigt Herakles auf den Berg Oite, um sich selbst zu verbrennen. Als das Feuer auflodert, wird er in einer von Zeus geschickten Wolke in den Olymp entrückt. Seit langem hatte die Herakles-Metamorphose Puškin angezogen. Sie gewinnt unergründliche Tiefe dadurch, daß das Gift, mit dem Herakles Nessos getötet hat, nun das Blut des Kentauren vergiftet, durch welches wiederum Herkules zu Tode kommt. Doch war für Puškin entscheidend die Apotheose, der Augenblick, da der Heros, indem er sich tötet, die Unsterblichkeit erlangt. Sollte es eine mythisch verkleidete Voraussage des eigenen Schicksals sein?

Zu den wenigen Gedichten des letzten Jahres gehört die unvollendete Friedhofselegie *Wenn in Gedanken ich am Rand der Stadt spaziere*, in der er den öffentlichen Friedhof, auf dem Del'vig beigesetzt worden war, mit all seinen Fragwürdigkeiten und Geschmacklosigkeiten mit dem stillen Dorffriedhof in Michajlovskoe verglich, auf dem seine Mutter die letzte Ruhestätte gefunden hatte. Puškin hatte den Sarg der

Mutter im Mai 1836 dorthin begleitet. So wie er hier über Grabstätten nachdachte, rief er sich in einem anderen Gedicht (*Manch greiser Eremit, manch reine Klausnerin*) das Gebet in Erinnerung, das er während der Großen Fasten am häufigsten gehört und selber gesprochen hatte: Der Herr seiner Tage solle seine Seele vor dem Geist trüber Nichtigkeit, vor der geheimen Schlange der Herrschsucht und vor eitlem Geschwätz bewahren; er solle ihm seine Sünden weisen und geben, daß er seinen Nächsten nicht richte, daß Demut, Geduld, Liebe und Keuschheit in sein Herz einkehrten. Das Fastengebet, das Puškin hier paraphrasierte, stammte von dem orthodoxen Hymnendichter Ephraem dem Syrer (Efrem Sirin). Es waren damit christliche Werte und Tugenden angesprochen, ausgedrückt in der Sprache der orthodoxen Gebete. War Puškin gegen Ende seines Lebens zum orthodoxen Glauben zurückgekehrt, wie einige Forscher meinen? Oder handelte es sich vielleicht nur um die christliche Einkleidung der Gedanken, die ihn bewegten, vergleichbar der mythologischen Stilisierung in dem Gedicht *Aus A. Chénier*? Für das erstere könnte ein anderes «religiöses» Gedicht sprechen, *Der Pilger*, in dem Puškin eine Erweckungsgeschichte von einem Ich-Erzähler berichten ließ, der, um seinen seelischen Qualen und Schuldgefühlen zu entrinnen, Weib und Kinder verläßt und als Pilger durch die Welt zieht. Einem lichten Jüngling, der ihn fragt, warum er so bitterlich weine, antwortet er:

> *Ich bin zum Tod verdammt, zu Grabes Finsternissen –*
> *Mein Gram ist: ich bin nicht für das Gericht bereit,*
> *Und mich erschreckt der Tod.*[50]

Natürlich ist das erlebende und erzählende Ich nicht mit Puškin gleichzusetzen, der hier übrigens die Anfangsseiten eines erbaulichen Textes aus der englischen Barockliteratur, *The Pilgrim's Progress* von John Bunyan, umgestaltete und versifizierte. Eine symbolische Übertragung eigener Problemlagen und Überlegungen ist aber auch hier wahrscheinlich. Das eigenartige Judas-Gedicht *Nach dem Italienischen*, das die Höllenstrafe des Verräter-Jüngers beschwört, ist die Paraphrase eines Sonetts von Francesco Gianni. Der Satan läßt mit seinem Kuß den Mund des Verräters verglühen. Wieder eine mythische Projektion eigener Verhältnisse des Dichters? So wie die vier Verse eines Fragmen-

tes, in dem das lyrische Ich, vor der gierigen Sünde fliehend, vergebens
die Höhen Zions zu gewinnen sucht:

> *Vergebens flücht ich mich zu Zions Veste hin.*
> *Die gierige Sünde setzt mir nach, wo ich auch bin ...*
> *So folgt, die Nüstern tief im Staub des Sandgefildes,*
> *Der Löwe hungrig nach dem Duft des fliehenden Wildes.*[51]

Diese eigenartigen, unabgeschlossenen, sich unter fremden Namen
gleichsam tarnenden Gedichte aus Puškins letztem Lebensjahr geben
manche Rätsel auf. Ohne Zweifel beschäftigten ihn in jener Zeit Ge-
wissensprüfung und Lebensabrechnung, verbunden mit Furcht vor
dem Tode. Ob und wieweit er sich dabei von seinem eingewurzeltem
Agnostizismus und Schicksalsglauben entfernte, ist schwer zu entscheiden. Denn zu keiner Zeit war ja die religiöse Sphäre aus seinem künstlerischen Denken ausgeklammert gewesen.

Das folgende Gedichtsfragment, das ebenfalls in jener Lage entstanden sein könnte, wäre nun wieder eine Art Selbstsuggestion, die sich in
Widerspruch zu den «religiösen» Gedichten setzt: die Versicherung
nämlich, daß er mit dem Leben noch nicht abgeschlossen habe:

> *O nein, ich bin nicht lebensmüde,*
> *Ich lieb' das Leben wie zuvor,*
> *Die Seele ist nicht kalt und trübe,*
> *Seit ihre Jugend sie verlor.*
> *Genüsse werden noch gehütet*
> *Für meiner Neugier Wissensdurst,*
> *Für meiner lieben Träume Blüten,*
> *Für die Gefühle ... durch und durch.*[52]

Allerdings bricht das Gedicht nach Neugier und Träumen ab – bei den
Gefühlen.

Aus Pindemonti, ein als Übersetzung getarntes Originalgedicht von
Puškin – es sollte zunächst *Aus Alfred Musset* überschrieben werden –,
das ebenfalls nicht abgeschlossen wurde, enthält ein Bekenntnis zur
persönlichen und künstlerischen Autonomie, wie es in solcher Deut-
lichkeit nie zuvor von Puškin formuliert worden war. Nicht die Verfas-
sungsrechte (zunächst hieß es sogar: Gleichheit und Freiheit), nicht die
Steuern, nicht die Kriege, die die Zaren gegeneinander führen, nicht

die Zensur, die die Presse beschränkt, nicht die Abhängigkeit von Zar oder Volk bekümmern den Dichter, vielmehr strebt er nach einer anderen, höheren Freiheit:

> *Bei niemand in der Schuld, der eigenen Person*
> *ein guter Diener sein; vor Mächten, vor Livreen*
> *nicht beugen seinen Hals, Gewissen und Ideen;*
> *so, wie es einem paßt, mal eine Reise tun,*
> *in göttlicher Natur still in der Schönheit ruhn*
> *und vor dem Werk der Kunst, vom Schöpfergeist errungen,*
> *erschauernd freudig stehn und tief beglückt verstummen.*
> *Das nenn ich Glück und Recht …*[53]

Der Wunsch, unabhängig, allein zu sein, erstreckte sich auf alle Bereiche, auf Staat und Rechtsordnung ebenso wie auf Familie und Freunde. Eine asketische Lebensweise bis hin zum Solipsismus deutete sich an. Die Weltflucht, die Puškins letzte Gedichte mit verschiedenen Facetten beherrschte, war Symptom für seine innere und äußere Verfassung, und die spitzte sich im Spätsommer 1836 weiter zu. Der Gedanke an den eigenen Tod und das Überdauern seines dichterischen Werkes beschäftigte ihn unablässig. So schrieb er am 21. August 1836 sein berühmtes Vermächtnisgedicht nieder, das seine Vorstellungen, Erwartungen und Befürchtungen zum künftigen Dichterruhm enthielt. Mit dem Motto *Exegi monumentum* aus Horaz' Ode III, 30, die bereits auch Lomonosov und Deržavin ins Russische übertragen hatten, ist eine intertextuelle Sinngebung verbunden[54], die sich vor allem an Deržavins Selbstgefälligkeit reibt. Zar Alexanders Überhöhung auf dem Schloßplatz wird zurückgewiesen; der eigene Ruhm steht zunächst unverrückbar fest und wird am Schluß gleichwohl bezweifelt. Die Verse enthalten, genau gelesen, Wörter und Wendungen, die die Aussage relativieren. In der zweiten Strophe steht der Dichter in der kirchenslavischen Form, *piit*, er ist nicht irgendein, sondern der große, der erhabene Dichter. Die Aufzählung der Völker, unter denen sich Puškins Ruhm verbreiten werde, kann, bedenkt man des Dichters kaukasische Erfahrungen, nicht anderes als ironisch verstanden werden. Endlich zeigt sich der alte Gleichmut gegenüber Lob und Tadel der Kritik, gefolgt von der sarkastischen Schlußpointe, die nun auch den heiligen Ernst der vorausgegangenen Strophen abschwächt:

Exegi monumentum
Ein Denkmal nicht von Hand gemacht hab ich errichtet,
Des Volkes Pfad zu ihm verwächst nie und verweht,
Unbändig hat sein Haupt es höher noch gerichtet,
*   Als Alexanders Säule steht.*

Nein, gänzlich sterb ich nicht – die Seele wird entgehen
Staub und Verwesung dank der holden Leier Licht.
Sie wird in Ruhm und Glanz auf Erden noch bestehen,
*   Solang es einen Dichter gibt.*

Ganz Rußland wird von mir in seiner Weite reden,
Und jede Sprache nennt bei meinem Namen mich,
Der stolze Slavensproß, Tungusen, Samojeden,
*   Der Finn', der Steppensohn Kalmück.*

Und lange werde ich dem Volke wert erscheinen,
Weil ich in ihm erweckt das edelste Motiv,
Weil ich in harter Zeit für Freiheit mochte streiten,
*   Um Gnade für Verbannte rief.*

Dem Walten Gottes sei, o Muse, stets zu Willen,
Fürcht' keine Schmähung, laß den Dichterkranz beiseit',
Nimm Lob und Mißgunst hin gleichgültig und im Stillen,
*   Doch meid' mit Ignoranten Streit.*[55]

Der Nebenbuhler:
Baron d'Anthès-van Heeckeren

Am 20. Januar 1836 gab der Gardekavallerist George-Charles d'Anthès
in einem Brief an seinen Freund und Förderer Baron van Heeckeren
zum ersten Mal Kunde von seiner großen Liebe zu Natal'ja Puškina,
dem «entzückendsten Geschöpf in Petersburg». Seine Neigung werde
erwidert, doch sei es wegen der ungestümen Eifersucht ihres Gatten
unmöglich, sich mit ihr zu treffen. Einander lieben und darüber nur
zwischen zwei Ritornellen der Quadrille reden zu können – das sei einfach entsetzlich.[56] In der Petersburger Gesellschaft verbreitete sich

d'Anthès

rasch die Überzeugung, daß zwischen d'Anthès und Natal'ja eine große, gegenseitige Liebe entstanden sei.

George-Charles d'Anthès hatte sein Heimatland Frankreich nach der Juli-Revolution 1830 verlassen. In Deutschland hatte er im Herbst 1833 den holländischen Gesandten am Zarenhofe, Baron van Heeckeren de Beverwaard, kennengelernt, der ihn nach Rußland einlud und sich für seine militärische Karriere in russischen Diensten verwendete. Im Mai 1836 adoptierte van Heeckeren, ein notorischer Päderast, den 24 jährigen d'Anthès und setzte ihn zu seinem Erben ein. Bereits 1834 war dieser als Leutnant ins Regiment der schweren Gardekavallerie aufgenommen worden, eine Auszeichnung, die, wie auch Puškin in seinem Tagebuch vermerkte, in der Garde mit Murren aufgenommen wurde. Da d'Anthès von schöner Gestalt, geistreich und galant war, machte er in der Petersburger Hofgesellschaft rasch Furore. Wohl schon 1835 begann er, Puškins Gattin den Hof zu machen. Er umwarb Natal'ja, schickte ihr durch ihre Zofe Liza Billets, saß zu ihren Füßen

und tanzte mit ihr. Die Meinungen darüber, ob er aus echter Liebes-
leidenschaft handelte oder nur, um von seiner zweifelhaften Veranla-
gung abzulenken, sind geteilt. Rolf-Dieter Kluge nimmt aufgrund
neuer Quellen an[57], daß d'Anthès' Liebe zu Natal'ja Puškina aufrichtig
und nachhaltig gewesen sei – und sie wurde erwidert. (Anna Achmatova sah in Natal'ja bekanntlich die wahre Schuldige an Puškins Tod.[58])
Obwohl von Eifersucht gequält, vertraute Puškin seiner Gattin, und
sie dürfte die Grenzen der Schicklichkeit – trotz ihrer Liebe zu
d'Anthès – nicht verletzt haben. In einem Brief an van Heeckeren gab
der Franzose ein Gespräch mit Natal'ja wieder, in dem sie erklärt
habe:

> «Ich liebe Sie, wie ich noch nie geliebt habe, doch verlangen Sie nicht
> mehr als mein Herz, denn alles übrige gehört nicht mir, und ich kann nur
> glücklich sein, wenn ich alle meine Pflichten erfülle.»[59]

Zu diesem Zeitpunkt hatte d'Anthès immerhin schon erreicht, daß
man ihn im Hause Puškin empfing, wo er sich im Kreise der drei Gon-
čarov-Schwestern gern bewegte. Auf van Heeckerens Rat versuchte er,
seine Liebe zu Natal'ja zu überwinden. Vergebens. Natal'ja bat ihn in-
ständig – «mehr als 20 mal» –, Mitleid mit ihr, ihren Kindern und ihrer
Zukunft zu haben. Sie war in diesen Augenblicken, bekannte d'Anthès,
so schön, daß er nicht umhin konnte, ihr zu willfahren. «Und so blieb
sie rein», heißt es in dem Brief vom 6. März 1836 weiter, «vor der ganzen Welt braucht sie den Kopf nicht zu senken.»[60] Natal'ja verhielt sich
gegen d'Anthès wie Tat'jana gegen Onegin: Obwohl sie ihn liebte, wies
sie ihn aus Pflichtgefühl zurück. Es trat jetzt eine Pause in ihren Beziehungen ein.

Puškin hat schöne Worte über das Ehe- und Familienleben geschrieben und war, nach damaligen Begriffen, ein ordentlicher Familienvater,
auch wenn er immer wieder Abstand und Ruhe vor der Familie suchte.
Er setzte voll – und mit Recht – auf die eheliche Treue seiner Frau,
während er sich selbst auf allerlei Affären mit Damen aus der Gesellschaft und sogar mit seiner Schwägerin Aleksandra Gončarova, die er
in sein Haus aufgenommen hatte, einließ. Diese Haltung war ja auch
aus seinem Dramolett *Der steinerne Gast* herauszulesen, das er in Boldino, kurz vor der Heirat mit Natal'ja, geschrieben hatte. Der Dichter
Don Juan fand zwar in Donna Anna die wahre Liebe, doch «neben-

wie nacheinander» blieben für ihn auch andere Liebesbeziehungen denkbar.[61] Puškin hielt es nicht anders.

In diesen Monaten war er voll und ganz mit der Redaktion des *Zeitgenossen* beschäftigt. Mit der Zensurbehörde gab es unentwegt Scherereien. Doch lief die Zeitschrift trotz einiger kritischer Querschüsse zunächst gut an. Hoffnungsfroh rechnete er jetzt gar mit Einkünften in Höhe von 80 000 Rubel. Ende März verstarb nach langer schwerer Krankheit Puškins Mutter. Er brachte die letzten Tage am Bett der Sterbenden zu. Vor dem Tod bat sie ihren Sohn um Verzeihung, daß sie ihn nicht genug geschätzt habe. Puškin begleitete ihren Sarg nach Michajlovskoe, wo die sterblichen Überreste im Svjatogorsk-Kloster beigesetzt wurden. Auf dem gleichen Hügel erwarb Puškin einen Grabplatz für sich selbst.

Wegen des Todes der Mutter hatte er eine Reise nach Moskau aufgeschoben. Im Mai holte er sie nach. Er stieg bei Naščokin ab, traf mit dem Maler Karl Brjullov zusammen, der gerade aus Italien zurückgekehrt war. Puškin schlug ihm vor, Szenen aus der Geschichte Peters des Großen zu malen, und lud ihn nach Petersburg ein. Mit Baratynskij traf er zusammen, doch hatten sich die Dichterfreunde nicht mehr viel zu sagen. Jazykov war von Puškins Verfassung höchst angetan, Ševyrëv von seiner Deklamationskunst. Naščokin schenkte ihm zum Abschied einen Ring mit einem Türkis als Talisman, der vor gewaltsamen Tod schützen sollte. Kurz bevor er nach Petersburg zurückkehrte – die Familie bewohnte eine Datscha an der Čërnaja rečka, dem Schwarzen Flüßchen –, war Natal'ja mit einer Tochter, nach der Mutter Natal'ja genannt, niedergekommen.

Die letzte Intrige

Am 4. November erhielt Puškin anonym ein Diplom zugeschickt, mit dem ihm die Wahl zum Vizegroßmeister und Historiographen des «Ordens der Gehörnten» kundgegeben wurde. Zugleich erhielten Freunde Puškins wie Vjazemskij, die Karamzins, Elizaveta Chitrovo und Viel'gorskij das gleiche Schreiben zur Weitergabe an den Dichter. (Viel'gorskij leitete es umgehend weiter an die Dritte Abteilung.) Puškin war aufs empfindlichste in seiner Ehre getroffen, vor allem aber sah er die Ehre seiner Frau beschmutzt. Noch am gleichen Tage kam es zu einer Aussprache zwischen den Eheleuten, in der Natal'ja die Hintergründe der Affäre offen darlegte: die wochenlangen Nachstellungen des jungen und die Überredungsversuche des alten Barons. Sie habe, ohne Frage, kokett und leichtfertig gehandelt, doch die Pflichten gegen ihren Gatten nicht verletzt.[62]

Für Puškin gab es keinen Zweifel, wer die Urheber der Beleidigung waren. Noch am gleichen Abend sandte er eine Duellforderung an d'Anthès. Anders konnte ein standesbewußter, dem Ehrenkodex verpflichteter Bojarenabkömmling wie Puškin, kam die Ehre seiner Gattin ins Gerede, nicht handeln. In der skandallüsternen Petersburger Gesellschaft gab es allerdings auch andere Deutungen. Hatte sich nicht erst kürzlich auf einem Ball der junge Fürst Dolgorukov hinter Puškin gestellt und mit seinen Daumen die Hörner gezeigt? Es war auch nicht ausgemacht, was die van Heeckerens, so die Intrige von ihnen ausging, damit bezweckten. Wollten sie Natal'ja Puškina, da sie für d'Anthès nicht zu gewinnen war, vollends zugrunde richten? Wollten sie sich an Puškin wofür auch immer rächen? Oder standen hinter ihnen andere Kreise, die mit Puškin abrechnen wollten? Hatte er nicht unlängst eine satirische Ode veröffentlicht, *Auf Lukulls Gesundung*, gemünzt auf Volksbildungsminister Uvarov, den er sich damit endgültig zum Feinde gemacht hatte? Kam die Intrige von Uvarov? Oder wollten die van Heeckerens nur von der eigenen unerlaubten Beziehung ablenken? Freilich geriet d'Anthès, kam es zum Zweikampf, selbst in Gefahr, denn Puškin galt als sicherer Schütze. Wahrscheinlich aber zielte die Intrige wohl letztlich auf Natal'ja. Noch nach Puškins Forderung legte ihr van Heeckeren nahe, sie solle seinen Adoptivsohn brieflich bitten, sich nicht mit ihrem Mann zu schlagen. Mit einem solchen Ansinnen wäre sie vollständig kompromittiert gewesen.

Natal'ja und ihre Schwestern hatten sich inzwischen an Žukovskij gewandt, der zu vermitteln suchte. Van Heeckeren überraschte ihn mit der Erklärung, d'Anthès liebe in Wahrheit Natal'jas Schwester Ekaterina Gončarova und werde sie heiraten, wenn Puškin seine Forderung zurücknehme. Puškin blieb mißtrauisch, doch lief nun alles rasch auf die Eheschließung zwischen d'Anthès und Natal'jas älterer Schwester zu. Am 23. November 1836 empfing der Zar Puškin zu einer Audienz, an der auch Benckendorff teilnahm. Žukovskij hatte den Monarchen

zuvor über die Vorfälle informiert. Nikolaus nahm Puškin das Versprechen ab, sich auf keinen Fall zu duellieren, sondern sich, falls sich die
Angelegenheit wiederhole, an ihn zu wenden.[63]

Zu dieser Zeit lebte Aleksandr Turgenev, der unermüdliche Globe-
trotter, wieder in Petersburg. Vom Hotel Demut bis zu Puškins Wohnung war es nur ein Sprung. Tag für Tag sahen sich die Freunde. Turgenev, der einst bei Schlözer in Göttingen studiert hatte, kam Puškin
bei seiner neuen Beschäftigung mit der altrussischen Geschichte und
Kultur, der Nestor-Chronik und dem Igor'-Lied sehr gelegen. Es war
das letzte Interessengebiet, dem sich Puškin zuwandte. Er trug sich
sogar mit dem Gedanken, das Igor'-Lied zu edieren. Oft gesellte sich
Žukovskij den beiden zu. Aus Orenburg war Dal' angereist. Puškin war
im Herbst nicht, wie geplant, in Michajlovskoe gewesen. Die frucht-
bare ländliche Einsamkeit fehlte in seinem schöpferischen Haushalt.
Nun entstand auch noch ein ungutes Hin und Her um den Verkauf von
Michajlovskoe. Sein Schwager bestand auf der Auszahlung des schwe-
sterlichen Erbteils. Tröstlich war nur, daß Puškins Werke im Buchhan-
del gefragt waren. 1837 sollte eine Ausgabe der *Gedichte Aleksandr
Puškins* erscheinen, in der die bisher erschienenen vier Bände zusammengefaßt waren.

Nach einer Erkrankung erschien d'Anthès Ende Dezember wieder in
Gesellschaft und traf bei den Karamzins und Vjazemskijs mit Puškin
zusammen. Dessen Eifersucht lohte wieder hoch, doch auch Natal'ja
verhielt sich seltsam zweideutig: War ihr Gatte in der Nähe, so war sie
abweisend gegen ihren Verehrer, wandte er den Rücken, so begann sie
wieder zu kokettieren – zum Leidwesen ihrer Schwester. Puškin war
finster, schwieg und lachte von Zeit zu Zeit dämonisch. Die Damen,
die das beobachteten, fanden sein Verhalten dumm, albern und lächerlich.[64] Selbst die Freunde rätselten über Puškins Geistesverfassung.
Turgenev notierte in seinem Tagebuch, der Dichter sei verrückt. [65]

Die Ehe zwischen d'Anthès und Ekaterina Gončarova wurde am
10. Januar 1837 geschlossen. Puškin hatte gewettet, daß sie nicht zustande kommen werde. Er nahm an der Hochzeitsfeier nicht teil und
wies auch die Antrittsvisite der Neuvermählten ab. Versöhnungsversu-
che scheiterten. Puškin wünschte keine familiären Kontakte mit den
van Heeckerens. Binnen kurzem zeigte d'Anthès wieder das alte Verhalten. So auf dem großen Ball beim Grafen Ficquelmont am 21. Ja-

nuar, so auf dem Ball beim Grafen Voroncov-Daškov zwei Tage darauf, wo er Natal'ja Puškina und seine eigene Frau durch gröbliche Witze vor versammelter Gesellschaft derart bloßstellte, daß eine Reaktion Puškins unausbleiblich war.

Ob eine Audienz Natal'jas beim Zaren vor dem 25. Januar, über deren Zweck und Verlauf nichts bekannt ist, Puškins Entschlossenheit weiter anstachelte, wie Anna Achmatova vermutet[66], muß offenbleiben. Auch mit Puškin selbst hatte Nikolaus drei Tage vor dem Duell ein Gespräch. Puškin habe sich, so erinnerte sich der Zar später, für die Sorge um seine familiären Angelegenheiten bedankt. «Konntest du denn etwas anderes von mir erwarten?», habe Nikolaus gefragt. «Das konnte ich nicht nur, sondern ich hatte Sie, offen gestanden, selbst in Verdacht, meiner Frau nachzustellen», habe der Dichter geantwortet.[67]

Das letzte Duell: «Je blutiger, desto besser»

Religiöse Gedanken mochten Puškin in letzter Zeit mehr als je bewegt haben. Wenige Tage vor dem Duell, berichtet Pletnëv, habe er sich auf einem Spaziergang in einer «hoch-religiösen Stimmung» befunden und von den Schickungen der Vorsehung gesprochen. Und dennoch überwog am Ende wieder der alte Schicksalsglaube. Das Schicksal auf die Probe stellen – das war von jeher sein Lebensprinzip gewesen. Vielleicht wirkte noch immer die Prophezeiung der Wahrsagerin Kirchhof nach, die ihm den Tod von einem «weißen Menschen», einem «Weißhaupt», vorausgesagt hatte. Oder es waren andere Vorgefühle und Ahnungen. Es hatte in letzter Zeit ja wieder einige Duellaffären gegeben, wegen der üblichen Lappalien, etwa einer zu geringen Verbeugung oder dreisten Verhaltens – Lotman spricht von «Proben»[68], Duellforderungen ohne rechten Sinn, die freilich allesamt noch beigelegt werden konnten. Die fatale Forderung an d'Anthès jedoch zielte auf eine endgültige Lösung; das erkannten die wenigen, die von dem bevorstehenden Duell wußten. Puškin kündigte an, daß seine Rache die Welt aufrütteln werde. Seiner vertrauten Freundin aus Trigorsker Tagen, Evpraksija Vrevskaja, scheint er allerdings das in jeder Hinsicht Ausweglose seiner Lage offenbart zu haben. Ihr bekannte er, daß er den Tod suche.[69]

Duell in der Puškin-Zeit

Van Heeckeren, der nicht davon abließ, den Familienkonflikt bereinigen zu wollen, suchte Puškin am 25. Januar auf. Er wurde auf der
Treppe abgefertigt, wo sich ein heftiger Streit entspann. Unmittelbar
danach schrieb Puškin jenen Brief an den Gesandten, in dem er dessen
doppeltes Spiel ansprach und seinen Adoptivsohn als Schurken und
Strauchdieb, (*pleutre, chenapan*) bezeichnete.[70] Nach solchen Injurien
blieb d'Anthès keine Wahl als die Satisfaktionsforderung, die sein Sekundant, der Attaché der französischen Gesandtschaft Auguste
d'Archiac, Puškin am 26. Januar überbrachte. Puškin fand zunächst
keinen Sekundanten. Noch in der Nacht zum 27. Januar, auf dem Ball
bei der Gräfin Razumovskaja, suchte er vergebens einen Sekundanten
aufzutreiben. Ein Sekundantengespräch zur möglichen Beilegung des
Konfliktes lehnte er allerdings entschieden ab. Es genüge, wenn er mit
seinem Sekundanten pünktlich am vereinbarten Ort erscheine.

Am nächsten Morgen bat er seinen alten Lyzeumskameraden Konstantin Danzas, Oberstleutnant in einem Sappeurbataillon, ihm als Sekundant zu dienen und die Bedingungen mit d'Archiac auszuhandeln.
Sie sollten, wie Puškin bereits bei der ersten Forderung erklärt hatte,
von äußerster Härte sein: «Je blutiger, desto besser».[71] Es wurde ver-
einbart, daß die Gegner sich in einem Abstand von 20 Metern aufstell-

ten, fünf Schritte hinter den beiden Barrieren, die zehn Meter auseinander lagen; daß sie auf das Signal mit ihren Pistolen aufeinander zugehen und schießen sollten, ohne die Barriere zu überschreiten; daß ihre Position nach dem ersten Schuß nicht geändert werden durfte; daß die gesamte Prozedur, blieben die ersten Schüsse ohne Erfolg, zu wiederholen war.[72] Das Duell sollte noch am selben Tage, dem 27. Januar 1837, um 17 Uhr, an der Černaja Rečka, hinter der Kommandantendatscha ausgetragen werden.

Puškin war angesichts des Duells heiter und wie erleichtert. Er ordnete noch einige Papiere, legte ein Schreiben an Benckendorff in einen Umschlag, das «der Regierung und der Gesellschaft» Aufschluß über den Hergang der Affäre geben sollte. Er wusch sich am ganzen Körper, kleidete sich an, zog den Bekes-Rock an und ließ den Kutscher rufen.

Gegen 16 Uhr traf er sich mit Danzas in der Konditorei Wolf & Béranger am Nevskij prospekt 18. Sie fuhren im Schlitten los. Am Schloßufer begegnete er Natal'ja mit den Kindern, sie konnte ihn wegen ihrer Kurzsichtigkeit nicht erkennen, er blickte zur Seite.

Beide Duellanten trafen etwa gleichzeitig an der Kommandantendatscha ein. Man fand einen geeigneten Platz. Die Sekundanten trampelten einen Pfad im Schnee und maßen 20 Schritte ab, die Barriere wurde mit Mänteln markiert. Den Gegnern wurden die Pistolen ausgehändigt. Nach dem Bericht von Danzas gelangte Puškin als erster zur Barriere und wollte schießen, doch schon feuerte d'Anthès, noch ehe er an der Barriere stand, den ersten Schuß ab und traf Puškin in die Hüfte. Die Sekundanten stürzten auf ihn zu, doch er bestand darauf, seinen Schuß abzugeben. Seine Pistole war in den Schnee gefallen und wurde ausgewechselt. Sich auf die linke Hand stützend, schoß er und traf d'Anthès in die Brust, verwundete ihn aber nicht tödlich.

Man brachte Puškin in der Kutsche seines Gegners nach Hause, der Kammerdiener trug ihn ins Arbeitskabinett, wo er auf den Diwan gebettet wurde. Danzas unterrichtete Natal'ja über das Vorgefallene. Puškin versuchte sie zu beruhigen. Das Kabinett durfte sie erst betreten, nachdem er gewaschen und umgezogen war. Die Ärzte Scholz und Sadler trafen ein, später Dr. Arendt, der Leibarzt des Zaren, und Puškins Hausarzt Spasskij. Sie erkannten sofort, daß die Verwundung tödlich war. Dr. Scholz verschwieg es ihm nicht. Puškin dankte ihm für

Aleksandr Turgenev

seine Aufrichtigkeit. Als Dr. Arendt aufbrach, bat er ihn, den Zaren für sich und Danzas um Verzeihung zu bitten.

Am Sterbelager versammelten sich allmählich Puškins engste Freunde. Außer Danzas und Pletněv, der zufällig vorbeigekommen war, waren Žukovskij, Vjazemskij, Graf Viel'gorskij, Fürst Meščerskij, Aleksandr Turgenev, Dal' und Natal'jas Tante Zagrjažskaja fast ohne Unterlaß um ihn. Allein mit Danzas, diktierte er diesem seine privaten Schulden. Naščokins Türkisring hatte er beim Duell nicht getragen. Jetzt ließ er die Schatulle kommen und übergab Danzas den Ring mit den Worten «Von unserem gemeinsamen Freund».[73]

Gegen Mitternacht überbrachte Dr. Arendt einen Brief des Zaren mit folgendem Inhalt (nach Turgenevs wörtlicher Wiedergabe):

«Wenn Gott schon nicht zuläßt, daß wir uns auf dieser Welt noch sehen, so nimm meine Vergebung entgegen und den Rat, auf christliche Weise zu sterben und das Abendmahl zu empfangen, doch um Frau und Kinder mach dir keine Sorgen. Sie werden meine Kinder sein und ich nehme sie in meine Obhut.»[74]

Man rief sofort einen Popen aus der nächsten Kirche, der Puškin die Beichte abnahm und das Abendmahl erteilte.

Der Sterbende litt unter heftigen Schmerzen im Bauch und verlor zeitweilig das Bewußtsein. Die Zeugen seines Leidens hoben übereinstimmend Puškins tapfere Beherrschtheit hervor. Seine Frau sollte ihn nicht stöhnen hören, auch wenn es ihn erleichtert hätte. «Nein, nicht nötig, meine Frau wird es hören, und es wäre doch gelacht, wenn mich diese dumme Zeug überwältigte!»[75]

Zeitweilig gab es Erleichterung und Hoffnung. Doch trat in der Nacht vom 28. zum 29. Januar eine deutliche Verschlechterung des Zustandes ein. Zuvor schon hatte er sich von Frau und Kindern verabschiedet. Als er Natal'ja gestand, daß er tödlich verletzt sei, warf sie sich mit einem Aufschrei vor die Ikonen. Puškin beruhigte sie und riet ihr, laut Vjazemskij, sie solle sich auf dem Lande niederlassen, zwei Jahre Trauer um ihn tragen und sich dann wieder verheiraten, aber mit einem ordentlichen Manne.[76] Die Kinder, die aus dem Schlaf geweckt worden waren, betrachtete er lange, eines nach dem anderen, und segnete sie.

Puškin starb bei vollem Bewußtsein am 29. Januar 1837, um 2 Uhr 45. Natal'ja war kurz zuvor hereingekommen und hatte ihm eingemachte Multbeeren eingeflößt. Sie verließ ihn in dem Glauben, er werde überleben. Aber es ging zu Ende. Dal' hob den Oberkörper noch einmal an, Puškin öffnete die Augen und sagte: «Das Leben ist zu Ende.» Seine letzten Worte waren: «Schwer zu atmen, es würgt...» Er entschlief sanft, kaum daß es die um ihn Stehenden bemerkten.[77]

Puškin war mit wissendem Mut ins letzte Duell gegangen.

Das Schicksal hatte gegen ihn entschieden.

Epilog

Die Obrigkeit, kleinmütig und mißtrauisch wie stets, befürchtete Manifestationen des Publikums für Puškin, gegen die Regierung. Noch als der Dichter im Sterben lag, versuchten Gendarmen die Ansammlungen vor Puškins Wohnung an der Mojka zu unterbinden. Tausende hatte sich eingefunden.

Der Tote wurde im Frack, nicht in der Kammerjunkeruniform, in der Wohnung aufgebahrt. Drei Tage lang zogen Bewunderer aus allen Ständen und Schichten an des Dichters ausgestelltem Leichnam vorbei.

Als der Sarg am 31. Januar um Mitternacht von den zehn Getreuesten in die Kirche getragen wurde, fanden sich ebensoviele Gendarmen ein, die für den Ausschluß jeglicher Öffentlichkeit sorgten. Die Totenmesse fand nicht, wie in der Beerdigungsanzeige angekündigt, in der Isakievskij-Kathedrale in der Admiralität, sondern in der Kirche der Hofstallmeisterei statt. Trotz der gestreuten Fehlinformationen fanden sich zum *Otpevanie*, der orthodoxen Beerdigungszeremonie, am 1. Februar wieder Tausende ein, darunter das diplomatische Corps, der hohe Adel, Volksbildungsminister Uvarov, Würdenträger, hohe Beamte, die Lyzeumskameraden und einfaches Volk. Den Professoren und Studenten der Universität war die Teilnahme untersagt worden. Ein Archimandrit und sechs Geistliche hielten die Totenmesse ab. Die Menschen drängten sich, dem Toten den letzten Kuß zu geben. Russische Dichter, darunter Krylov, Žukovskij, Turgenev und Vjazemskij, trugen den Sarg aus der Kirche in die Krypta.[78]

Vor der Kirche wogte die tief bewegte Menge.

Puškins Mörder wurde wegen des Duells verurteilt, degradiert und am 19. März 1837 aus Rußland ausgewiesen. Sein Adoptivvater, Baron van Heeckeren wurde veranlaßt, Rußland zum 1. April 1837 zu verlassen. Bereits am 2. Februar war d'Archiac des Landes verwiesen worden.

Der Zar nahm sich der hinterbliebenen Familie an, wie er dem Dichter versprochen hatte. Er ordnete an, Puškins Schulden zu bezahlen; das verpfändete Gut des Vaters von Schulden zu reinigen; der Witwe eine Pension und den Töchtern eine Mitgift auszusetzen; die Söhne im Pagenkorps zu erziehen und Puškins Werke auf Staatskosten zugunsten der Witwe und der Kinder herauszugeben.[79]

Puškin wurde auf dem Friedhof des Svjatogorsk-Klosters bei Michajlovskoe begraben, in der Grabstätte, die er erst vor kurzem für sich erworben hatte. Der Zar ordnete an, daß Aleksandr Turgenev den toten Dichter zur letzten Ruhestätte begleiten sollte, und nicht Danzas, den wegen der Mitwirkung am Duell ein Gerichtsverfahren erwartete. So legten sie die 439 Werst nach Michajlovskoe zurück, die Puškin unzählige Male hinter sich gebracht hatte. Vor dem Wagen mit dem Sarg ritt der Gendarmeriehauptmann, hinter ihm saßen in der Kibitka der Postillion und Aleksandr Turgenev, der unermüdliche Förderer und Freund Puškins, mit dem er zuletzt noch täglich zusammengetroffen war. Auch Nikita Kozlov, Puškins treuer Diener, hatte sich nicht davon abbringen lassen, seinen Barin auf der letzten Reise zu begleiten. Er hatte auf dem Bauernwagen neben dem Sarg einen Platz gefunden, den er bis zur Beisetzung im Svjatogorsk-Kloster nicht verließ.[80]

Rußland hatte seinen größten Dichter verloren. Allein in seinen einzigartigen Werken überdauert das Genie der Poesie.

Umschrift

Russische (kyrillische) Wörter, Werktitel und Namen werden in der wissenschaftlichen Transkription wiedergegeben:

а	= a	т	= t
б	= b	у	= u
в	= v	ф	= f
г	= g	х	= ch
д	= d	ц	= c (wie z in Zeit)
е	= e	ч	= č (tsch)
ё	= ë (jo)	ш	= š (sch)
ж	= ž (j wie in jour)	щ	= šč (schtsch)
з	= z (stimmhaftes s)	ъ	= – («hartes Zeichen», ohne Lautwert)
и	= i		
й	= j	ы	= y
к	= k	ь	= ' («weiches Zeichen», palatalisiert den vorangehenden Konsonanten)
л	= l		
м	= m		
н	= n	ѣ	= ě («Jat'», e)
о	= o	э	= ė (ä)
п	= p	ю	= ju
р	= r	я	= ja
с	= s (stimmloses s)		

Eine Ausnahme dieser Wiedergabe bilden die russischen Herrschernamen und die beiden Hauptstädte. Die Zeitangaben folgen dem julianischen Kalender (alter Stil). In der Puškin-Zeit betrug der Rückstand gegenüber dem gregorianischen Kalender zwölf Tage.

Anmerkungen

EINLEITUNG
Das Genie der Poesie

1 Gogol', VIII, 229 (*Ausgewählte Stellen aus dem Briefwechsel mit Freunden*, IV.)
2 So in der Rezension «Über den zweiten Band der 'Geschichte des russischen Volkes' von Polevoj» (1831).
3 Annenkov 1984.
4 Bartenev 1992.
5 Veresaev 1970.
6 Tomaševskij 1956–1961.
7 Grossman 2003; Blagoj 1955.
8 Setschkareff 1963; Ziegler 1979; Busch 1989; Keil 1999.
9 Lotman 1989.
10 Ebda., 302.
11 Ebda., 322.
12 Ebda., 325.
13 Skatov 1987.
14 Ebda., 339
15 Slovar' jazyka Puškina 1956–1961.
16 Puškin i ego sovremenniki; Puškin. Issledovanija i materialy; Puškinist; Boldinskie čtenija; Arion u. a.

I. KAPITEL
Kindheit und Lyzeumszeit

1 Annenkov, 41.
2 Brief vom 20./22. April 1834.
3 Annenkov, 41.
4 Ebda., 38.
5 Ebda., 42.
6 L I, 11.
7 Ebda.
8 Bartenev, 8ff.

9 Tomaševskij, I, 685.
10 Ebda., I, 12.
11 Übersetzung von Busch, 15.
12 Puščin, 123.
13 Übersetzung von Engelhard, 87.
14 PÈ, 121; Übersetzung vom Verf.
15 Puščin, 121.
16 Ebda., 117ff.
17 Ebda., 119.
18 Übersetzung von Engelhard, 13.
19 Tomaševskij, I, 697.
20 Puščin, 62ff.
21 Tomaševskij, I, 688.
22 L I, 47.
23 Ziegengeist, 92.
24 Übersetzzung von Engelhard, 53ff.
25 Tomaševskij, I, 24.
26 Übersetzung von Busch, 191.

2. KAPITEL
Kollegiensekretär in Petersburg

1 Übersetzung von Engelhard, 193.
2 Seume, II, 66ff.
3 Übersetzung von Groeger, II, 138ff.
4 Übersetzung von Braun, 12.
5 Kozman, 22.
6 Übersetzung von Engelhard, 253.
7 L I, 160.
8 Übersetzung von Engelhard, 207.
9 Übersetzung von Braun, 8ff.
10 Übersetzung von Engelhard, 209.
11 Puščin, 151.
12 Übersetzung von Engelhard, 195.
13 Ebda.
14 Puščin, 131.
15 Übersetzung von Busch, 197ff.
16 Kern, 141.
17 Übersetzung von Engelhard, 249.
18 Ebenso, 242.
19 Tomaševskij, I, 204.

20 Ebda., I, 205 ff.
21 Übersetzung von Engelhard, 343.
22 Ebenso, 231.
23 Ebda.
24 Übersetzung von Engelhard, 211.
25 Žukovskij, I, 192 ff.
26 Lotman/Šachverdov, 149
27 Kjuchel'beker, I, 133.
28 L I, 175.
29 Ebda., 181.
30 Ebda., 189.

3. KAPITEL
Strafversetzt in den Süden

1 Annenkov, 87 ff.
2 L I, 175.
3 Brief an Lev Puškin vom 20. September 1820.
4 Brief an Lev Puškin vom 24. September 1820.
5 Annenkov, 88.
6 Kazarin, Kiselëv, Andrejko, 8.
7 Übersetzung von Lieser, 7.
8 Brief an Lev Puškin vom 24. September 1820.
9 Annenkov, 93.
10 Übersetzung des Verf.
11 Brief an A. Del'vig, zwischen Dezember 1824 und Dezember 1825.
12 Nach Mordovčenko, 161.
13 Krylov, I, 261; Übersetzung des Verf.
14 Übersetzung von Engelhard, 255.
15 Ebenso, 301.
16 Ebenso, 297.
17 Ebenso, 315.
18 Wolf, 59 ff.
19 Übersetzung von Engelhard, 305.
20 Ebenso, 371.
21 Wolf, 60 ff.
22 L I, 263.
23 Ebda., I, 265.
24 Lotman/Šachverdov, 173.
25 Brief an Vjazemskij vom 6. Februar 1823.
26 Übersetzung von Luther, II, 38 ff.

27 L I, 272, 278
28 Kozman, 18.
29 Ebda., 19.
30 Ebda., 32ff.
31 L I, 279.
32 Ebda., I, 285
33 Übersetzung von Engelhard, 367.
34 Lev Puškin, Izvestie, 55.
35 Übersetzung von Engelhard, 537.
36 L I, 382.
37 Übersetzung des Verf.
38 Kozman, 12; Übersetzung des Verf.
39 L I, 406.
40 Brief an P.A. Vjazemskij, April/Mai 1824, im Original französisch
41 Puščin, 80.
42 L I, 417.
43 Übersetzung des Verf.
44 Übersetzung von Engelhard, 397ff.

4. KAPITEL
Verbannt in Michajlovskoe

1 Annenskij, 124.
2 L I, 430.
3 Ebda., I, 447.
4 Veresaev, I, 252.
5 Ebda., I, 285.
6 Puščin, 78; Veresaev, I, 253.
7 Brief an K. Ryleev, Mai 1825.
8 Brief an Lev Puškin, November 1824.
9 Veresaev, I, 272ff.
10 Übersetzung von Engelhard, 505.
11 Veresaev, I, 273.
12 Ebda., I, 297.
13 Ebda.
14 Ebda.
15 Brief an Ol'ga Puškina vom 4. Dezember. 1824.
16 Brief an Lev Puškin vom 14. März 1825
17 Brief an A.N. Vul'f vom 16. Oktober 1829.
18 Übersetzung von Engelhard, 531.
19 Ebenso, 489.

20 Brief an Lev Puškin vom 14. März 1825.
21 Übersetzung von Engelhard, 385.
22 Brief an Lev Puškin vom 20. Dezember 1824.
23 Veresaev, I, 260.
24 Ebda., I, 275, 279.
25 Kern, 34.
26 Ebda., 35.
27 Ebda.
28 Ebda.
29 Ebda., 36.
30 Übersetzung von Fiedler, I, 280ff.
31 Brief an A. Kern vom 25. Juli 1825.
32 Brief an A.N. Vul'f vom 21. Juni 1825, im Original französisch
33 Ebda.
34 Übersetzung von Engelhard, 475.
35 Veresaev, I, 292.
36 Übersetzung vom Verf.
37 Ebenso.
38 Brief an A. Del'vig, Juni 1825; Veresaev, I, 275.
39 Brief an P. Vjazemskij vom 13. Juli 1825.
40 Blagoj 1955, II, 116–142; Kluge 1971, 345.
41 Übersetzung von Engelhard, 403.
42 Veresaev, I, 270.
43 Annenkov, 121.
44 Übersetzung von Engelhard, 547.
45 Puščin, 76ff.
46 Ebda., 82.
47 Veresaev, I, 270ff.
48 Brief an Lev Puškin vom 23. April 1825.
49 Eckermann, 137; vgl. Lauer 2002, 128.
50 Brief vom 4. Dezenber 1824.
51 Veresaev, I, 294.
52 Ebda., I, 295
53 Brief an A. Del'vig, Februar 1826; Veresaev, I, 296.
54 Brief an V. Žukovskij vom 7. März 1826.
55 Übersetzung von Engelhard, 573ff.
56 Jazykov, 213.
57 Übersetzung des Verf.
58 Jazykov, 295ff.
59 L II, 157ff.
60 Brief an V. Žukovskij, Mai 1825; Veresaev, I, 274ff.
61 Brief an P. Osipova vom 4. September 1826.

62 L II, 169.
64 Ebda.

5. KAPITEL
Zwischen Moskau und Petersburg

1 L II, 175.
2 Venevitinov, 371.
3 Eine deutsche Ausgabe des französisch verfaßten Werkes, besorgt von Lieselotte Remané, liegt vor: Fürstin Maria Wolkonskaja, *Erinnerungen*, Frankfurt am Main 1978.
4 Nekrasov, II, 353ff.
5 Ebda., S. 357.
6 Übersetzung von Borowsky, 51.
7 Venevitinov, 122ff., 237.
8 Ebda., 57.
9 Vgl. Alekseev 1987, 483ff.
10 Venevitimov, 565.
11 Ebda., 37.
12 Übersetzung von Engelhard, 579.
13 L II, 203.
14 Übersetzung von Borowsky, 49.
15 L II, 215.
16 L II, 269.
17 Brief an E. Chitrovo, August/September 1828.
18 Veresaev, 372/73.
19 L II,248.
20 Ebda., II, 282ff.
21 Ebda., II, 244.
22 Ebda., II, 273.
23 Ebda., II, 274.
24 Ebda., II, 213ff.
25 Brief vom 3.Januar 1827.
26 L II, 229.
27 Ebda., II, 233, 279.
28 Veresaev, I, 367.
29 Brief vom 1. September 1828.
30 L II, 195.
31 Ebda., II. 238
32 Kozman, 24.
33 Verersaev, I, 330.

34 Übersetzung von Engelhard, 621.
35 Archiv brat'ev Turgenevych, VI, 457; vgl. Rothe 2006.
36 Übersetzung von Engelhard, 831.
37 Brief an V. Zubkov vom 1. Dez. 1826.
38 Übersetzung von Engelhard, 621ff.
39 Ebenso, 627.
40 Übersetzung des Verf.
41 Übersetzung von Engelhard, 633.
42 Übersetzung des Verf.
43 Veresaev, II, 417.
44 Übersetzung von Engelhard, 663.
45 Übersetzung von Urban, 81.
46 Ebenso, 45
47 L III, 534; Mjasoedov 1997, 207–214.
48 Übersetzung von Engelhard, 665.
49 Ebenso, 693.
50 Ebenso, 647.

6. KAPITEL
Herbst in Boldino

1 L III, 120.
2 Bartenev, 286.
3 Brief an Benckendorff vom 10. November 1829 (im Original französisch).
4 L III, 109.
5 L III, 132.
6 L III, 140.
7 Bartenev, 265.
8 Ebda., 352ff.
9 L III, 175.
10 Brief an V. Vjazemskaja, April/Mai 1830.
11 Übersetzung von Wille, 75ff.
12 Übersetzung von Lieser, 25.
13 L III, 148.
14 Brief an N.I. Gončarova vom 5. April 1830 (im Original französisch).
15 Brief an die Eltern, 6.–11. April 1830 (im Original französisch).
16 Brief an Benckendorff vom 16. April 1830) (im Original französisch).
17 L III, 207.
18 Übersetzung von Engelhard, 713.
19 Lauer 1988.
20 Übersetzung von Engelhard, 723.

21 Ebenso, 723.

22 L III, 191.

23 Veresaev, II, 59.

24 Brief an N.N. Gončarova vom 30. Juli 1830 (im Original französisch).

25 Brief an N.N. Gončarova vom 28. August 1830.

26 L III, 229.

27 Annenkov, 261.

28 Ebda.

29 Brief an P. Pletnëv vom 9. September 1830.

30 L III, 242ff.

31 L III, 237.

32 L III, 240.

33 Brief an P. Pletnëv vom 29. September 1830.

34 Lotman 1971.

35 Annenkov, 215; Boldinskaja Osen', 124.

36 Boldinskaja Osen', 211.

37 L III, 102.

38 Annenkov, 268.

39 R. von Walter, in: Solange Dichter leben, S. 166.

40 Maliszewski, 62.

41 Übersetzung von Nitzberg, 21.

42 Aschson, 238ff.

43 L III, 304.

44 Achmatova 1983.

45 Übersetzung des Verf.

46 Zur Intertextualität in «Belkins Erzählungen» vgl. Schmid 1991.

47 Übersetzung des Verf.

48 Šklovskij 1923.

49 Übersetzung des Verf.

50 Übersetzung von Engelhard, 727ff.

51 Ebenso, 753.

52 Übersetzung von Edward, I, 399ff.

53 L III, 154.

54 Ebda, 156.

55 Ebda., 161.

56 Ebda., 168.

57 Ebda. 169.

58 Übersetzung des Verf.

59 L III, 169.

60 Übersetzung von Engelhard, 761.

61 Brief an P. Vjazemskij vom 2. Januar 1831.

62 Brief vom 9. Dezember 1830.

63 Bartenev, 356.
64 L III, 287, 551.
65 Brief vom 21. Januar 1831.
66 Brief vom 21. Januar 1831 (im Original französisch).
67 Bartenev, 367.
68 Veresaev II, 91.
69 L III, 307.

7. KAPITEL
Letzte Jahre in Petersburg

1 L III, 312.
2 L III, 311.
3 L III, 337.
4 LIII, 341.
5 Annenkov, 291.
6 Ebda., 292.
7 Brief an P. Naščokin vom 21. Juni 1831.
8 Übersetzung von Lieser, 36.
9 Kozman, 21.
10 L III, 117.
11 Brief vom 2. September 1833.
12 L IV, 92.
13 Brief vom 19. September 1833.
14 Brief vom 30. September 1833.
15 Ebda.
16 Übersetzung von Engelhard, 817.
17 Übersetzung von Groeger, II, 138ff.
18 Ebenso, II, 139.
19 Ebenso, II, 141.
20 Ebenso, II, 156.
21 Brief an P. Naščokin vom 24. November 1839.
22 L III, 354.
23 Tagebuch, 5.Dezember 1834.
24 L IV, 129.
25 Tagebuch, 28. November 1834.
26 Brief vom 15./17. November 1834.
27 Annenkov, 331, 427.
28 Ebda., 332.
29 L IV, 225.
30 Gogol', X, 375.

31 Ebda., VIII, 440; vgl. Lauer 1992, 72.
32 Ebda.
33 Ebda., XI, 88, 91, 112.
34 Die einzelnen Momente sind aufgezählt bei Schamschula 1961, 140ff.
35 Übersetzung von Engelhard, 553.
36 L IV, 92.
37 Ebda, II, 199; L IV, 173.
38 L IV, 348.
39 Brief vom 21. September 1835.
40 Brief an N. Puškina vom 25. September 1835.
41 L IV, 480.
42 Veresaev, II, 199.
43 Bartenev, 344.
44 Goethe, XVIII, 370.
45 Lotman 1989, 301.
46 Ebda., 310.
47 L IV, 388.
48 Lauer 2000, 279ff., 307ff.
49 Belinskij, I, 97ff.; vgl. Lotman 1989, 316.
50 Übersetzung von Engelhard, 921.
51 Ebenso, 947.
52 Übersetzung des Verf.
53 Übersetzung von Borowsky 97.
54 Lauer 2003; Lachmann, 303ff.
55 Übersetzung. des Verf.
56 L IV, 384.
57 Kluge 2000, 321–337, v.a. 327ff.
58 Achmatova 1973.
59 L IV, 396. Im Original französisch.
60 L IV, 408. Im Original französisch.
61 Stahl–Schwätzer 2002, 441.
62 L IV, 524.
63 L IV, 539.
64 L IV, 557ff.
65 L IV, 564.
66 Achmatova 1973.
67 L IV, 582.
68 Lotman 1989, 324.
69 L IV, 584, 587.
70 Brief an van Heeckeren, vom 25. Januar 1837.
71 L IV, 533.
72 Nach PĖ, 63.

73 Veresaev, II, 283.
74 L IV, 595.
75 L IV, 600.
76 L IV, 596.
77 L IV, 602.
78 Veresaev, II, 452.
79 Veresaev, II, 438.
80 Veresaev, II, 454.

Literaturverzeichnis

Achmatova, Anna, Gibel' Puškina (1958), *Sočinenija*. Hg. G. P. Struve, B. A. Filippov. Paris 1983, Bd. III, S. 262–285.

Alekseev, M. P., *Puškin. Sravnitel'no-istoričeskoe issledovanie*. Leningrad 1972.

Alekseev, M. P., *Puškin i mirovaja literatura*, Leningrad 1987.

Annenkov, P. V., *Materialy dlja biografii A. S. Puškina*. Moskau 1984.

Ascherson, Neal, *Schwarzes Meer*. Aus dem Englischen von H. Jochen Bußmann. Frankfurt am Main 1998.

Bartenev, P. I., *Puškin. Strannicy žizni poèta. Vospominanija sovremennikov*. Moskau 1992.

Bertolissi, Sergio (Hg.), *Puškin e l'oriente*. Neapel 2001.

Blagoj, D. D., *Masterstvo Puškina*. Moskau 1955.

Blagoj, D. D., *Sociologija tvorčestva Puškina*. Moskau 1929.

Blagoj, D. D., *Tvorčeskij put' Puškina (1813–1826)*. Moskau u. a. 1950.

Blagoj, D. D., *Tvorčeskij put' Puškina (1826–1830)*. Moskau 1967.

Blagoj, D. D.; Kirpotin, V. Ja. (Hg.), *Puškin – rodonačal'nik novoj russkoj literatury*. Moskau, Leningrad 1941.

Bondi, S., *O Puškine*. Moskau 1983.

Borev, Jurij, *Iskusstvo interpretacii i ocenki. Opyt pro čtenija «Mednogo vsadnika»*. Moskau 1981.

Brang, Peter, *Puškin und Krjukov. Zur Entstehung der «Kapitanskaja dočka»*. Berlin 1957.

Busch, Ulrich, *Puschkin. Leben und Werk*. München 1989.

Čerejskij, L. A., *Puškin i ego okruženie*. Leningrad ²1988.

Cjavlovskij, M. A., u. a., *Letopis' žizni i tvorčestva Aleksandra Puškina v četyrëch tomach*. Moskau 1999.

Ebbinghaus, Andreas, *Puškin und Rußland. Zur künstlerischen Biographie des Dichters*. Wiesbaden 2004.

Fel'dman, O., *Sud'ba dramaturgii Puškina*. Moskau 1975.

Gasparov, B. M., *Poètika jazyka Puškina kak fakt russkogo literaturnogo jazyka*. St. Petersburg 1999.

Gordin, A., *Puškin v Pskovskom krae*. Leningrad 1970.

Gorodeckij, B. P., *Dramaturgija Puškina*. Moskau, Leningrad 1953.

Grossman, L., *Aleksandr Sergeevič Puškin. Biografija*. Moskau 2003.

Grot, K. Ja., *Puškinskij licej*. St. Petersburg 1911.

324

ANHANG

Ivinskij, D., *O Puškine*. Moskau 2005.

Kazarin, V. P.; Kiselëv, A. V.; Andrejko, E. V., «Morem otpravilis' my v Jurzuf …» (Konec odnoj zagadki), *Krymskie penaty*. *Al'manach literaturnych muzeev Kryma*, Nr. 1 (Simferopol' 1994), S. 3–11.

Keil, Rolf-Dietrich, *Puschkin. Ein Dichterleben. Biographie*. Frankfurt am Main, Leipzig 1999.

Kluge, Rolf-Dieter, Die Komposition des «Boris Godunov», *Serta Slavica: in memoriam Aloisii Schmaus*. Hg. Wolfgang Gesemann. München 1971, S. 342–354.

Kluge, Rolf-Dieter, A. S. Puschkins tragisches Ende, *«Ein Denkmal schuf ich mir …»*. *Alexander Puschkins literarische Bedeutung. Eine Ringvorlesung aus Anlaß seines 200. Geburtstages*. Hg. Rolf-Dieter Kluge. Tübingen 2000, S. 321–337.

Kozman, M. S., *Šutki i ostroty A. S. Puškina*. St. Petersburg 1992.

Lachmann, Renate, *Gedächtnis und Literatur. Intertextualität in der russischen Moderne*. Frankfurt am Main 1999.

Lauer, Reinhard, Das russische Sonett der Puškin-Zeit, *Gattungen in den slavischen Literaturen. Beiträge zu ihren Formen in der Geschichte. Festschrift für Alfred Rammelmeyer*. Hg. H.-B. Harder u. a. Köln, Wien 1988. S. 315–336.

Lauer, Reinhard, Die intrigenlose Komödie. Zur Motivstruktur von N. V. Gogol's *Revizor, Gattungsinnovation und Motivstruktur*. Hg. Theodor Wolpers. Göttingen 1992, Teil II, S. 55–96.

Lauer, Reinhard, Puschkins Petersburg, *Orte der Literatur*. Hg. Werner Frick u. a. Göttingen 2002, S. 124–149.

Lauer, Reinhard, *Puškins Vermächtnis. Abschiedsvorlesung (14. Februar 2003)*, Göttingen 2003.

Lauer, Reinhard; Graf, Alexander (Hg.), *A. S. Puškins Werk und Wirkung. Beiträge zu einer Göttinger Ringvorlesung*. Wiesbaden 2000.

Lerner, N. O., *Trudy i dni Puškina*. St. Petersburg ²1910.

Ležnev, A., *Proza Puškina*. Moskau ²1966.

Lotman, Ju. M., *Aleksandr Sergeevič Puškin. Biografija pisatelja. Posobie dlja učaščichsja*. Leningrad 1981.

Lotman, Juri, *Alexander Puschkin – Leben als Kunstwerk. Aus dem Russischen übersetzt von Renate Petras*. Hg. Klaus Städtke. Leipzig ²1993.

Lotman, Ju. M., *Roman A. S. Puškina «Evgenij Onegin». Kommentarij*. Leningrad 1980.

Lotman, Ju. M., Chudožestvennaja struktura «Evgenija Onegina», *Texte des sowjetischen Literaturwissenschaftlichen Strukturalismus*. Hg. Karl Eimermacher. München 1971, S. 250–277.

Lotman, Ju. M./Šachverdov, S. A., Metrika i strofika A. S. Puškina, *Russkoe stichosloženie XIX v. Materialy po metrike i strofike russkich poėtov*. Moskau 1979, S. 145–257.

Luther, Arthur (Hg.), *Solange Dichter leben. Puschkin-Studien*. Krefeld 1949.

Maliszewski, Julian, «Mozartiana» im Schaffen A. S. Puškins, *Alexander Puschkin in unserer Zeit. Beiträge der Wissenschaftlichen Arbeitstagung «Puschkin und wir» anläßlich des 150. Todestages des russischen Nationaldichters am 12. Mai 1987 in Leipzig.* Leipzig 1988, S. 62–77.

Markelov, N. V., *A. S. Puškin i Severnyj Kavkaz.* Moskau 2004.

Mjasoedov, N. E., *O Griboedove i Puškine.* St. Petersburg 1997.

Mordovčenko, N. I., *Russkaja kritika pervoj četverti XIX veka.* Moskau-Leningrad 1959.

Mur'janov, M. F., *Puškin i Germanija.* [Moskau] 1999.

Nemirovskij, I. V, *Tvorčestvo Puškina i problema publičnogo povedenija poèta.* St. Petersburg 2003.

Oneginskaja ènciklopedija v 2-ch tomach. Moskau 1999.

Panfilowitsch, Igor, *Aleksandr Puškins «Mednyj vsadnik». Deutungsgeschichte und Gehalt.* München 1995.

Pavlova, S., *Puškinskij Licej. Putevoditel'.* St. Petersburg 2004.

Puščin, I. I., *Zapiski o Puškine. Pis'ma,* Moskau 1956.

Puškinskaja ènciklopedija 1799–1999. Moskau 1999.

Puškinskaja konferencija v Stenforde 1999. Materialy i issledovanija. Hg. David M. Betea. Moskau 2001.

Reid, Robert, *Pushkin's Mozart and Salieri. Themes, Charakter, Sociology,* Amsterdam 1995.

Ressel, Gerhard (Hg.), *A. S. Puškin und die kulturelle Identität Rußlands.* Frankfurt am Main u. a. 2001.

Rothe, Hans: A. S. Puškins «Klevetnikam Rossii», *Zeitschrift für Slawistik* 51 (2006), 1, S. 3–43.

Rozanov, M. N., *Puškin i Ariosto, Izvestija AN SSSR. Otdelenie obščestvennych nauk,* 1937, Nr. 2–3, S. 375–412.

Sambeek-Weideli, Beatrice van, *«Evgenij Onegin» A. S. Puškina. Bibliografija. Eine Bibliographie zu Puškins «Evgenij Onegin».* Bern, Frankfurt am Main. u. a. 1990.

Sambeek-Weideli, Beatrice van, *Wege eines Meisterwerkes. Die russische Rezeption von Puškins «Evgenij Onegin».* Bern, Frankfurt am Main u. a. 1990.

Schamschula, Walter, *Der russische historische Roman vom Klassizismus bis zur Romantik.* Meisenheim am Glan 1961.

Schamschula, Walter, Zweipolige Erzählstrukturen in Puškins Werk, *Slavistische Studien zum VII. Internationalen Slavistenkongreß in Warschau 1973.* Hg. Johannes Holthusen u. a. München 1973, S. 454–465.

Ščegolev, P. E., *Duèl' i smert' Puškina.* St. Petersburg 1999.

Schmid, Wolf, *Puškins Prosa in poetischer Lektüre. Die Erzählungen Belkins,* München 1991.

Setschkareff, Vsevolod, *Alexander Puschkin. Sein Leben und sein Werk.* Wiesbaden 1963.

Šklovskij, V., *Očerki po poètike Puškina.* Berlin 1923.

Smirnov, A. A., *Romantičeskaja lirika A. S. Puškina*. Moskau 1994.

Stahl-Schwätzer, Henrieke, Die verborgene Handlung in Puškins «Kamennyj gost'», *Zeitschrift für Slawistik* 47 (2002), 4.

Štejn, Sergej, *Puškin i Gofman. Sravnitel'noe istoriko-literaturnoe issledovanie*. Dorpat 1927.

Stennik, Ju. V., *Puškin i russkaja literatura XVIII veka*. St. Petersburg 1995.

Stepanova, N. A., *Lirika Puškina. Očerki i ètjudy*. Moskau 1959.

Tomaševskij, B.: *Puškin*. Kniga pervaja (1813–1824). Kniga vtoraja. Materialy k monografii (1824–1837). Moskau, Leningrad 1956–1961.

Tomaševskij, B., *Puškin i Francija*. Leningrad 1960.

Tvorčestvo Puškina i zarubežnyj Vostok. Sbornik statej. Moskau 1991.

Tyrkova-Vil'jams, A. V., *Žizn' Puškina*. Moskau 2004.

Veresaev, V., *Puškin v žizni*. Moskau 1936 (Chicago 1970).

Wedel, Erwin, Puschkin und die westeuropäische Literatur, *«Von Pol zu Pol Gesänge sich erneun …»* Hg. Jochen Golz und Wolfgang Müller. Weimar 2001, S. 155–178.

Wolf, Markus, *Freimaurertum bei Puškin. Einführung in die russische Freimaurerei und ihre Bedeutung für Puškins literarisches Werk*. München 1998.

Wolkonskij, Michael: *Die Dekabristen. Die ersten russiscvhen Freiheitskämpfer des 19. Jahrhunderts*. Zürich 1946.

Ziegler, Gudrun, *Alexander Puschkin in Selbstzeugnissen und Bilddokumenten*. Reinbek bei Hamburg 1979.

Ziegengeist, Gerhard, Georg Engelhardt, *Zeitschrift für Slawistik* 32(1987), 1.

Žirmunskij, V., *Bajron i Puškin*. Leningrad 1924.

Ferner

Belinskij, V. G., *Sobranie sočinenij v devati tomach*. Moskau 1976–1982

Eckermann, Johann Peter, *Gespräche mit Goethe in den letzten Jahren seines Lebens*. Hg. Otto Schöberger. Stuttgart ²1998.

Ėngel'gardt, B. A., *Memuary*. Hg. Jurij Abyzov. Riga 2004.

Goethe, [Johann Wolfgang von], *Berliner Ausgabe*. Berlin 1970ff.

Gogol', N. V., *Polnoe sobranie sočinenij*. Moskau 1937–1952.

Jazykov, N. M., *Polnoe sobranie stichotvorenij*. Hg. K. K. Buchmejer. Moskau-Leningrad 1964.

Kern, A. N., *Vospominanija. Dnevniki. Perepiska*. Moskau 1974.

Kjuchel'beker, V. K., *Izbrannye proizvedenija v dvuch tomach*. Hg. N. V. Koroleva. Moskau-Leningrad 1967.

Krylov, I. A., *Sočinenija v dvuch tomach*. Moskau 1956.

Seume, [Johann Gottfried], *Werke in zwei Bänden*. Berlin, Weimar 1965.

Žukovskij, V. A., *Sobranie sočinenij v četverëch tomach*. Moskau-Leningrad 1959/60.

Zitate und Übersetzungen

Die aus den Puškin-Handbüchern gewonnenen Daten wurden im einzelnen nicht belegt; für Zitate gelten die Kürzel:
L – M. A. Cjavlovskij u. a.: Letopis' žizni i tvorčestva Aleksandra Puškina v četyrëch tomach. Moskau 1999;
PĖ – Puškinskaja ėnciklopedija 1799–1999. Moskau 1999.

Die originalen Textstellen aus A. S. Puškins Werken und Briefen sind in der großen Akademieausgabe (*Polnoe sobranie sočinenij*, 1937–1959) für den Interessierten leicht auffindbar. Sie wurden, wie auch sonstige russische Texte, vom Verf. übersetzt. Fremde Übersetzungen wurden folgenden Werken entnommen:

Borowsky, K. – Alexander Puschkin, *Ein Denkmal schuf ich mir. Ausgewählte Gedichte*. Tübingen 1983.
Braun, M. – A. S. Puškin, *Evgenij Onegin. Roman in Versen. Russisch-deutsche Parallelausgabe*. Prosaübersetzung von Maximilian Braun. Hg. Vasilij Blok und Walter Kroll. Göttingen 1994.
Busch, U. – Alexander Puschkin, *Eugen Onegin. Roman in Versen*. Übertragung aus dem Russischen und Nachwort von Ulrich Busch. Zürich 1981.
Edward, G. – A. S. Puschkin, *Ausgewählte Werke in vier Bänden*. Moskau 1949.
Engelhard, M. – Alexander Puschkin, *Die Gedichte. Russisch und deutsch*. Aus dem Russischen übertragen von Michael Engelhard. Hg. Rolf-Dietrich Keil. Frankfurt am Main, Leipzig, 1999.
Groeger, E. – A. S. Puschkin, *Ausgewählte Werke in vier Bänden*. Moskau 1949.
Lieser, M. – Alexander Puschkin, *Ich weiß noch jenen Tag des Glückes*. Gedichte aus dem Russischen übertragen von Manfred Lieser. Steißlingen 2005.
Luther, A. – A. S. Puškin, Ausgewählte Werke in vier Bänden. Moskau 1949.
Müller, L. – Alexander Puschkin, *Ein Denkmal schuf ich mir. Ausgewählte Gedichte*. Tübingen 1983.
Nitzberg, A. – Alexander Puschkin, *Mozart und Salieri. Szene aus dem «Faust»*. Aus dem Russischen und mit einem Nachwort von Alexander Nitzberg. Düsseldorf 1998.
Urban, P. – Aleksandr Puškin, *Die Reise nach Arzrum während des Feldzugs im Jahre 1829*. Aus dem Russischen übersetzt und herausgegeben von Peter Urban. Berlin ²1998.
Wille, I. – Alexander Puschkin, *Ein Denkmal schuf ich mir. Ausgewählte Gedichte*. Tübingen 1983.

Werkregister
deutsch (russisch)

Personenregister